周之夢爲胡蝶夢與
胡蝶之夢爲周與
주지몽위호접몽여
호접지몽위주여

나비가 된 꿈을 꾼 장주(莊周)여! 나풀나풀 날아
다니는 나비가 되어 즐기면서 자기가 장주라는 것
을 미처 몰랐다. 장주가 나비가 되는 꿈을 꾼 것인
가 아니면 나비가 장주가 되는 꿈을 꾼 것인가. 장
주는 장주이고 나비는 나비일 터이다. 장주와 나
비는 둘이란 말인가 하나란 말인가. 서로 즐기면
하나가 되고 서로 다투면 둘이 되리라. 만물이 수
만 갈래지만 모두 서로 하나인 줄 알라. 이를 일러
물화(物化)라 한다.

儵與忽謀報渾沌
숙여홀물모보혼돈

남해의 임금 숙(儵)과 북해의 임금 홀(忽)이 중앙의 임금 혼돈(渾沌)을 만나 융숭한 대접을 받았다. 숙과 홀이 그 고마움을 어찌 갚을지 궁리하다가, 모든 인간에게 있는 일곱 개의 구멍이 혼돈에게는 없다는 것을 발견하고 혼돈의 몸에 하루에 하나씩 구멍을 뚫어 보답하기로 했다. 그렇게 이레가 지나자 혼돈은 죽고 말았다. 그냥 두었으면 혼돈은 죽지 않았을 터. 숙과 홀은 긁어 부스럼 내는 인간의 짓을 범한 것이다.
겁 없는 인간이 지금 천지에 구멍을 내고 있다. 일곱 개의 구멍을 다 뚫고 나면 천지는 죽고 말리라. 그러니 혼돈의 유언은 분명하다. 제발 그냥 그대로 내버려 두라.

파도 위의 신선(波上神仙) / 진재 김윤겸 그림 / 45.5×110.3㎝ 국립박물관 소장

대지에 부는 바람을 숨소리로 들어 보라. 천지에 목숨 아닌 것은 하나도 없다. 그
래서 바람 소리[風]를 음(音)으로 새겨 숨결로 듣는다. 심음(心音)이어라. 그것은
만물에 두루 통하는 천지의 숨소리다. 사람의 숨결이나 지렁이의 숨결이나 다를
바 없음을 알리라. 그래서 자기(子綦)리는 현자(賢者)가 이렇게 묻는다. "사람의 퉁
소[人籟] 소리는 들었겠지. 그러나 땅의 퉁소[地籟] 소리는 못 들었을 거야. 설령
지뢰(地籟) 소리를 들었다 해도 하늘의 퉁소[天籟] 소리는 못 들었을 거야."
태풍·돌풍·미풍은 인뢰(人籟)의 호들갑일 뿐, 삼라만상은 자연에 한겨레로 안긴
다. 이를 일러 제물(齊物)이라 한다.

우화로 즐기는
장자

우화로 즐기는

장자

윤재근 —編

동학사

머 리 말

> 『장자(莊子)』를 이야기로 읽었다. 장자를 사상으로 읽게 되면 심오하
> 고 그윽한 속뜻을 헤아려야 하므로 무척 어려워진다. 그러나 그것을 이
> 야기로 읽으면 무척 재미있고 즐겁고 슬기롭게 한다는 것을 여러 번 읽
> 다가 알게 되었다. 그런 뒤로 무슨 일을 하다가 지치면 장자를 읽었다.

이렇게 1990년 6월에 펴냈던 철학 우화『장자』의 머리말에서
밝힌 바 있다. 『장자(莊子)』에 대한 내 심정은 그 때나 지금이나
여전하고 변함이 없다.

1990년에 『장자』를 3권으로 묶었던 것은 30~40대 때 내가『장
자』의 이야기를 듣고 새겼던 즐거움들을 에세이로 엮어 사람들과
나누고 싶어서였다. 『장자』를 전공하는 학자들이 그렇게 하기는
어렵다고 여겼기 때문이다. 사실『장자』연구서들이 성현(聖賢)
과 대중 사이를 멀어지게 한다는 생각도 들었다. 모든 사람들이

『장자』를 연구하는 전문가가 될 수는 없다. 그렇지만 누구든 장자를 선생으로 모시면 마음이 편안해질 수 있다고 확신하였다. 그래서 『장자』의 이야기를 대중화시키고 싶었다.

그러던 것이 50대를 거치면서 『장자』의 우화(寓話)를 통해 담소(談笑)를 나누고 싶은 생각이 들었다. 그렇게 하면서 뜻밖에도 우리가 잊어버린 풍류(風流)의 논지(論之)를 되살리자면 『장자』를 우화로 읽는 것보다 더 나은 길은 없다 싶어 놀랄 때가 많았다. 『장자』와의 담소 덕분에 시비(是非)의 걸림 없이 느끼고 생각하며 터득해 가는 마음 쓰기[論之]가 곧 풍류도(風流道)임을 알았다. 그리고 이런 풍류가 바로 우리네 사고방식이라는 것을 새삼 깨달았다. 『장자』와의 담소는 우리네 사고방식이 서구의 이분법적인 모순율(矛盾律)과는 다른 이유를 분명하게 일깨워 주었다. 그리고 이러한 일깨움은 나를 열린 마음으로 이끌어 주었다.

담소란 마음 속으로 나누는 자기와의 대화로, 의식(意識)의 자유를 누리게 해준다. 이런 체험을 통해 노장(老莊)이 말하는 불언(不言)의 뜻을 터득하고, 자유로운 나를 만나는 순간을 누릴 수 있다. 시비분별(是非分別)의 이분법에 묶여 있는 나를 없앤다 함은 곧 나를 해방시키는 것이다. 나는 『장자』의 우화와 담소를 나누면서, 나를 구속하는 것들을 떨쳐 버리고 다가올 것을 마주하는 기운(氣運)과 사귈 수 있었다. 『장자』 우화와의 담소는 바로 그러한 사귐을 의미한다. 그리하여 나는 다시금 새삼스럽게 장자(莊子)를 내 할아버지처럼 모시고 성현의 손자가 되어 도란거릴 수 있었다. 이런 도란거림을 많은 사람들과 나누고 싶다. 그러자면 『장자』를 철학(哲學)의 숙주(宿主)로 삼아 어렵게 따지려 해서는 안 될 것이다. 오히려 한없이 자유롭게 해주는 우화들로 그득한 사랑방같이 여겨야 하리라. 한없는 자유를 체험하면 인간은 새롭게 태어날 수 있다. 철학이 바라는 인식(認識)이나 사유(思惟)는『장자』를 난해하게 만들지만, 우화로 듣는『장자』는 누구나 나름대로 미래를 트는 기미(氣味)를 체험하게 해준다.

『장자』의 우화를 체험해 보자는 것이 이 책의 바람이다. 그러면 누구나 새롭게 태어나리라 싶다. 나는 이러한 기미(氣味)가 『장자』의 마력(魔力)이라고 생각한다. 분명 이러한 마력이 창조적인 두뇌를 태동(胎動)하게 한다. 그래서 더 많은 젊은이들이 『장자』의 우화를 체험했으면 하고 바란다. 장자를 철인(哲人)으로 몰아가지 말고 성현(聖賢)으로 모셔서『장자』의 우화를 체험하면, 저마다 나름대로 미래를 여는 돌파력(突破力)을 맛볼 수 있기 때문이다.『장자』는 옛날 책이 아니다. 내일 모레의 책이라고 나는 믿고 있다.『장자』의 우화와 담소를 나누다 보면 누구나 나름대로 낡은 자기로부터 탈출하는 미래를 얻을 수 있기 때문이다. 그 미래는 새로운 탄생이다. 그런 연유로 내 나름대로『장자』를 엮어 보고 싶었다.『장자』의 우화와 담소해 보라. 그러면 시비(是非)에 걸려 묶여 있는 나는 사라지고, 자유롭고 황홀한 내가 절로 새롭게 트인다. 여기서 더불어 살 미래를 여는 기운(氣運)을 찾는 길을 만난다.

『장자(莊子)』를 펴낼 수 있도록 한 동학사(東學社) 편집진이 고맙고, 특히 동학사를 이끌어 가는 시인(詩人) 유재영 사장께 감사한다.

2002. 5.

尹 在 根

차례

장자 잡편(莊子雜篇)

우화로 즐기는 장자

『장자(莊子)』는 이야기한다

　『장자(莊子)』「우언(寓言)」편(篇)에 다음과 같은 말이 있다. "우언은 열 가운데 아홉이고〔寓言十九〕, 중언은 열 가운데 일곱이며〔重言十七〕, 치언이 날마다 생겨나〔巵言日出〕 만물은 하나 되어 서로 어울린다〔和以天倪〕. 우언이 열 가운데 아홉이라 했는데〔寓言十九〕 다른 것을 빌려서 (도를) 밝히려는 것이다〔藉外論之〕." 「우언(寓言)」편을 두고 『장자』의 서문(序文)과 같다는 말을 많이 한다. 이를 통해 『장자』의 90퍼센트가 우화(寓話)로 엮어져 있음을 분명히 알 수 있다.

　우언(寓言)은 우화(寓話)로 이야기한다는 말이다. 그런 이야기의 70퍼센트가 중언(重言)이라 한다. 중언이란 한 귀로 듣고 한 귀로 흘려 버릴 이야기가 아니라 귀담아 소중히 들어야 할 이야기라는 말이다. 이렇게 중언으로 엮어진 『장자』의 우화가 들려 주는 이야기들이 치언(巵言)이라는 것이다.

　『장자』 33편은 모두 치언일출(巵言日出)의 우화를 담고 있다고 해도 된다. 치(卮)는 술잔(酒器)의 한 종류이다. 가득 차면 기울고 비면 곧바로 서 버리는 치(卮)라는 술잔은『장자』의 우화를 비유하는 이미지라 할까. 비움과 가득함을 술(外物)에 맡기고 자신(卮)은 개의치 않는다는 게 곧 치언(卮言)인 셈이다. 시비(是非)로 얽매인 나를 버리게 하는 이야기가 곧 치언이다. 시비의 얽매임을 유심(有心)이라 한다. 그러니 치언이란 유심(有心)한 이야기가 아니라 무심(無心)한 이야기이다.

무심(無心)은 시비(是非)에서 떠났으므로 걸림이 없다는 뜻이다. 걸림 없는 이야기가 나를 항상 새롭게 태어나게 한다. 날마다 새로운 탄생을 일출(日出)이라 한다. 이러한 새로운 탄생을 노자는 일손(日損)이라 했고 공자는 일신(日新)이라 하였다. 그러므로 치언(卮言)은 날마다 새롭게 태어나게 해주는 이야기를 뜻한다.

일출(日出)하라. 날마다 새롭게 태어나라. 그러면 온 세상이 천예(天倪)로 하나가 된다(和以天倪). 노자는 하늘의 갓난애(天倪)를 영아(嬰兒)로 비유하였다. 갓난애(嬰兒)에게 무슨 시비(是非)니 분별(分別)이 있겠는가. 상대(相對)를 지어 우열(愚劣)·귀천(貴賤)·상하(上下)를 따져야 하는 삶은 나를 괴롭히고 얽어맬 뿐이다. 이런 속박으로부터 벗어나는 길을 터주는 이야기가 곧 치언(卮言)이다. 이런 치언이『장자』에 수두룩하다.

『장자』를 1편부터 33편까지 순서대로 모조리 다 읽어야 할 이유는 없다. 우화들이 모여 있으니 손에 잡히는 대로『장자』를 열어 만나도 문제될 것은 하나도 없다. 철학책은 건너뛰며 읽으면 안 되지만,『장자』는 아무데서나 열어 그 편에서 들려 주는 이야기를 편안히 듣고 새김질하면 그만이다.

우화는 무슨 이치를 따져 결론을 내야 하는 이론(理論)이 아니다. 그래서 우화를 자외론지(藉外論之)라고 한 것이다. 사물을 빌

려서 밝힌다〔藉外論之〕. 우화는 어느 누구의 주장이 아니라는 말
이다. 성현(聖賢)은 말하되 찬반 양론을 들어 주장하지 않는다.
그런 연유로 성현은 글로써 밝히지 않고 말로서 이야기한다고 한
다. 서구의 니체(Nietzsche)도 '소크라테스는 글을 쓰지 않는다
(Socrates, he who does not write)'고 했다. 성현은 철인(哲人)이
아니다. 공맹(孔孟)과 노장(老莊)을 철인으로 묶어 난해한 철학
의 골방에 유폐시키지 말고 치언(卮言)을 들려 주는 천하의 할아
버지로 모셔야 한다.

　우언(寓言)이 다른 것을 빌어〔藉外〕 무엇을 밝힌다면〔論之〕, 그
무엇이란 화이천예(和以天倪)일 것이다. 하늘의 갓난애〔天倪〕란
무위(無爲) · 자연(自然)을 체험하게 해주는 말이다. 즉 도(道)를
체험하게 해주는 것이다. 도(道) · 무(無) · 일(一)은 다 같은 말이
니, 『장자』의 우화가 들려 주는 이야기와 담소를 나누면 무(無)를
체험하고 일(一)을 체험할 수 있다는 말이다. 도(道)는 인식할 수
없는 것이라고 노자는 단언하였다. 그러나 노자와 장자는 도(道)
를 체험해 볼 수는 있다며 그 경지를 황홀(恍惚)하다 한다. 그 황
홀한 경지를 장자는 어떻게 표현했을까. 천방(天放)하라. 하늘에
풀어 놓아라〔天放〕. 이보다 더 걸림 없는 자유는 없다. 이런 자유
를 『장자』의 우화와 담소를 나눈다면 한 순간만이라도 맛볼 수 있
다. 그러니 철학(哲學)을 하자고 『장자』를 읽을 것이 아니라, 『장
자』의 우화들이 들려 주는 치언(卮言)의 이야기를 듣고 자유를
누리기 위해 『장자』를 만나는 것이다.

莊子 ● 우화로 즐기는 장자

『장자(莊子)』와 담소(談笑)한다

『장자(莊子)』의 후서(後序)와 같다는 「천하(天下)」편에 다음과 같은 말이 있다. "공평하되 기울지 않고〔公而不黨〕, 간명하되 사심이 없으며〔易而無私〕, 얽매이지 않고 고집하지 않으며〔決然無主〕, 사물을 따르되 둘이 되지 않게 하며〔趣物而不兩〕, 이런저런 궁리도 않고〔不顧於慮〕 지식으로 꾀하지 않으며〔不謀於知〕, 사물을 선택하지 않고〔於物無擇〕 사물과 더불어 산다〔與之俱往〕. 옛날의 도닦기에는 위와 같은 갖추어짐이 있었다〔古之道術有在於是者〕. 팽몽과 전병, 신도는 그런 가르침을 듣고 이를 기리며〔彭蒙田駢愼到聞其風而悅之〕 만물을 차별하지 않고 다 같이 하나로 보는 것을 첫째로 삼았다〔齊萬物以爲首〕."

이 글은 『장자』의 내용에 사리(事理)를 따지고, 시비(是非)와 분별(分別)을 따지려는 의도가 없음을 잘 드러내고 있다. 『장자』의 이와 같은 점은 노자(老子)의 용내공(容乃公)을 떠올리게 한다. 우주 삼라만상을 편애하지 않고 하나같이 안는다〔容乃公〕.

『장자』는 무수한 치언(巵言)의 우화를 안고 있는 곡신(谷神) 같다고 할까. 여기서 왜 신라말의 최치원(崔致遠)이 삼가정신(三家精神)을 우리의 풍류가 다 포함하고 있다고 말했는지 알아차릴 수 있다.

한편에 기울지 말라〔不黨〕. 그러면 공평하다〔公〕. 이런 의식이 풍류의 논지(論之)다. 나는 여기서 논리(論理)란 말을 피하고 논지(論之)란 말을 쓰고 싶다. 논리라는 말은 이분법(二分法)의 모순율(矛盾律)을 떠올리게 하기 때문이다. 사물을 있는 그대로 느끼고 사사로움 없이 생각하라는 게 곧 우리네 풍류인 자유로운 논리이기 때문이다. 이렇게 하면 시비(是非)의 논리에서 벗어나 느끼고 생각하게 마련이다. 걸림 없이 하나같이 느끼고 생각해 가는 것이 체험함이다.『장자』의 우화를 이렇게 체험하면 맞고 틀림의 구속에서 벗어나 상상하는 즐거움마저 맛보게 된다.『장자』의 우화를 듣고 담소하다 보면 절로 부당(不黨)을 체험한다.

사심(私心)을 없애라〔無私〕. 그러면 간명하다〔易〕. 이런 의식을 풍류의 논지(論之)라고 생각한다. 사(私)란 남모르게 나만 알고 있는 것이다. 그것은 감추고 숨기는 것이므로 남과 나눌 수 없다. 체험은 서로 나눈 것을 간직하는 것이지 감추거나 숨기는 짓이 아니다. 걸림 없이 나누는 즐거움이 체험이다. 담소란 이런 체험을 즐기며 자적하는 것이 아닌가. 무엇이든 나누어 함께 누린다고 생각해 보라. 그러면 어떤 생각이든 간명하고 투명해진다. 체험은 상상하고 누리는 것이지 곰곰이 궁리하는 것이 아니다. 그래서 자유롭고 즐거운 것이다.『장자』의 우화를 이렇게 체험하면 어렵다고 하기보다 즐겁고 재미가 난다고 할 것이다.『장자』의 우화를 듣고 담소하다 보면 절로 무사(無私)를 체험한다.

고집하지 말라〔無主〕. 그러면 얽매이지 않는다〔決然〕. 이 또한 풍류의 논지(論之)를 떠올리게 한다. 주장하지 말라 함이 무주(無

莊子 ● 장자(莊子)와 담소(談笑)한다

主)이다. 불가에서도 상무주(常無主)하라 한다. 언제 어디서든 고집하지 말라[常無主]. 왜 저마다 고집하고 주장하는가? 저마다 나름대로 시(是)와 비(非)를 결정해 두고 저울질하기 때문이다. 그렇게 하면 곧장 이해(利害)가 뒤따른다. 이해에 얽매이다 보면 허물을 짓게 마련이다. 그 허물이 나를 얽어매는 밧줄이 된다. 그런 밧줄을 서슴없이 제거하라는 게 결연(決然)이다. 왜 신라는 화랑을 뽑아 산천에 나아가 걸림 없이 노닐게 했을까? 자연을 체험하라 함이 아니었던가. 자연을 체험하라 함은 곧 무주(無主)하라 함이다. 『장자』의 우화를 듣고 담소하다 보면 절로 무주(無主)를 체험한다.

둘이 되게 말라[不兩]. 그러면 사물에 따라 간다[趣物]. 이 또한 풍류의 논지(論之)를 떠올리게 한다. 노장(老莊)은 둘[二]을 버리라고 한다. 무사(無私)·무친(無親)·몰신(歿身) 등이 곧 둘을 버리는 길이다. 태일(太一)·대일(大一)·소일(所一)·위일(爲一)·포일(抱一) 등도 다 둘을 버리고 하나가 되라는 말이다. 시비(是非)·선악(善惡)·이해(利害)·귀천(貴賤)·상하(上下) 등에 묶여 둘로 갈라 저울질하지 말라는 게 곧 불양(不兩)이다. 나에게 이로우면 선(善)이고 해로우면 악(惡)이라는 사람은 무섭다. 피아(彼我)의 견지(見地)를 고집하기 때문이다. 내 뜻과 같다면 시(是)이고 다르다면 비(非)라고 고집하는 사람도 역시 무섭다. 시비의 잣대를 멋대로 만들어 저울질하며 너(彼)는 너, 나(我)는 나라고 주장하는 이분(二分)되는 피아(彼我)의 입장을 고수하기 때문이다. 그런 피아를 떠나 사물과 어울린다[趣物]면 둘로 갈라질 리 없다. 『장자』의 우화를 듣고 담소하다 보면 절로 불양(不兩)을 체험한다.

불고어려(不顧於慮)하고 불모어지(不謀於知)한다. 이는 머리를 굴리지 않는다는 말이다. 왜 사람들이 밤잠을 설쳐 가며 이 궁리저 궁리로 뒤척거려야 하는가? 따지고 보면 취물을 어기고 불양(不兩)하기를 버린 탓이다. 이는 곧 풍류(風流)를 버렸기 때문이다. 느끼고, 생각하고, 터득하고, 알아차리기〔論之〕가 시비로 갈라지지 않고 왜 서로 하나같이 어울린다는 말인가? 어물무택(於物無擇)하여 여지구왕(與之俱往)하기 때문이다. 무택(無擇)하라. 이것저것 가리지 말라〔無擇〕. 그러면 불양(不兩)으로 이어진다. 피아(彼我)가 둘이 아니라면 만물은 하나와 같다〔一如〕. 그러니 만물과 더불어〔與之〕 피아가 함께 간다〔俱往〕. 구왕(俱往)을 불가(佛家)에선 무애(無碍)라 한다. 걸림 없이 논지(論之)하고 걸림 없이 행동하라〔俱往〕. 이를 두고 장자(莊子)는 「천하(天下)」편에서 옛날의 도닦기〔古之道術〕라고 일러 준다. 『장자』의 우화를 듣고 담소하다 보면 절로 구왕(俱往)을 체험한다.

이 땅에 사는 우리는 한국인이다. 이 땅에서 20세기 전에 살았던 우리〔韓民族〕는 조선인(朝鮮人)이다. 조선인까지는 유불선(儒佛仙), 즉 삼가정신(三家精神)을 바탕으로 논지(論之)하며 살았다. 아무리 고려가 불가의 시대였고 조선이 유가의 시대였다 해도 삼가정신을 떠나서 살지 않았다. 그러나 20세기부터 우리는 그전의 우리와는 달리 이분법(二分法)의 모순율(矛盾律)인 서구 논리(西歐論理)에 스스로를 길들이려고 이리저리 발버둥을 친다. 말하자면 서양화(西洋化)하려고 몸부림치고 있는 꼴이다. 만물과 어울리는 풍류의 논지를 잊어버리고, 환골탈태(換骨奪胎)하여 서양인으로 변신한다는 착각에 사로잡힌 게 지금 우리네 실정이다. 왜 이런 착각에 휘말리는가? 시비(是非)를 떠나라는 우리네 고유의 논지보다, 시비를 가리자는 서양의 논리가 우월하다고 착각하기 때문이다. 그런 착각 때문에 삶을 즐겁게 누리는 길을 잃어버린 셈이다. 일할 줄만 알아서는 안 된다. 가끔씩 쉬기도 하는 것이 제대로 살아가는 모습이다. 서양식으로 생활한다 하더라도 동양식으로 휴식할 줄 안다면 그만큼 산다는 일이 너그럽고 편안하고 즐거워 여유를 누릴 수 있다.『장자』의 우화를 듣고 담소하다 보면 절로 부당(不黨)·무사(無私)·무주(無主)·불양(不兩)·무택(無擇)의 휴식을 체험하고 풍류의 논지를 되찾을 수 있다.

장자
莊子

內篇 1

소요유(逍遙遊)

요지 막고야산(藐姑射山)에 사는 신인(神人)을 만나 보라.

입문 소요유(逍遙遊)는 천방(天放)이다.

천방(天放)은 더할 바 없는 해방(解放)이요 해탈(解脫)이요 무애(無碍)요 자유(自由)이다. 그저 그냥 하염없이 노닐 수 있느냐고 「소요유(逍遙遊)」편이 묻는다. 어떻게 하면 자유로울까? 기대려는 것을 모조리 없애라. 그러면 자유롭다. 이렇게 「소요유」편이 이야기한다. 소요유(逍遙遊)의 체험은 지극한 열락(悅樂)이요 황홀한 즐거움이다. 대지(大知)를 누리는 자유를 맛보게 한다.

소요유(逍遙遊)는 소지(小知)에서 벗어나라, 그리고 대지(大知)에서 삶을 누리며 자유를 만끽하라 함이다. 대지(大知)는 자연(自然)이요 무위(無爲)다. 또한 큰 지식이요 열린 마음가짐이다. 소지(小知)는 인간(人間)이요 인위(人爲)다. 또한 작은 지식이요 닫힌 마음가짐이다.

작은 지식은 고집하지만 큰 지식은 스스로 변화할 줄 안다. 변화할 줄 알므로 고집하지 않는다. 그래서 대지(大知)는 자유롭다. 흐르는 물을 보라. 흘러가는 바람을 보라. 하나도 고집하는 것이 없다. 작은 지식은 나를 구속하고 큰 지식은 나를 풀어 준다.

1. 곤(鯤)이 붕(鵬)이 되어 날다

【우화(寓話)】

북녘 바다에 물고기가 있다〔北冥有魚〕. 그것의 이름은 곤〔其名爲鯤〕이다. 곤의 크기〔鯤之大〕는 수천 리나 되어 얼마나 큰지 알 수 없다〔不知其幾千里也〕. 곤이 변해서 새가 되었는데〔化而爲鳥〕 그 이름은 붕이다〔其名爲鵬〕. 붕의 등〔鵬之背〕은 수천 리나 되어 얼마나 넓은지 알 수 없다〔不知其幾千里也〕. 숫구쳐 날면〔怒而飛〕 붕의 날개는 하늘에 드리운 구름 같다〔其翼若垂天之雲〕. 이 새〔是鳥〕는 바다가 출렁이어 큰 바람이 일면 남쪽 바다로 날아간다〔海運而將徙於南冥〕. 남쪽 바다〔南冥〕 그 곳은 하늘만큼 크나큰 못〔天池〕이다.

冥:그윽할 명 鯤:큰 물고기 곤 鳥:새 조 鵬:새 붕 背:등 배
怒:숫구칠 노 翼:날개 익 垂:드리울 수 徙:옮길 사 池:못 지
北冥(북명):북쪽의 바다

【담소(談笑)】

물고기 수컷의 정액이 곤(鯤)이다. 곤은 암컷의 알을 만나야 비로소 물고기 새끼가 된다. 그러므로 곤(鯤)은 가장 작은 것이다. 그런데 장자(莊子)는 가장 작은 것을 가장 큰 것이라고 한다. 작은 것을 떠나라. 그러면 크게 변한다. 장자는 상식을 뒤집는다. 장자의 말은 이렇게 통쾌한 역설로 우리를 후려 대지(大知)로 이끈다.

바다에 바람이 일어 허공을 채우면 붕(鵬)은 비상한다. 이 때 붕의 날개는 하늘에 드리운 구름 같다. 이 붕은 천지 사이에서 그저 그냥 하염없이 노니는 소요유(逍遙遊)의 주인이다. 그런 새가

부럽지 않은가? 장자가 이렇게 대지(大知)를 묻고 있다. 대답해 보라.

하늘과 땅과 더불어 구만리 장천(長天)에서 노니는 붕(鵬)은 또한 우주를 벗하고 노닌다. 붕의 비상(飛翔), 그것은 자유요 해방이요 해탈이다. 이는 크나큰 덕〔常德〕이다. 당신은 자유인가? 아니면 구속인가? 장자가 대지(大知)를 묻는다. 대답해 보라.

생각을 묶지 말라. 닫지도 말라. 마음을 열라. 그리고 걸림 없이 상상(想像)하라. 그러면 누구나 그저 그냥 하염없이 노니는 붕(鵬)이 된다. 우리 마음이 곧 구만리 장천이 된다. 소요유(逍遙遊)는 비상하는 새일레라. 우리도 그런 새가 될 수 있다. 이는 장자의 증언이요 대지(大知)의 증명이다.

대지(大知)는 무궁(無窮)하다. 무궁은 궁(窮)이 없다 함이다. 고집하다 막다른 골목에 갇힌 꼴이 궁(窮)이다. 그러므로 무궁이면 확 트여 어디 하나 막힘이 없어 끊임없이 변화한다. 소요유(逍遙遊), 그것은 무궁에 노닐라 함이다. 당신은 큰가? 이렇게 소요유가 묻는다. 이러한 물음이 「소요유(逍遙遊)」편의 논지(論旨)일 것이다.

2. 무궁한 것에 노닐라

【우화(寓話)】

만약 천지의 본래 모습을 타고〔若乘天地之正〕 자연의 변화를 받들어 모시면서〔而御六氣之辯〕 무궁한 것에 노니는 자가 되면〔以遊無窮者〕 대체 무엇에 의존할 것인가〔彼且惡乎待哉〕?

若:만일 약　乘:탈 승　御:모실 어
辯:말 잘할 변. 여기서는 변할 변(變)의 의미
窮:다할 궁　惡:어찌 오　待:기댈 대
正(정):바른 모습
六氣(육기):자연, 즉 음(陰)·양(陽)·풍(風)·우(雨)·회(晦)·명(明)
彼且(피차):대체

【담소(談笑)】

　기대하는 것이 있으면 묶이게 마련이다. 소망하는 것이 클수록 자신은 점점 작아진다. 왜 스스로를 비굴하게 만드는가? 소망하는 것이 크고 많기 때문이다. 소망함이 발목을 잡는다. 소망을 버려 보라. 그러면 나는 자연인이 된다. 자연인은 크다. 그러나 소망에 붙들리다 보면 그 순간 나는 작아진다. 내가 작아지면 나를 스스로 묶고 만다.

　자연은 바로 자유(自由). 그러므로 자연을 어기면 바로 그 순간 부자유(不自由)가 된다. 내가 기대하는 것이 곧 나를 구속한다. 의지하지 말라. 기대하지 말라. 그러면 그 순간 나는 해금(解禁)된다. 그리고 스스로 크다는 것〔大〕을 확인한다. 해방을 누린다면 곧 장천(長天)을 나는 붕(鵬)처럼 날아 볼 수 있으리라.

3. 제해(齊諧)는 괴이(怪異)한 일을 안다

【우화(寓話)】

　제해라는 이는 괴이한 일을 알고 있다〔志怪〕. 붕이 남쪽 바다로 날아가면〔鵬之徙於南冥〕 삼천 리에 걸쳐 물보라가 일어난다〔水擊

三千里]. 부요(扶搖)를 타고 구만 리나 날아올라[搏扶搖而上者九萬里] 6월의 큰 바람을 받아 남쪽으로 날아간다[去以六息者也].

> 擊:칠 격   搏:잡을 박   扶:붙들 부   搖:흔들릴 요
> 去:갈 거   息:숨쉴 식
> 扶搖(부요):회오리바람   六息(육식):6월에 부는 큰 바람

【담소(談笑)】

사람들은 상식(常識)을 벗어난 것은 알려고 들지 않는다. 괴상하게 여기고 싫어한다. 이처럼 상식은 사람을 버릇에 찌들게 한다. 그러나 제해(齊諧)라는 이는 상식에 어긋난 것도 팽개치지 않고 헤아려 보았으니, 이를 일러 제해지괴(齊諧志怪)라 한다. 여기서 지(志)는 식(識)이다. 따라서 지괴(志怪)는 상식에서 벗어난 것[怪]을 알고 있다[志] 함이다. 상식으로는 붕(鵬)을 알 수 없다. 상식은 나를 작게 하고 상상은 나를 크게 한다. 상상하라. 그러면 때묻은 옷을 벗을 수 있다.

4. 매미와 비둘기가 붕(鵬)을 흉본다

【우화(寓話)】

매미와 비둘기가 붕을 비웃는다[蜩與學鳩笑之曰]. "우리는 애써 날아올라야[我決起而飛] 느릅나무나 박달나무 위에 이른다[槍楡枋]. 때로는 거기에도 이르지 못해[時則不至] 땅바닥에 곤두박질친다[控於地而已矣]. 어쩌자고 구만 리나 올라 남쪽으로 가려 하는가[奚以之九萬里而南爲]."

莊子 ● 內篇

蜩:매미 조 與:더불어 여 鳩:비둘기 구 笑:웃을 소 曰:말하기 왈
我:나(우리) 아 決:터질 결 起:일어날 기 飛:날 비 槍:이를 창
榆:느릅나무 유 枋:박달나무 방 至:이를 지 控:던져질 공
於:어조사 어
學鳩(학구):비둘기 而已矣(이이의):~ 할 뿐이다
奚以之(해이지):어째서

【담소(談笑)】

 매미와 비둘기는 작다. 작은 것은 큰 것을 모른다. 돼지 눈에는
돼지만 보이듯이 작은 것은 작게만 보려고 한다. 매미와 비둘기는
구만리 장천을 날아가는 붕(鵬)을 흉보면서도 그게 흉보는 짓인
줄 모른다. 매미는 매미만큼, 비둘기는 비둘기만큼 세상을 보기
때문이다. 이것이 곧 소지(小知)의 버릇이다. 작고 낡아빠진 마음
으로 세상을 저울질하지 말라. 그러면 소지에 놀아나 흉해진다.
 작은 지식[小知]은 큰 지식에 미치지 못하고 짧은 목숨은 긴 목
숨에 미치지 못한다. 이를 잘 새겨야 한다. 아침에 피었다 저녁이
면 죽고 마는 조균(朝菌)은 밤중과 새벽을 모르고, 한여름에 단
며칠 살다 갈 뿐인 매미는 봄과 가을을 모른다고 했다. 그래서 소
요유(逍遙遊)는 이렇게 묻는다. 너는 매미냐 아니면 조균이냐?

5. 메추라기도 붕(鵬)을 흉본다

【우화(寓話)】

 은(殷)나라 탕(湯)임금에게 하극(夏棘)이 곤(鯤)과 붕(鵬)에 대
해 이야기하고 있었다. 이 이야기를 엿들은 메추라기가 붕(鵬)을

비웃으며 흉을 보았다〔斥鴳笑之曰〕. "저것이 도대체 어딜 가겠다
는 건가〔彼且奚適也〕? 내가 힘껏 날아올라 보아도〔我騰躍而上〕 불
과 몇 길 못 오르고 내려와〔不過數仞而下〕 쑥대밭 사이로 날아다
니지〔翺翔蓬蒿之間〕. 이것도 대단하게 날아오른 것인데〔此亦飛之
至也〕 저것은 도대체 어디만큼 오르자고 하는 짓이냐〔彼且奚適
也〕."

【담소(談笑)】

탕(湯)은 하(夏)나라 폭군인 걸(桀)을 무찌른 성왕(聖王)으로
알려졌다. 이야기 속의 극(棘)은 탕의 지혜로운 신하인 하극(夏
棘)을 말한다. 붕(鵬)을 비웃었다는 척안(斥鴳)은 작은 늪에 사는
새로, 크기가 메추라기 정도이다. 이 메추라기가 어리석은 인간을
생각해 보게 한다.

현명한 사람이 하는 이야기를 어리석은 인간은 흉보기 좋아한
다. 어리석은 인간은 큰 것〔大〕을 몰라 소인(小人)이 된다. 하극
은 붕(鵬)의 이야기를 알지만 메추라기는 모른다. 여기서 작은 것
과 큰 것의 차이를 알 수 있으리라.

6. 송영자(宋榮子)도 메추라기를 흉본다

【우화(寓話)】

메추라기같이 속좁은 인간을 향해 송영자(宋榮子)가 태연히 빙그레 웃는다[宋榮子猶然笑之]. 송영자는 세상이 그를 칭찬한다 해서[擧世而譽之] 애쓰지 않고[而不加勸], 세상이 비난한다 해서[擧世而非之] 기죽지 않는다[而不加沮]. 그는 안팎의 경계를 분명히 하고[定乎內外之分], 영예와 치욕의 금을 분명히 한다[辨乎榮辱之竟]. 그는 이런 정도일 뿐이다[斯已矣]. 그는 세상에서 허둥대며 살지 않는다[彼其於世未數數然也]. 그러나[雖然] 아직 기대지 않고 절로 살지는 못한다[猶有未樹也].

擧:움직일 거 譽:명예로울 예 加:더할 가 勸:힘쓸 권
非:배반할 비 沮:막을 저 定:정할 정 分:나눌 분
辨:분명히 할 변 竟:다할 경 彼:너 피 數:빠를 삭
然:그럴 연 樹:나무 수. 여기서는 입(立)의 의미

【담소(談笑)】

세상을 초연히 산다는 송영자를 두고 장자는 이렇게 평한다. '그렇지만[雖然] 아직은 제자리를 잡지 못한 데가 있다[猶有未樹也].' 초연히 사는 송영자를 왜 장자는 미수(未樹)라고 평했을까? 미수(未樹)는 아직 덜 자란 나무를 말하므로 장자는 송영자에게 아직 덜된 데가 있다고 본 셈이다. 왜 송영자가 미수(未樹)일까? 속좁은 인간을 문제가 있다고 비웃고 있기 때문이다. 칭찬할 것도 없고 비웃을 것도 없어야 한다. 그래야 자유롭다. 이것이 장자의 뜻이다.

7. 열자(列子)도 기대는 것이 있다

【우화(寓話)】

열자(列子)는 바람을 타고 다니니[列子御風而行] 선선해서 좋겠다[冷然善也]. 그렇게 쏘다니다 한 보름 지나서야 돌아온다[旬有五日而後反]. 그는 복을 갖다 주는 것에 허둥대지 않는다[彼於致福者未數數然也]. 바람을 타고 다닌다니 두 발로 걷는 수고로움은 면했지만[此雖免乎行], 역시 기대는 데가 있다[猶有所待者也].

御:다스릴 어 風:바람 풍 行:갈 행 冷:찰 랭 善:좋을 선
旬:열흘 순 後:뒤 후 反:돌아올 반 彼:너 피 於:어조사 어
未:아닐 미 數:빠를 삭 此:이것 차 雖:비록 수 免:면할 면
猶:오히려 유 所:바 소 待:기다릴 대
冷然(냉연):시원한 모습

【담소(談笑)】

바람을 타고 다닌다는 열자(列子). 그는 바람 덕에 힘들이지 않고 시원하게 어디든 쏘다닌다. 그에게 바람은 분명 치복자(致福者)라 할 만하다. 아무리 복을 갖다 주는 것[致福者]에 대해 고맙다며 굽실거리지 않더라도, 결국 열자는 바람에 기대는 셈이다. 바람이 불지 않으면 쏘다닐 수 없고, 어디든 가려면 바람 불기를 기다려야 하니 열자도 딱한 노릇이다.

기대하며 기다리는 마음은 불편하다. 마음이 불편하다면 노닐 수 없다. 그러니 바람에 기대야 하는 열자는 자유롭지 못하다. 그래서 장자는 열자를 두고 오히려 기대는 데가 있다[猶有所待者]고 한 것이다. 아직 열자는 자유롭지 못한 처지다.

　사람은 기대는 것〔所待者〕이 많기 때문에 스스로 자유를 팔아 버리고 사서 고생하기를 마다하지 않는다. 남이 나를 구속해서 내가 묶이는 것이 아니다. 내 자신을 내가 스스로 묶을 뿐이다. 기다리는 것이 있는가? 바라는 것이 있는가? 그렇다면 자유로울 수 없다.

　먼지를 털어 버리듯 바라는 바를 훌훌 털어 보라. 그러면 그저 그냥 하염없이 자유롭다. 자기(自己), 공적(功績), 명예(名譽) 따위는 나를 묶어 가둬 버리는 감옥이다. 그래서 장자는 소요유(逍遙遊)의 주인을 지인(至人)·신인(神人)·성인(聖人)이라 부른다.

　지인(至人)은 지극한 분이다. 어째서 지극한가? 무기(無己)이기 때문이다. 사(私)라고는 무엇 하나 없다〔無己〕. 그러면 지인(至人)이다. 지인은 누구인가? 덕을 더할 바 없이 쌓은 분이다. 소인은 자기를 앞세우려고 야단이지만 지인은 자기를 없애고 자유를 누린다. 자기를 앞세우지 말라. 그러면 지인의 뒤를 따를 수 있다.

　신인(神人)은 하늘 같은 분이다. 왜 그러한가? 무공(無功)이기 때문이다. 공치사가 없다〔無功〕. 그러면 신인(神人)이다. 신인은 누구인가? 덕을 더할 바 없이 활용하는 분이다. 소인은 공을 말하려〔論功〕 발버둥치지만 신인은 공(功)을 팽개치고 자유를 얻는다. 공(功)에 기대지 말라. 그러면 신인의 이웃이 된다.

　성인(聖人)은 스스로 이루어 막힘도 없고 걸림도 없는 분이다. 왜 그러한가? 무명(無名)이기 때문이다. 명성 따위에 매달림이 없다〔無名〕. 그러면 성인(聖人)이다. 성인은 누구인가? 천지를 닮은 분이다. 천지를 닮았다 함은 천지를 본받아 창조할 수 있다는 말이다. 성인은 창조하는 분이다. 성인은 사는 방법을 맨 처음 발견하여 남에게 알려 준다. 그러나 그냥 숨을 뿐 결코 이름을 팔지 않는다. 소인은 유명(有名)해지려고 안달이고 성인은 무명(無名)해지려고 숨는다. 명(名)에 기대지 말라. 그러면 성인의 아류는 된다.

지인(至人)·신인(神人)·성인(聖人) 모두 어디에도 기대지 않고 저절로 있다. 저절로 그저 있음을 자연이라 하지 않는가. 소요유(逍遙遊)란 바로 자연이다. 장자의 천방(天放)이 곧 소요유의 다른 말이다. 소요유는 인간으로부터 탈옥하라는 의미다. 소요유(逍遙遊), 이는 인간이란 욕망의 감옥을 파괴할 때 누리는 놀이로다.

8. 허유(許由)는 왕위를 거절했다

【우화(寓話)】

허유가 말했다〔許由曰〕. "그대〔요(堯)임금〕가 천하를 다스려〔子治天下〕 이미 천하가 다스려지고 있는데〔天下旣已治也〕, 그대를 대신해〔而我猶代子〕 앞으로 나를 유명하게 하려는 것입니까〔吾將爲名乎〕? 이름이라는 것은 주인〔實〕을 찾아온 손님이지요〔名者實之賓也〕. 저에게 그런 손님이 되라는 것인가요〔吾將爲賓乎〕? 뱁새가 깊은 숲에다 둥지를 지어도 나뭇가지 하나면 족하고〔鷦鷯巢於深林不過一枝〕, 두더지가 강물을 마신다 해도 작은 배를 채우는 것에 불과하지요〔偃鼠飮河不過滿腹〕. 그대는 돌아가시오〔歸休乎君〕. 내게는 천하란 것이 소용 없어요〔予無所用天下爲〕."

子:당신 자 治:다스릴 치 旣:이미 기 已:이미 이 代:대신할 대
吾:나 오 將:장차 장 爲:될 위 實:열매 실 賓:손님 빈
巢:둥지 소 深:깊을 심 枝:나뭇가지 지 飮:마실 음 河:물 하
滿:채울 만 腹:배 복 歸:돌아갈 귀 休:쉴 휴 予:나 여
鷦鷯(초료):뱁새 偃鼠(언서):두더지

【담소(談笑)】

요(堯)임금이 천하를 물려주려고 허유(許由)를 방문했다. 그는 유가(儒家)에서 최고로 받들어 모시는 성왕(聖王)이다. 그런 요임금이 기산(箕山)에 숨어 살던 허유에게 임금 자리를 물려주려다 망신을 당했다. 요임금이 돌아가자 더러운 말을 들었다며 귀를 씻었다는 허유. 왜 장자가 허유를 등장시켰을까? 천자의 자리를 물리친 허유야말로 걸림 없이 사는 표본이기 때문이 아닐까.

천하를 주겠다는데 마다하는 허유여! 어쩌면 그대는 붕(鵬)보다도 더 자유로우리라. 붕도 바다에 큰 바람이 일지 않으면 구만 리 허공을 날 수 없으니, 아무리 커도 바람에 기대는 것이 아닌가. 천하마저도 뿌리칠 수 있는 허유야말로 걸림 없이 사는 주인이다. 허유도 소요유(逍遙遊)의 주인 노릇을 하는 셈이다.

9. 견오(肩吾)가 연숙(連叔)에게 물었다

【우화(寓話)】

견오가 연숙에게 물어 말했다〔肩吾問於連叔曰〕. "접여에게서 들은 말입니다〔吾聞言於接輿〕. 거창해서 터무니없어 보였지요〔大而無當〕. 앞으로 나아갈 뿐 되돌아오지 않는다고 하더군요〔往而不反〕. 그 이야기가 끝없는 은하수처럼 들려 나는 온몸이 오싹했지요〔吾驚怖其言猶銀河而無極也〕. 경지가 너무나 커서〔大有逕廷〕 상식으로는 알 수 없더군요〔不近人情焉〕."

무슨 내용인데 그러냐고 연숙이 물었다〔連叔曰 其言謂何哉〕. 견오가 말했다〔曰〕. "막고야산에 신인이 살고 있는데〔藐姑射之山有神人居焉〕, 살갗이 눈과 얼음처럼 희고〔肌膚若氷雪〕 처녀같이 부드러우며〔淖約若處子〕, 오곡을 먹지 않고〔不食五穀〕 바람과 이슬을 먹으며[吸風飲露], 구름의 기운을 타며[乘雲氣], 날아다니는 용을 이끌어[御飛龍] 사해 밖을 노닌다고 해요[而遊乎四海之外]. 그 신인의 정신이 엉기면[其神凝] 만물이 병을 앓지 않고[使物不疵癘] 한 해의 곡식도 잘 영근다는 겁니다[而年穀熟]. 이야기가 하도 허황하여 믿어지지 않아요[吾以是狂而不信也]."

연숙이 말했다[連叔曰]. "그렇겠군[然]. 장님에게는 그림이 안 보이고[瞽者無以與乎文章之觀] 귀머거리에게는 음악 소리가 들리지 않는다지만[聾者無以與乎鐘鼓之聲], 어찌 육체만 그렇다는 것이겠소[豈唯形骸有聾盲哉]. 무릇 안다는 것에도 장님과 귀머거리가 있다는 게지[夫知亦有之]. 이런 말을 두고[其是言也] 바로 자네 같다 하겠네[猶時女也]."

居:살 거 肌:살갗 기 膚:살갗 부 若:같을 약 淖:온화할 뇨
約:묶을 약 氷:얼음 빙 雪:눈 설 食:먹을 식 穀:곡식 곡
吸:숨쉴 흡 飮:마실 음 乘:탈 승 雲:구름 운 氣:기운 기
御:다스릴 어 飛:날 비 遊:놀 유 凝:엉길 응 使:시킬 사
疵:병 자 癘:병 려 熟:익을 숙 狂:미칠 광 然:그럴 연
瞽:장님 고 與:함께할 여 觀:볼 관 聾:귀머거리 롱
者:가리켜 이를 자 聲:소리 성 豈:어찌 기 唯:오직 유
盲:눈멀 맹 哉:어조사 재 是:이것 시
藐姑射(막고야):산 이름 處子(처자):처녀
文章(문장):빛깔을 띤 무늬로 청(靑)과 백(白)을 문(文), 적(赤)과 백
(白)을 장(章)이라 함
鐘鼓(종고):음악
形骸(형해):육체
有之(유지):여기서 지(之)는 맹인(盲人)과 귀머거리를 일컬음
猶時(유시):여기서 시(時)는 시(是)와 같음 女(여):너 여(汝)의 의미

【담소(談笑)】

견오(肩吾)와 연숙(連叔)은 우화(寓話) 속 인물로 장자가 만들어 낸 가공 인물이다. 견오가 덕을 모르는 지식인형(型)이라면 연숙은 덕을 흠모하는 인간이다. 이렇게 상상해 보면 장자의 의도를 엿볼 수 있을 것이다. 그리고 막고야산에 산다는 신인(神人)은 바로 덕(德)의 화신(化身)으로 이해하면 된다. 물론 덕은 자연의 모습이다. 연숙은 그 덕을 이렇게 말한다. "신인의 덕은〔神人之德也〕 만물을 두루두루 합쳐서〔將旁礴萬物〕 하나 되게 하는 것일세〔以爲一也〕."

이어서 연숙은 말한다〔連叔曰〕. "세상은 신인이 난을 바로잡길 바라지만〔世蘄乎亂〕, 어느 누가 심신을 지치게 하면서 천하를 위해 봉사하겠는가〔孰幣幣焉以天下爲事〕. 이러한 신인은〔之人也〕 바깥 사물로 인해 피해를 입는 일이 없지〔物莫之傷〕. …… 신인은 몸에 묻은 먼지나 때나 쭉정이나 쌀겨로도〔是其塵垢粃糠〕 능히 요순을 빚어서 찍어 낼 수 있거늘〔將猶陶鑄堯舜者也〕, 무엇을 하자고 세상일에 빠져 수고하겠는가〔孰肯以物爲事〕."

요순(堯舜)을 최고 경지로 보려는 사람들이 어찌 연숙이 말하는 신인(神人)을 알겠는가? 덕을 모르면 신인을 알 수 없다는 것이 장자의 생각이다. 더할 나위 없이 덕을 누리는 분이 신인이다. 그렇게 누릴 수 있는 경지를 소요유(逍遙遊)라 한 것이다. 바라는 것이나 기대하는 것이 없는데 무엇을 위해 수고하겠는가? 사람들은 명예와 권세, 재물과 돈 때문에 땀흘리고 애를 쓴다. 그래도 안 되면 피까지 흘린다. 그러니 어찌 막고야산에 산다는 신인의 자유를 넘볼 수 있겠는가.

그러나 살기 어려울 때 종종 막고야산에 올라가서 신인(神人)을 만나 함께 즐긴다고 상상해 보라. 그리고 덕(德)을 떠올려 보라. 그러면 힘을 얻는다. 덕이 나를 자유롭게 하기 때문이다. 덕이란 나를 없애고〔無己〕 내 공을 없애고〔無功〕 내 이름을 없애〔無名〕 내가 길가에 자라는 풀과 다를 바 없다고 느끼는 큰 마음이다. 큰 마음을 일러 대일(大一)이라 했으니 소요유(逍遙遊)는 큰 마음이 노니는 모습인 셈이다.

將 : 오히려 장　旁 : 넓을 방　礴 : 섞을 박　蘄 : 바랄 기. 기(祈)와 통용
亂 : 어지러울 란　孰 : 누구(무엇) 숙　弊 : 피폐할 폐　莫 : 없을 막
傷 : 상처 상　塵 : 먼지 진　垢 : 때 구　秕 : 쭉정이 비　糠 : 쌀겨 강
猶 : 오히려 유　陶 : 질그릇 도　鑄 : 만들 주　肯 : 즐길 긍
弊弊焉(폐폐언) : 피곤해 찌든 모습
爲事(위사) : 봉사하다
陶鑄(도주) : 빚어서 찍어 내다

10. 요(堯)임금이 멍해졌다

【우화(寓話)】

송나라 사람이 모자〔冠〕를 팔려고 월나라에 갔다〔宋人資章甫而適諸越〕. 그런데 월나라 사람들은 머리를 깎고 문신을 하고 있어〔越人斷髮文身〕 모자가 아무 소용 없었다〔無所用之〕.

요임금은 천하의 온 백성을 다스렸고〔堯治天下之民〕 세상의 정치를 평안하게 했다〔平四海內之政〕. 이 요임금이 막고야산에 사는 네 신인을 만나러 왔다〔往見四子藐姑射之山〕. 도읍으로 돌아와서는〔汾水之陽〕 얼이 빠져 자기가 다스리는 천하를 잊어버리고 말았다〔窅然喪其天下焉〕.

宋:송나라 송　適:갈 적　諸:어조사 제　越:월나라 월　斷:자를 단
髮:터럭 발　治:다스릴 치　政:다스릴 정　往:갈 왕　見:볼 견
汾:물이 굽이쳐 흐를 분　陽:볕 양　窅:얼빠진 면　然:그럴 연
喪:잃을 상
章甫(장보) : 머리에 쓰는 관
四子(사자) : 네 명의 신인(神人). 왕예(王倪), 설결(齧缺), 피의(被衣),
　　　　　　 허유(許由)라는 설이 있음
汾水(분수) : 중국 산서성(山西省)에 있는 강
汾水之陽(분수지양) : 요(堯)임금이 정했던 도읍

【담소(談笑)】

중국에서는 송인(宋人)을 바보의 대명사로 쓰는 경우가 많다고
한다. 그렇지만 장자(莊子)가 바로 그 송나라 사람이니, 장자가
이 우화에서 송나라 사람들을 흉봤다고 말꼬리를 잡을 수는 없겠
다. 모자를 쓰지 않는 나라에 모자를 팔러 간 바보. 장자는 바보
같다는 송나라 사람에 빗대어 요임금을 비웃고 있다.

천하를 물려주겠다고 신인을 찾아간 요임금은 월나라로 모자를
팔러 간 송인과 같다. 도읍으로 돌아와서도 요임금은 얼이 빠져
멍하게 있었다고 하니 막고야산에서 얼마나 당했는지 알 만하다.
권좌에 앉아 있다고 뽐내지 말라. 돈이나 명예가 있다고 오만하게
굴지 말라. 그런 것들 탓에 스스로 꼼짝 못하고 묶여 살고 있음을
모를 뿐이다. 이를 아는 장자는 요임금을 바보라며 비웃는다.

11. 장자(莊子)가 혜자(惠子)를 비웃다

【우화(寓話)】

혜자(惠子)가 장자에게 말을 건다〔惠子謂莊子曰〕. "나에게 큰 나무가 한 그루 있지요〔吾有大樹〕. 사람들이 그것을 가죽나무라고 합디다〔人謂之樗〕. 그 줄기가 울퉁불퉁해〔其大本擁腫〕 먹줄을 놓을 수가 없어요〔而不中繩墨〕. 그 가지가 비비 꼬이고 굽어서〔其小枝卷曲〕 자로 잴 수가 없어요〔而不中規矩〕. 길에 서 있지만〔立之塗〕 목수가 쳐다보지도 않는답니다〔匠者不顧〕. 그런데 당신의 말도〔今子之言〕 크기는 하지만 소용이 없군요〔大而無用〕. 그래서 사람들이 하나같이 외면하는 것이지요〔衆所同去也〕."

장자가 혜자에게 말한다〔莊子曰〕. "선생은 너구리나 살쾡이를 본 적이 있겠지요〔子獨不見狸狌乎〕. 몸을 낮추어 숨어서〔卑身而伏〕 닭이나 쥐를 노려보다가〔以候敖者〕 사방으로 이리저리 뛰는데〔東西跳梁〕, 높고 낮은 데를 가리지 못해〔不辟高下〕 덫에 걸려들거나〔中於機辟〕 그물에 걸려 죽지요〔死於罔罟〕. 그런데 검정 물소〔今夫斄牛〕는 크기가 하늘에 드리운 구름 같아〔其大若垂天地之雲〕 능히 큰 일을 할 수 있겠지만〔此能爲大矣〕, 쥐를 잡지는 못하지요〔而不能執鼠〕. 그런데 선생은 큰 나무가 있어도〔今子有大樹〕 쓸모가 없어서 걱정이라지요〔患其無用〕. 어째서 드넓은 들판 아무것도 없는 곳에 그 큰 나무를 심어 두지 않는지요〔何不樹之於無何有之鄕 廣莫之野〕. 그 나무 옆에서 하는 일 없이 빈둥거리며〔彷徨乎無爲其側〕 그 아래에 평상을 놓고 누워서 노닐지 못하는지요〔逍遙乎寢臥其下〕. 도끼에 찍혀 당할 것도 없고〔不夭斤斧〕 해를 끼칠 것도 없지요〔物無害者〕. 그런데 쓸 만한 데가 없다고〔無所可用〕 어째서 괴로워한단 말입니까〔安所困苦哉〕."

樹:나무 수　樗:가죽나무 저　擁:안을 옹　腫:부스럼 종
中:가운데 중　卷:말릴 권　曲:굽을 곡　規:그림쇠 규　矩:곱자 구
立:설 립　塗:길 도　顧:되돌아볼 고　衆:무리 중　所:바 소
同:한가지 동　去:외면할 거　獨:홀로 독　見:볼 견　狸:너구리 리
狌:살쾡이 성　卑:낮출 비　伏:엎드릴 복　跳:뛸 도
梁:징검다리 량　候:노려볼 후　辟:피할 벽　犛:물소리
垂:드리울 수　雲:구름 운　執:잡을 집　鼠:쥐 서　樹:나무 수
患:근심할 환　何:어찌 하　彷:거닐 방　徨:노닐 황　側:옆 측
逍:노닐 소　遊:놀 유　寢:누워 쉴 침　臥:누울 와　夭:젊을 요
斥:물리칠 척　斧:도끼 부　物:일 물　害:해칠 해　安:편안할 안
困:곤궁할 곤　苦:괴로워할 고
繩墨(승묵):먹줄　匠者(장자):목수　敖者(오자):닭이나 쥐
機辟(기벽):덫　罔罟(망고):그물
無何有(무하유):무엇 하나 없는 것　廣莫(광막):드넓은 것

【담소(談笑)】

　혜자(惠子)는 위(魏)나라 재상을 지낸 사람으로, 논리를 앞세우는 명가(名家)의 일원이다. 이 우화에서 장자는 혜자와의 대화를 통해 따지기 좋아하는 사람들에게 공연히 사서 수고하지 말라고 질타한다. 재물이 되어야 쓸모가 있다는 혜자의 속셈을 장자가 그냥 두고 보겠는가. 똑똑한 척하다가 덫에 걸려들기 쉽다. 혜자는 입을 열수록 다친다.

　생각을 바꾸어 자유로워진다고 상상해 보라. 그러면 쓸모 없이 크기만 하다고 흉보던 어리석음에서 벗어나 시원한 그늘을 베풀어 주는 큰 나무의 고마움을 발견하게 되리라. 쉴 줄도 노닐 줄도 모르는 인간들이 세상을 감옥으로 만들며 아우성칠 뿐이다.

어록

작은 지혜는 큰 지혜에 미치지 못한다〔小知不及大知〕.

자연은 인간과 지렁이를 같이 본다.

조균은 밤중과 새벽을 모르고〔朝菌不知晦朔〕

여름 매미는 봄과 가을을 모른다〔蟪蛄不知春秋〕.

인간만이 다 안다는 듯 까분다.

** 조균(朝菌) : 버섯 포자 / 회삭(晦朔) : 밤중과 새벽 / 혜고(蟪蛄) : 매미의 일종

지인에게는 사사로움이 없다〔至人無己〕.

무기(無己)가 나에게 가장 강한 무기(武器)일 줄이야!

신인에게는 공적이 없다〔神人無功〕.

사람은 공치사 탓에 흉해진다.

성인에게는 명성이 없다〔聖人無名〕.

사람은 명성 탓에 더럽게 된다.

어찌 육신에만 장님이 있고 귀머거리가 있겠는가〔豈唯形骸有聾盲哉〕.

무릇 지식에도 장님과 귀머거리가 있다〔夫知亦有之〕.

몰라서 약이고 알아서 병인 것을 어이할까?

內篇 2

제물론(齊物論)

 장주(莊周)와 나비가 하나 되어 논다.

 우주 삼라만상을 모조리 하나(一)로 보라.

「제물론(齊物論)」편에 담긴 뜻은 만물은 다 평등하다는 것이다. 여기서 제물(齊物)은 제일(齊一)이란 의미다. 만물은 다를 바 없이 다 같다[齊一]는 뜻과 더할 바 없이 평등하다[齊物]는 뜻은 다르지 않다. 그러니 제물(齊物)·제일(齊一)·천일(天一)·대일(大一) 등은 다 같은 말이다. 삼라만상을 하나로 보라[齊物]. 소지(小知)는 삼라만상을 만물이라 하지만 대지(大知)는 하나라 하니, 제물론(齊物論)은 대지(大知)의 논(論)이라 할 수 있다.

시(是)와 비(非)를 따로 보지 말라. 선(善)과 악(惡)을 따로 보지 말라. 미(美)와 추(醜)를 따로 보지 말라. 옳고[正] 그름[邪]이 따로 없으니 이것은 복(福)이고 저것은 화(禍)라고 가르지 말라. 화복(禍福)이 따로 없는데 어찌 길흉(吉凶)이 따로 있겠는가. 인간이여, 제 인생을 제멋대로 저울질하지 말라. 이렇게 「제물론(齊物論)」편은 이야기한다. 인간도 자연이요 인생도 자연이기 때문이다. 자연이므로 인간에게는 생사(生死)가 따로 없다. 인생이 자연이므로 인간을 현명한 사람[賢], 어리석은 사람[愚]으로 나눌 것도 없다. 나아가 인간만 유별나다고 생각하지 말라. 인간이든 지렁이든 풀잎이든 제물(齊物)의 입장에서는 다를 게 없다. 존재하는 것이면 다 같다. 이것이 제물(齊物), 즉 절대평등의 이치[論]다.

온갖 것을 하나로 보라. 삼라만상은 하나일 뿐이다. 여기서 하나는 다 같다, 모두 평등하다는 말이다. 평등하므로 차별이 없고 차별이 없으므로 걸림이 없다. 또한 걸림이 없으므로 자유롭다. 이는 절대평등이다. 이를 밝히려는 것이 제물론(齊物論)이다.

제물론은 매우 어렵게 들린다. 우리 모두가 소지(小知)의 덫에 걸려들어 살기 때문에 시비(是非)와 차별(差別)을 떠나라는 제물론이 어렵게 들리는 것이다. 그러나 무거운 것을 가볍게, 어려운 것을 쉽게 해주는 장자의 대지(大知) 덕에 어려운 논(論)을 쉽고 재미있는 이야기로 들을 수 있다. 장자의 이야기는 소지를 대지로 탈바꿈시키는 천태(天蛻)가 아닐까 한다. 물론 여기서 하늘이 벗겨 주는 허물[天蛻]은 곧 소지(小知)를 뜻한다. 소지(小知)의 허물을 벗고 대지(大知)로 탈바꿈하게 만드는「제물론(齊物論)」편의 이야기를 들으면 내가 왜 소인(小人)인지를 확인하게 된다.「제물론」편은 두 유형의 소인배가 있음을 알려 주려는 듯하다. 소지(小知)를 부끄러워하지 않아 대지(大知)를 비웃는 소인이 있는가 하면, 소지(小知)를 부끄러워하며 대지(大知)를 받드는 소인이 있다고 말이다.「제물론(齊物論)」편이 당신은 어느 쪽이냐고 묻는 듯하다.

1. 내가 나비인가, 나비가 나인가

【우화(寓話)】

언젠가〔昔者〕 장주는 자신이 나비가 되는 꿈을 꾸었다〔莊周夢爲胡蝶〕. 마냥 즐겁게 훨훨 나는 나비일러라〔栩栩然胡蝶也〕. 스스로 하염없이 즐기면서도〔自喩適志與〕 자신이 그런 줄을 몰랐다〔不知周也〕. 문득 깨어나 보니〔俄然覺〕 놀랍게도 틀림없는 장주가 아닌가〔則蘧蘧然周也〕. 장주가 나비가 된 꿈을 꾼 것인지, 나비가 장주가 된 꿈을 꾼 것인지 알 길이 없다〔不知周之夢爲胡蝶與 胡蝶之夢爲周與〕. 장주와 나비 사이에는 반드시 구별이 있을 것이다〔周與胡蝶則必有分矣〕. 이를 일러 있는 것의 변화라고 한다〔此之謂物化〕.

昔:옛 석　夢:꿈 몽　蝴:나비 호　蝶:나비 접
栩:기뻐 황홀해할 허　喩:깨우칠 유　適:갈 적
蘧蘧然(거거연):뚜렷한 모습이나 놀라운 모습

【담소(談笑)】

이 우화는 『장자(莊子)』에서 가장 유명한 이야기다. 장주(莊周) 즉 장자(莊子)의 '호접몽(胡蝶夢)' 하면 누구나 알고 있으리라. 「제물론(齊物論)」의 맨 끝에 있지만 맨 앞으로 끌어와 장주처럼 나비의 꿈을 꾸어 보았으면 싶다.

물화(物化). 있다는 것〔物〕은 무엇이든 변화한다〔化〕. 가만히 그대로 있어 영영 불사(不死)하는 것은 도(道)밖에 없다. 도를 빼고는 저마다 변화하여 달라진다. 서로 다르니 구별된다. 그러나 차별하지 말라. 자연에는 귀천이 없다. 만물은 하나일 뿐이다. 소중한 것이 따로 있고 천한 것이 따로 있지 않다. 다만 나비도 있고 사람도 있을 뿐이다. 그러니 사람은 귀하고 나비는 천하다고 하지 말라. 장주의 호접몽(蝴蝶夢)에서 사람과 나비가 하나란 것을 깨달을 수 있다.

호접몽은 물화(物化)를 체험하라 한다. 내 몸도 내 것이 아니다〔吾身非吾有也〕는 것이다. 그렇다면 내 몸은 누구의 것이란 말인가? 천지가 맡겨 놓은 모습〔天地之委形〕일 뿐이고 천지가 맡겨 놓은 허물〔天地之委蛻〕일 뿐이니 내 뜻에 따라 내가 변화할 리 없다. 그러니 너는 나비고 나는 사람이라 갈라놓고 벽을 쌓지 말라. 굼벵이가 허물을 벗고 매미가 되는 것을 보라. 굼벵이가 매미인가 매미가 굼벵이인가? 둘로 보지 않고 하나로 본다면 장주의 호접몽도 천지(天地)의 위태(委蛻)일러라.

2. 하늘의 소리를 듣는가

【우화(寓話)】

남곽자기가 책상에 기대앉아서〔南郭子綦隱几而坐〕 하늘을 우러러 긴 숨을 내쉰다〔仰天而噓〕. 멍한 모습이 마치 자기를 잃어버린 것 같다〔荅焉似喪其耦〕. 안성자유가 그 앞에 서서 말했다〔顔成子游立待乎前曰〕. "어찌된 것입니까〔何居乎〕? 몸은 본래 고목나무처럼 될 수 있고〔形固可使如枯木〕, 마음은 본래 불 꺼진 재처럼 될 수 있다는 것입니까〔而心固可使如死灰乎〕? 지금 책상에 기댄 모습이〔今之隱几者〕 옛 모습이 아닙니다〔非昔之隱几者也〕."

자기가 말했다〔子綦曰〕. "언아〔偃〕, 참 훌륭하구나〔不亦善乎〕. 네가 내 앉은 모습을 묻는구나〔而問之也〕. 너는 사람의 통소 소리를 들었겠지〔女聞人籟〕. 그러나 아직 땅의 통소 소리는 못 들었을

게다[而未聞地籟]. 네가 땅의 퉁소 소리를 들었다 해도[女聞地籟]
아직 하늘의 퉁소 소리는 못 들었을 게다[而未聞天籟夫]."

隱 : 기댈 은   几 : 책상 궤   坐 : 앉을 좌   仰 : 우러러볼 앙
噓 : 길게 숨쉬는 허   嗒 : 멍할 답   焉 : 그럴 언. 연(然)과 통용
似 : 같을 사   喪 : 잃을 상   耦 : 짝 우. 여기서는 신(身)의 의미   待 : 기다릴 대
前 : 앞 전   何 : 어찌 하   居 : 살 거. 여기서는 고(故)의 의미
形 : 드러날 형. 여기서는 신(身)의 의미   固 : 본래 고   可 : 가히 가
使 : 하여금 사   如 : 같을 여   枯 : 마를 고   死 : 죽을 사   灰 : 재 회
今 : 이제 금   昔 : 옛 석   偃 : 넘어질 언   籟 : 소리(피리) 뢰
偃不亦善乎 而問之也(언불역선호 이문지야) : 여기서 이(而)는 여(汝)와 같음

【담소(談笑)】

자기(子綦)는 초(楚)나라의 현자(賢者)로, 성 밖 남쪽에 살았다
하여 남곽이란 호가 붙여졌다. 자기(子綦)는 허심(虛心)했다고
한다. 그래서 장자가 그를 좋아해 『장자(莊子)』의 다른 편에도 등
장시키곤 했다.

남곽자기(南郭子綦)가 안성자유(顔成子游) 언(偃)에게 말해 준
이야기에서 제물론의 뜻이 드러난다. 그 뜻은 오상아(吾喪我)로
요약될 수 있다. 나를 잃었다[吾喪我]. 오상아(吾喪我)를 불가(佛
家)의 말로 한다면 망기(亡己)일 게다. 나를 우선하지 않으며 나
를 주장하지 않음이 오상아(吾喪我)요 망기(亡己)이리라. 나를 고
집하는 한 만물은 하나일 수 없다.

나는 나, 너는 너라고 주장하면 나와 너는 서로 하나가 될 수
없다. 하나가 되려면 오상아(吾喪我)를 떠날 수 없다. 우화 속의
뇌(籟)가 오상아(吾喪我)를 깨닫도록 암시해 준다. 피리[籟]의
속은 허공이다. 허공은 구멍이다. 빈 구멍으로 소리를 내는 피리

는 오상아(吾喪我)의 모습이다. 나를 잃어버린 모습이 속이 비어 소리를 내는 하늘 피리〔天籟〕와 같다. 내가 나를 잃어버리면 어느것 하나 주장할 것 없고 간섭할 것이 없다. 빈 구멍은 저마다 소리 내게 내버려 둘 뿐 걸릴 것이라곤 없다.

빈 구멍에 있는 만물은 다 같다. 빈 구멍을 일러 허(虛)라 하리라. 빈 구멍에 있는 만물 모두 나름대로 소리를 내려고 한다. 저마다 내려는 소리가 땅의 소리다. 땅에 만물이 있기 때문이다. 그러나 하늘의 소리는 하나의 소리일 뿐이다. 하늘은 만물을 하나로 보기 때문이다.

노자는 도가 풀무〔橐籥〕질을 한다 하고, 장자는 도가 피리〔籟〕를 분다고 한다. 노자의 탁약(橐籥)과 장자의 천뢰(天籟)는 만물이 저마다 나름대로 소리를 내도록 내버려 둘 뿐이다. 모든 만물을 하나로 보기 때문에 도(道)는 이 소리 저 소리 분간하여 서열을 매기려 들지 않는다.

그러나 사람의 소리는 시비(是非)로 난다. 땅의 소리는 만물로 혼란스럽지만 시비를 걸지 않는다. 그러나 하늘의 피리 소리〔天籟〕는 하나로 들리니 이 천뢰의 소리를 절대의 평등이요 자유로 들으면 되리라. 너는 이런 하늘의 소리를 들었느냐? 장자가 남곽 자기의 우화를 통해 우리에게 묻고 있다.

3. 자연을 노효(怒呺)라고 한다

【우화(寓話)】

자유가 말했다〔子游曰〕. "땅의 피리 소리 그것은 여러 구멍의 소리고〔地籟則衆竅是〕, 사람의 퉁소 소리는 대나무 피리 소리일 것입니다〔人籟此竹是已〕. 감히 하늘의 피리 소리에 관해서 묻고자 합니다〔敢問天籟〕."

자기가 답했다〔子綦曰〕. "온갖 소리는 불어서 모두가 같지 않다네〔夫吹萬不同〕. 제각각 스스로 소리를 내는 거지〔而使其自己也〕. 저마다 각각 제소리를 택하는 거지〔咸其自取〕. 성난 소리를 내게 하는 것이 대체 무엇일까〔怒者其誰邪〕?"

衆:무리 중 竅:구멍 규 比:나란히 할 비 竹:대 죽 敢:용기를 낼 감
問:물을 문 夫:무릇 부 吹:불 취 咸:다 함 取:취할 취 怒:성낼 노
誰:누구 수
邪:사악할 사. 여기서는 어조사 사(些)의 의미
比竹(비죽):대나무 통을 나란히 엮어 만든 피리

【담소(談笑)】

대지 위로 바람이 분다. 바람을 자연이라고 생각해 보라. 바람이 불면 온갖 구멍이 저마다 소리를 낸다. 그러나 구멍마다 스스로 소리를 낼 뿐, 자연은 이렇게 저렇게 소리를 내라고 명령하지 않는다. 자연은 명령하지 않는다. 자연은 만물을 그냥 그대로 내버려 둔다. 물화(物化)가 바로 그런 것 아니겠는가. 그렇기 때문에 자연은 만물에게 자유요 해방이다. 그래서 만물이 제각각 피리 소리를 내는 것이다. 자연은 이념을 내세우지 않는다. 이념이란 인간이 내거는 구속일 뿐이다.

구속하지 말라. 묶어 두지 말라. 스스로를 우리 안에 가두지 말라. 우리 속에서 사료를 얻어먹고 살듯이 살지 말라. 넓은 초원에서 스스로 풀을 뜯어먹고 살듯이 살라. 그래서 천방(天放)이라 하지 않는가. 하늘의 피리〔天籟〕가 곧 천방(天放)이다. 스스로를 하늘에 방목(放牧)하라. 그 자유롭기가 황홀하여 우주가 내 품에서 노니는 것 같구나.

자연을 노자는 현빈(玄牝)이라 하고, 장자는 자기(子綦)의 입을 빌려 노효(怒呺)라고 한다. 자연을 암컷의 말〔玄牝〕이라 하면 포근한 어미처럼 다가오지만, 자연을 성난 소리〔怒呺〕라고 하면 거침없는 아비처럼 밀려온다. 그렇다고 의아해할 것은 없다. 장자는 역설(逆說)을 좋아한다. 노효(怒呺)를 뒤집어 보면 순풍(順風)이 아니겠는가. 자연은 사랑도 미움도 없다. 천뢰(天籟)가 그러하니 노효(怒呺)한다 한들 다칠 게 하나도 없다.

4. 나는 종이냐 주인이냐

【우화(寓話)】

조물주가 있는 것 같지만〔若有眞宰〕 애를 써도 그 징후를 볼 수 없고〔而特不得其朕〕, 그 작용은 뚜렷하지만〔可行已信〕 그 형태는 드러나지 않으며〔而不見其形〕, 참모습이 있지만 드러나는 형태가 없다〔有情而無形〕. 백 개의 뼛조각, 아홉 개의 구멍, 여섯 개의 내장이 다 갖추어져 있는데〔百骸九竅六臟賅而存焉〕 내가 어느 것과 친하겠나〔吾誰與爲親〕. 그대는 다 좋아할 것인가 아니면 어느 하나만을 좋아하겠는가〔汝皆說之乎 其有私焉〕? 이 모두를 일하는 신첩으로 여길까〔如是皆有爲臣妾乎〕? 신첩은 부족해 서로 다스릴 수 없는 것인가〔其臣妾不足以相治乎〕 아니면 서로 교대해서 주인이 됐다 종이 됐다 하는 것인가〔其遞相爲君臣乎〕? 참된 주인은 있다〔其有眞君存焉〕. 이런 참모습을 알건 모르건〔如求得其情與不得〕 참된 주인에게는 아무런 손익이 없다〔無益損乎其眞〕.

莊子 ● 內篇

宰:주장할 재   朕:조짐을 드러내는 짐   形:드러날 형   情:참모습 정
骸:뼛조각 해   竅:구멍 규   賅:갖출 해   誰:어떤(누구) 수   皆:모두 개
說:좋아할 열   妾:계집 첩   遞:서로 바꿀 체

【담소(談笑)】
　나를 우주 속의 하나로 보지 말라. 내가 곧 우주이기 때문이다.
돌멩이를 한 개라고 여기지 말라. 돌멩이도 우주이기 때문이다.
이렇게 생각하라고 장자는 말하지만 새기기가 참으로 어렵다. 왜
냐하면 사람은 저마다 자기는 다르다며 대접받기를 바라기 때문
이다.
　그러나 나를 엮고 있는 백 개의 뼈마디와 아홉 개의 구멍 그리
고 오장육부(五臟六腑) 중에서 어느 것을 좋아하고 어느 것을 싫
어하느냐는 장자의 물음에 이렇다 저렇다 대답할 수 있는가? 내
몸을 이루는 어느 부위도 귀천을 따져 차별할 수 없으리라. 제물
론(齊物論)이 바로 이런 이치구나 하고 저마다 살펴볼 수 있을 것
이다.
　폐가 귀한가? 심장이 귀한가? 눈이 귀한가? 귀가 귀한가? 입
이 귀한가? 목구멍보다 똥구멍은 천하단 말인가? 이것저것 따질
것 없이 모두 다 귀하다면 귀하고 천하다면 천한 것이다. 만일 어
느 것 하나라도 천하다고 버리면 제 몸을 제가 망치게 된다. 자연
은 그냥 그대로이지 망치게 하지 않는다. 그래서 자연은 온전하
고 완전하다.
　자연은 차별하여 귀천을 따지지 않는다. 속이 좁은 소지(小知)
의 인간이나 귀천을 따져 시비를 걸 뿐이다. 사람은 귀하고 박쥐
는 천하다고 하지 말라. 인간도 박쥐도 자연의 품에선 다 같다.
나를 우주로 보라 함은 이렇게 삼라만상을 하나로 보라 함이다.

만물을 한 개 두 개 세지 말라. 만물은 하나이므로 한 개 두 개 셀 것 없다는 것이 제물(齊物)이다. 이런 이치를 터득하기란 쉽지 않다. 사람은 하나보다 여러 개를 좋아하며, 모두 같다고 여기기보다는 서로 다르다고 여기며 뽐내고 싶어하기 때문이다. 나는 너하고 달라. 이렇게 콧대를 높이며 잘난 척하려 한다. 제물론은 이러한 인간을 작다고 한다.

5. 말은 그냥 소리가 아니다

【우화(寓話)】

말이란 것은 소리를 내는 것만은 아니다〔夫言非吹也〕. 말에는 뜻이 있다〔言者有言〕. 말하는 바가〔其所言者〕 특별하여 분명치 않다면〔特未定也〕, 과연 말을 한 것인가〔果有言邪〕 아니면 아직 말을 하지 않은 것인가〔其未嘗有言邪〕. 그래도 새 새끼 소리와는 다르다고 한다면〔其以爲異於鷇音〕, 그렇다면 분별되는 것인가〔亦有辯乎〕 아니면 분별이 안 되는 것인가〔其無辯乎〕? 도는 어디에 가려져서 진실과 거짓으로 나오는가〔道惡乎隱而有眞僞〕? 말은 어디에 가려져서 옳고 그름이 나오는가〔言惡乎隱而有是非〕? 도는 어디에 가서 머물지 않고〔道惡乎往而不存〕, 말은 어디에 매달려 고집하지 않는다〔言惡乎存而不可〕. 도는 잔재주에 가려지고〔道隱於小成〕 말은 영화에 가려진다〔言隱於榮華〕. 그런 까닭에〔故〕 유가와 묵가의 시비가 나오게 되었다〔有儒墨之是非〕. 이러한 시비 때문에 상대가 맞다 하면 틀리다 하고〔以是其所非〕, 상대가 틀리다 하면 맞다 한다〔而非其所是〕. 상대가 틀리다 하는 것을 맞다 하고 상대가 맞다 하는 것을 틀리다고 하기를 바란다면〔欲是其所非而非其所是〕, 명(明)에 서는 것만 못하다〔則莫若以明〕.

莊子 ● 內篇

吹:불어서 소리낼 취　所:바 소　特:수컷 특　邪:어조사 야　嘗:일찍 상
異:다를 이　鷇:새 새끼 구　辯:분별할 변　隱:가려질 은　僞:거짓 위
往:갈 왕　欲:하고 싶어할 욕　則:본받을 즉　莫:없을 막
惡乎(오호):어디에. 오(惡)는 의문조사 하(何)의 의미
小成(소성):인간의 잔재주. 인위(人爲)나 유위(有爲) 같은 것
榮華(영화):인간이 멋대로 꾸미는 것
儒墨(유묵):유가(儒家)와 묵가(墨家)
明(명):명지(明智)의 명(明). 즉 자명(自明)

【담소(談笑)】

말에는 뜻이 있다. 뜻이란 마음 가는 바이며 마음 두는 바이다. 그런 뜻이 지나치면 욕(慾)이 된다. 욕은 자신만 아는 비밀일 뿐 남은 알지 못한다. 그래서 남이 무슨 말인지 알아들을 수 없는 말이 생긴다. 그렇게 되면 사람의 말일지라도 새끼 새의 소리처럼 들려 서로 통할 수가 없다. 숨겨 둔 욕심이 세상을 귀머거리로 만드는 꼴이다.

새가 내는 소리를 사람은 알아듣지 못한다. 새가 뜻하는 바를 모르기 때문이다. 뿐만 아니라 사람의 말에도 뜻 없는 소리에 불과한 것들이 많아 세상이 시끄럽고 탁하다. 말을 함부로 하지 말라. 입을 다물고 침묵하라. 그러면 내가 진실된지 거짓된지 스스로 판결할 수 있다. 정말 함부로 말하지 말라. 그렇지 않으면 도(道)를 훔치고 속이게 된다. 그래서 불가(佛家)에서도 노랑 주둥아리 닥치라고 하였다.

본래 도는 상대를 떠나 있다. 도에는 시비(是非)도 없고 미추(美醜)도 없고 진위(眞僞)도 없다. 그런데 왜 도를 두고 한사코 시비를 가리려 하는가? 바로 인간의 잔재주[小成] 때문이다. 인간은 말을 그럴 듯하게 해 상대방을 현혹한다. 그런 심술이 곧 소

성(小成)이다. 소성을 돋보이게 하려는 잔꾀를 영화(榮華)라고
한다. 이 우화에서 장자는 잔재주에 놀아나 잔꾀를 부리는 인간
을 빗대어 말하고 있다. 수수하게 살라. 그러면 말이 수수해진다.
말을 꾸며 분칠해 도를 가려지게 하지 말라.

　남을 살펴 비평하지 말라. 차라리 스스로 나를 살펴 비평하라.
그러면 스스로 자신을 밝힐 수 있다. 이를 일러 명(明)이라고 한
다. 자신은 어둡게 버려 두고 남만 밝히려 하다가는 날마다 시비
로 얼룩지고 말리라. 남에게 시비를 걸려고 하지 말라. 차라리 자
신을 돌이켜보고 밝혀라. 등잔 밑을 어둡게 하지 말라. 그러면 말
하기가 무서운 줄 알리라. 세상이 무서운 줄 알라. 그러면 하늘이
무서운 줄 안다. 하늘이 만물을 하나로 통하게 하는데 무슨 시비
가 있겠는가. 이것이 곧 제물론(齊物論)의 뜻이다.

6. 이것이냐 저것이냐 따질 것 없다

【우화(寓話)】

　사물은 저것 아닌 것 없고〔物無非彼〕 이것 아닌 것 없다〔物無非
是〕. 자기를 저것으로 하면 알지 못하지만〔自彼則不見〕 자기 스스
로를 알면 자기라는 것을 안다〔自知則知之〕. 그래서 말하기를〔故
曰〕 저것은 이것에서 나오고〔彼出於是〕 이것 또한 저것에서 비롯
된다〔是亦因彼〕고들 한다. 저것과 이것이란 나란히 함께 생긴다
는 방생설이다〔彼是方生之說也〕. 뿐만 아니라〔雖然〕 틀림없이 삶
이 있으면 틀림없이 죽음이 있고〔方生方死〕, 틀림없이 죽음이 있
으면 틀림없이 삶이 있다〔方死方生〕. 된다가 있으면 안 된다가 있
고〔方可方不可〕, 안 된다가 있으면 된다가 있다〔方不可方可〕. 옳
음으로 말미암아 그름이 비롯되고〔因是因非〕, 그름으로 말미암아

옳음이 비롯된다〔因非因是〕.

彼:저것 피 是:이것 시. 차(此)와 통용 見:생각해서 알 견 故:옛 고
因:말미암을 인 雖:비록 수 然:그럴 연
方(방):모 방. 여기서는 단정짓는 조사
方生說(방생설):나란히 함께 생긴다는 혜시(惠施)의 상대주의를 말함

【담소(談笑)】
　자피(自彼)는 스스로 자기를 살피지 않고 내버려 두는 꼴이다.
그러므로 자피(自彼)는 불명(不明)이다. 반대로 자지(自知)는 스
스로 자기를 살피는 모습이다. 그러므로 자지(自知)는 명(明)이
다. 스스로 자기를 밝혀라〔明〕. 그러면 이것이냐〔是〕 저것이냐
〔彼〕 시비를 따지려는 잔재주에서 벗어날 수 있다.
　그러나 사람은 자피(自彼)에 빠져 자지(自知)를 멀리하려고 한
다. 그래서 인생이 상대의 굴레를 벗지 못하고 아파한다. 유식한
사람일수록 불명(不明)의 병에 걸려 시비를 따지려고 덤빈다. 세
상을 상대(相對)의 저울로 속셈할수록 인생이 지치게 마련이다.
　이 우화에서 혜시(惠施)는 장자에게 질타를 당한다. 혜시는 전
국시대 명가(名家)에 속하는 변설가(辨說家). 명가는 변설(辨說)
로 유명한 무리들이다. 혜시는 모든 구별과 대립이 상대적이라는
인식 아래 '합동이(合同異)'를 주장하였다. 이러한 혜시의 논리
가 장자에게 꼬집히고 있다. 혜시의 논리는 곧 인간의 좁은 소견
을 말할 뿐이기 때문이다. 혜시는 자연을 모르고 소지(小知)에 매
달리므로 분별과 대립을 떠나 만물을 하나로 끌어안을 만한 통이
없다.

7. 하늘은 크나큰 긍정이다

【우화(寓話)】

성인은 상대적인 것에 매달리지 않고 그것을 하늘에 비추어 보고〔是以聖人不由而照之于天〕 크나큰 긍정〔天〕에 의존한다〔亦因是也〕. 이것이 저것이고〔是亦彼也〕 저것 또한 이것이다〔彼亦是也〕. 저것도 하나의 시비요〔彼亦一是非〕 이것 또한 하나의 시비다〔此亦一是非〕. 과연 저것과 이것이 있다는 말인가〔果且有彼是乎哉〕 과연 저것과 이것이 없다는 말인가〔果且無彼是乎哉〕? 이것과 저것이 짝을 얻지 못해 대립할 것이 없는 경지를 일러 도추(道樞)라고 한다〔彼是莫得其偶謂之道樞〕. 도추는 처음부터 원의 중심을 얻어〔樞始得其環中〕 끝없는 변화에 응한다〔以應無窮〕. 시(是)도 하나의 무궁이요〔是亦一無窮〕 비(非)도 하나의 무궁이다〔非亦一無窮〕. 그러므로〔故〕 명을 따라 하는 것만 못하다〔莫若以明〕.

聖:성스러울 성　由:말미암을 유　照:비출 조　于:어조사 우　果:이룰 과
且:또한 차　哉:어조사 재　偶:짝 우　謂:이를 위　樞:지도리 추
得:얻을 득　環:둥글 환　應:응할 응　窮:궁할 궁　若:같을 약
無窮(무궁):끝없이 변화하는 것

【담소(談笑)】

상대적인 것은 인간이 보는 견해다. 이런 견해를 소성(小成)이라 한다. 상대적인 것을 떠나 있는 경지를 하늘이라 한다. 이를 일러 대시(大是), 즉 크나큰 긍정이라 한다. 성인은 하늘에 의존하여 대시(大是)를 따른다. 상대적인 논리로 시비를 거는 혜시(惠施)는 작고, 그런 논리를 떠나 만상을 하나로 보는 성인(聖人)은 크다.

이것[此]과 저것[彼]이 서로 대립하는 짝[偶]으로 엮이지 않는 다면 피차(彼此)를 상대적으로 볼 이유가 없다. 너는 너, 나는 나 이렇게 대립한다면 서로 상대할 수밖에 없다. 상대(相對)는 서로 경계할 뿐 자유롭게 변화하는 길을 함께하지 못한다. 따라서 상대는 서로의 물길을 막는 둑과 같다.

둑 때문에 물길이 막히면 이내 물은 고여서 썩고 만다. 물을 썩지 않게 하려거든 둑을 터라. 그러면 물은 하염없이 물길대로 흐른다. 물길처럼 유유히 변화를 잇는 절대의 자유는 서로를 평등하게 하고 평등은 하나가 되니 그 하나를 일러 하늘[天]이라 한다. 장자는 하늘을 도추(道樞)라 하고 노자(老子)는 바퀴의 가운데 구멍을 도추(道樞)라 하였다.

하늘도 허(虛)요 구멍도 허(虛)다. 허(虛)에 무슨 대소(大小)가 있겠는가. 바늘구멍이 곧 삼라만상이 들고 나는 우주라 한 것은 허(虛)를 두고 한 말이 아닌가. 도추(道樞)의 추(樞)는 문을 열고 닫게 하는 지도리를 뜻한다. 참으로 놀랍다. 노장(老莊)은 허(虛)를 추(樞)로 비유하여 허(虛)가 바로 만물이 들고 나는 틈임을 깨닫게 하는구나. 문설주의 지도리에 빈 구멍이 있어서 여기에 돌쩌귀를 걸고 문을 여닫는다. 그 빈 구멍이 없다면 문의 개폐(開閉)는 불가능하다. 노장의 허(虛), 그것을 도의 품안이라고 새기고 싶다.

허(虛)는 차별하지 않고 무엇이든 받아 준다. 그래서 허(虛)를 하나라고 한다. 하나는 다 같게 하는 것이니 평등이다. 이를 일러 자연(自然)이라 하거나, 무위(無爲)라 하거나, 도추(道樞)라 하거나, 그냥 한마디로 줄여서 무(無)라 하거나, 허(虛)라 하거나, 모두 다를 게 없다고 생각한다. 그러니 피차(彼此)를 따지지 않고 안아 주는 허(虛)를 무궁(無窮)의 참모습으로 새겨도 되리라.

바퀴가 굴러가고 문이 열리고 닫히는 모습이야말로 무궁(無窮)

이다. 무궁은 멈추지 않음이요 멈추지 않음이야말로 그침 없는 변화이니 그런 변화를 일러 조화(造化)라고 한다. 조화(造化)란 무엇일까? 이는 시비에 걸리지 않는 변화가 아닌가. 변화를 생사니 흥망이니 성쇠니 하고 일컫지 않는가. 시비는 이런 조화의 발목을 잡는 꼴이다. 이런 시비에서 벗어나야 비로소 만상을 하나로 보는 눈이 밝게 트이는데 사람들은 이것을 모르는 척한다. 시비를 벗어나는 트임을 일러 명(明)이라 하는구나. 자명(自明)할수록 나는 허(虛)해져 하늘(天)을 닮아 갈 수 있으니 나를 밝게 하는 것(自明)이 급하다.

8. 두루 통해 하나가 된다

【우화(寓話)】

　도의 입장에서는 두루 통해 하나가 된다(道通爲一). 도에서는 나누어짐이 이루어짐이며(其分也成也), 이루어짐이 깨어짐이다(其成也毀也). 무릇 사물에는 이루어짐과 깨어짐이 따로 있는 것이 아니며(夫物無成與毀) 되돌아 다시 통하여 하나가 된다(復通爲一). 오로지 도에서 삶을 누리는 자만이 통하여 하나 됨을 안다(唯達者知通爲一). 하나 됨을 행하고 자기를 주장하지 않으면서(爲是不用) 자연스러운 활용에 맡긴다(而寓諸庸). 자연스러운 활용이야말로(庸也者) 쓰는 것이다(用也). 쓰는 것이야말로(用也者) 두루 통함이다(通也). 통하는 것이야말로(通也者) 얻는 것이다(得也). 적(適)을 얻어 가깝다(適得而幾矣). 이것(是)에 맡길 뿐이다(因是已). 그러면서도 그런 줄을 모른다(已而不知其然). 이를 일러 도라고 한다(謂之道).

通:통할 통 分:나눌 분 成:이룰 성 毁:헐 훼 與:더불어 여
復:돌아올 복 唯:오직 유 達:통달할 달 寓:맡길 우
諸:어조사 제 庸:쓸 용 得:얻을 득 適:다다를 적
幾:가까울 기 因:맡길 인 已:이미 이

莊子 ● 內篇

【담소(談笑)】

장자는 상대(相對)를 짓는 것은 인간만이 하는 짓이라 한다. 크다 작다, 많다 적다, 길다 짧다, 좋다 싫다, 곱다 밉다, 옳다 그르다, 맞다 틀리다 등등, 상대를 지어 티격태격하는 것 모두가 인간의 짓일 뿐이라 한다. 도(道)는 결코 상대(相對)하지 않는다. 도에는 선악(善惡)도 미추(美醜)도 진위(眞僞)도 없다.

도에서는 만물이 하나가 된다. 여기서 하나는 곧 많은 것[一卽多]이다. 이렇게 노장(老莊)의 도는 석가(釋迦)의 불(佛)과 서로 통하는구나. 불(佛)은 여래(如來)요, 여래는 불이(佛二)요, 불이는 곧 일즉다(一卽多)가 아닌가. 도는 분별하지 않는다. 이것이 하나[一]이면서 많다[多]는 것이다. 도는 구속하지 않는다. 이것이 허(虛)요, 무(無)요, 통(通)이다. 도통(道通), 그것은 절대의 평등[爲一]이다. 위일(爲一), 그것은 곧 절대의 자유이다.

달자(達者)는 도인(道人)이다. 도인은 도에서 삶을 만끽하며 누리는 주인이다. 이런 사람을 신인(神人)·진인(眞人)·지인(至人)이라 부르기도 한다. 이런 달자(達者)는 자기를 버려[舍己] 자기가 없다[無己]고 장자는 풀이한다. 그러니 달자(達者)는 '우제용(寓諸庸)'의 삶을 누리는 셈이다. 우제용은 곧 명(明)이요 통(通)이다. 우제용의 용(庸)은 시비를 떠나 있는 모습으로 새겨도 된다. 걸림이 없으니 용(庸)은 자연(自然)·허(虛)·무(無)와 통한다. 막히지 않고 통하는 것을 밝다[明] 한다. 그러니 우제용(寓

諸庸)은 삶을 자연에 맡긴다는 뜻이다. 그렇게 삶을 맡겨 두고〔寓〕 사는 달자(達者)를 우리는 잊고 살지만 장자는 잊지 말라 한다.

스스로가 만든 시비에 걸려 묶여 사는 사람은 우제용(寓諸庸)의 삶을 알지 못한다. 항상 묶여 있기 때문에 자유를 누리며 사는 것이 무엇인지 알지 못한다. 그래서 불용하라〔不用〕한다. 쓰지 말라〔不用〕. 무엇을 쓰지 말라는 것인가? 막는 짓 같은 심술을 쓰지 말라 함이다. 고집부리지 말라. 그러자면 자신을 살펴〔自明〕고집 버리기를 깨우쳐야 할 터이다. 그래서 명(明)을 활용하라 한다. 명(明)을 통(通)으로 새기면 마음이 환하게 밝아진다.

활용하라〔用〕. 무엇을 활용해야 하는가? 통(通)이다. 열고 뚫어 자유롭게 하라. 이것이 통(通)이다. 자연스럽게 통하도록 마음을 써라. 이것이 용(庸)이다. 시비(是非)는 마음을 열 줄 몰라 옥살이를 시키고 통(通)을 버리고 색(塞)을 택하게 할 뿐이다. 그래서 시비를 일삼는 인간의 마음은 불통(不通)하여 항상 궁색(窮塞)하다. 막힘을 뚫어라. 이것이 노장(老莊)의 무(無)요 허(虛)요 하나 되기〔爲一〕요 제물론(齊物論)의 뜻이다.

통(通)은 얻는 것〔得〕이다. 무엇을 얻는가? 적(適)이다. 자연에 맡기고 삶을 누리는 마음가짐이 적(適)이다. 자적(自適)하면 적연(適然)하다. 적연이란 한 점 꾸밈없는 모습이다. 이렇게만 산다면 하염없이 그저 그냥 편안하리라.

걸림 없이 편안한 삶을 누리는 것이 곧 적득(適得)이다. 적득(適得)하면 가깝다. 무엇에 가깝다는 것인가? 도(道)에 가깝다. 도를 가까이하면서도 그런 척하지 않고 하염없이 삶을 누리는 자유가 곧 적연(適然)인 셈이다.

삶을 질질 끌면서 억지로 살지 말라. 유유히 하염없이 살 수 없는가? 자연스럽게 살 수 없는가? 그렇게 살고 싶다면 이것〔是〕에 맡겨라[因]. 이것은 무엇인가? 하늘[天]이다. 하늘에 맡겨 살라.
이를 일러 적연(適然)이니 무위(無爲)니 자연(自然)이니 일컫는
다. 하늘·무위·자연 이 모두가 다 도(道)의 참뜻을 말하는 것이
다. 억지로 살지 말라. 자연스럽게 살라. 그러면 도에 가깝다. 이
또한 제물론(齊物論)의 뜻이다.

9. 털끝은 크고 태산은 작다

【우화(寓話)】

　이 세상에서 가을 짐승의 털끝보다 큰 것은 없으니[天下莫大於
秋毫之末] 태산도 작은 것이다[而太山爲小]. 태어나자마자 죽은
갓난애보다 더 오래 산 자는 없으니[莫壽乎殤子] 팽조도 요절한
것이다[而彭祖爲夭]. 천지가 나와 더불어 살아 있고[天地與我竝
生] 만물도 나와 함께 하나가 된다[而萬物與我爲一]. 이미 하나가
되어 있는데[旣已爲一矣] 다시 더 말이 있어야 하는가[且得有言
乎]? 이미 하나라고 말했는데[旣已謂之一矣] 다시 또 말이 없다고
하겠는가[且得無言乎]? 하나와 하나라고 말한 것이 둘이 되고[一
與言爲二], 하나와 더불어 둘이 셋이 된다[二與一爲三]. 이렇게
열거되므로[自此以往] 뛰어난 산술가라고 해도 계산해 낼 수 없
는데[巧歷不能得], 하물며 평범한 사람이야 말할 것이 있겠는가
[而況其凡乎]? 그러므로[故] 무에서 유로 나아갈 때도[自無適有]
셋이나 되는데[以至於三], 하물며 유에서 유로 나아간다면 끝이
있겠는가[而況自有適有乎]. 그러니 나아감을 그만두고 무위자연
의 도에 맡길 뿐이다[無適焉因是已].

秋:가을 추　毫:터럭 호　未:끝 미　太:클 태　壽:목숨 수
殤:일찍 죽은 상　夭:일찍 죽은 요　竝:나란히 병　旣:이미 기
已:어조사 이　且:또 차　得:얻을 득　往:갈 왕　巧:뛰어날 교
歷:셀 역　況:하물며 황　凡:평범할 범　適:갈 적　因:맡길 인
彭祖(팽조) : 700갑자를 산 인물
巧歷(교력) : 셈을 잘하는 산술가(算術家)
適焉(적언) : 유(有)로 나아간다는 적유(適有)의 의미

【담소(談笑)】

사람은 사물을 안다고 믿는다. 그러나 안다는 것은 인간의 짓일 뿐 천지와는 아무런 관련이 없다. 상대를 지어 분별과 시비를 일삼아 조금 아는 것〔小知〕일 뿐이다. 인간의 입장에서 사물을 결정하고 이름을 붙여 결단 내지 말라. 자연의 입장에서 보면 부질없는 짓이다. 크다는 것이 작고 작다는 것이 크다는 말을 틀렸다고 생각하는 것은 인간의 상식일 뿐이다. 인간의 것이 아닌데 어찌 인간의 눈금으로 천지를 저울질할 수 있겠는가.

천지는 하나요 만물은 다양하다. 그러나 다양하다는 만물도 천지의 입장에서 본다면 하나일 뿐이다. 그러니 패를 지어 트집을 잡아 시비를 일삼는 인간은 좁고 작다. 작았던 인간이라도 장자를 만나면 저절로 커지는 순간을 맛보게 되리라. 무(無)를 맛볼수록 유(有)의 꼬임에서 빠져나갈 수 있는 틈새를 찾게 된다. 틈새를 찾을 수 있는 뜻을 하나 되기〔爲一〕로 새기면 어떨까.

천지는 만물을 하나로 본다. 그러나 인간은 만물을 무수하다고 본다. 그래서 수많은 말이 생기고 그런 탓에 맞느냐 틀리느냐 하는 시비가 나온다. 이런 시비는 결국 온갖 사물과 인간의 말 사이에서 빚어진다. 그러므로 언(言)이란 하나를 여럿이라고 말하는 인간의 착각인 셈이다. 그래서 성인은 말하지 않고 가르치기〔不言

之敎]를 행한다.

일여언(一與言). 일(一)은 자연(自然)이며 무위(無爲)이고 천지인 셈이니, 무(無)로도 볼 수 있으리라. 언(言)은 인간이고 인위(人爲)이며 문화인 셈이니, 유(有)로 보아도 되리라. 만물(萬物)을 자연은 무(無)로 보는 셈이고 인간은 유(有)로 보는 셈이다.

일여이위삼(一與二爲三). 여기서 일여이(一與二)는 하나가 둘로 변한다는 뜻이다. 셋 역시 변함을 말한다. 도(道)는 그 변화를 다르다고 하지 않는데 인간만은 다르다고 고집한다. 둘이 셋이 되고 셋이 만물이 되는 것을 도는 왜 하나로 보는가? 삼라만상(만물)이 바로 하나에서 나왔기 때문이다. 그러나 인간은 하나 다르고 둘 다르고 셋 다르며 만물이 저마다 모두 다르다고 시비를 마다하지 않는다. 자연은 항상 하나일 뿐인데 다만 인간이 이렇다 저렇다 말해서 만물이 다 달리 있는 것처럼 된 지경을 어이할까?

노자도 삼생만물(三生萬物)이라고 했다. 만물은 다 하나에서 비롯되었는데 무엇을 다르다 하겠는가. 이렇게 자문해 보면 그칠 줄 모르는 인간의 시비가 곧 자유적유(自有適有)의 꼴임을 알 수 있을 것이다. 유에서[自有] 유로 간다[適有] 함은 만물을 분별하고 차별하여 시비를 일삼는 인간의 심술을 말한다. 그런 심술을 노장(老莊)은 인위(人爲)라 하며 버리라고 한다. 무적언(無適焉)도 우제용(寓諸庸)이다. 이는 곧 인위(人爲)를 버리고 무위(無爲)로 살라 함이다.

10. 성인(聖人)은 품고 중인(衆人)은 드러낸다

【우화(寓話)】

무릇 도에는 본래 상대가 없고[夫道未始有對], 말에는 본래 일정한 의미가 없다〔言未始有常〕. 이러하기에 구별이 생긴다〔爲是而有畛也〕. 그런 구별에 대해서 말해 보기로 하자〔請言其畛〕.

좌(左)가 있고 우(右)가 있으며〔有左有右〕, 윤(倫)이 있고 의(義)가 있으며〔有倫有義〕, 분(分)이 있고 변(辯)이 있으며〔有分有辯〕, 경(競)이 있고 쟁(爭)이 있다〔有競有爭〕. 이를 팔덕(八德)이라 한다〔此之謂八德〕. 사방(四方)·상하(上下)의 밖을〔六合之外〕 성인은 그대로 둘 뿐 말로 따지지 않는다〔聖人存而不論〕. 사방·상하의 안을〔六合之內〕 성인은 대강 말하되 세세히 따지지 않는다〔聖人論而不議〕. 역사의 흐름이나 선왕의 뜻, 즉 온갖 인간사를〔春秋經世先王之志〕 성인은 따져 보되 분간하여 시비거리로 삼지 않는다〔聖人議而不辯〕. 그래서〔故〕 (성인의) 분간에는〔分也者〕 분간하지 않음이 있으며〔有不分也〕, (성인의) 따져 봄에는〔辯也者〕 구별하지 않음이 있다〔有不辯也〕. 왜 그러한가〔曰何也〕. 성인은 마음에 담아 두지만〔聖人懷之〕 중인은 말로 따져 서로 드러내기 때문이다〔衆人辯之以相示也〕. 그래서 말하기를〔故曰〕 말로 따져 구별하는 짓에는〔辯也者〕 미처 보지 못하는 밖이 있다〔有不見也〕 한다.

對:상대할 대　常:항상 상　畛:두둑(구역) 진　請:청할 청　倫:무리 윤
義:뜻 의　辯:바를 변　競:앞다툴 경　爭:맞붙을 쟁　合:합칠 합
聖:성스러울 성　存:있을 존　論:대강을 말할 론　議:상세하게 말할 의
辯:바를 변　懷:품을 회　示:보일 시
六合(육합):사방(四方)과 상하(上下). 즉 우주

【담소(談笑)】

도(道)에는 상대(相對)가 없다. 그래서 오로지 도만이 불사(不死)한다. 불사(不死)하므로 도는 불생(不生)한다. 불가(佛家)의

법도 불생(不生) 불사(不死)라 한다. 그러나 생사(生死)를 거치는 만물에는 상대(相對)가 있다. 인간도 만물 중의 하나여서 상대라는 성질을 떠날 수 없다. 그래서 만물에 있는 상대를 유좌유우(有左有右)라 한다.

인간의 말은 인간의 것이므로 역시 상대의 성질을 벗어날 수 없다. '말은 본래 상(常)이 없다' 함은 말의 뜻을 하나로 결정할 수 없다는 의미다. 말이 만들어 내는 줄거리는 여러 가지로 드러나는데 대부분 두 갈래로 가름하기 마련이다. 이런 가름이 유륜유의(有倫有義)리라. 윤(倫)은 논(論)으로 통하니 말의 줄거리를 대강(大綱)으로 가름하는 것이고, 의(義)는 의(議)로 통하니 말의 줄거리를 세분(細分)하여 가름하는 것이다.

인간은 상대를 짓는 성질 때문에 시비에서 벗어나지 못한다. 인간은 시(是)와 비(非)를 가려 무엇이 맞고 무엇이 틀리는가를 따져 보자는 고집을 버리지 못한다. 분석하고 변별하여 정오(正誤)를 따져 보자는 것이 지식(知識)의 성질이다. 이런 성질이 곧 유분유변(有分有辯)이다. 유분(有分)은 분석(分析)한다는 것이고 유변(有辯)은 변별(辨別)한다는 것이다. 식자(識者)는 무엇이든 분석하고 분별하여 정오(正誤)를 따져 진실을 밝힌다고 호언(豪言)한다. 그러나 하룻강아지는 범이 무서운 줄 모른다.

인간은 상대를 짓느라 서로 다투고 시기하는 짓을 마다하지 않는다. 남보다 앞서야 속이 시원하기 때문이다. 그래서 서로 앞서려고 다툰다. 물러서서는 안 된다고 고집하면서 한사코 상대를 이겨야 한다고 다짐한다. 그래서 편 갈라 다투기를 좋아하고 서로 어울려 벗하기를 꺼린다. 이런 다툼질을 유경유쟁(有競有爭)이라고 한다.

좌우(左右)·윤의(倫義)·분변(分辯)·경쟁(競爭)을 일러 팔덕(八德)이라고 한다. 이러한 팔덕(八德)은 인간의 덕, 즉 인덕(人

德)을 말하는 것으로 도의 덕, 즉 도덕(道德)을 말하는 것이 아니다. 인간의 덕은 상대를 짓는 결과로 얻어지지만, 상대가 없는 도의 덕은 얻어지는 것이 아니다. 인덕(人德)의 덕(德)은 상대를 통하여 얻어지므로 득(得)이라 하지만, 도의 덕은 크다 하여 대(大)라고 한다. 그래서 도덕(道德)의 덕(德)을 상덕(常德)·대덕(大德)이라 하고 그냥 줄여 대상(大常)이라 한다.

육합지외(六合之外)란 사람의 생각이 미칠 수 없는 영역을 말한다. 반면에 육합지내(六合之內)는 인간과 사물이 서로 관계를 맺고 살아가는 현장, 사람이 생각해 볼 수 있는 영역을 말하므로 인간이 사는 지구와 관계된 일로 보면 된다.

성인은 우주를 두고 이렇다 저렇다 말하지 않는다. 성인은 물질(物質)을 모른다. 다만 어느 것 하나 생명 아닌 것이 없다고 생각할 따름이다. 그래서 성인은 자연을 생명의 모체로 받들고 고마워할 뿐, 만물을 재물(財物)이나 재화(財貨)로 생각하지 않는다. 그렇다고 성인이 사람의 일을 외면하는 것은 아니다. 다만 인간사(人間事)를 두고 시시콜콜 이렇다 저렇다 따져 시비를 가리지 않을 뿐이다. 성인은 큰 줄기를 잡아서 길을 터 주는 정도에서 말을 삼간다. 이제 성인의 말씀이 두루 통하는 까닭을 알 수 있으리라. 성인은 대강을 말하고 만다. 세세하게 말하면 말꼬리를 잡고 시비를 걸려는 소지(小知)를 만들어 낼 수 있기에 성인은 대강만 말하고 입을 다문다. 그런 과정을 통해 작아졌던 인간이 다시 커지기를 바라는 선생이 성인이다.

팔덕(八德)의 소지(小知)로 시비하지 말라 함이 논이불의(論而不議)이다. 세세하게 말하되, 소지(小知)로 시비를 가리려고 서로를 떠보지 말라 함이 의이불변(議而不辯)이다. 분별(分)은 분별할 수 없는 것(不分)이 있음을 알아야 하고, 시비를 따져 가림(辯)은 시비를 따질 수 없는 것(不辯)이 있음을 알아야 한다. 그래서 성인은 말을 삼가고 마음에 뜻을 품을 줄 안다. 그러나 범인은 분(分)에는 불분(不分)의 경지가 있고 변(辯)에는 불변(不辯)의 경지가 있다는 것을 알지 못한다. 그래서 중인(衆人)은 뜻을 담아 두지 못하고, 말을 함부로 지껄여 서로 벽을 쌓고 소지(小知)를 고집하는 것이다. 성인은 침묵(沈默)하고 중인은 달변(達辯)을 자랑한다.

11. 둥근 것을 모나게 말라

【우화(寓話)】

무릇 큰 도는 겨루지 않고〔大道不稱〕, 큰 변론은 말로 하지 않으며〔大辯不言〕, 큰 인은 어진 척하지 않고〔大仁不仁〕, 큰 청렴은 겸손한 척하지 않으며〔大廉不嗛〕, 큰 용기는 남을 해치지 않는다〔大勇不忮〕. 도가 드러나면 도가 아니고〔道照而不道〕, 시비를 가리려는 말은 미치지 못하는 데가 있으며〔言辯而不及〕, 인이 한결같아서는 이루지 못하고〔仁常而不成〕, 청렴이 맑기만 하면 신뢰를 얻지 못하며〔廉淸而不信〕, 용기가 남을 해치면 이루지 못한다〔勇忮而不成〕. 이 다섯 가지는 둥글지만〔五者圓〕 모가 나기 쉽다〔而幾向方矣〕. 그러므로〔故〕 부지(不知)에 이르러 머물 줄 알라 한다〔知止其所不知至矣〕. 말하지 않고서도 밝힐 수 있는 말을 누가 알 것이며〔孰知不言之辯〕, 도라고 하지 않아도 도인 것을 누가 알 것인가〔不道之道〕. 만일 이를 능히 알 수 있다면〔若有能知〕 이를 두고 천부(天府)라고 할 것이다〔此之謂天府〕. 거기에는 아무리 들이부어도 다 차지 않고〔注焉而不滿〕 아무리 퍼내도 마르지 않는다〔酌焉而不竭〕. 그렇지만 무슨 연유로 그런지 모른다〔而不知其所由來〕. 이를 일러 보광이라고 한다〔此之謂葆光〕.

稱:일컬을 칭　廉:청렴할 렴　嗛:겸손할 겸　忮:남을 해칠 기
照:비칠 조　常:항상 상　淸:맑을 청　信:믿을 신　圓:둥글 원
方:모 방　孰:누구 숙　辯:바를 변　府:집 부　注:물 댈 주　焉:어찌 언
滿:가득 찰 만　酌:따를 작　竭:다할 갈　所:바 소　葆:감출 보

【담소(談笑)】

큰 대(大). 이것은 참됨이고 맑음이며, 밝음이고 변함 없음이
다. 이러한 큰 대(大)는 원(圓)으로 비유한다. 원은 둥글어 두루
두루 있음〔周〕이다. 그러니 대(大)·원(圓)·주(周)는 말이 다를
뿐 뜻은 같다. 둥근 것에는 모가 없다. 모가 나면 원(圓)은 쪼개지
고 만다. 만물을 하나로 하는 도(道)의 모습인 덕(德)을 이처럼
대(大)라고도 비유하고 원(圓)이라고도 비유할 수 있다.

　도(道)·변(辯)·인(仁)·염(廉)·용(勇) 이 다섯은 본래 큰 것
〔大〕들이다. 이를 오대(五大)라고 부른다. 대인(大人)이 되려면
노자의 소사과욕(少私寡欲)이 앞서야 하는데, 그러자면 이 오대
(五大)보다 더 좋은 처방은 없다.

　내 것〔私〕을 작게 하고〔少〕 욕심〔欲〕을 부리지 말라〔寡〕. 대인
이 되려면 이 오대(五大)를 행하면 그만이다. 오대(五大)를 행하
라. 그러면 누구나 대인이다. 이렇게 장자가 처방을 내리지만 아
무도 그 처방을 따르려 하지 않는다. 누구나 내 것을 크게 하려고
욕심을 부릴 따름이다. 스스로 소인(小人)이 되는 짓을 범하면서
도 남들이 소인배라고 하면 왜 자신을 하대하느냐고 싸우려 한다.
왜 그러한가? 소인배는 말만 오대(五大)를 행할 뿐, 실은 멀리하면
서 사(私)를 가까이 두려고 잔꾀를 부리기 때문이다.

　대인(大人)은 누구인가? 마음이 둥근 사람이다. 소인(小人)은
누구인가? 마음이 모진 사람이다. 둥근 마음의 씀씀이를 용(庸)

이라 하고, 모난 마음의 씀씀이를 용(私)이라 한다. 자기를 크게 하려고 마음을 쓰면 그것이 곧 사용(私用)이다. 그러나 자신을 작게 하려고 마음을 쓰는 것은 용(庸)이다. 물론 이러한 용(庸)은 우제용(寓諸庸)의 용(庸)이다.

불칭(不稱)·불언(不言)·불인(不仁)·불겸(不嗛)·불기(不忮)를 오대(五大)를 위한 오불(五不)로 기억해 두면 살면서 편할 때가 많다. 상대를 만들어 겨루지 말라[不稱]. 그러면 크다. 될 수 있는 한 입을 다물고 말을 죽여라[不言]. 그러면 크다. 두루 사랑하되 편애하지 말라[不仁]. 그러면 크다. 입으로만 겸손한 척 말라[不嗛]. 그러면 크다. 약자를 해치지 말라[不忮]. 그러면 크다. 이러한 오불(五不)을 잘 살피면 자칫 우리를 모나게 이끌 수 있는 팔덕(八德)을 둥글게 깎을 수 있지 않을까. 팔덕에 대해서는 이미 앞에서 담소했으니 더 말할 게 없다. 이제 도를 말로 형언할 수 없음을 알면 그것이 곧 부지(不知)임을 알리라. 부지(不知)란 도를 알 수 없다는 뜻이고, 지지(知止)란 도에 멈추어 있을 줄 아는 것이다. 이러한 지지(知止)보다 더한 지(知)는 없다.

알면 안다 하고 모르면 모른다 하라. 이는 공자의 말씀이다. 그래서 공자는 제가가 죽음을 물었을 때, 사는 일도 모르는 것이 많은데 죽음을 어찌 알겠느냐며 모른다고 했다. 알 수 없는 것이 있음을 아는 것이 부지(不知)임을 공자도 밝힌 셈이다. 그러므로 안다는 것은 알 수 없는 것이 있음을 아는 것이다. 불가(佛家)의 지(知) 역시 부지(不知)를 안다는 뜻이니 서로 통한다. 도(道)를 안다고 말하는 자가 있다면 그 자는 도를 모르면서 아는 척하는 것뿐이다.

겁 없이 말을 함부로 하는 사람은 속에 담아 둘 줄 모른다. 그런 자는 속이 좁고 얕아 작은 그릇처럼 조금만 채워도 흘러 넘치고 만다. 속이 얕은 사람은 말할 수 없는 것이 있음을 모른다. 그래서 인생을 시비로 저울질하려고만 한다.

대도(大道) · 대인(大仁) · 대변(大辯) 등의 대(大)는 모두 자연의 덕을 말한다. 이미 팔덕(八德)에서 보았듯이 사람의 덕에는 상대(相對)하는 것, 즉 시비(是非) · 분별(分別) · 차별(差別) · 귀천(貴賤) · 존비(尊卑) · 고하(高下)가 있다. 그러나 자연의 덕에는 상대란 것이 없다. 이러한 자연의 덕이 머무는 집을 천부(天府)라 한다. 성인(聖人), 즉 지인(至人) · 신인(神人) · 진인(眞人)은 천부(天府)에 머물러 사는 분이다. 그러나 성인은 천부(天府)에 머물러 산다고 내색하지 않는다. 이런 모습을 일러 보광(葆光)이라 한다.

감출 보(葆) 빛 광(光), 빛을 감추고 있다〔葆光〕. 즉 보광은 눈부시게 빛나기를 바라지 않는다는 의미다. 도를 밝히는 것은 밖〔外〕이 아니라 안〔內〕이기 때문이다. 도는 밖이 아니라 안에 있으니 성인은 밝되 눈부시게 하지 않는다. 그리하여 성인은 만물이 하나라는 제물론(齊物論)의 뜻을 안다.

어록

왕예(王倪)가 설결(齧缺)에게 물었다〔王倪問於齧缺曰〕.

"사람은 습한 데서 자면 허릿병이 생기거나 반신불수가 되어 죽는다

〔民濕寢則腰疾偏死〕.

미꾸라지도 그렇던가〔鰌然乎哉〕?

사람이 나무 위에 있으면 벌벌 떨면서 무서워한다

〔木處則惴慄恂懼〕.

원숭이도 그렇던가〔猿猴然乎哉〕?

이 셋 중에서 어느 것이 제대로 사는 곳을 알고 있는 것인가

〔三者孰知正處〕?"

셋 중에서 사람이 제일 못났다.

　**　왕예와 설결은 요(堯)임금 때의 현인(賢人)이다.

왕예(王倪)가 설결(齧缺)에게 물었다.

"모장이나 여희를 사람들은 미녀라고 한다〔毛嬙麗姬人之所美也〕.

그러나 물고기는 그녀들을 보고 물 속 깊이 들어가 숨고〔魚見之深入〕,

새들은 그녀들을 보고 높이 날아가 버리며〔鳥見之高飛〕,

사슴은 그녀들을 보고 곧장 도망쳐 버린다〔鹿見之決驟〕.

이 넷 중에서 어느 쪽이 천하의 아름다움을 아는 것인가

〔四者孰知天下之正色哉〕?"

뱁새의 눈에는 뱁새가 제일 아름답다.

장오자(長悟子)가 구작자(瞿鵲子)에게 반문했다.

"달걀을 보고 새벽을 알려 주길 바라고[見卵而求時夜],

탄알을 보고 참새구이를 바란다[見彈而求鴞炙]."

번갯불에 콩 구워 먹자는 인간도 있다.

** 장오자(長悟子)와 구작자(瞿鵲子)는 가공의 인물이다.

장오자(長悟子)가 구작자(瞿鵲子)에게 말했다.

"삶을 기뻐함이 미혹이 아닌지 내가 어찌 알 것이며

[予惡乎知說生之非惑邪],

죽음을 싫어함이 어려서 고향을 잃어 돌아갈 줄 모르는 것은 아닌지

내가 어찌 알겠는가[予惡乎惡死之非弱喪而不知歸者邪]?"

생사가 하나임을 안다면 노장(老莊)이 필요 없지.

內篇 3

양생주(養生主)

요점 포정(庖丁)이 문왕(文王)을 혼내 준다.

입문 참된 삶을 즐거이 누리고 싶은가?

그렇다면 양생(養生)하라. 삶을 잘 길러라(養生). 삶은 가꾸어 북돋아야지 만들어 꾸며서는 안 된다. 양생(養生), 이는 무위(無爲)로 살라 함이다. 그러나 우리는 도(道)를 앞세우고 기술(技術)을 뒤로 하라는 노장(老莊)의 뜻을 무시하고 산다. 도(道)는 자연(自然)이요 기술은 인위(人爲)다. 욕심을 떠나면 자연이요 욕심을 부리면 인위다. 참된 삶을 누리도록 하라. 이보다 더한 인생의 보람은 없다. 그러자면 어떻게 해야 참된 삶을 누릴 수 있는지를 터득해야 한다. 자연에 순응하라. 인위에 얽매이지 말라. 그러면 누구나 마음 편히 살 수 있다는 말을 이제는 아무도 믿지 않는다. 마음은 물질이 아니다. 물질을 탐하다 이렇게 본성을 잃어버리고 정신 없이 살게 되었다. 물질만 있고 정신 없이 사는 것은 척박한 땅에 곡식을 심는 것과 같다. 그래서 인생이 각박하고 잔인하여 무섭고 윤택하지 못하다.

1. 백정이 임금을 혼내 준다

【우화(寓話)】

포정이 칼을 놓고 말했다〔庖丁釋刀曰〕. "신이 좋아하는 바는 도입니다〔臣之所好者道也〕. 도는 기술 따위보다 윗길입니다〔進乎技矣〕. 신이 처음 소를 잡았을 때〔始臣之解牛之時〕 눈에 보이는 것이라고는 소밖에 없었습니다〔所見無非牛者〕. 삼 년이 지나니〔三年之後〕 소의 모습은 하나도 보이지 않았습니다〔未嘗見全牛也〕. 요즘〔方今之時〕 저는 정신으로 소를 만나지〔臣以神遇〕 눈으로 보지않는답니다〔而不以目視〕. 감각기관으로 아는 것이 멈춰져〔官知止〕 정신이 보는 일을 합니다〔而神欲行〕. 하늘의 이치에 따라〔依乎天理〕 소의 큰 틈새에 칼을 넣어〔批大郤〕 빈 곳을 따라가면서〔道大窾〕 소의 생긴 모습 그대로를 따라갑니다〔因其固然〕."

庖:요리사 포   釋:풀 석   刀:칼 도   解:해부할 해   嘗:일찍이 상
遇:만날 우   依:의지할 의   批:칠 비   郤:그칠 각   窾:빌 관
官知(관지) : 감성(感性)
道大窾(도대관) : 여기서 도(道)는 따라간다는 뜻

【담소(談笑)】

자연을 따라 사는 사람으로 장자는 포정(庖丁)을 소개한다. 포정은 소 잡는 인물로 등장하고 있다. 포정의 칼 쓰는 솜씨〔技術〕를 보고 임금〔文惠君〕이 감탄하자 포정이 위와 같이 되받는다. 그 광경을 곰곰이 생각해 보면 누구나 양생(養生)의 주(主)가 무엇인지 체험할 수 있을 것이다.

포정은 소를 물질로 보지 않는다. 정신으로 본다. 물질은 죽은

것이요 정신은 산 것을 의미한다. 물질과 정신을 대립으로 삼지 말라. 그러면 삶이 고달파 누구나 시달리게 된다. 그러니 만물을 소중하게 대하라. 이것이 기술보다 정신을 귀하게 여기는 마음가짐이다. 이러한 마음가짐의 주인공이 포정이다. 그런데 인간은 포정이란 인간형을 냉소한다. 몸만 튼튼히 다지려고 아우성일 뿐 마음은 병들어 썩는 줄 모르고 산다. 편히 살고 싶은가? 그렇다면 포정의 뜻대로 도를 소중히 하며 살라. 이것이 양생주(養生主)의 요지일 것이다.

2. 앎에는 끝이 없다

【우화(寓話)】

우리네 삶은 끝이 있다[吾生也有涯]. 그러나 앎에는 끝이 없다 [而知也無涯]. 끝이 있는 것으로 끝이 없는 것을 따르려 하니[以有涯隨無涯] 위태로울 뿐이다[殆已]. 그런데도 알려고만 든다면 [已而爲知者] 더더욱 위태로울 뿐이다[殆而已矣].

吾:나(우리) 오 涯:끝 애 隨:따를 수 殆:위태로울 태
而已矣(이이의) : 강조하는 종결어미

【담소(談笑)】

생(生)은 반드시 사(死)로 통한다. 생사(生死)는 둥근 원처럼 맞물려 있기 때문이다. 그것은 순서(順序)가 아니라 변화일 뿐이다. 생사를 유무(有無)라고 새겨도 된다. 유생어무(有生於無)라. 오히려 사(死)에서 생(生)이 비롯된다고 보는 것이 우리네 생사

관(生死觀)이다.

생(生)이 먼저가 아니고 사(死)가 먼저라니 어리둥절할 수도 있으리라. 그러나 죽음이 있어 태어남이 있음을 보면 생(生)에 끝이 있다는 뜻은 오히려 절망을 넘어서게 해준다. 내 목숨은 내 것이 아니다. 물려받았고 물려줄 것이 목숨이로다. 이것이 우리네 생명관(生命觀)이다.

지(知)는 끝이 없다. 알려고 하는 것이야말로 버릴 수 없는 우리네 욕(欲)이다. 욕심은 끝이 없어 한이 없다. 욕심보따리가 너무 커서 우주를 다 집어넣고도 더 넣어야 한다. 끝이 없는 욕심을 따라가려고 인생을 수고스럽게 만들지 말라. 그렇지 못하면 사는 일이 위태로워진다. 행복하고 싶은가? 그렇다면 멈출 줄 알라[知止]. 무엇에 멈출 줄 알라는 것인가? 공맹(孔孟)의 뜻을 빌리면 지어선(止於善)일 것이고, 노장(老莊)의 뜻을 빌리면 지어무(止於無)일 것이다. 선(善)에 머물든 무(無)에 머물든 다 같이 삶이 순순(順順)하고 낙낙(樂樂)할 것이므로 위태롭지 않을 것이다.

3. 어쨌든 연독(緣督)하라

【우화(寓話)】

착한 일을 하되 소문나지 않게 하고[爲善無近名] 못된 짓을 범하되 형벌을 받게 하지 말라[爲惡無近刑]. 경계를 따라 중앙을 살펴 길을 잡으면[緣督以爲經] 제 몸을 보호할 수 있을 것이고[可以保身], 인생을 온전히 할 수 있으며[可以全生], 부모를 봉양할 수 있고[可以養親], 천수를 누릴 수 있다[可以盡年].

近 : 가까울 근 刑 : 형벌 형 緣 : 따라서 연 督 : 중앙 독	
經 : 길 경 保 : 보호할 보 親 : 부모 친 盡 : 다할 진	

【담소(談笑)】

몸에 좌우(左右)가 있듯이 마음에는 선악(善惡)이 있다. 인생을 하나의 길이라고 하자. 길에는 두 가장자리가 있다. 한쪽 가장자리를 선이라 하고 다른 한쪽을 악이라 하자. 인간은 선악의 길을 걸어가면서 인생을 경영한다. 이 때 어느 한쪽에 치우치거나 대립으로 보지 말고 인생을 경영하라는 것이 연독(緣督)이다.

공맹(孔孟)은 중용(中庸)이라 하고 장자는 연독(緣督)이라 했다. 연독(連讀)은 우제용(寓諸庸)과 같은 말이다. 중용(中庸)은 중(中)을 이용하라[庸] 함이요, 연독(緣督)은 독(督)을 따라 하라[緣]는 말이다. 우제용(寓諸庸)의 용(庸)은 자연(自然)이라 할 수 있으며 중용(中庸)이라 할 수 있으며 연독(緣督)이라 할 수도 있으리라. 지나치지 말라. 처지지도 말라. 알맞게 하라. 선(善)에 치우쳐 선(善)만 앞세워도 안 되고, 악(惡)에 치우쳐 악(惡)에 물들어서도 안 된다. 이처럼 선악은 상대가 아니라 상호라고 생각해야 크다.

선하되 겸손하라. 그러면 알맞게 착한 것이다. 선하다고 자랑하지 말라. 그러면 나만 선하고 남들은 덜 선하다는 오해를 산다. 악하되 남들이 용서할 수 있으면 고칠 수 있는 과실이다. 그러나 용서할 수 없을 정도로 악하다면 형벌을 받고 감옥에 가야 한다. 인생을 옥살이로 보내는 것은 스스로 제 몸을 구속하는 짓이다. 그러면 부모의 마음을 아프게 하고 스스로도 마음 편히 일생을 보내기가 어렵다. 그러므로 선(善)이든 악(惡)이든 지나치면 양생(養生)은 어렵다.

4. 살어리 살어리랏다

【우화(寓話)】

손가락이 장작 지피는 일을 다해도〔指窮於爲薪〕 불은 줄곧 번져〔火傳也〕 꺼질 줄을 모른다〔不知其盡也〕.

指: 손가락 지 窮: 다할 궁 薪: 땔나무 신 傳: 전할 전 盡: 다할 진

【담소(談笑)】

『장자(莊子)』에서 가장 어려운 이야기들 중 하나이다. 마치 선사(禪師)가 등장해 화두(話頭)를 던지는 우화(寓話) 같다. 화두(話頭)의 화(話)는 침묵해야 들리는 말이다. 침묵하라. 화두란 내가 나에게 말하는 화법(話法)인 셈이다. 화두를 놓고 말꼬리를 잡아선 안 된다. 화두를 두고 잔머리를 굴리지 말라. 그래서 본래 화두의 두(頭)는 아무런 뜻 없이 그냥 붙어 있을 뿐이다.

이 대목을 두고 여러 설(說)이 분분하지만 마주할 때마다 그저 침묵(沈默)하자고 말하고 싶다. 침묵은 상상력의 노들강변 같은 것. 그렇게 걸림 없이 즐겁게 상상하는 편이 낫다. 그러면 육체가 인생의 땔감이라고 황홀하게 상상해 볼 수도 있지 않겠는가. 만해(萬海)가 여기서 시상(詩想)을 얻었을지 모른다. '타고 남은 재가 기름이 됩니다.' 죽고 태어나고 그칠 바 없으니 참으로 살어리 살어리랏다.

지(指)가 손가락〔指〕이면 어떻고 내 몸이면 어떻고 만물이면 어떤가. 왜 땔감이 다해도 불은 멈추지 않고 계속되어 그칠 줄 모른다고 했을까? 생사(生死)를 소중히 하라. 바로 그래야 양생(養生)의 참뜻에 이를 수 있다. 그렇다. 양생이란 목숨을 소중히 하

라는 말이다. 그러니 불을 꺼지게 하지 말라. 몸뚱이만 소중한 줄 알고 생명의 기운은 소중한 줄 모른다면 생사의 불은 꺼지고 만다. 목숨이 소중한 줄 안다는 것은 내가 죽는다고 목숨이 끝나는 것이 아님을 안다는 것이다. 만물의 아들딸이 목숨을 이어갈 것이니 그침 없이 삶의 불꽃은 타오르며 불길을 전하리라. 양생하라. 이는 생명의 불꽃을 활활 타오르게 하여 목숨이란 불길을 꺼지지 않게 하라는 뜻이로구나!

어록

못가의 꿩은 열 걸음 종종거려 먹이 한 입 쪼아먹고〔澤雉十步一啄〕

백 걸음 종종거려 물 한 모금 마실 수 있지만〔百步一飮〕,

조롱 속에 갇혀 살기를 바라지 않는다〔不蘄畜乎樊中〕.

기력은 왕성할지 모르지만〔神雖王〕 마음이 편치 않기 때문이다〔不善也〕.

마음이 왜 편하지 못한가? 자유가 없는 까닭이다.

** 신(神) : 기력(氣力) / 선(善) : 낙(樂)

때에 편안히 머물러 순응하면〔安時而處順〕

슬픔이나 기쁨 따위가 끼어들 리 없다〔哀樂不能入也〕.

옛 사람은 이런 경지를 일러 묶여 매달려 버둥거리다가 풀려난 것이라고 했다

〔古者謂是帝之懸解〕.

생사에 억지를 부리는가? 그렇다면 꽁꽁 매달린 꼴이다.

** 제(帝) : 절대자 즉 하늘 / 현해(懸解) : 매달렸다 풀림

莊子 ● 內篇

內篇 4

인간세(人間世)

요점 접여(接與)가 공자를 꾸짖는다.

입문 인간세(人間世)」편은 우리에게 어떻게 살아가느냐고 묻는다.
어떻게 살고 있느냐는 물음에 공맹(孔孟)은 자신 있다 한다. 공맹은 세상을 다스린다〔治世〕는 뜻을 버리지 말라 한다. 그러나 노장(老莊)은 마음을 다스린다〔心齋〕는 쪽에 서 있다. 그래서 치세(治世)가 아니라 심재(心齋)를 말하고자, 공자를 빌려 유가(儒家)를 버리고 세상에 임하라는 우화(寓話)를 만든 셈이다. 그러니 우화를 두고 시비할 일은 없으리라.
「인간세」의 우화는 공자와 안회의 문답으로 시작한다. 안회는 공자의 수제자이며 덕(德)의 화신(化身)으로 꼽히는 분이다. 그런 안회를 공자는 부덕(不德)하여 철이 덜 든 인물로 취급한다. 이것이 이 우화를 어떻게 체험해야 할지를 암시하는 단서다. 한편 치세(治世)의 성인(聖人)인 공자를 광접여(狂接與)가 등장해 비웃는 마지막 장면은 「인간세」 우화의 절정을 이룬다.
세상은 나를 위해 있는 것이 아니다. 함부로 세상을 저울질하려고 덤비지 말라. 인간의 뜻으로 세상을 고쳐 보겠다는 생각이야말로 욕심일 뿐이다. 자연의 뜻에 따라 삶을 경영하라. 이것이 탁한 세상을 걸어가는 길이다. 그 길을 걷는 마음을 심재(心齋)라 한다. 심재(心齋)하라. 허심(虛心)하라. 무심(無心)하라. 이는 마음이 곧 자연이 되는 하나의 길을 말한다.

「인간세(人間世)」편에 세상 사는 길이 있다. 역(逆)으로 살지 말라. 순(順)으로 살라. 무엇에 역하지 말라는 것인가? 자연이다. 무엇에 순하라 함인가? 자연이다. 자연대로 살라. 그렇게 하면 세상을 피할 것도 없고 무서워할 것도 없다. 세상이 문제가 아니라 사람 하나하나가 문제일 뿐이다. 그러므로 심재(心齋)하라. 사심(私心)을 없애라[心齋]. 심재(心齋)는 자기가 없다[無己]는 지인(至人)의 마음가짐인 셈이다. 허심(虛心)하고 무심(無心)한가? 그렇다면 세상을 겁낼 것 없다. 무용(無用)할 줄 아는가? 그렇다면 세상을 피할 것 없다. 무용(無用)은 인위(人爲)를 활용하지 말라 함이다. 이러한 허심(虛心)과 무용(無用)이 「인간세」 우화의 핵심이다. 태평성대를 만들자고 외치지 말라. 태평(太平)은 자연의 것이지 사람의 것이 아니다. 자연이 바로 행복의 샘이다. 무엇이 샘을 마르게 하는가? 광접여(狂接輿)의 노래를 들어 보라. 그러면 알 수 있을 것이니 절망하지 않아도 된다.

4 ● 인간세

1. 행복은 깃털보다 가볍다

【우화(寓話)】

공자가 초(楚)나라에 갔을 때〔孔子適楚〕 초나라의 광접여가 공자가 묵고 있던 집의 문 앞을 오가며 노래를 불렀다〔楚狂接與遊其門曰〕. "봉황새여 봉황새여〔鳳兮鳳兮〕! 어찌하여 네 덕이 쇠하고 말았는가〔何如德之衰也〕. 앞날은 기대할 수 없고〔來世不可待〕 지난날은 쫓을 수가 없거늘〔往世不可追也〕, 천하에 도가 있으면〔天下有道〕 성인이 뜻을 이룩하겠지만〔聖人成焉〕, 천하에 도가 없으면〔天下無道〕 성인도 그냥 살아가는 것〔聖人生焉〕. 지금 이 세상은〔方今之時〕 형벌을 면하는 것이 고작일세〔僅免刑焉〕. 행복은 깃털보다 가벼운데〔福輕乎羽〕 그것을 실을 줄 모르고〔莫之知載〕, 불행은 땅보다 무거운데〔禍重乎地〕 그것을 피할 줄 모르네〔莫之知避〕. 아서, 그만두지 그래〔已乎已乎〕. 덕이란 것으로 사람을 대하려나〔臨人以德〕. 위험하지 위험해〔殆乎殆乎〕. 땅에 금을 긋고 바둥거리려나〔畵地而趨〕. 가시나무여 가시나무여〔迷陽迷陽〕, 내 가는 길을 상하게 하지 말라〔無傷吾行〕. 내 가는 길은 위험을 피해 이리저리 굽어 있네〔吾行卻曲〕. 내 발에 상처를 내지 말라〔無傷吾足〕. 산의 나무는 스스로 엿보다 베이고〔山木自窺也〕 기름은 불로 제 몸을 태운다네〔膏火自煎也〕. 계수나무는 먹거리가 되므로 잘리고〔桂可食故伐之〕 옻나무는 쓸모가 있어서 쪼개진다네〔漆可用故割之〕. 사람은 모두 쓸모가 있어야 쓰인다고 알지〔人皆知有用之用〕, 쓸모 없음이 쓸모 있는 것인 줄 모른다네〔莫知無用之用〕."

適:갈 적 楚:나라 이름 초 狂:미칠 광 接:붙을 접 衰:쇠할 쇠
待:바랄 대 往:갈 왕 追:쫓을 추 僅:겨우 근 免:면할 면
刑:형벌 형 羽:깃털 우 載:실을 재 避:피할 피 殆:위태로울 태
劃:가를 획 趨:달릴 추 傷:상처낼 상 寇:해칠 구 膏:기름 고
煎:지질 전 伐:칠 벌 割:나눌 할
迷陽(미양):가시나무 膏火(고화):등불
桂(계):계수나무 漆(칠):옻나무

4 ● 인간세

【담소(談笑)】

초(楚)나라 접여(接與)의 우화는 「인간세(人間世)」편 맨 마지막에 나오지만, 가장 중요한 우화로 생각되어 맨 앞으로 옮겼다. 공자를 봉황새로 치켜세우면서 빗대는 접여의 노래를 살펴 들어 보라. 그러면 더럽고 독한 세상에서 몸둘 바를 새겨 볼 수 있으리라. 난세에 영웅이 난다고들 하지만 그 영웅은 수많은 사람의 피를 흘리게 한 폭군이기 쉽다. 미친 척하며 살았다는 접여는 백성을 아프게 하는 폭군에게 연연하지 말라고 공자가 묵는 집 앞에서 노래를 부르며 춤을 춘다. 세상을 가시나무처럼 만드는 폭군한테 무엇을 기대할 것이냐며 공자를 비웃는 것이다.

쓸모 있는 것은 쓸모가 있다는 탓에 온전할 수 없다. 그러니 유능한 인재라고 자랑할 것 없다. 쓸모 있는 나무라서 잘리고 만다. 빛을 내는 기름이라서 제 몸을 태우게 된다. 잘났다는 것이 못난 꼴로 되돌아오는 줄 알면 가시나무에 앉은 새처럼 될 리 없다. 가시나무에서 날려고 하지 말라. 깃털이 가시에 찢기고 속살이 찔려 몸에 상처를 입는다. 그러면 아픔[刑罰]을 면하기 어렵다.

세상을 얕볼 것도 없고 겁낼 것도 없고 굽실댈 것도 없다. 하염없이 살겠다면 가시나무 밭길을 피해 갈 수 있다. 상처를 내지도 않고 입지도 않는 삶이야말로 「인간세(人間世)」편의 주제(主題)

인 셈이다. 그러니 인간이여 심재(心齋)하라.

2. 공자(孔子)가 안회(顔回)를 꼬집는다

【우화(寓話)】

안회가 중니(공자)를 뵙고〔顔回見仲尼〕 여행을 하겠다고 아뢰었다〔請行〕. 공자가 말했다〔曰〕. "어디로 가려느냐〔奚之〕?" 안회가 아뢰었다〔曰〕. "위(衛)나라로 가려고 합니다〔將之衛〕." 공자가 왜 거기로 가려 하느냐고 묻자〔曰奚爲焉〕 안회가 대답했다〔曰〕. "제가 듣기에 위나라 임금은〔回聞衛君〕 젊고〔其年壯〕, 독재를 하고〔其行獨〕, 나라를 가볍게 다루면서도〔輕用其國〕 그 허물을 모르고〔而不見其過〕, 백성의 목숨을 가볍게 다루어〔輕用民死〕 그 나라에서 죽어나는 자들이 못 속의 수초만큼이나 많아〔死者以國量乎澤若蕉〕 백성이 어찌할 바를 모른답니다〔民其無如矣〕. 저는 선생님의 말씀을 일찍이 들은 바 있습니다〔回嘗聞之夫子〕. '잘 다스려지는 나라이거든 떠나고〔治國去之〕 어지러운 나라이거든 그리로 가라〔亂國就之〕. 이는 의사의 집에 환자가 많은 것과 같다〔醫門多疾〕.' 이 말씀에 따라 방책을 생각해 보려고 합니다〔願以所聞思其則〕. 가까운 장래에 그 나라의 병폐도 고쳐지지 않겠습니까〔庶幾其國有瘳乎〕?"

공자가 엉뚱하다는 듯이 웃으면서 응한다〔仲尼曰譆〕. "위험을 무릅쓰고 가 봤자 처벌만 받게 될 게다〔若殆往而刑耳〕. 무릇 도는 잡스러움을 탐하지 않아〔夫道不欲雜〕. 잡스러우면 일만 많고〔雜則多〕, 일이 많으면 뒤숭숭하고〔多則擾〕, 뒤숭숭하면 근심거리가 생기고〔擾則憂〕, 근심이 생기면 구해 줄 수 없지〔憂則不救〕. 옛 지인은 먼저 자신을 온전히 하고〔古之至人先存諸己〕 그런 다음 남들을 온전히 해주려 했다네〔後存諸人〕. 스스로 온전해야 할 바가 아직 미진한데〔所存於己未定〕 어찌 난폭한 인간의 소행을 간섭하려 하는가〔何暇至於暴人之所行〕? 그리고 너는 덕이 어떻게 흩어져 없어지는지를 알고〔且若亦知夫德之所蕩〕 지식이 어디서 생기는지를 알고 있느냐〔而知之所爲出乎哉〕? 덕은 명성을 탐해서 흩어져 없어지고〔德蕩乎名〕 지식은 경쟁하려는 데서 나온다〔知出乎爭〕. 명예란 서로 헐뜯는 것이며〔名也者相軋也〕 지식이란 다툼의 도구이다〔知也者爭之器也〕. 그 두 가지는 흉기이므로〔二者凶器〕 무슨 일이 있어도 행하게 해서는 안 된다〔非所以盡行也〕."

衛:나라 이름 위 壯:젊을 장 獨:홀로 독 輕:가벼울 경 過:허물 과
量:달아볼 량 澤:못 택 蕉:쓰레기 초 治:다스릴 치 亂:어지러울 란
就:쫓을 취 醫:치료할 의 門:문간 문 疾:병 질 願:원할 원
聞:들을 문 則:본받을 칙 瘳:병이 나을 추 殆:위태로울 태
往:갈 왕 刑:형벌 형 雜:잡스러울 잡 擾:어지러울 요
憂:근심할 우 救:구제할 구 存:있을 존 且:또 차 蕩:씻어낼 탕
爭:다툴 쟁 軋:삐걱거릴 알 器:그릇 기 凶:흉할 흉 盡:다할 진
無如(무여):어찌할 바를 모른다는 뜻. 무여지하(無如之何)와 같음
庶幾(서기):가깝다는 뜻
諸己(제기):자신에게 諸人(제인):남에게

【담소(談笑)】

어디 『논어(論語)』에 이런 중니(仲尼) 즉 공자(孔子)가 있던가. 위의 우화(寓話)는 공자가 가장 아꼈던 제자 안회를 빌려서 공자를 꼬집고 있다. 동시에 공자의 주유천하(周遊天下)를 비웃는다. 폭군을 잘 설득해서 성군이 되게 하겠다는 공자의 뜻을 왜 비웃는가? 자신도 온전치 못한데 어찌 남을 온전하게 만들려고 하는가?

이것이 이 우화가 던지는 반문이다. 공자의 입으로 공자 스스로를 비웃게 하는 우화 앞에서 시비하지 말라. 우화를 두고 시비를 걸면 거는 쪽만 우습다.

먼저 스스로 온전히 하라〔先存諸己〕. 온전하게 하라〔存〕. 이는 도(道)를 떠나지 말라 함이다. 세상을 구하겠다는 야망(野望)이나 야심(野心) 따위를 버려라. 그러면 도에 가깝다. 도는 순수하기 때문이다. 폭군(暴君)을 달래서 성군(聖君)으로 바꾸어 놓겠다고 떠들지 말라. 먼저 자신을 순수하게 하라. 순수한 것을 일러 자연이라 한다. 자연이 곧 세상살이의 길〔道〕이다. 남〔人〕이 아니라 나〔己〕 먼저 순수하면 된다. 이것이 인간세(人間世)의 기본이요 길이다.

명예를 얻고 출세를 하려면 학문을 하여 지식을 쌓아야 한다는 입지(立志)를 공자가 버리고 있다. 시비를 벌여 논쟁하는 쪽을 교묘하게 피하면서 공자를 유가(儒家)에서 도가(道家)로 개종시키고 있는 이 우화(寓話)를 대하면 청운(靑雲)의 뜻을 키우라는 말은 부질없는 말이 되고 만다.

경우야 어떠하든 사실은 사실이요 진실은 진실이다. 지금 이 우화는 그런 까닭을 체험해 보라고 말하고 있다. 덕은 명성을 탐하려는 욕심 탓으로 엉망이 되고, 지식은 시비의 논쟁에서 이겨 보려고 칼날을 날카롭게 세워 두고 번득이게 한다. 그래서 사람의 세상에서는 마음 편할 날이 없는 것이다.

점점 약아지고 영악해져 이제 사람의 세상에서는 옛 사람들이 누리던 후덕한 삶을 찾기 어렵다. 인생이 살벌하고 서로 다투니 세상살이가 뒤틀린다. 이런 난장을 이 우화는 추방하고 싶은 것이다. 차별하고 시비를 일삼는 탓에 세상이 시끄럽다. 이런 세상을 씻어 내자면 덕이 무성해야 한다. 덕이 무성하려면 빈 마음이 앞서야 한다. 빈 마음을 갈무리하는 일을 일러 심재(心齋)라 한다. 아무리 디지털 세상이 되어 옛 것이 낡은 것 취급을 받아도 이런 우화는 낡을 리 없다.

3. 안회(顔回)야, 헤아리고 배려할 줄 알아야지

【우화(寓話)】

공자가 말했다〔仲尼曰〕. "또한 너는 후덕하고 신념이 강하나 〔且德厚信矼〕 아직은 남의 기분을 알지 못하고〔未達人氣〕, 명성을 두고 다투지는 않지만〔名聞不爭〕 남의 마음 속을 알지 못한다〔未達人心〕. 그런데 애써서 인의라는 유식한 말로〔而疆以仁義繩墨之言〕 난폭한 자 앞에서 재주부리는 짓을 하는구나〔術暴人之前者〕. 이는 남의 못난 점을 앞세워 제 자랑을 하는 셈이지〔是以人惡有其美也〕. 이런 짓을 일러 남을 해치는 짓이라 한다네〔名之曰災人〕. 남에게 해를 끼치면〔災人者〕 남은 내가 입힌 재앙을 반드시 되돌려주는 것일세〔人必反災之〕. 그러니 자네도 남으로부터 재앙을 입기 십상이지〔若殆爲人災夫〕."

厚 : 두터울 후　信 : 믿을 신　矼 : 굳건해 보일 강　未 : 아닐 미
達 : 꿰뚫어 알 달　疆 : 억지로 할 강　繩 : 줄 승　墨 : 먹물 묵
術 : 계략 술　暴 : 사나울 폭　惡 : 못될 오　災 : 재앙 재　必 : 반드시 필
反 : 되돌아올 반　若 : 너 약　殆 : 가까울 태
夫(부) : 통탄스러움을 나타내려는 어투. 탄사(歎辭)

【담소(談笑)】

이 「인간세(人間世)」 우화에서 공자와 안회(顔回) 사이의 문답

은 지루할 정도로 길다. 공자의 제자 중에서 안회는 덕(德)의 화신으로 알려져 있다. 그런 안회에게 덕이 없으면 안 된다고 타이르는 공자를 어떻게 체험하면 될까? 장자는 공자의 입을 빌려 소지(小知)를 버리고 대지(大知)로써 살라고 부탁하고 있다.

재주를 믿는 사람은 남의 비위를 거스르기 쉽다. 제 자랑을 일삼고 남을 얕보려는 사람은 철이 덜 들었기 때문이다. 재주 하나 믿고 남을 다스리려는 일이 뜻대로 될 리 없다. 재주가 앞서면 덕이 엷어지는 법이다. 그래서 노자(老子)는 과시하지 말라[不自見], 저만 옳다 하지 말라[不自是], 제 자랑하지 말라[不自伐], 저 잘난 척 말라[不自矜]고 하는 것이 아닌가.

우화 속의 공자는 노자(老子)를 닮았다. 안회에게 겸허한 사람이 되라고 강조하는 공자의 말이 마치 노자의 입을 빌린 것 같다. 남에게 과시하려는 덕은 덕이 아니다. 덕은 미명(微明) 같다. 그래서 덕은 밝되 눈부시지 않은 것[微明]이라 한다. 덕을 뽐내면 곧바로 부덕(不德)으로 변한다. 부덕은 남에게 해를 끼치려고 한다. 해(害)는 반드시 앙갚음한다. 겸허하라. 그러면 세상도 고개를 숙이는 법이다.

4. 안회(顔回)야, 제발 심재(心齋)하라

【우화(寓話)】

안회가 아뢰었다[顔回曰]. "외모를 부드럽게 하는 분은[外曲者] 남들과 한무리가 될 수 있습니다[與人之爲徒也]. 손을 들어올리고 무릎을 꿇고 절한 다음 손을 공손히 모으는 것은[擎跽而拳] 신하가 할 예절입니다[人臣之禮]. 남들도 다 그렇게 하는데[人皆爲之] 저라고 어찌 못하겠습니까[吾敢不爲邪]. 남이 하는 대로만

하면〔爲人之所爲者〕남 또한 나를 헐뜯지 않을 것입니다〔人亦無疵焉〕. 이를 남과 더불어 한무리가 된다고 하겠습니다〔是之謂與人爲徒〕. 무엇을 이룬다 해도 옛 사람 것을 따라 한다면〔成而上此者〕옛 사람과 한무리가 된 것입니다〔與古爲徒〕. 그 말씀이 비록 가르침이라 해도〔其言雖敎〕실제로 보면 꾸짖는 것입니다〔謫之實也〕. 꾸짖는 말은 옛 것이지〔古之有也〕제 것은 아닙니다〔非吾有也〕. 그렇게 하면〔若然也〕비록 솔직하게 말해도 남을 꾸짖는 경우는 아닐 것입니다〔雖直而不病〕. 이를 일러 옛 분과 함께 한무리가 되었다고 하겠습니다〔是之謂與古爲徒〕. 위처럼만 하면 되지 않겠습니까〔若是則可乎〕?"

공자가 말했다〔仲尼曰〕. "아아 저런 어찌할꼬〔惡惡可〕. 바로잡자는 방법들이 너무 많아 마땅치 않다〔多大政法而不諜〕. 고집스럽다 해서 죄가 될 것은 없으나〔雖固亦無罪〕고루한 것일세〔雖然〕. 고집을 떨쳐 버려야 해〔止是耳矣〕. 도대체 어찌하면 남을 감화시킬 수 있단 말인가〔夫何可以及化〕. 여전히 자네는 자기 생각을 굳히고 남이 자네 생각을 따라 주길 바라는 자일세〔猶師心者也〕."

안회가 다시 여쭈었다〔顔回曰〕. "저는 더 이상 무엇이 무엇인지 모르겠습니다〔吾無以進矣〕. 감히 남을 감화시킬 수 있는 방법을 묻고 싶습니다〔敢問其方〕."

공자가 말했다〔仲尼曰〕. "재계하라〔齋〕. 내가 말은 해보겠지만〔吾將語若〕, 딴 마음을 품고 재계한다 해서〔有而爲之〕쉽사리 될 것인가〔其易邪〕. 재계하기 쉽다고 여기는 자는〔易之者〕하늘이 좋아하지 않아〔皞天不宜〕."

안회가 아뢰었다〔顔回曰〕. "저의 집은 가난하여〔回之家貧〕술 한 잔 마실 수도 없고〔唯不飮酒〕향기로운 야채를 먹어 본 지도〔不茹葷者〕여러 달이 되었습니다〔數月矣〕. 이러하다면 재계한 것이 아니겠습니까〔若此則可以爲齋乎〕?"

이에 공자가 말하였다〔曰〕. "그런 것은 제사를 모시는 재계이
지〔是祭祀之齋〕 마음을 재계하는 것은 아니지〔非心齋也〕."

徒: 무리 도 擎: 들어올릴 경 跽: 꿇어앉을 기 拳: 주먹 쥘 권
敢: 감행할 감 疵: 흉볼 자 與: 더불 여 雖: 비록 수
謫: 꾸짖을 적 病: 괴롭힐 병 惡: 어찌할 오 政: 바로잡을 정 法: 법 법
諜: 염탐할 첩 及: 미칠 급 進: 나아갈 진 齋: 엄숙히 할 재
易: 쉬울 이 皞: 밝을 호 宜: 마땅할 의 茹: 먹을 여 葷: 냄새날 훈
祭: 제사지낼 제 祀: 제사지낼 사
師心者(사심자): 자기 생각만 고집하는 자
政法(정법): 여기서 정(政)은 정(正)이고, 법(法)은 방책(方策)을 말함

【담소(談笑)】

안회가 공자 앞에서 아는 척을 한다. 오랑캐로 하여금 오랑캐
를 치게 하는 병법처럼, 「인간세(人間世)」의 우화는 유가(儒家)를
시켜 유가(儒家)를 비웃게 한다. 알량한 지식을 앞세워 남을 다스
리고 세상을 다스린다고 떵떵거리며 패거리를 짓지 말라는 게다.

폭군을 달래서 성군이 되게 하고 난세를 바로잡아 치세(治世)
로 바꾸어 놓겠다고 떠들지 말라. 그러면 폭군은 더욱 오만해지
는 법이다. 그럴수록 백성은 아픔이 더욱 심해 참기 어렵다. 똑똑
하다고 자신하다 공연히 긁어 부스럼 만들지 말라. 옛 사람의 말
을 팔아 세상을 흥정하려고 하는가? 장자(莊子)의 입장에서 본다
면, 공자든 안회든 소지(小知)를 앞세워 자기 생각만 주장하면서
다른 사람들에게 따라오라고 고집하는 자〔師心者〕에 불과하다.
사심자(師心者)는 자기 속셈대로 세상을 저울질하려는 흥정꾼에
불과할 뿐이다. 그런 속셈을 버려라. 그러자면 마음을 비우고 살

아야 한다. 이것을 심재(心齋)라 하리라.

5. 안회(顏回)야, 기(氣)를 공경(恭敬)하는가

【우화(寓話)】

안회가 여쭈었다〔回曰〕. "감히 심재를 묻고자 합니다〔敢問心齋〕."

공자가 말했다〔仲尼曰〕. "마음이 가는 바를 하나로 해라〔若一志〕. 귀로 듣지 말고〔無聽之以耳〕 마음으로 들어라〔聽之以心〕. 마음으로 듣지 말고〔無聽之以心〕 기로 들어라〔而聽之以氣〕. 소리는 귀에서 멈추고〔聽止於耳〕 마음은 사물에 맞추어 멈추지〔心止於符〕. 기라는 것은〔氣也者〕 비어서 무엇이든 다 받아들이는 것이지〔虛而待物也者〕. 참된 도만이 빈 것에서 모이고〔唯道集虛〕 그런 빈 것이 심재지〔虛者心齋也〕."

> 敢:감행할 감 若:너 약 聽:들을 청 氣:기운 기 符:맞을 부
> 待:갖출 대 唯:오직 유 集:모일 집 虛:빌 허

【담소(談笑)】

유가(儒家)는 허(虛)를 비켜 간다. 현실에 속하는 것만 알면 된다는 것이 유가의 지식이다. 유가는 무(無)를 비켜 간다. 유(有)에만 관심을 두고 다스리면 된다고 한다. 그런데 심재(心齋)를 묻는 안회에게 공자는 허(虛)라고 대답한다. 장자는 공자를 도가(道家)로 개종시킨 듯이 연출하고 있다.

빈 것〔虛〕. 기(氣)는 빈 것에서 나온다. 기는 목숨을 살게 하는

기운이다. 그 기운은 아주 자유롭다. 그런 허(虛)는 불가(佛家)의 공(空)과 같다. 무망(無妄)이 곧 공(空)이 아닌가. 헛된 생각〔妄〕이 없는 것을 일러 허(虛)니 무(無)니 공(空)이니 말하는 셈이다. 사심자(師心者)보다 더 헛된 것은 없다.

장자가 여래(如來)를 만났을 리 없지만, 마음을 비우는 길에서 둘은 서로 만난다. 그 길을 장자는 허(虛)로 풀이하였고 여래는 공(空)으로 풀이한 셈이다. 그 길을 가려면 욕(欲)을 버려라. 이것이 마음을 비우라는 심재(心齋)다. 심재(心齋)하라. 그러면 자유의 길로 접어든다.

6. 안회(顔回)야, 좌치(座馳)를 아느냐

【우화(寓話)】

공자가 말했다〔夫子曰〕. "걷지 않고 발자국을 남기지 않기란 쉽지만〔絕迹易〕 땅을 밟지 않고 걷기는 어렵다〔無行地難〕. 일 시키는 사람을 속여먹기는 쉽지만〔爲人使易以僞〕 하늘을 속여먹기란 어렵다〔爲天使難以僞〕. 날개가 있어야 난다는 말은 들었지만〔聞以有翼飛者矣〕 날개 없이 난다는 말은 아직 듣지 못했다〔未聞以無翼飛者也〕. 아는 것이 있어서 안다는 말은 들었으나〔聞以有知知者矣〕 아는 것 없이 안다는 말은 아직 듣지 못했다〔未聞以無知知者也〕. 저 텅 빈 곳을 보라〔瞻彼闋者〕. 텅 빈 방이 밝음을 낳는다〔虛室生白〕. 행복은 머물 곳에 머문다〔吉祥止止〕. 그렇지만 머물지 못한다〔夫且不止〕. 이런 꼴을 일러 좌치라 한다〔是之謂座馳〕."

聞:들을 문 翼:날개 익 飛:날 비 矣:어조사 의 瞻:바라볼 첨
彼:저 피 闋:텅 빈 결 止:머물 지 且:또 차 座:앉을 좌 馳:달릴 치
虛室(허실):텅 빈 마음
吉祥(길상):행복

【담소(談笑)】

욕심이 없으면 도둑도 없다. 텅 빈 방에 도둑이 들지 않는 것처럼 텅 빈 마음에는 도둑이 없다. 지식이란 것도 따지고 보면 인간이 탐하는 장물과 같다. 욕심이 장물을 끌어 모은다. 그래서 마음속이 장물로 가득한 방처럼 되고 만다. 욕심은 또 재주를 부리려 한다. 좀 안다고 재주부리기를 좋아하다 혼나는 꼴이란 새가 날개를 달았다고 뽐내다 새총에 맞아 떨어지는 꼴이나 한가지다.

비둘기 마음은 콩밭에 있다는 속담이 있다. 몸은 나뭇가지에 있으면서 콩밭에 정신 팔린 비둘기 같은 꼴을 일러 좌치(座馳)라 한다. 콩밭 때문에 마음을 걷잡을 수 없는 비둘기야말로 식자(識者)와 닮은꼴이다. 이것저것을 알아보려고 발버둥치는 식자는 몸은 앉아 있지만[座], 마음은 이것저것을 향해 줄달음치며 바쁘다[馳]. 이런 마음을 불가(佛家)에서는 번뇌(煩惱)라고 한다. 속셈하랴 흥정하랴 시비하랴 분주한 모습이 좌치(座馳)다. 마음 둘 바를 모르니[座馳] 어느 날에 심재(心齋)하겠나? 심재도 못하는데 어찌 좌망(坐忘)을 하겠나? 장자는 지금 이렇게 비꼬고 있다.

마음을 비워 나를 자유롭게 하는 것이 심재(心齋)가 아닌가. 이런 경지에 들지 못한 안회가 어찌 위(衛)나라 폭군을 설득해 성군으로 변화시키겠는가? 남을 변화시키려거든 먼저 자신부터 빈 방[虛室]의 주인이 되라. 장자는 이 우화 속에서 공자의 입을 통해 유가(儒家)의 치세관을 꼬집고 있다. 「인간세」의 우화 속에서 공

자는 그만 노장(老莊) 쪽으로 탈바꿈하여 유가(儒家)를 좌치(座馳)의 무리로 몰아세운다.

7. 제 힘만 믿었던 사마귀는 죽고 말았다

【우화(寓話)】

거백옥이 말했다〔蘧伯玉曰〕. "당신은 사마귀라는 것을 아시겠죠〔汝不知夫螳蜋乎〕? 화가 치밀어 팔뚝을 휘두르며 수레와 맞섰답니다〔怒其臂以當車轍〕. 제 힘으로 맞설 수 없음을 몰랐던 게지요〔不知其不勝任也〕. 이는 저만 잘난 줄 알았던 것입니다〔是其才之美也〕. 조심하고 삼가야지요〔戒之愼之〕. 제 자랑만 늘어놓고 저만 잘난 척해 비위를 거스르다가는〔積伐而美者以犯之〕 위태롭기 십상이지요〔幾矣〕."

怒:성날 노　臂:팔뚝 비　當:마주할 당　勝:이길 승　任:맡길 임
戒:지킬 계　愼:삼갈 신　積:쌓을 적　伐:자랑할 벌　犯:범할 범
幾:위태로울 기
螳蜋(당랑):사마귀　車轍(거철):수레

【담소(談笑)】

거백옥(蘧伯玉)이 안합(顔闔)에게 들려 준 이야기다. 공자는 『논어(論語)』 「위령공(衛靈公)」 편에서 위(衛)나라 대부(大夫) 거백옥을 군자라고 칭송하였다. 안합은 노(魯)나라의 현인(賢人)이다. 이 안합이 위나라 영공(靈公)의 태자를 보좌하러 가면서 거백옥에게 어떻게 처신해야 하는지를 물었다. 그러자 거백옥은 안합

에게 사마귀 이야기를 하였다. 이 우화 속의 사마귀를 사심자(師心者)의 표본으로 생각해 보면 재미있을 것이다.

수레가 세상이라면 사마귀는 제 생각만 옳다며 남에게 자기를 따르도록 요구하는 오만한 인간(師心者)으로 볼 수 있다. 겸허할 줄 몰라 세상을 얕보고 팔뚝질하고 있는지 살펴보라는 뜻이 아니겠는가. 힘 하나 믿고 덤볐던 사마귀는 바퀴에 압사(壓死)하고 말았다. 내 뜻대로 안 되는 현실[人間世]을 어이하리. 세상을 따르려 하되 세상에 매달리지는 말라. 세상과 어울리려 하되 패거리를 지어 한통속이 되려고 하지는 말라. 그러니 몸 둘 바를 조심하고〔齋之〕 삼가라〔愼之〕.

8. 장석(匠石)아, 쓸모 없다고 비웃지 마라

【우화(寓話)】

"또한 나는 쓸모 있는 데가 없기를 오랫동안 바라 왔소〔且予無所可用久矣〕. 죽을 뻔했지만〔幾死〕 비로소 지금 그 뜻을 얻어 나에게 큰 쓸모가 되었다오〔乃今得之爲予大用〕. 나라는 것이 쓸모 있는 것이었다면〔使予也而有用〕 내 어찌 이만큼 크게 되었겠느냔 말이오〔且得有此大也邪〕. 그리고 나와 당신은 다 하찮은 것인데〔且也若與予皆物也〕 어찌 서로를 하찮다고 헐뜯어야 한단 말이오〔奈何哉其相物也〕. 하기야 거의 죽을 지경인 하찮은 당신 같은 인간이〔而幾死之散人〕 어찌 쓸모 없어 보이는 나무를 안단 말이오〔又惡知散木〕."

且:또 차 予:나 여 久:오래 구 幾:가까울 기 乃:이에 내
得:얻을 득 使:시킬 사 邪:어조사 야 惡:어조사 오 奈:어찌 나
散人(산인):하찮은 인간 散木(산목):쓸데없는 나무

莊子 ● 內篇

【담소(談笑)】

이 우화는 장석(匠石)이 꿈 속에서 큰 나무에게 혼나는 대목이다. 여기서 장석(匠石)의 장(匠)은 목공(木工)을, 석(石)은 이름을 말한다. 부처 눈에는 부처만 보이고 돼지 눈에는 돼지만 보인다는 말이 있듯, 목수 눈에는 재목(材木)만 보인다. 목수는 재목감이 못 되면 나무가 아무리 커도 쓸모 없다며 비웃고 지나가 버린다. 사당 앞에 서 있는 큰 나무를 쓸모 없다며 흉보고 지나갔던 장석은 쓸모 있는 것만 알았지 쓸모 없음이 더 큰 쓸모인 줄은 몰랐다.

물(物)은 소중하다면 다 소중하고, 하찮다면 다 하찮은 것이다. 귀한 것이 있고 천한 것이 있다고 분별하는 것은 사람만이 할 뿐이다. 모래는 하찮고 황금은 귀하다 하는가? 이는 사람의 짓일 뿐이다. 천지의 입장에서 보면 다를 게 없다. 그러니 쓸모 있는 물건이 있고 쓸모 없는 물건이 있다고 생각하지 말라. 인재(人材)라고 뽐내다 제 명에 못 사는 경우가 생긴다. 인간은 쓸모만 알지 쓸모 없음은 모른다. 그래서 제가 놓은 덫에 걸려들어 통 속의 다람쥐처럼 되기도 한다.

입은 변명을 늘어놓으려 하고〔口將營之〕 얼굴은 꾸미려 하며〔容將形之〕,

마음 속마저 비위를 맞추려 한다〔心且成之〕.

이런 일을 두고〔是〕

불로써 불을 구하려 하고〔以火救火〕 물로써 물을 구하려 한다는 게다〔以水救水〕.

이에는 이, 주먹에는 주먹이라고 말하면 천하다.

명성 따위에 흔들리지 말라〔無感其名〕.

말을 들어 주면 말을 해주고〔入則鳴〕, 들어 주지 않으면 말하지 말라〔不入則止〕.

빠져나갈 문도 두지 말고 구실거리도 찾지 말라〔無門無毒〕.

한결같게 처신하며 어쩔 수 없을 때만 응하면 별탈 없을 것이다

〔一宅而寓於不得已則幾矣〕.

왜 내가 비굴해야 하는지 자문해 볼 필요가 있다.

시키는 사람을 속여먹기는 쉽지만〔爲人使易以僞〕

하늘이 시킬 때 하늘을 속이기는 어렵다〔爲天使難以僞〕.

세상을 다 속여도 내가 나를 속일 수 없다.

스스로 마음을 섬기는 자는〔自事其心者〕

눈앞의 일로 울고 웃고 하지 않으며〔哀樂不易施乎前〕,

어쩔 수 없음을 알아서〔知其不可奈何〕

마음을 편안히 하고 운명을 따른다〔而安之若命〕.

이것이 지극한 덕이다〔德之至也〕.

덕은 인간을 천지처럼 크게 할 수 있다.

다 좋을 때는 서로 치켜세우는 말이 넘쳐 나고〔夫兩喜必多溢美之言〕,

양쪽이 다 화가 치밀 때는 서로 헐뜯는 말이 넘쳐 난다〔兩怒必多溢惡之言〕.

달면 삼키고 쓰면 뱉는 인간들이 많다.

재주로 힘 겨루기를 하는 자는〔以巧鬪力者〕

당당하게 시작하다가〔始乎陽〕 남 모르게 늘 수작을 부리고〔常卒乎陰〕

결국에 가서는 별난 짓을 다하려 든다〔泰至則多奇巧〕.

잔재주를 부리다가는 거짓말로 이어지게 마련이다.

법령을 고치지 말라〔無遷令〕.

성공하자고 몸부림치지 말라〔無勸成〕.

지나침은 군더더기를 더하려 한다〔過度益也〕.

과하면 모자람만 못하다 말하면서 이를 어기고 어리석게 된다.

아름다운 일은 이루어지는데 오래 걸리고〔美成在久〕

나쁜 일은 이루어지면 고치려 해도 되지 않는다〔惡成不及改〕.

앉을 데와 설 데를 알면 산뜻해 개운하다.

따르되 한통속은 되지 않고〔就不欲入〕, 어울리되 드러내지 않는다〔和不欲出〕.

겉으로 따르다 한통속이 되면〔形就而入〕

뒤집히고 파멸하고 무너지고 엎어진다〔且爲顚爲滅爲崩爲蹶〕.

마음이 어울리다가 겉으로 드러나면〔心和而出〕

소문이 자자해져 괴이하게 되고 재앙을 입는다〔爲聲爲名爲妖爲孼〕.

패거리를 지어 한통속이 되면 망나니를 닮는 법이다.

어쩌다 모기나 등에가 떼지어 달라붙었다고〔適有蚊虻僕緣〕

갑자기 말을 치면〔而拊馬不時〕,

재갈을 물어뜯고 머리를 치고 가슴을 부수려 한다〔則缺銜毁首碎胸〕.

뜻에 지극함이 있어도〔意有所至〕 사랑함에는 잃는 바가 있다〔而愛有所亡〕.

삼갈 수밖에 없다〔不可愼邪〕.

잘 해보자고 했던 일로 속상한 경우가 허다하다.

內篇 5

덕충부(德充符)

요점 인기지리무신(闉跂支離無脤)과 옹앙대영(甕盎大癭)
을 만나 보라.

입문 자연의 덕은 하염없이 절로 드러난다.

이를 덕충부(德充符)라고 한다. 부(符)는 드러남을 증거(證據)
한다는 뜻이다. 덕이 충만함을 증거하는 사람을 성인(聖人)이라
한다. 「덕충부(德充符)」편의 우화에서는 성인의 역을 다하는 인기
지리무신(闉跂支離無脤)과 옹앙대영(甕盎大癭)이란 인물이 주역
(主役)을 맡고 있는 셈이다.

덕(德)이란 무엇일까? 만물에 두루 통하는 선(善)을 덕으로 보
면 된다. 선(善)은 무엇일까? 목숨을 긍정하고 만물에 두루 통하
는 것을 선으로 여기면 된다. 공맹(孔孟)은 덕을 인간의 길로 보고
그 길을 따라 닦자 하고, 노장(老莊)은 덕을 자연의 길로 보고 자
연을 따라가자 한다. 공맹의 덕은 인간이 닦지만, 노장의 덕은 자
연으로부터 받는다. 그러니 공맹의 성인과 노장의 성인은 가는 길
이 다르다. 공맹의 성인은 인륜(人倫)의 길을 걷고 노장의 성인은
자연의 길을 걷는다. 장자는 자연의 길을 걷는 걸음걸음을 천륙(天
鬻)이라 하였다.

「덕충부(德充符)」편에는 몸이 불구(不具)인 다양한 인물들이
등장한다. 이들은 비록 불구의 몸이지만 마음 속에 덕이 충만한 인
간형(人間型)에 속한다. 왜 장자는 불구의 인간을 통해 덕을 말하

는 것일까? 겉을 보고 따질 것이 아니라 그 마음 속이 덕으로 충만할 때 비로소 인간이 됨을 주목하라는 것이다. 빛 좋은 개살구 같은 인간들이 본래 보잘 것 없다.

덕은 유정(有情)이냐 무정(無情)이냐의 시비를 초월한 생명의 자연을 뜻한다. 덕이 마음 속에 충만한 자를 일러 장자는 성인(聖人)·지인(至人)·신인(神人)이라 한다. 반면에 이러한 덕을 잊고 사는 것을 일러 성망(誠忘)이라고 한다. 잊어버려야 할 것은 잊지 않고 잊지 않아야 할 것은 잊어버리는 것, 그것이 성망(誠忘)이다. 성망(誠忘)하지 말라. 이것이 이 우화에서 체험할 수 있는 핵심일 것이다. 그 핵심을 잘 드러낸 인물이 곧 인기지리무신(闉跂支離無脹)과 옹앙대영(甕盎大癭)이다. 인기지리무신이란 인물은 절름발이[闉跂]에 꼽추[支離]에 언청이[無脹]다. 옹앙대영은 목에 물동이만 한 혹이 달린 사람이다. 물론 이들은 다 장자가 만들어 낸 허구의 인물이다.

1. 인기지리무신(闉跂支離無脤)은 천륙(天鬻)으로 산다

【우화(寓話)】

인기지리무신이 위나라 영공에게 의견을 설명해 주었다〔闉跂支離無脤說衛靈公〕. 영공이 그의 말을 듣고 기뻐하였다〔靈公說之〕. 그런 뒤로 영공이 온전한 사람을 보면〔而視全人〕 그 목이 야위고 가늘어 보였다〔其脰肩肩〕. 옹앙대영이 제나라 환공에게 의견을 설명해 주었다〔甕㼜大癭說齊桓公〕. 환공이 그의 말을 듣고 기뻐하였다〔桓公說之〕. 그런 뒤로 환공이 몸이 온전한 사람을 보면〔而視全人〕 온전하다는 사람의 목이 야위고 가냘파 보였다〔其脰肩肩〕. 그러므로 덕이 뛰어나면〔故德有所長〕 겉모습 따위는 잊는다〔而形有所忘〕. 사람들은 잊어야 할 것은 잊지 않고〔人不忘其所忘〕, 잊지 말아야 할 것은 잊어버린다〔而忘其所不忘〕. 이를 일러 성망이라 한다〔此謂誠忘〕.

그러므로 성인은 걸림 없이 노닌다〔故聖人有所遊〕. 지식을 재앙으로 여기고〔而知爲孼〕, 규범을 몸을 얽매는 갓풀로 여기며〔約爲膠〕, 덕을 서로 교제하는 것으로 여기고〔德爲接〕, 기교를 흥정하는 솜씨로 여긴다〔工爲商〕. 성인은 수작을 부리지 않으니〔聖人不謀〕 어찌 지식을 쓰겠는가〔惡用知〕. 깎아 다듬지 않으니〔不斲〕 어찌 얽어맬 갓풀 따위를 쓰겠는가〔惡用膠〕. 잃을 것이 없는데〔無喪〕 어찌 도덕이 필요하겠는가〔惡用德〕. 이익을 남기려 않는데〔不貨〕 어찌 장사를 하겠는가〔惡用商〕. 이 네 가지는 천륙이다〔四者天鬻〕. 천륙이란 하늘이 먹여 길러 주는 것이다〔天鬻也者天食也〕. 이미 자연이 먹여 주는데〔旣受食於天〕 어찌 인간을 쓰겠는가〔又惡用人〕.

성인은 사람의 모습이지만〔有人之形〕 사람의 정은 없다〔無人之情〕. 사람의 모습을 간직하므로 사람들과 어울려 산다〔有人之形故

輩於人〕. 그러나 인간의 정이 없으므로 시비는 성인을 움직이지 못한다〔無人之情故是非不得於身〕. 몹시 작아 보이는 것은〔眇乎小哉〕 사람들 속에 있기 때문이다〔所以屬於人也〕. 그러나 얼마나 큰 가〔謷乎大哉〕. 홀로 자연의 덕을 이룩하고 있으니〔獨成其天〕.

脰:목 두　肩:어깨 견　說:말해줄 세, 기뻐할 열　忘:잊을 망
誠:참된 성　孽:재앙 얼　約:묶을 약　膠:갓풀 교　斲:깎을 착
貨:팔 화　鬻:값을 받고 줄 육　食:먹여줄 사　旣:이미 기
受:받을 수　輩:무리 군　眇:작을 묘　謷:클 오
闉跂(인기):절름발이　支離(지리):꼽추　無脤(무신):언청이
甕㼜(옹앙):항아리처럼 커다란 혹덩어리　大癭(대영):커다란 혹

【담소(談笑)】

비록 몸은 불구이지만 마음이 덕으로 충만해 남의 마음을 기쁘게 하는 사람은 소중하다. 이러한 사람을 장자는 인기지리무신(闉跂支離無脤)과 옹앙대영(甕㼜大癭)이란 병신으로 나타내어 우화 속의 인물로 등장시키고 있다. 겉모습만 성하고 마음 속은 썩어 덕이 없는 사람은 한순간은 남의 눈을 기쁘게 하겠지만, 결국 남을 속상하게 하고 만다. 후덕한 병신이 나은가 아니면 부덕한 성한 놈이 나은가? 어느 쪽을 선택하겠는가? 장자가 우리에게 묻고 있다.

이 우화에서 전인(全人)을 주목하라. 참으로 온전한 사람〔全人〕은 누구인가? 몸은 멀쩡하지만 마음이 불구인 사람이 얼마나 많은가. 마음이 불구인 사람을 장자는 전인(全人)이라고 비틀어 말하고 있다. 마음 속에 덕이 충만한 인기지리무신(闉跂支離無脤)은 절름발이 꼽추에다 언청이라 보기에는 병신일지 몰라도 성인의 이웃으로 살고, 옹앙대영(甕㼜大癭)은 항아리만 한 혹이 달려 겉

보기에는 흉하지만 역시 성인의 이웃으로 산다.

세위영공(說衛靈公)과 세제환공(說齊桓公)의 세(說)를 주목하라. 그리고 영공열지(靈公說之)와 환공열지(桓公說之)의 열지(說之)를 주목하라. 말을 듣고 감동 받아 설득당하는 말을 세(說)라 한다. 감동 받아 기쁨을 맛보고 삶이 즐거울 때를 열지(說之)라고 한다. 열지는 열락(悅樂)이다. 즐거운 삶을 누리는 순간이 곧 열락(悅樂)이요 열지(說之)가 아닌가. 이렇게 삶의 기쁨과 즐거움을 일러 덕이라 한다. 그러한 덕을 일러 장자는 노니는 것〔遊〕이라 하였다. 큰 덕(德) 노닐 유(遊). 성인은 이것들을 누린다.

성인(聖人)은 불모(不謀)하며, 불착(不斲)하고 무상(無喪)하고 불화(不貨)하는 자유인이다. 나를 위해 남을 해롭게 모략하지 않는다〔不謀〕. 남에게 돋보이려고 깎아 다듬지 않는다〔不斲〕. 자연의 길을 잃지 않는다〔無喪〕. 팔아먹으려고 재물을 쌓지 않는다〔不貨〕. 성인은 이 네 가지〔四者〕를 행하며 산다. 왜냐하면 이 넷은 하늘이 요구하는 바〔天鬻〕이기 때문이다.

천륙(天鬻)은 하늘이 먹여 주는 대가로 인간에게 불모(不謀) · 불착(不斲) · 무상(無喪) · 불화(不貨)의 넷〔四者〕을 요구한다. 이러한 하늘의 요구에 응하면 덕이 충만해진다. 천륙(天鬻) · 천사(天食) · 천방(天放) 등은 모두 자연의 양육(養育)을 말한다. 자연의 양육을 받는 마음가짐과 몸가짐이 곧 무위(無爲)인 셈이다. 천륙(天鬻)으로 사는 것을 일러 천사(天食)로 사는 것이라 한다. 천륙(天鬻)과 천사(天食)는 같은 뜻으로 하늘이 먹이를 주어 먹여 살리는 것을 말한다.

성인은 누구인가? 성천(成天)하는 주인이다. 공맹은 사천(事天)하라 했지만 노장은 성천(成天)하라 한다. 하늘의 뜻을 섬기고 받들라〔事天〕는 것보다 하늘의 뜻을 이룩하라〔成天〕는 것이 훨씬 더 적극적이다. 그러므로 무위(無爲)를 소극적인 뜻으로 볼 수 없다.

사람의 뜻으로 보면 성인은 작아 보인다. 마음 속으로 무시하려는 것[德]을 따르기 때문에 성인은 사람의 눈에 작게 보인다. 그러나 하늘의 입장에서 보면 성인은 한없이 크다. 그래서 장자는 인간의 눈에는 묘호소재(眇乎小哉)로 보이는 성인을 일러 오호대재(驁乎大哉)라고 칭송한다. 「덕충부(德充符)」의 주제는 이처럼 자연이 양육하는 인물을 통해 드러난다. 그 인물들을 일러 성인(聖人)이라 한다. 지인(至人)도 성인이요, 신인(神人)도 성인이요, 진인(眞人)도 성인이다. 그러니 성인이란 무기(無己)·무공(無功)·무명(無名)의 화신인 셈이다.

사(私)를 없애라[無己]. 공치사를 말라[無功]. 명성을 탐하지 말라[無名]. 이 삼무(三無)를 따라 사는 성인이니 어찌 불모(不謀)하며 불착(不斲)하고 무상(無喪)하고 불화(不貨)하는 자유인(自由人)이 아니겠는가. 성인이 곧 덕충부(德充符)가 아닌가. 덕이 충만함[德充]을 증거하는 징표[符]가 곧 성인이 아닌가. 이러한 성인의 역(役)을 병신들에게 맡긴 장자의 속셈을 알 만하다.

2. 왕태(王駘)는 한쪽 발을 잘렸다

【우화(寓話)】

상계가 공자에게 물었다[常季問於仲尼曰]. "왕태는 발 하나를 잘려 외발인 병신입니다[王駘兀者也]. 그런데도 그를 따라 노니는 자가[從之遊者] 선생님의 제자와 노나라를 반씩 갈라 가질 정도랍니다[與夫子中分魯]. 서서 가르치지도 않고[立不教] 앉아서도 의논 따위를 하지 않는답니다[坐不議]. 빈 채로 찾아갔다가[虛而往] 꽉 채워 돌아간답니다[實而歸]. 본래 말하지 않고 가르치는 것이 있어서[固有不言之教] 드러내지 않고서도 마음이 완성된 것일까요〔無形而心成者邪〕? 왕태는 어떤 자일까요〔是何人也〕?”

공자가 대답했다〔仲尼曰〕. “그 분은 성인이야〔夫子聖人也〕. 나는 다만 미적거리다 아직 찾아뵙지 못했을 뿐이야〔丘也直後而未往耳〕. 장차 그 분을 내 스승으로 모실 작정이라네〔丘將以爲師〕. …… 나는 앞으로 천하의 사람들을 이끌고 그를 따를 작정이네〔丘將引天下而與從之〕.”

駘：추해 보일 태　兀：발꿈치를 잘린 올　從：따를 종　遊：놀 유
坐：앉을 좌　往：갈 왕　歸：돌아갈 귀　固：본디 고　將：앞으로 장
引：끌어들일 인
常季(상계)：공자의 제자 중 한 사람　丘也(구야)：공자 자신을 뜻함

【담소(談笑)】

왕태를 노(魯)나라 사람이라고도 하지만 이 우화에서는 장자가 지어 낸 인물로 보는 편이 낫겠다. 왕태는 형벌로 발꿈치 한쪽을 잘린 절름발이 병신이다. 그러나 그를 찾아가 함께 노닐면 누구든 빈손으로 왔다〔虛而往〕가 그득 채워 돌아간다〔實而歸〕하니 어찌된 일인가? 무엇이 비었다〔虛〕는 말인가? 덕이 없어 비었다는 말이다. 무엇이 그득하다〔實〕는 말인가? 덕이 그득하다는 말이다. 그러니 왕태를 만나고 나면 부덕(不德)한 사람도 후덕(厚德)한 사람이 된다는 말이다. 이제야 성인의 가르침을 왜 불언지교(不言之敎)라 하는지 알겠다. 이는 소지(小知)를 가르치지 않고 대지(大知)를 가르친다는 말이다. 인간의 지식〔小知〕은 인간을 묶어 부자유(不自遊)로 이끌고, 자연의 덕〔大知〕은 인간을 풀어 자유(自遊)로 이끈다.

훈장은 나를 유식(有識)하게 하고 스승은 나를 후덕(厚德)하게

한다. 훈장은 사람을 인재(人材)로 만들지만 스승은 사람을 사람이게 한다. 말하자면 성인은 천륙(天鬻)을 따라서 사람을 키운다. 하늘을 따르게 하는 분이 성인이다. 왕태가 그랬던 것이다. 그래서 왕태를 만나면 사람들은 덕(德)을 그득 받아 갈 수 있었다. 여기서 하늘이 먹여 준다는 천사(天食)의 참뜻을 체험할 수 있으리라.

공자가 왕태를 스승으로 삼겠다고 말하자 상계는 왕태의 마음가짐에 대해 묻는다. 이에 공자가 대답한다. "거짓 없음을 잘 깨달아서〔審乎無假〕 사물에 따라 변덕스럽지 않고〔而不與物遷〕, 사물의 변화를 하늘의 뜻으로 알고〔命物之化〕 근본을 지킨다〔而守其宗〕." 이렇게 왕태의 마음가짐은 하늘의 뜻을 따른다〔命〕고 밝혀 준다.

하늘의 뜻을 따른다〔命〕. 이는 곧 순명(順命)이다. 순명은 곧 천륙(天鬻)이요 천사(天食)가 아닌가. 이렇게 되면 곧 성천(成天)이다. 다시 공자는 상계에게 이러한 명(命)을 타일러 준다. "마음을 덕지화(德之和)에 노닐게 하고〔遊心乎德之和〕, 만물을 하나로 보며〔物視其所一〕, 잃은 바를 보지 않는다〔不見所喪〕. 발 하나 잃은 것 보기를 마치 발에 묻은 흙을 털어 낸 정도로 본다〔視喪其足猶遺土矣〕."

덕지화(德之和)란 무슨 뜻일까? 덕의 어울림이다. 어울림이니 차별이 없다. 차별이 없으니 소일(所一)이다. 소일(所一)은 만물은 다 하나다, 즉 평등하다 함이다. 화(和)는 먼저 평등을 전제로 한다. 장자의 소일(所一)은 노자의 포일(抱一)과 같은 말이다. 일(一)은 도의 모습으로서 덕이요 평등이요 자유요 행복이다. 성인의 마음가짐을 일(一)이라고 불러도 무방하다.

소상(所喪)은 무슨 말씀일까? 소일(所一)의 일(一)을 잃었다는 말이다. 그러므로 소상(所喪)은 차별이요 분별이요 불평등이다.

또한 불화(不和)요 부덕(不德)이요 불행(不幸)이다. 발 하나를 잘려 절름발이가 되었다고 원한을 품지 않고, 먼지가 묻었다가 떨어져 나간 것쯤으로 생각한다는 왕태를 공자인들 어찌 스승으로 모시지 않을 것인가.

3. 신도가(申徒嘉)도 발 하나를 잘렸다

【우화(寓話)】

신도가가 말했다〔申徒嘉曰〕. "선생의 문하에 본래 고관 같은 것이 있었단 말인가〔先生之門固有執政焉如此哉〕. 자네야 자네 같은 나으리를 좋아해서〔子而說子之執政〕 남을 얕잡아 보는 것이네〔而後人者也〕. 이런 말이 있기에 말해 보려네〔聞之曰〕. '거울이 밝은 것은 먼지가 끼지 않아서이나〔鏡明則塵垢不止〕 먼지가 끼면 흐려진다〔止則不明〕.' 이처럼 오랫동안 현인과 함께 있으면 허물이 없어진다네〔久與賢人處則無過〕. 그런데 지금 자네가 소중하게 여길 것은 선생이어야 할 터인데〔今子之所取大者先生也〕 자네가 그 같은 말을 뱉다니〔而猶出言若是〕 잘못이 아니겠는가〔不亦過乎〕."

執: 잡을 집 政: 다스릴 정 子: 너 자 說: 기뻐할 열 賢: 밝을 현
鏡: 거울 경 塵: 티끌 진 垢: 때 구 取: 취할 취 過: 허물 과
執政(집정): 대신, 고관

【담소(談笑)】

이 우화는 자산(子産)과 신도가(申徒嘉) 사이에 오가는 대화의 일부분이다. 이 둘은 백혼무인(伯昏無人)을 선생으로 모시고 있

는 동문이다. 선생의 집에서 나올 무렵 자산(子産)이 신도가(申徒嘉)에게 이렇게 말했다. "내가 먼저 나갈 테니 자네는 남아 주게〔我先出則予止〕. 자네가 먼저 나간다면 내가 남아 있겠네〔予先出則我止〕." 신도가는 왕태처럼 발 하나를 잘린 절름발이였다. 절름발이와 함께 다닌다는 말을 듣기 싫다는 자산을 향해 신도가는 위처럼 말한 것이다.

다시 신도가(申徒嘉)는 자산에게 다음과 같이 말한다. "온전하지 못한 내 발을 비웃는 사람들이 많았지〔人以其全足笑吾不全足者衆矣〕. 그래서 발끈한 적이 있지만〔我怫然而怒〕, 선생님 댁에 가면 다 잊어버리고 마음이 편하다네〔而適先生之所則廢然而反〕. 선생님께서 덕으로 나를 씻어 주어 그런 것인지도 모르겠네〔不知先生之洗我以善邪〕. 내가 선생님과 19년 동안 함께 지냈지만 선생님께서는 내가 절름발이인 줄 모르신다네〔吾與夫子遊十九年而未嘗知吾兀者也〕. 지금 자네와 나는 마음으로 사귀는 줄 알고 있었네〔今予與我遊於形骸之內〕. 그런데 자네가 내 몸이 병신인 것을 찾고 있으니〔而予索我於形骸之外〕 어찌 허물이 없다 하겠는가〔不亦過乎〕." 이 말을 들은 자산은 얼굴을 들지 못했다.

신도가(申徒嘉)는 정(鄭)나라의 현자(賢者)이고, 자산(子産)은 정나라의 명재상으로 공자에게 영향을 준 고관대작이다. 자산은 국무총리 격이고 가(嘉)는 절뚝거리는 몸이지만, 이 이야기에서 자산은 소인배에 불과하고 신도가는 대인(大人)이라 할 만하다. 장자는 자산 같은 부류의 인간을 능멸한다.

4. 숙산무지(叔山無趾)가 공자를 꾸짖는다

【우화(寓話)】

노(魯)나라에 발 하나를 잘린 숙산무지라는 이가 있었다〔魯有兀者叔山無趾〕. 그가 절뚝거리며 공자를 찾아갔다〔踵見仲尼〕. 중니가 말했다〔仲尼曰〕. "그대는 조심하지 않아〔子不謹〕 예전에 이미 죄를 저질러 몸이 이 꼴이 되었어〔前旣犯患若是矣〕. 비록 지금에 와서 어찌하겠나〔雖今來何及矣〕."

무지가 대답했다〔無趾曰〕. "저는 다만 힘써 배울 줄을 몰라〔吾唯不知務〕 처신을 경솔하게 해서〔而輕用吾身〕 발 하나를 잃었습니다〔吾是以亡足〕. 지금 제가 온 것은〔今吾來也〕 발보다 귀한 것이 남아 있는 것 같아〔猶有尊足者存〕 이를 애써서 온전히 하고자 함입니다〔吾是以務全之也〕. 무릇 하늘은 뒤집어 줄 뿐이고〔夫天無不覆〕 땅은 실어 줄 뿐입니다〔地無不載〕. 저는 선생님을 하늘과 땅으로 여겼습니다〔吾以夫子爲天地〕. 선생님께서 이 같은 줄 어찌 알았겠습니까〔安知夫子之猶若是也〕."

공자가 말했다〔孔子曰〕. "내 생각이 낮고 좁았소〔丘則陋矣〕. 자, 안으로 듭시다〔夫子胡不入乎〕. 청컨대 들은 바를 가르쳐 주시지요〔請講以所聞〕." 이에 무지는 가 버렸다〔無趾出〕.

공자가 말했다〔孔子曰〕. "너희들은 애써서 배워라〔弟子勉之〕. 저 무지는 발이 잘린 병신이지만〔夫無趾兀者也〕 애써 배워 지난 잘못을 보상하려는 것 같다〔猶務學以復補前行之惡〕. 하물며 아무런 허물이 없는 너희들이야 더 말할 것이 있겠는가〔而況全德之人乎〕."

踵 : 발꿈치 종　謹 : 삼갈 근　雖 : 비록 수　唯 : 오직 유　務 : 애쓸 무
覆 : 뒤집힐 복　載 : 실을 재　陋 : 좁을 루　胡 : 어찌 호　請 : 청할 청
講 : 풀이할 강　勉 : 힘쓸 면　復 : 갚을 복　補 : 보탤 보　況 : 하물며 황
胡不(호부) : 하부(何不)와 같음

【담소(談笑)】

이 우화는 공자를 매섭게 꼬집고 있다. 무지(無趾)는 덕을 온전
히 하고 싶어 공자를 찾아갔는데, 공자는 무지의 몸을 보고 핀잔
을 준다. 이에 무지는 천지(天地)를 빌어 공자를 꾸짖는다. 덕이
없는 공자를 힐난하고 무지는 가 버렸다. 그러나 공자는 무지가
비웃고 떠나 버린 뜻을 여전히 모른다.

'유존족자존(有尊足者存)'을 새겨 두었으면 한다. 발보다 더 귀
한 것이 남아 있다〔有尊足者存〕 할 때 그 귀한 것이란 무엇일까?
덕(德)이다. 이는 몸이 아니라 마음이요 인간이 아니라 자연이라
는 뜻과도 통한다. 공자는 인간이 덕을 넓힐 수 있다 했지만, 장자
는 덕을 천지의 것으로 보고 천지를 따르라고 하였다. 이와 같으
니 어찌 공자가 덕을 알겠느냐고 무지(無趾)라는 인물을 통해 장
자가 공자를 비웃는다.

5. 공자가 천벌을 받다니

【우화(寓話)】

무지가 노담에게 말했다〔無趾語老聃曰〕. "공구가 덕이 지극한
사람이 되려면〔孔丘之於至人〕 아직 멀었습디다〔其未耶〕. 어째서
그 자가 자꾸만 당신의 제자가 되려고 하는 것인지요〔彼何賓賓以

學子爲]. 그 자는 또 해괴한 명성을 구하는데〔彼且蘄誠詭幻怪之名聞], 덕이 지극한 사람은 이런 명성 따위를 족쇄와 수갑으로 여긴다는 것을 몰라요〔不知至人之以是爲己桎梏邪〕."

노담이 말했다〔老聃曰〕. "어쨌든 곧장 그 자로 하여금 생사를 하나로 여기게 하고〔胡不直使彼以死生爲一條〕, 옳고 그름을 하나로 여기게 하여〔以可不可爲一貫者〕 족쇄와 수갑을 풀어 버리게 하면 될 텐데요〔解其桎梏其可乎〕."

무지가 말했다〔無趾曰〕. "그 자는 천벌을 받는 중인데〔天刑之〕 어찌 풀겠습니까〔安可解〕."

耶: 어조사 야 賓: 쫓을 빈 蘄: 구할 기 誠: 속일 숙 詭: 괴이할 궤
幻: 허깨비 환 桎: 족쇄 질 梏: 수갑 곡 條: 끈 조 貫: 꿰미 관
老聃(노담): 노자의 별칭 孔丘(공구): 공자를 낮추어 부르는 별칭

【담소(談笑)】

공자를 만난 뒤에 무지가 노자를 만났다는 이 우화는 의도적으로 연출된 것 같다. 노공(老孔)을 대비하여 누가 성인인지를 체험하게 하려는 의도가 느껴지기 때문이다. 공자로 하여금 생사(生死)가 하나이고, 가불가(可不可) 즉 시비(是非)가 하나임을 깨우치게 하여 질곡(桎梏)을 풀어 줄 수 없느냐고 노자가 무지에게 권하는 대목을 주목한다면 이 우화의 의도를 알 수 있을 것이다.

분별해서 시비를 가리고 똑똑함을 과시하여 명성을 얻자는 속셈을 무지(無趾)가 질타하고 있다. 공자를 비롯한 무리들이 그런 속셈에서 헤어나지 못하고 있음을 개탄하는 무지를 장자의 대변자로 상상하고 우화를 체험해도 된다.

지인(至人)은 덕이 지극한 분이다. 말하자면 지인은 덕충부(德

充符)의 화신(化身)이다. 덕(德)이 충만함[充]을 증거하는 것[符]이 곧 지인(至人)의 삶이기 때문이다. 명성·인기·재물 등이 질곡(桎梏)인 것을 학식(學識)은 모른다. 공맹(孔孟)의 학문은 인의예지(仁義禮智)로 모일 뿐이다. 그러나 노장(老莊)의 도덕은 무위자연(無爲自然)으로 모인다. 이는 곧 공맹은 지(知)를 중히 여기고, 노장은 덕(德)을 중히 여긴다는 말이다. 당신은 유식한 사람과 후덕한 사람 중에서 어느 쪽인가? 이렇게 무지(無趾)의 입을 통해 장자가 묻는다.

6. 장자(莊子)는 크고 혜자(惠子)는 작다

【우화(寓話)】

혜자가 장자에게 말했다[惠子謂莊子曰]. "사람에게 본래 정이 없다는 것인가요[人故無情乎]?" 장자가 대답했다[莊子曰]. "그렇소[然]." 혜자가 되받았다[惠子曰]. "사람이면서 정이 없다면[人而無情] 어찌 무정한 것을 사람이라 하겠소[何以謂之人]." 장자가 말했다[莊子曰]. "도가 사람에게 모습을 주었고[道與之貌] 하늘이 형체를 주었는데[天與之形] 어찌 사람이라 아니할 수 있겠소[惡得不謂人]."

與 : 줄 여   惡 : 어찌 오   得 : 얻을 득
惠子(혜자) : 논리학파에 속하는 혜시(惠施)를 말함

【담소(談笑)】

혜시가 장자에게 시비를 건다. 혜시는 논리학파의 일원이다. 그 부류는 시비를 걸어 이기는 것이 상책이라고 여기므로 논쟁(論爭)을 벌여 이기는 방법을 찾을 뿐, 삶의 자유가 소중하다는 것은 모른다. 한편 장자는 혜시 같은 부류는 시비의 밧줄에 묶여 있다고 생각한다.

혜시가 말하는 정(情)과 장자가 말하는 정(情)은 서로 다르다. 혜시가 주장하는 정은 희로애락(喜怒哀樂) 같은 인간의 정(情)이지만, 장자가 말하는 정은 천지의 참모습이다. 천지의 정(情)에는 편애(偏愛)가 없지만 인간의 정(情)에는 편애(偏愛)가 기승을 부린다. 시비(是非)·존비(尊卑)·고하(高下)·차별(差別)·길흉(吉凶)·화복(禍福) 등이 곧 편애가 들끓는 인간의 정에서 비롯되지 않는가. 장자는 크고 혜시는 작다.

혜시가 말하는 무(無)와 장자가 말하는 무(無) 역시 다르다. 혜시의 무(無)는 유(有)의 대(對)이지만, 장자의 무(無)는 절대의 자유(自由)이다. 그래서 불가(佛家)의 무(無)와 통한다. 장자의 무정(無情)은 여래의 무정(無情)처럼 인간을 속박하는 인간의 정에서 벗어나 있기 때문이다. 이를 모르고 혜시는 무정(無情)을 정이 없다는 쪽으로 알고 있을 따름이다. 장자가 보는 무정은 인간의 정을 오히려 자유롭고 충만하게 하는 기운이다. 그러한 기운이므로 정(情)은 천지의 참모습이 된다. 여기서도 장자는 크고 혜시는 작다.

다른 입장에서 본다면〔自其異者視之〕

한 뱃속에 있는 간과 쓸개도 멀리 떨어진 초나라와 월나라 같다

〔肝膽楚越也〕.

같은 입장에서 본다면〔自其同者視之〕 만물은 모두 하나다〔萬物皆一也〕.

시비를 걸면 분별이 생기고 시비를 떠나면 분별이 없다.

사람은 흐르는 물을 거울로 삼지 않고〔人莫鑑於流水〕

멈춘 물을 거울로 삼는다〔而鑑於止水〕.

오로지 멈춤만이 온갖 멈추어야 할 것을 멈추게 할 수 있다

〔惟止能止衆止〕.

흐르되 멈출 줄 알라[知止]. 그래야 새로 흐른다.

스스로 잘못을 변명하면서〔自狀其過〕

잃은 것이 부당하다고 하는 사람은 많아도〔以不當亡者衆〕,

잘못을 변명하지 않고〔不狀其過〕

여전히 남아 있는 것이 부당하다고 하는 사람은 적다〔以不當存者寡〕.

변명할수록 혹이 붙어 구차스럽다.

덕이란 어울림을 닦아서 이루는 것이다〔德者成和之修〕.

덕이 드러나지 않아도〔德不形者〕

삼라만상은 덕에서 떨어져 나갈 수 없다〔物不能離也〕.

베풀어라. 그러면 무엇 하나 떠나지 않는다.

內篇 6

대종사(大宗師)

요지 여우(女偊)는 생사(生死)를 떠난 진인(眞人)을 흠모한다.

입문 지인(至人)은 누구인가?

　대종사(大宗師)는 크고[大] 으뜸가는[宗] 스승[師]을 말한다. 그런 스승을 장자는 지인(至人)이라 한다. 지인은 누구인가? 덕이 충만해 큰 길[大道]을 걷는 스승이다. 대도는 자연의 근원이다. 그 근원에 머물러 사는 분을 지인(至人) · 진인(眞人) · 신인(神人) · 성인(聖人) 등으로 일컫는다.

　도(道)는 만물의 고향이다. 고향에서 나왔다가 고향으로 되돌아가는 것을 일러 만물(萬物)이라 한다. 도에서 나오는 것을 생(生)이라 하고 고향으로 되돌아가는 것을 사(死)라고 한다. 그래서 생사를 도의 움직임[道之動]이라 한 것이다. 노자는 그 동(動)을 반자(反者)라 하였다. 장자가 밝히는 도 역시 그러하다. 운명(運命) · 숙명(宿命) · 천명(天命), 이는 다 도를 따른다는 말씀이다. 이를 일러 천성(天性)에 머문다고 한다. 천륙(天鬻) · 천사(天食) · 천방(天放)을 기억할 것이다. 이는 다 천성에 따라 산다는 뜻으로 통한다. 천성에 따라 사는 것을 일러 무심(無心)하다 한다. 무심은 허심(虛心)이다. 허심은 만물의 변화에 순응하며 산다는 뜻이다. 그러므로 자연에 순응해 사는 것이 허심(虛心)이다. 이런 허심을 터득하게 해주는 분이 가장 으뜸가는 선생[大宗師]이다.

1. 장자가 진인(眞人)을 그리워한다

【우화(寓話)】

자연이 하는 바를 알고〔知天之所爲〕, 사람이 할 바를 아는 것이〔知人之所爲者〕 최고이다〔至矣〕. 자연이 하는 바를 아는 자는〔知天之所爲者〕 자연을 따라 살고〔天而生也〕, 사람이 하는 일을 아는 자는〔知人之所爲者〕 자신이 알고 있는 지식으로써〔以其知之所知〕 알지 못하는 바를 기른다〔以養其知之所不知〕. 그리하여 천수를 다하고〔終其天年〕 도중에 요절하지 않는 것이〔不中道夭者〕 인지(人知)의 왕성함이다〔是知之盛也〕. 진인이 있은 뒤에야 참된 지식이 있다〔且有眞人而後有眞知〕. 어째서 진인이라 하는가〔何謂眞人〕? 옛날의 진인은 역경을 거역하지 않았고〔古之眞人不逆寡〕, 성공을 자랑하지 않았으며〔不雄成〕, 아무 일이든 꾀하지 않았다〔不謨士〕. 이런 사람은〔若然者〕 잘하지 못해도 후회하지 않았고〔過而弗悔〕 당당해도 제 자랑을 하지 않았다〔當而不自得也〕. 이런 사람은〔若然者〕 높이 올라가도 두려워하지 않았으며〔登高不慄〕, 물 속에 들어가도 젖지 않았고〔入水不濡〕, 불에 들어가도 뜨겁지 않았다〔入火不熱〕. 이는 지식이 자연의 도리에 도달할 수 있었기 때문이다〔是知之能登假於道者也若此〕.

옛날의 진인은 잠을 자면서도 꿈을 꾸지 않았으며〔古之眞人其寢不夢〕, 깨어 있어도 근심하지 않았고〔覺而無憂〕, 먹을 때도 맛을 찾지 않았으며〔其食不甘〕, 숨소리도 깊고 깊었다〔其息深深〕. 진인은 발꿈치로 숨을 쉬고〔眞人之息以踵〕 우리는 목구멍으로 숨을 쉰다〔衆人之息以喉〕. 굴복한 자는〔屈服者〕 제 목구멍에서 내는 말이 토해 내는 것 같고〔其嗌言若哇〕, 탐닉하려는 자는〔其耆欲深者〕 마음 씀씀이가 얕다〔其天機淺〕.

옛날의 진인은 삶을 기뻐할 줄 몰랐고〔古之眞人不知說生〕, 죽음을 꺼릴 줄 몰랐다[不知惡死]. 태어남을 기뻐하지 않았고[其出不訢] 죽음을 막지도 않았다[其入不距]. 걸림 없이 따라가고[翛然而往] 걸림 없이 따라올 뿐이다[翛然而來而已矣]. 그 시원을 모르고[不忘其所始] 끝도 알려 하지 않는다[不求其所終]. 살면 기뻐하고[受而喜之] 죽으면 되돌려 보낸다[忘而復之]. 이를 일러 마음이 도를 버리지 않는 것이라 하며[是之謂不以心捐道], 인위로 자연을 돕지 않는다 한다[不以人助天]. 이런 경지에 있는 분을 진인이라 한다[是之謂眞人].

至 : 지극할 지   養 : 기를 양   夭 : 일찍 죽을 요   盛 : 성할 성
雄 : 뛰어날 웅   逆 : 거스를 역   寡 : 적을 과   士 : 일할 사. 사(事)와 통용
摹 : 본뜰 모. 여기서는 꾀할 모(謀)의 의미   弗 : 아니할 불   悔 : 뉘우칠 회
慄 : 두려워할 율   濡 : 젖을 유   假 : 이를 격. 격(格)과 같음
何 : 어찌 하. 여기서는 멀 하(遐)의 의미   寢 : 잠잘 침   覺 : 깨어 있을 각
食 : 먹을 식   甘 : 맛날 감   息 : 숨쉴 식   深 : 깊을 심   踵 : 발꿈치 종
喉 : 목구멍 후   屈 : 굽힐 굴   服 : 좇을 복   哇 : 게울 왜   耆 : 즐길 기
機 : 계기 기   淺 : 얕을 천   說 : 기뻐할 열   惡 : 미워할 오   訢 : 기뻐할 흔
距 : 떨어질 거   翛 : 빠를 소   復 : 돌아갈 복   捐 : 버릴 연
若然者(약연자) : 그렇게 하는 자
屈服者(굴복자) : 외물(外物)에 끌려가는 자
翛然(소연) : 무심히 자연을 따르는 모습

【담소(談笑)】
물질만 알고 자연은 몰라라 하는 짓이 현대인이 범하고 있는 가장 무서운 허물이다. 이 허물을 뉘우치고 자연을 따라 살라. 그러자면 무엇보다 먼저 인간의 지식으로는 알 수 없는 것이 있음을 알아야 한다. 그러나 인간은 무엇이든지 다 알아야 한다는 욕심을 버리지 못해 더욱더 진인(眞人)으로부터 멀어진다.

알 길이 없어 모르는 것[不知]이 있음을 알라. 그러면 진인(眞人)을 받들 수 있다. 진인을 받들 줄 알면 인간의 지적(知的) 오만(傲慢)은 없어진다. 그러면 겸허해진다. 겸손하게 살라. 겸허하게 살라. 검소하게 살라. 이러한 삶은 자유요 즐거움이다. 진인은 항상 자유롭다.

그러나 인간은 그것이 삶의 구속인 줄도 모르고 한사코 지적 오만을 기른다. 그래서 이 우화는 인간의 지식이 알지 못할 것을 기른다[養其知之所不知]고 한 것이다. DNA지도를 만들고 그 구조를 파악하여 생명의 신비를 푼다고 호언하는 인간이여! 인간이 알아 낸 그 DNA도 역시 있는 것[有]이지 없는 것[無]은 아니다.

인간은 유(有)의 경지에 속하는 것만을 알 수 있을 뿐이다. 이 우화를 체험하면서 노자(老子)가 "현묘(玄妙)하다, 황홀(恍惚)하다"고 실토한 까닭을 알 것 같다. 알래야 알 수 없는 무[無]를 알아보려 발버둥치지 말고 차라리 찬탄하는 게 어떨까. 그러면 인간의 마음 속은 화실(火室)이 아니라 허실(虛室)이 되리라. 그래서 장자가 이렇게 말했구나. "인간의 마음은 불붙은 장작개비 같기도 하고 다 타버린 재 같기도 하다."

약연자(若然者)는 자연에 순응하며 편안히 산다. 그러나 굴복자(屈服者)는 자연을 거역하며 힘들게 산다. 약연자는 진인(眞人)의 모습이고 굴복자는 우리 자신의 모습이다. 순리(順理)로 사는 사람이냐 역리(逆理)로 사는 사람이냐? 이렇게 자문해 보라고 한다. 순리(順理)란 자연을 따라 사는 삶이고, 역리(逆理)란 자연을 어기며 사는 삶이다. 순리를 누리고 사는 진인(眞人)을 선생으로 모셔라.

왜 진인은 잘못을 범하고도 후회하지 않는다[過而弗悔]고 할까? 잘못이 잘못인 줄 알고 잘못했음을 인정하기 때문이다. 핑계를 대며 구실을 달면 구차하다. 물론 당당하다 하더라도 자신을 자랑하지 않는 진인은 자신을 드러내지 않고 자신이 옳다고 고집하지 않는다. 그래서 진인은 도에 이르러 오를 수 있는〔登假於道〕것이다.

　도에 오른다〔登於道〕 함은 곧 득도(得道)를 의미한다. 득도란 무엇인가? 이는 결국 생사(生死)가 하나임을 터득하여 깨우쳤음을 뜻한다. 생사가 하나라면 생(生)을 받아도 받은 대로 기뻐하고〔受而喜之〕, 생이 끝나 돌려 달라 해도 그대로 기뻐한다〔忘而復之〕. 이처럼 생사(生死)를 하나로 보는 진인(眞人)에게 무슨 시비(是非)며 귀천(貴賤)이 있겠는가. 그러니 진인은 열(說)ㆍ오(惡)를 갈라 호(好)ㆍ오(惡)로 편짜기를 할 이유가 없으니 그 모습은 빈 방이 밝다는 허실생백(虛室生白)과 같다.

2. 진인(眞人)에게는 만상이 하나다

【우화(寓話)】

　그러므로 좋아하는 것도 하나요〔故其好之也一〕 좋아하지 않는 것도 하나다〔其弗好之也一〕. 하나라고 하는 것도 하나요〔其一也一〕 하나가 아니란 것도 하나다〔其不一也一〕. 하나는 하늘의 무리가 되는 것이고〔其一與天爲徒〕, 하나가 아니란 것은 사람의 무리가 되는 것이다〔其不一與人爲徒〕. 하늘과 사람이 서로 다투지 않는다〔天與人不相勝也〕. 이를 일러 진인이라 한다〔是之謂眞人〕.

好 : 좋아할 호　弗 : 아니 불. 불(不)을 강조하는 의미　與 : 더불어 여
徒 : 무리 도　相 : 서로 상　勝 : 이길 승

【담소(談笑)】

인간은 지식이 모르는 바[不知]를 기른다[養其知之不知]. 이는 한사코 소지(小知)로 모든 것을 알 수 있다며 고집을 부리는 인간의 지식욕을 말한다. 인간이 모르는 바[不知]는 무엇인가? 바로 그 하나[其一]란 그것[其]이다. 그렇다면 그것[其]은 무엇을 말하는가? 우주 삼라만상(森羅萬象)일 것이다. 그러므로 여기서 하나[一]란 1, 2, 3, 4의 1처럼 셈하는 숫자[數]를 말하는 게 아니다. 그 하나는 무등(無等)이요, 자유(自由)요, 자연(自然)이요, 무(無)요, 허(虛)요, 상(常)이요, 도(道)의 모습이다. 그 하나에는 차별도 분별도 없다. 그런데 무슨 시비가 있고 차별이 있겠는가? 하나도 없다.

진인(眞人)은 곧 자연(自然)인 셈이다. 자연은 만물을 하나로 본다. 노자는 이를 포일(抱一)이라 하였고, 장자는 하나 되는 바를 알라[知所一]고 하였다. 사람은 그 일(一)을 모른다. 무(無)를 알지 못하기 때문이다. 만물을 오만 갈래로 나누고 하나, 둘, 셋 하고 셈하는 것은 인간만의 짓이다. 이렇게 만물을 차별하고 분별하기 때문에 인간은 시비에 얽매인 굴복자(屈服者)가 된다. 장자는 굴복자(屈服者)를 작은 것[小]이라고 한다. 이제 진인을 이렇게 짐작할 수 있겠다. 한없는 대인(大人)이요 자연인(自然人)이다.

3. 요걸(堯桀)을 다 잊으면 삶이 편하다

【우화(寓話)】

샘이 말라[泉涸] 물고기들이 마른 땅 위에 놓여져[魚相與處於陸] 서로 축축한 숨을 내쉬어[相呴以濕] 서로를 적셔 준다고 한들[相濡以沫], 강이나 호수에서 서로를 잊고 사는 것만 못하다[不如

相忘於江湖]. 요(堯)를 칭송하고 걸(桀)을 비난하는 것보다는〔與
其譽堯而非桀也〕, 둘 다 잊어버리고 도를 따라 하나 되는 것만 못
하다〔不如兩忘而化其道〕.

泉:샘 천　涸:마를 학　處:곳 처　陸:땅 륙　呴:숨 내쉴 구
濕:축축할 습　濡:적실 유　沫:거품 말　忘:잊을 망　湖:호수 호
譽:칭송할 예
堯(요):성왕(聖王)을 뜻함　桀(걸):폭군(暴君)을 뜻함

【담소(談笑)】

　사람은 바람과 물, 그리고 흙이 고마운 것을 모르고 산다. 그러
다 물이 썩게 되고 공기가 썩게 되고 땅이 썩게 되어서야 새삼 비
옥한 땅과 맑은 물, 맑은 바람을 그리워한다. 그러나 환경을 파괴
한 다음 자연을 그리워한들 무슨 소용이 있겠는가.

　오염과 공해 등은 사람의 짓이다. 문명이 사람을 편하게 하지
만 마음을 편하게 하는 것은 아니다. 문명은 오히려 사람을 두렵
게 하고 광포(狂暴)하게 한다. 문명의 소용돌이는 마치 샘이 말라
마른 바닥에 버려진 물고기 꼴로 인간을 몰아가려 한다. 첨단문
명을 구가하면서도 인간은 자신이 물이 말라 버린 마른 땅바닥에
놓인 물고기 같다는 사실을 모르고 산다. 이는 인간이 자연의 혜
택을 인간의 것인 양 마음대로 남용하기 때문이다. 아마도 장자
는 인간이 두려웠기 때문에 진인을 흠모하고 그리워하다 우화의
주인공으로 등장시킨 게 아닐까.

4. 하늘 앞에 감출 곳은 없다

【우화(寓話)】

배를 구렁에 감추고〔夫藏舟於壑〕 오구를 못에 감춰 두고서〔藏山(汕)於澤〕 든든하다 한다〔謂之固矣〕. 그렇지만 밤중에 힘센 놈이 그것을 챙겨 갖고 도망가 버릴 수 있다〔然而夜半有力者負之而走〕. 어리석은 자는 그런 줄을 모른다〔昧者不知也〕. 작은 것을 큰 것에 감추기는 마땅하다 하지만〔藏小大有宜〕 역시 가지고 달아날 곳은 있다〔猶有所遯〕. 만약 천하를 천하에 감추어 둔다면〔若夫藏天下於天下〕 갖고 도망칠 곳이란 없다〔不得所遯〕. 이것이 만물에 두루 미치는 진리다〔是恒物之大情也〕.

藏:감출 장　舟:배 주　壑:구렁 학　汕:오구 산. 물고기를 잡는 그물
澤:못 택　固:단단할 고　負:등에 질 부　走:달릴 주　昧:어두울 매
遯:달아날 둔　恒:항상 항
恒物(항물):만물(萬物)　大情(대정):진리(眞理)

【담소(談笑)】

이 우화를 듣다 보면 하늘을 우러러 한 점 부끄럼 없이 살기를 바라며 별을 헤며 살고 싶다던 윤동주 시인이 생각난다. 우물 속 하늘과 구름 사이로 비치는 자화상을 보고 미워 떠나다가, 그래도 불쌍해 다시 돌아가 들여다본다는 윤동주 시인이 생각난다. 적어도 그가 그런 시상(詩想)에 잠겨 있는 동안만은 진인의 이웃으로 살 수 있었으리란 생각이 새삼스럽다.

발버둥칠 것 없다. 설쳐도 부처님 손바닥 안에 있다는 말이 생각난다. 제아무리 잘났다고 설쳐도 천하를 벗어날 수 없는 노릇.

한없는 탐욕으로 아무리 재물을 모은다 해도 땡전 한푼 저승으로 갖고 갈 수 없는 일이다. 그러니 감추고 숨기고 훔쳐 영영 살 것처럼 용쓸 것 없다. 뛰는 놈 위에 나는 놈 있다는 속담은 인간의 세상에서만 통한다. 천하의 입장에서 본다면 나는 놈일지라도 도망칠 데가 없다. 그러니 억지부리고 잔재주로 살면서 속상해할 것이 없다.

5. 왜 도(道)만이 불사(不死)한다 하는가

【우화(寓話)】

무릇 도에는 정(情)이 있고 신(信)도 있지만〔夫道有情有信〕, 위(爲)가 없고 형(形)도 없다〔無爲無形〕. 전할 수는 있지만 받을 수는 없고〔可傳而不可受〕, 터득할 수는 있지만 볼 수는 없다〔可得而不可見〕. 도는 스스로가 근본이다〔自本自根〕. 천지가 있기 전〔未有天地〕 예부터 본래 있었고〔自古以固存〕, 귀(鬼)를 신비스럽게 하고 제(帝)를 신비스럽게 하며〔神鬼神帝〕, 하늘을 낳고 땅을 낳았으며〔生天生地〕, 태극의 위에 있어도 높다 하지 않고〔在太極之先而不爲高〕, 육극의 아래에 있으면서 깊다 하지 않는다〔在六極之下而不爲深〕. 천지보다 먼저 태어났지만 오래되었다 하지 않고〔先天地生而不爲久〕, 까마득한 옛날보다 더 오래되었으면서도 늙었다고 하지 않는다〔長於上古而不爲老〕.

情:뜻 정 信:믿을 신 傳:전할 전 受:받을 수 固:굳을 고 存:있을 존
神:신비로울 신 鬼:귀신 귀 極:다할 극 深:깊을 심 久:오래 구
太極(태극):가장 높은 끝
六極(육극):가장 낮은 끝. 육(六)은 태(太)의 오기(誤記)로 보기도 함

【담소(談笑)】

도(道)의 정(情)은 도가 작용하는 참모습이다. 도가 만물을 낳고 거둬들이는 그 모습 말이다. 도의 신(信)은 도가 있다는 증거로 보면 된다. 만물에는 다 도가 있다는 신표(信表)로 보면 된다. 삼라만상이 도의 참모습〔情〕이요, 삼라만상에 두루 생사가 미치니 도의 증거〔信〕가 된다.

도는 어떻게 존재할까? 노자는 황홀하다거나 현묘하다고 찬탄할 뿐 설명할 수 없다지만, 장자는 자본자근(自本自根)이라고 한다. 도는 스스로 존재하며 만물을 존재하게 하면서도 간섭하지 않는다는 뜻으로 자본자근(自本自根)을 이해하면 되리라.

신귀신제(神鬼神帝)는 도의 정(情)과 신(信)을 풀이하는 말이다. 여기서 신(神)은 신비(神秘)의 신(神)일 것이다. 신비란 쉼 없이 변화하기 때문에 사람으로서는 더 이상 알 수 없는 경지를 말한다. 땅을 신비롭게 하고〔神鬼〕 하늘을 신비롭게 하는〔神帝〕 도를 우리로서는 알 수 없으니, 차라리 삼라만상을 통해 마음껏 느끼고 체험하며 상상하기를 바란다.

장자는 만물을 낳고서도 공치사를 하지 않는 도(道)를 두 마디로 찬미한다. 무위(無爲) 무형(無形). 삼라만상을 낳고서도 간섭하지 않는〔無爲〕 도를 상상해 보라. 만물을 낳고서도 드러내지 않는〔無形〕 도를 상상해 보라. 그런 순간 인간은 누구나 한순간만이라도 대인을 닮을 수 있다. 그래서 노자도 도를 일러 만물을 낳는 암말에 비유하여 현빈(玄牝)이라고 읊었다. 도를 어머니로 본 것이다. 이처럼 노장(老莊)은 어머니〔道〕를 멀리하려는 인간을 안타까워한다.

6. 여우(女偊)가 성인이 되는 길을 말한다

【우화(寓話)】

"성인의 도를〔以聖人之道〕 성인이 될 만한 재능이 있는 자에게 가르치는 것은〔告聖人之才〕 그래도 쉽지요〔亦易矣〕. 나는 지켜보다가 가르쳤지요〔吾猶守而告之〕. 사흘이 지나니 천하를 잊더군요〔三日而後能外天下〕. 천하를 이미 잊었으니〔已外天下〕 나는 또 잘 지켜봤지요〔吾又守之〕. 이레가 지나자 사물을 잊더군요〔七日而後能外物〕. 이미 사물을 잊었으니〔已外物矣〕 나는 또 지켜봤지요〔吾又守之〕. 아흐레가 지나자 삶을 잊더군요〔九日而後能外生〕. 이미 삶을 잊었으니〔已外生矣〕 그러자 깨달을 수 있었지요〔而後能朝徹〕. 깨달은 뒤에는 절대자를 볼 수 있었답니다〔朝徹而後能見獨〕. 절대자를 본 뒤로 고금이 없어졌지요〔見獨而後無古今〕. 고금이 없어진 뒤로 죽지도 않고 나지도 않는 경지에 들 수 있었다오〔無古今而後能入於不生不死〕."

告:알릴 고 才:재주 재 易:쉬울 이 猶:오히려 유
已:이미 이 外:밖 외. 여기서는 잊는다는 뜻 守:지킬 수
朝:아침 조 徹:밝을 철 獨:홀로 독
朝徹(조철):아침빛의 밝음. 깨달음의 비유 古今(고금):시간

【담소(談笑)】

남백자규(南伯子葵)가 여우(女偊)에게 성인의 도(道)를 가르쳐 달라고 하자 여우가 성인의 재주가 없으면 안 된다면서 거절한 다음, 대신 자신이 복량기(卜梁倚)에게 성인의 도를 가르쳐 주었던 일을 들려주는 우화의 한 대목이다. 남백자규는 이미「소요유

(逍遙遊)」와「제물론(齊物論)」편에서 만나 본 인물이다. 거기서
는 남백자기(南伯子綦)로 되어 있었다.

여우(女偊)의 말은 불가(佛家)에서 말하는 깨달음을 떠올리게
한다. 여래(如來)가 깨달음을 불생불멸(不生不滅)의 경지에 드는
것이라 했듯이, 여우(女偊)는 그 경지를 불생불사(不生不死)의 경
지에 드는 것이라고 한다. 그 경지를 불가(佛家)에서는 불(佛)이
라 하는데 여우는 독(獨)이라고 한 것이다. 독(獨)은 상대성을 벗
어난 절대자 즉 도(道)인 셈이다. 장자가 여우의 입을 빌려 말하
는 성인의 도 역시 망상(妄想)에서 벗어난 길이다. 그 길을 가르
쳐 줄 수 없으니 불가(佛家)에서는 스스로 건너가라〔自度〕고 한
다. 그러나 장자는 보여 줄 뿐 권하지도 말리지도 않는다.

7. 도(道)란 것은 영녕(攖寧)이다

【우화(寓話)】

"생을 죽이는 자는 죽지 않고〔殺生者不死〕 생을 구하는 자는 살
수 없지요〔生生者不生〕. 이러한 것〔其爲物〕인 도가 모든 것을 보
내고〔無不將也〕 모든 것을 맞아들이지요〔無不迎也〕. 모든 것을 파
괴하고〔無不毀也〕 모든 것을 이룩하지요〔無不成也〕. 그런 것을 일
러 영녕이라 하지요〔其名爲攖寧〕. 영녕이라는 것은〔攖寧也者〕 혼
돈을 거친 뒤에야 이루어지는 것입니다〔攖而後成者也〕.

殺:죽일 살　物:그것(종류) 물　將:보낼 장　迎:맞이할 영
毀:부술 훼　攖:어지러울 영　寧:편안할 녕

【담소(談笑)】

　계속해서 여우(女偶)가 남백자규에게 도라는 것을 설명하고 있
다. 도를 떠나 있는 것은 하나도 없다. 도는 가만히 있지 않는다.
불사(不死)의 도는 쉬지 않고 만물의 생사(生死)를 이행한다. 이
를 일러 노자는 반자(反者)라 했다. 도는 오고 가게 하는 것을 쉬
지 않는다. 오는 것이 영(迎)이라면 가는 것은 장(將)이다. 오는
것이 유(有)라면 가는 것은 무(無)일레라. 오는 것이 생(生)이라
면 가는 것은 사(死)일레라. 가는 것이 훼(毀)라면 오는 것은 성
(成)일레라. 그러나 오고 가는 것이 서로 다르지 않고 하나[一]일
뿐이다. 모든 것이 다 도(道)가 하는 짓이기 때문이다.

　영녕(攖寧)이란 도의 짓을 비유한 말이다. 영녕(攖寧)의 영
(攖)은 혼돈(渾沌)이고 영(寧)은 안녕(安寧)이다. 혼돈은 무질서
요 안녕은 질서다. 혼돈은 질서의 가능성이요 안녕은 질서를 성취
한 결과이다. 이러한 영녕(攖寧)을 노자는 수레바퀴의 가운데 빈
구멍으로 비유하여 도추(道樞)라고 하였다.

　그러므로 도는 변화를 통해 만물을 내기도 하고[出] 들이기도
한다[入]. 천지 창조가 곧 노자가 말한 도지동(道之動)이 아닌
가. 이러한 동(動)을 일러 장자는 영녕(攖寧)이라 한 것이다. 영
녕(攖寧), 즉 혼돈(渾沌)과 안녕(安寧)은 끊임없는 조화(造化)요
변화(變化)요 생사(生死)요 출입(出入)이요 왕래(往來)이리라.

8. 부묵(副墨)은 곧장 의시(疑始)를 만나지 못한다

【우화(寓話)】

　남백자규가 물었다[南伯子葵曰]. "당신만 어떻게 그런 말
[攖寧]을 들었나요[予獨惡乎聞之]." 여우가 말했다[曰]. "부묵

의 아들한테서 들었지요〔聞諸副墨之子〕. 부묵의 아들은 낙송의 손자한테서 들었대요〔副墨之子聞諸洛誦之孫〕. 낙송의 손자는 첨명한테서 들었고〔洛誦之孫聞之瞻明〕, 첨명은 그것을 섭허한테서 들었다지요〔瞻明聞之聶許〕. 섭허는 수역한테서 들었고〔聶許聞之需役〕 수역은 오구한테 들었대요〔需役聞之於謳〕. 오구는 현명한테서 들었고〔於謳聞之玄冥〕 현명은 삼요한테 들었다지요〔玄冥聞之參寥〕. 그리고 삼요는 의시한테서 들었답니다〔參寥聞之疑始〕."

予:너 여 副:다음 부 聞:들을 문 諸:어조사 저. 지어(之於)와 같음

【담소(談笑)】

부묵지자(副墨之子) → 낙송지손(洛誦之孫) → 첨명(瞻明) → 섭허(聶許) → 수역(需役) → 오구(於謳) → 현명(玄冥) → 삼요(參寥) → 의시(疑始). 장자가 우화 속에서 열거한 이들이 바로 성인이 도에 접어들 수 있는 길목인 셈이다. 이렇게 장자는 여우(女偶)의 입을 통하여 성인의 도에 이르는 길목을 의인화(擬人化)하여 들려준다. 어찌 남백자규(南白子葵)한테만 들려주려는 것이랴. 이렇게 많은 인물을 열거하는 것은 도에 이르는 길이 딱 잘라서 명백하게 가르쳐 줄 수 없는 것임을 암시한다.

부묵(副墨)은 글을 말한다. 글자들을 실은 책을 장자가 의인화해 부묵지자(副墨之子)라고 한 것이다. 부묵지자는 인간이 안다고 으스대는 지식쯤으로 여기면 된다. 인간의 좁고 작은 지식을 넘어서 성인의 도에 이르자면 굽이굽이 길목을 거쳐가야 한다는 뜻이다. 장자는 성인이 본받는 도를 일러 의시(疑始)라고 의인화하였다. 시초를 알 길이 없음을 의시로 의인화하였다. 그 의시는 자연의 도(道)를 상징하는 인물(character)로 보면 되리라.

끊임없이 책을 읽어 지식을 쌓는 인간의 모습을 장자는 낙송지손(洛誦之孫)으로 의인화하였다. 낙(洛)은 낙(絡)으로 통한다. 그러니 낙송(洛誦)은 책을 읽는 일〔誦〕이 이어져 끊어짐이 없음을 상징하는 인물인 셈이다. 낙송처럼 지식을 축적하는 인간들이 자연의 도에 이르려면 먼저 그런 지식에서 벗어나야 함을 깨우쳐 주는 인물로는 의시(疑始)를 등장시키고 있다. 의시는 허심(虛心)을 의인화한 인물인 셈이다.

낙송지손(洛誦之孫)이 첨명(瞻明)한테서 도를 들었다는 이야기에 주목해 보자. 첨명은 인지(人知)를 떠나는 길목에 접어들었음을 암시한다. 첨명은 눈길이 밝다는 뜻이다. 즉 밝은 눈처럼 무엇이든 환하게 알아볼 수 있음을 의인화한 것이다. 첨명(瞻明)은 이(夷)를 볼 수 있는 인물인 셈이다. 노자는 눈으로 볼 수 없는 것을 이(夷)라고 하였다.

첨명은 섭허(聶許)한테서 도를 들었다고 장자는 이야기한다. 섭(聶)은 섭(囁)으로 통한다. 아주 낮은 소리로 소곤거리는 것이 섭(囁)이다. 허(許)는 청(聽)으로 통한다. 그러므로 섭허는 아주 낮은 소리마저 다 듣는 밝은 귀를 의인화한 것이다. 섭허(聶許)는 희(希)마저도 들을 수 있는 인물인 셈이다. 노자는 귀로 들을 수 없는 것을 희(希)라고 하였다.

섭허는 수역(需役)한테서 도를 들었다고 장자는 이야기한다. 수(需)는 수(須)로 통한다. 수(須)는 쓰는 것이다. 역(役)은 행(行)으로 통한다. 그러니 행(行)을 사용하는 것이 곧 실천이다. 터득한 도를 실천하는 인물이 수역(需役)이다. 자연을 따라 사는 인물이 곧 수역(需役)인 셈이다.

수역은 오구(於謳)한테서 도를 들었다고 장자는 이야기한다. 오(於)는 기쁠 때 내는 소리, 즉 탄성(歎聲)이다. 기쁠 때 '오오' 하고 소리를 지르듯 기쁨에 넘쳐 노래를 부르는 인물이 곧 오구

(於謳)이다. 이처럼 오구(於謳)는 도의 황홀함을 찬미하는 인물인 셈이다.

오구는 현명(玄冥)한테서 도를 들었다고 장자는 이야기한다. 깊고[玄] 고요함[冥], 현명은 도의 모습이요 명상(冥想)의 자리인 것이다. 도에 들면 어떨까? 이를 장자는 삼요(參寥)라는 인물로 상징한다. 요(寥)는 절(絶)로 통한다. 도에 들어 셋[參]을 없애버리는 인물이 삼요인 셈이다. 그 셋은 무엇으로 여기면 될까? 유(有)가 없어지고, 무(無)가 없어지고, 유도 아니고[非有] 무도 아닌[非無] 것 역시 없어졌음이 곧 삼요인 셈이다.

이 셋이 없어진 도를 장자는 삼요(參寥)와 의시(疑始) 그리고 현명(玄冥)이란 인물을 들어 이야기한다. 인간이 도의 모습을 흉내내는 일을 무엇이라고 해야 할까? 허심(虛心)이요 무심(無心)이요 무념(無念)이요 무욕(無欲)이요 무망(無妄)이리라. 이렇게 노래할 오구(於謳) 같은 인간이 없기 때문에 대신 장자가 나열하고 있는 것이려니 싶다.

9. 네 사람이 서로 보고 웃었다

【우화(寓話)】

자사·자여·자려·자래 네 사람이 서로 말을 주고받는다[子祀子輿子犁子來四人相與語曰]. "누가 무를 머리로 삼고[孰能以無爲首] 생을 척추로 삼아[以生爲脊] 죽음을 꽁무니로 삼을 수 있을까[以死爲尻]? 누가 죽음과 삶과 있음과 없음이 하나라는 것을 알까[孰知死生存亡之一體者]? 내 그런 자와 벗을 삼고 싶다[吾與之友矣]." 네 사람은 서로 보고 웃었다[四人相視而笑]. 마음이 맞아[莫逆於心] 이윽고 서로 벗이 되었다[逐相與爲友].

莊子●內篇

孰:누구 숙　脊:등골뼈 척　尻:꽁무니 고　笑:웃음 소　逐:쫓을 축

【담소(談笑)】

시비를 일삼는 사람은 벗을 맞을 수 없다. 차별을 일삼는 사람 역시 벗을 둘 수 없다. 한 마음이 아니라면 벗은 없다. 벗은 이심전심(以心傳心)으로 웃음을 나누고 눈물을 나누면서 생사를 하나로 나눈다. 그래서 성인이 아니면 벗을 얻기 어렵다고 한다. 그래서 공자도 멀리서 벗이 온다 하여 기뻐했던 것이다.

네 사람이 벗을 사귀는 모습을 보라. 막역어심(莫逆於心)과 상시이소(相視而笑)가 바로 벗을 얻는 비밀이다. 여기서 소(笑)야말로 불가(佛家)의 염화미소(拈花微笑)와 다를 바 없고, 생사존망(生死存亡)의 일체(一體) 역시 실상무상(實相無相)과 다를 바 없다. 벗이 되기 전 자사(子祀)·자여(子輿)·자려(子犁)·자래(子來)는 넷이었지만 벗이 되고서 하나가 되었다.

넷이 하나가 되었다 함은 만물이 모두 하나란 말이다. 만물제동(萬物齊同), 즉 제물(齊物)이 아니라면 어찌 장주(莊周)가 나비가 되고 나비가 장주가 될 것인가. 장주와 나비가 벗이 되어 노닐 수 있는 것은 본래 만물이 하나이기 때문이다. 그러나 이러한 하나가 꿈에서만 가능하다니 장주도 서글펐으리라. 하지만 그것은 자유요 평등이다. 이처럼 성인은 만물은 본래 하나(一)인 줄 알므로 벗(友)을 얻는다. 벗이 있다고 어찌 공자만 즐겁겠는가.

10. 무위자연(無爲自然)은 이런 것이다

【우화(寓話)】

"맹손씨는 태어남의 까닭을 모르고〔孟孫氏不知所以生〕 죽음의 까닭도 모른다〔不知所以死〕. 생(生)을 좇을 줄도 모르고〔不知就先〕 사(死)를 좇을 줄도 모른다〔不知就後〕. 변화에 따라 어떤 것이 되든 맡겨 두고〔若化爲物〕 알 길이 없는 변화를 기다릴 뿐이다〔待其所不知之化已乎〕. 이미(지금 막) 변화했는데〔且方將化〕 변화하기 전을 어찌 알겠으며〔惡知不化哉〕, 아직(지금 막) 변화하지 않았는데〔方將不化〕 변화한 다음을 어찌 알겠는가〔惡知已化哉〕. 자네〔顔回〕하고 나〔孔子〕하고만 꿈에서 아직 깨어나지 못한 자일세〔吾特與汝其夢未始覺者邪〕."

就:좇을 취 待:기다릴 대 且:또 차 方:지금 방 惡:어찌 오
特:다만 특 夢:꿈 몽 覺:깨우칠 각
方將(방장):바야흐로 (무엇을) 하려 함

【담소(談笑)】

맹손씨(孟孫氏)는 성은 맹손, 이름은 재(才)지만 그냥 장자가 등장시킨 인물로 보면 된다. 맹손씨가 모친상을 당하니 공자의 제자 안회(顔回)가 문상을 갔다. 그런데 맹손씨는 어머니의 죽음에 대해 조금도 개의치 않았다. 이 모습을 보고 놀란 안회가 공자에게 그 연유를 묻자 공자가 위와 같이 말해 주었다는 이야기다. 물론 공자는 지금 장자의 뜻을 대변하고 있다.

왜 태어났는지 모른다. 왜 태어나면 반드시 죽어야 하는지도 모른다. 생전(生前)을 모르고 사후(死後)를 모른다. 그런데 어찌 생

(生)을 기뻐하고 사(死)를 슬퍼해야 하는가. 오는 것이면 맞이하고 가는 것이면 보내면 된다. 생사(生死)야말로 변화이다. 장자는 변화를 천태(天蛻)로 비유하였다. 만물을 하늘이 맡긴 허물벗기로 표현한 것이 상상할수록 재미있다. 변화는 오로지 도(道)의 짓일 뿐이다. 그러니 인간이 변화의 주도자라고 고집하지 말라. 이것이 무위자연의 정신이다. 온다고〔生〕반가워하고 간다고〔死〕슬퍼하는 것은 인간의 짓일 뿐이다. 그래서 맹손씨는 변화하는 대로 맡겨 두는 것이다. 도를 따를 뿐이다. 장자는 이를 약화위물(若化爲物)이라 하였다. 이 우화에서 맹손씨는 무위자연(無爲自然)의 화신(化身)인 셈이다. 공자가 그를 흠모한다 해도 우화 속이니 유가(儒家)도 시비를 걸지는 못하리라.

11. 그대는 천일(天一)을 아는가

【우화(寓話)】

"또한 그 분은 드러나는 것을 보고 놀라지만〔且彼有駭形〕마음을 상하는 일은 없지〔而無損心〕. 거처를 옮기는 것뿐〔旦有宅〕정말로 죽어 버리는 일은 없다네〔而無情死〕. 맹손씨야말로 깨달은 분이지〔孟孫氏特覺〕. 남이 곡을 하면 역시 따라서 곡을 하지〔人哭亦哭〕. 이런 일은 그 분에게 마땅한 일이라네〔是自其所以宜〕. 또한 서로 자기를 자기라고 할 뿐이야〔且也相與吾之耳矣〕. 그런데 말이야 자기가 자기라고 하는 것이 자기인지를 어찌 알겠나〔庸詎知吾所謂吾之乎〕. 또 자네는 꿈 속에서 새가 되어 하늘로 오르기도 하고〔且汝夢爲鳥而厲乎天〕, 꿈에 물고기가 되어 못으로 가라앉기도 하지〔夢爲魚而沒於淵〕. 지금 말하고 있는 것도 깨어 있는 것인지 꿈꾸고 있는 것인지 모를 일이지〔不識今之言者其覺者乎其夢

者乎〕. 흠잡는 짓은 웃어넘기는 것만 못하고〔造適不及笑〕 웃어넘겨 주는 것은 비방하지 않는 것만 못하지〔獻笑不及排〕. 비방하지 않고 편안히 머물면서 변화를 따르면〔安排而去化〕 곧 고요한 천일(天一)로 들어가게 되지〔乃入寥天一〕."

鳥:새 조   屬:갈 려. 여기서는 이를 지(至)와 같다는 설(說)을 따름
沒:가라앉을 몰   淵:못 연   識:알 식   造:만들 조   獻:바칠 헌
適:갈 적. 여기서는 꾸짖을 적(謫)과 같다는 설을 따름
排:밀칠 배. 여기서는 헐뜯을 비(誹)의 오기(誤記)라는 설을 따름
旦宅(단댁):단(旦)을 전(傳)의 뜻으로 보고 주거(住居)를 옮긴다고 해석
庸詎(용거):어감을 나타내는 어조사

【담소(談笑)】

「대종사(大宗師)」편에서 장자는 자신이 하고 싶은 말을 공자의 입을 빌려 하고 있다. 물론 많은 경우 이런 이야기는 장자가 만들어 낸 우화(寓話)로 보면 된다. 장자는 왜 이런 우화를 택했을까? 유가(儒家)를 철저하게 비판하기 위해 그렇게 한 것 같은 생각이 든다.

유가에서는 예(禮)를 인간의 대종사(大宗師)로 여긴다. 그러나 장자는 그 예(禮)가 사람을 꽁꽁 묶어 둔다고 본다. 모친상(母親喪)을 당하고도 맹손씨는 아무 일도 없는 것처럼 처신하였다. 안회가 맹손씨의 처사를 공자 앞에서 비판하려 하자 공자가 안회에게 위와 같이 말해 주었다는 우화에서 공자는 철저하게 장자의 대변인 노릇을 하고 있다.

사람과 짐승은 다르다고 보는 유가(儒家)의 주장은 천일(天一)의 입장에서 본다면 작고 좁은 편견이요 독단일 뿐이다. 그런 편

견을 갖고 천지와 함께하는 맹손씨를 험담하지 말라는 것이다. 생사(生死)가 본래 하나[一]인데 죽었다 해서 슬퍼할 것 없다. 인생을 일장춘몽(一場春夢)이라 했던가. 공자가 안회에게 사람이 새도 되고 물고기도 되는 꿈 이야기를 들려 준다. 공자가 어느새 나비 꿈을 꾸었던 장자가 되었단 말인가. 장자는 이렇게 공자의 입을 빌려 무위자연이 하나이며 더할 바 없는 자유요 평등임을 깨우쳐 준다.

유가에서 말하는 사람의 예(禮)는 작고 장자가 밝히는 천일(天一)은 크다. 하나는 하늘의 무리요[一與天爲徒], 하나 아닌 것은 사람의 무리[不一與人爲徒]라는 장자의 지적을 상기했으면 한다. 그리고 하나 아닌 것[不一]이 차별과 구속이라면 하나는 평등과 자유임을 알라. 그러나 인간은 하나 아닌 것을 알면서도 하나 아닌 것을 모른다고 했다. 장자가 부지(不知)하라 한 것은 곧 우리가 천일(天一)을 모른다는 지적이다.

12. 소유(所遊)는 소유(所有)되지 않는다

【우화(寓話)】

의이자가 말했다[意而子曰]. "대체로 무장이 그 미모를 잊게 되고[夫無莊之失其美], 거량이 그 힘을 잊게 되며[據梁之失其力], 황제가 그 지식을 잊게 됨은[黃帝之亡其知] 모두 화로 속에서 단련되었기 때문입니다[皆在鑪捶之間耳]. 어찌 알겠습니까[庸詎知]. 조물자가 저의 묵형(墨刑)을 지워 주고[夫造物者之不息我黥] 저의 잘린 코를 붙여 주어[而補我劓] 제 몸을 제대로 갖추게 하여 선생을 따르게 한 것인지를[使我乘成以隨先生邪]."

허유가 말했다[許由曰]. "아[噫], 그랬는지 모르겠네[未可知

也〕. 내 스승은 말이야〔吾師乎〕, 만물을 이루어 놓고서도 의롭다 하지 않으며〔韲萬物而不爲義〕, 영원히 미치는 혜택을 베풀고서도 어질다고 하지 않는다네〔澤及萬世而不爲仁〕. 아득한 옛날보다 더 오래 살고서도 늙었다 하지 않으며〔長於上古而不爲老〕, 천지를 싣고 감싸서〔覆載天地〕 온갖 모습을 새겨 놓고서도 재주 있다고 하지 않는다네〔刻彫衆形而不爲巧〕. 이런 것이어야 마음 편히 노니는 것일세〔此所遊已〕."

鑪:화로 로　捶:채찍질할 추　息:숨쉴 식　保:도울 보　使:하여금 사
黥:얼굴에 죄명을 먹으로 새겨 넣는 경　乘:탈 승　隨:따를 수
噫:한숨 쉴 희　劓:코를 베는 의　澤:윤이 나는 택　覆:덮을 복
韲:부술 제. 여기서는 이룰 제(濟)로 보는 설을 따름　載:실을 재
刻:새길 각　彫:새길 조　衆:무리 중　巧:재주 교　遊:노닐 유

【담소(談笑)】

허유(許由)가 의이자(意而子)에게 자연의 도를 말하고 있다. 허유는 요(堯)임금이 임금 자리를 물려준다는 것을 거절했다는 전설적인 인물이며, 의이자는 우화 속의 등장인물이다. 이 허유와 의이자가 서로 조물자(造物者)를 말하고 있다.

무장(無莊)은 아름다운 미인이었지만 도를 터득하여 자신이 아름다워도 아름다운 줄 몰랐고, 거량(據梁)은 힘이 센 자였으나 도를 터득하여 자신의 힘이 세도 센 줄을 잊었으며, 천하에서 가장 아는 것이 많았던 황제(黃帝)는 도를 터득한 뒤에 모든 지식을 잊게 되었다는 말이 예사롭지 않게 들린다. 왜냐하면 사람은 제 자랑 하기를 좋아하고 턱없는 칭찬도 그저 좋다 하기 때문이다.

무장과 거량 그리고 황제가 이런 경지에 이르기까지 화로 속에

들어간 듯 모진 단련을 거쳤으리란 의이자(意而子)의 생각을 허유가 고쳐 주는 대목은, 자연의 도가 불가(佛家)의 도(道)와 다름을 체험하게 한다. 어떻게 다른가. 불가는 득도(得道)를 위하여 정진(精進)하라 하지만, 노장의 도덕(道德)은 인위(人爲)를 벗어나라 한다.

자연은 생색내지 않는다. 공치사도 결코 않는다. 천지가 인간처럼 편애하는 버릇이 있다면 만물이 버틸 수 없을 것이다. 자연은 있는 그대로 그냥 있기를 허락한다. 그대로 그냥 있다 함이 곧 자유(自由)다. 오로지 인간만 스스로 그 자유를 바라지 않는다. 자신이 주장하는 자유가 따지고 보면 부자유(不自由)라는 것을 인간은 모른다. 부자유, 그것은 인간의 소유욕에서 비롯된다.

인간만이 분에 넘치는 소유욕을 드러낸다. 자연을 보라. 그것은 있는 그대로일 뿐이다. 이를 일러 자유(自由)라 한다. 걸림 없이 자유롭다. 이러한 자유를 일러 소유(所遊)라 한다. 마음 편히 노니는 것보다 더한 자유는 없다. 인간은 이렇게 삶을 노닐기보다 욕심껏 자신의 삶을 채우려고 몸부림친다. 그러다가 코도 베이고[劓] 얼굴에 먹물을 들인다[黥]. 물론 오늘날에는 몸에다 벌하는 경(黥)도 없어졌고 의(劓)도 없다고 하지만 참으로 없어져 버린 것은 아니다. 욕심을 부리다 호적에 형벌의 기록을 남기는 짓은 경(黥)을 친 꼴이고, 염치없이 굴다가 코가 납작해지는 것은 의(劓)를 당한 꼴이다. 허유(許由)의 말을 새겨 둔다면 흉하고 험한 꼴만이라도 면할 수 있으리라.

13. 공자(孔子)가 안회(顔回)를 따르게 하다니

【우화(寓話)】

안회가 말했다〔顔回曰〕. "저에게 유익한 바가 있습니다〔回益矣〕." 중니가 말했다〔仲尼曰〕. "무슨 말이냐〔何謂也〕?" 안회가 아뢰었다〔曰〕. "저는 인의라는 것을 잊게 되었습니다〔回忘仁義矣〕." 공자가 타일렀다〔曰〕. "그런대로 됐지만 아직 미흡하네〔可矣 猶未也〕."

며칠이 지난 뒤 다시 선생을 뵙고 안회가 말했다〔它日復見曰〕. "저에게 이로운 바가 있었습니다〔曰回益矣〕." 공자가 물었다〔曰〕. "무슨 말이냐〔曰何謂〕?" "예락을 잊었노라고 여쭙니다〔曰 回忘禮樂矣〕." 공자가 다시 타일렀다〔曰〕. "그런대로 됐지만 역시 미흡하네〔可矣 猶未也〕."

다른 날 다시 뵙고 여쭈었다〔它日復見曰〕. "저에게 이로운 바가 있었습니다〔回益矣〕." "무슨 말이냐〔何謂也〕?" "제가 좌망했다고 여쭙니다〔曰回坐忘矣〕." 공자가 놀라서 물었다〔仲尼蹴然曰〕. "좌망이라니 무슨 말인고〔何謂坐忘〕." 안회가 여쭈었다〔顔回曰〕. "온몸을 팽개치고〔墮肢體〕, 총명하다는 것을 쫓아 버리고〔黜聰明〕, 이것저것을 떠나 지식을 지워 버리고〔離形去知〕 자연과 하나 되는 것을〔同於大通〕 일러 좌망이라고 합니다〔此謂坐忘〕." 공자가 말했다〔仲尼曰〕. "하나가 되면 좋고 싫음이 없지〔同則無好也〕. 변화하면 고집할 것이 없지〔化則無常也〕. 과연 자네는 현명한지고〔而果其賢乎〕. 나도 자네 뒤를 따르게 해주게나〔丘也請從而後也〕."

益:유익할 익　忘:잊을 망　 亡:다를 타　 坐:앉을 좌　 墮:떨어질 타
蹴:찰 축　 黜:쫓아낼 출　 聰:밝을 총
蹴然(축연):놀란 모습　 大通(대통):자연〔道〕을 뜻함

【담소(談笑)】

유가(儒家)의 입장에서 안회는 공자의 수제자일 따름이다. 장자는 우화를 통해 그런 사제(師弟)의 관계를 뒤집는다. 안회가 좌망(坐忘)의 경지에 들었다 하니 아직 거기에 미치지 못한 공자가 안회를 따르겠다고 한다. 좌망에 들려면 먼저 인의(仁義)와 예락(禮樂)을 잊어야 한다. 그렇게 하자면 유가는 설 자리를 잃게 된다. 처절하게 유가를 팽개쳐 버리는 우화인 셈이다. 그러니 조선시대에 장자가 살아남을 수 없었던 것이다.

왜 장자는 이「대종사(大宗師)」편에서 유가를 철저하게 비판하는가? 장자의 입장에서는 사람 되는 방법을 가르치려는 유가를 용인할 수 없기 때문이다. 장자의 입장으로는 인수지변(人獸之辨)을 받아들일 수 없다. 사람은 짐승과 다르다〔人獸之辨〕고 함은 곧 사람이 만물 중에서 유별난 존재라고 말하는 것인데, 이런 생각을 버리고 자연과 하나 되어야 한다는 것이 장자의 무위(無爲)이기 때문이다.

인간도 만물과 하나 되어 살아야 한다는 것이 좌망(坐忘)이다. 좌망은 시비와 분별을 떠나 대통(大通)과 하나 되는 것이다. 대통은 천일(天一)이요 천일은 자연(自然)이요, 자연은 무위(無爲)요 무위는 곧 좌망(坐忘)이 아닌가. 불가(佛家)에서도 망기(亡己)하라 한다. 나를 잊어버려라〔亡己〕. 나를 없애 버려라〔蕪己〕. 나를 버려라〔舍己〕. 이 모두가 절대 자유를 누리게 해주는 좌망(坐忘)으로 통한다.

일이 잘되기만 바란다면[樂通物] 성인이 아니며[非聖人也],

사사로운 정이 있다면[有親] 인자가 아니다[非仁也].

자연을 시간으로 잰다면[天時] 현자가 아니고[非賢也],

이로움과 해로움을 분별하면[利害不通] 군자가 아니며[非君子也],

명성을 좇다 자기를 잃으면[行名失己] 선비가 아니다[非士也].

성인은커녕 선비라도 한 분 있었으면 좋겠다.

자연은 우리에게 모습을 주었고[夫大塊載我以形]

삶을 주어 우리를 노력하게 하며[勞我以生]

늙음을 주어 우리를 편안케 하고[佚我以老]

죽음을 주어 우리를 쉬게 한다[息我以死].

생로사(生老死)를 고(苦)라고 할 것은 없다.

사람의 모습 같은 것은[若人之形者]

갖가지로 변화할 뿐 처음부터 변화의 멈춤이란 없다[萬化而未始有極也].

그대로 변화에 맡겨 두고 즐긴다면 즐거움이 한량없이 불어나리라

[其爲樂可勝計邪].

변화의 수레바퀴를 생사(生死)라고 한다.

때에 편안히 하고[安時] 자연을 따르면[處順]

슬픔이든 즐거움이든 끼어들 여지가 없다[哀樂不能入也].

이를 일러 옛날에는 허공에 거꾸로 매달렸다가 풀려 난 것이라고 했다

[此古之所謂懸解].

그런데 스스로 풀려 나지 못하는 것은[而不能自解者]

사물이 얽혀 묶여 있는 까닭이다[物有結之].

왜 허욕(虛慾)을 흉보는지 알겠다.

  ** 현해(懸解)의 현(懸)은 허공에 거꾸로 매달려 있는 모습

자연의 변화가 내가 죽기를 바라는데[彼(陰陽)近吾死]

내가 못 들은 척한다면[而我不聽]

나는 곧 사나워지는 것일세[我卽悍矣].

자연의 조화(陰陽)에 무슨 죄가 있을 것인가[彼何罪焉].

진시황(秦始皇)이 사나운 것은 불로초(不老草) 탓이다.

지금 바로 천지를 하나의 커다란 화로로 여기고[今一以天地爲大鑪]

조화를 훌륭한 대장장이로 여긴다면[以造化爲大冶]

어디로 가든 안 될 것이 없다[惡乎往而不可哉].

서울만 가면 된다고 말할 것 없다.

물고기는 강이나 호수 속에서는 서로를 잊고 살며[魚相忘乎江湖]

인간은 도의 조화(造化)에서 서로를 잊는다[人相忘乎道術].

왜 인간이 날마다 싸우는지 알겠다.

부모가 어찌 내가 가난하기를 바랐겠나[父母豈欲吾貧哉].

하늘은 사사롭게 덮어 주지 않고[天無私覆]

땅은 사사롭게 실어 주지 않는다[地無私載].

그러니 천지가 어찌 사사로이 나만을 가난하게 하겠는가[天地豈私貧我哉].

못난 놈이 세상을 원망한다.

內篇 7

응제왕(應帝王)

요점　허심(虛心)하면 곧장 누구나 제왕이 된다.

입문　자연의 길을 걸어라. 그러면 누구나 제왕(帝王)이 된다.

제왕은 누구인가? 자연을 따라 자유를 누리는 자다. 무심(無心)
하고 허심(虛心)하여 무위(無爲)를 누리는가? 그렇다면 당신이 제
왕이다. 무위(無爲)는 자연의 길을 걸어가는 걸음이다. 욕(欲)하지
말라. 탐(貪)하지 말라. 그러면 저절로 발걸음이 가볍다. 자연에
맡겨 둔 채로 살라. 그러면 누구나 제왕(帝王)으로 산다.

자연의 길은 크고 인간의 길은 작다. 자연의 길은 인간에게 대
지(大知)를 터 주고 인간의 길은 인간을 소지(小知)로 묶는다. 욕
망 · 탐욕 · 명예 · 권력 · 재물 등은 사람을 묶고 구속한다. 이런 것
들을 소지(小知)라고 한다. 무위 · 무심 · 허심은 사람을 풀어 주고
자유롭게 한다. 이러한 자유를 일러 장자는 천방(天放)이라 하였
다. 하늘이 방목하는 사람이야말로 제왕(帝王)이다. 제왕이 되고 싶
은가? 이에 대한 해답이 「응제왕(應帝王)」 편의 우화에 숨어 있다.

원래 이 편에 있는 일곱 개의 우화 중에서 '혼돈(渾沌)'의 우화
는 장주(莊周)의 '호접몽(蝴蝶夢)'과 더불어 가장 널리 알려져 있
다. 사사롭게 정을 베풀지 말라. 그러면 곧 유위(有爲)라서 공연한
짓을 범해 일을 망친다. 유위(有爲)로 다스리는 것이 무위(無爲)로
다스리는 것만 못함을 체험하라는 이야기가 일곱 편에 두루 나온
다. 유위(有爲)가 질서를 찾는다면서 오히려 커다란 해만 불러와

인간을 부자유로 내몬다는 것을 우리는 알지 못한다. 이 또한 부지(不知)를 몰라서이다. 부지(不知)를 어떻게 이해하면 될까? 유위(有爲)만 알고 무위(無爲)는 모른다는 뜻으로 새기면 되리라. 그러니 부지(不知)의 어리석음을 터득한다면 누구나 자연의 길을 걸으며 만물을 하나로 보는 눈과 귀를 열 수 있으리라. 그러면 삼라만상이 대동(大同)이요 대통(大通)이요 천일(天一)이다. 이를 장자는 소유(所遊)라 한 셈이다. 노닐 곳[所遊]이 곧 대동(大同)이요 대통(大通)이요 천일(天一)이다. 노닐 곳을 한마디로 허(虛)라느니 무(無)라느니 하나[一]라 하였구나. 나아가 소유(所遊)는 시비와 차별을 떠난 것이니 온통 평등이요 자유인 노들강변임을 알겠구나! 이러한 허(虛)에 노닐면 누구나 제왕(帝王)이 된다는 것이다. 이런 우화를 들려 주는 「응제왕(應帝王)」편이 나를 참으로 민망스럽게 한다.

1. 혼돈(渾沌)의 몸에 구멍을 내지 말라

【우화(寓話)】

남해의 임금을 숙이라 하고〔南海之帝爲儵〕 북해의 임금을 홀이라 하며〔北海之帝爲忽〕 중앙의 임금을 혼돈이라고 한다〔中央之帝爲渾沌〕. 숙과 홀이〔儵與忽〕 때마침 혼돈의 땅에서 서로 만나게 되었다〔時相與遇於渾沌之地〕. 혼돈이 이들을 매우 융숭하게 대접하였다〔渾沌待之甚善〕. 숙과 홀은 혼돈의 극진한 대접에 보답하기를 꾀했다〔儵與忽謀報渾沌之德〕. 숙과 홀이 말을 나누었다〔曰〕. "사람마다 일곱 개의 구멍이 있다고들 하지〔人皆有七竅〕. 그 구멍으로 보고 듣고 먹고 쉰다지〔以視聽食息〕. 그런데 혼돈한테만 없어〔此獨無有〕. 시험삼아 구멍을 뚫어 줘 볼까〔嘗試鑿之〕." 날마다 한 구멍씩 뚫었다〔日鑿一竅〕. 이레가 지나자 혼돈은 죽고 말았다〔七日而渾沌死〕.

儵 : 검푸를 숙   忽 : 멸할 홀   渾 : 흐릴 혼   沌 : 어두울 돈   待 : 기다릴 대
謀 : 꾀할 모   報 : 갚을 보   竅 : 구멍 규   鑿 : 뚫을 착

【담소(談笑)】

혼돈(渾沌)이 칠규(七竅)로 죽었다는 이 우화는 매우 유명하다. 「응제왕(應帝王)」편에서는 맨 나중에 나오지만 여기서는 맨 앞으로 가져왔다. 이 우화는 아무리 들어도 알쏭달쏭해 감칠맛이 그치질 않는다. 긁어 덧내지 말라는 속담도 있지만 하여튼 이 우화를 체험할 때마다 유(有)와 무(無)가 따로 있지 않다는 생각을 하게 된다.

남해(南海)의 남(南)은 명(明)이요, 북해(北海)의 북(北)은 암

(暗)이다. 명은 밝음이요 밝으면 만상이 드러난다. 드러나는 것을 일러 숙(儵)이라 한다. 있으니까 드러나므로 숙(儵)은 곧 유(有)로 통한다. 암(暗)은 어둠이요 어두우면 만상이 사라져 버린다. 사라지는 것이 홀(忽)이다. 사라져 없어지므로 홀(忽)은 무(無)로 통한다. 이렇듯 남명(南明)의 제왕을 숙(儵)이라 하여 유(有)를 의인화하고, 북암(北暗)의 제왕을 홀(忽)이라 하여 무(無)를 의인화한 장자의 말씀씨가 우리를 황홀하게 한다.

중앙의 제왕을 혼돈이라 한 것은 더욱 놀라운 말씀씨다. 천지 창조 이전을 상상해 보라. 장자의 혼돈(渾沌)은 곧 노자의 혼돈(混沌)과도 같으리라. 만상이 존재하기 이전의 모습, 그런 모습을 표현할 길이 없어 노자는 현현(玄玄)이라 하였고 무유(無有)라고 하였다.

장자는 왜 혼돈(渾沌)을 중앙의 왕이라 했을까? 노자의 유생어무(有生於無)를 혼돈으로 묘사하려는 것일까? 모를 일이다. 하지만 무유(無有)를 무(無)와 유(有)로 따로 볼 것이 아니라 유(有)가 무(無)하다는 뜻으로 이해하면 있는 것〔有〕이 없다는 것〔無〕으로 새길 수 있다. 그러면 무유(無有)란 있는 것이 드러나기 직전의 모습임을 짐작할 수 있다. 그 모습을 일러 혼돈(渾沌)이라고 한 장자의 말씀씨가 황홀하다.

무유(無有)는 노자의 일(一)로도 볼 수 있고 그냥 허(虛)라는 말로 들어도 괜찮다. 일생이(一生二)를 떠올려 보라. 일(一)을 중앙(中央)으로 보고 이(二)를 남해의 숙(儵)과 북해의 홀(忽)이라고 상상해 보라. 그리고 둘이 하나를 찾아가 대접 받은 다음에 공연한 짓을 벌여 혼돈(渾沌)을 죽게 했다고 상상해 보라. 그대로 두면 될 것을 구멍을 뚫어 혼돈을 죽게 한 짓도 인위(人爲)요, 무(無)인 홀(忽)과 유(有)인 숙(儵)을 둘로 나누어 보려는 짓 역시 인위(人爲)라고 새겨도 되리라.

혼돈(渾沌). 혼(渾)은 흐려서 잘 보이지 않는 모습이다. 돈(沌)은 만물의 모습을 갖추기 전의 모습이다. 그러니 혼돈은 천지가 열리기 전의 모습이다. 이 혼돈에는 만물이 아직 없다. 만물이 없으니 사람이 있을 리 없다. 사람이 없으니 인위(人爲)가 있을 리 없다. 인위가 없으니 차별이 있을 리 없다. 그러면 절로 무위(無爲)가 된다.

그러므로 혼돈을 무위, 즉 자연으로 생각해도 되리라. 공연히 구멍을 내 자연을 죽게 하는 인위(人爲)를 두려워했던 장자가 새삼 놀랍고 놀랍다. 이 우화 덕분에 인위(人爲)의 속성(屬性)을 짚어 낼 수 있을 것 같다. 인위는 유(有)와 무(無)를 별개로 보고 무위는 유와 무를 하나로 본다.

2. 천근(天根)이 무명인(無名人)을 만났다

【우화(寓話)】

천근이 은양에서 노닐다가[天根遊於殷陽] 요수 강가에 이르러[至蓼水之上] 무명인을 우연히 만나자 말을 걸어 물었다[適遭無名人而問焉曰]. "천하를 다스리는 방법을 묻고 싶습니다[請問爲天下]." 무명인이 말했다[無名人曰]. "물러가라[去]. 너는 비천한 인간이야[汝鄙人也]. 얼마나 불쾌한 질문이냐[何問之不豫也]. 나는 지금 조물주와 더불어 벗이 되려 한다[予方將與造物者爲人]. 그러나 싫증나면 저 아득히 멀리 나는 새를 타고[厭而乘莽眇之鳥] 이 세상 밖으로 나가[以出六極之外] 아무것도 없는 곳에서 노닐며[而遊無何有之鄕] 끝없이 넓고 편안한 들에서 살려고 한다[以處壙埌之野]. 그런데 너는 또 무슨 법으로 천하를 다스리려는 문제를 갖고 내 마음을 움직이려 하는가[汝又何帛以治天下感予之心爲]."

그러나 천근이 다시 또 묻자〔又復問〕 무명인은 대답하였다〔無名人曰〕. "네가 담담한 경지에서 마음을 노닐게 하고〔汝遊心於淡〕 기를 드넓은 세계와 맞추며〔合氣於漠〕, 모든 일을 자연에 따르게 하면서〔順物自然〕 사사로움을 품지 않는다면〔無容私焉〕 천하는 절로 다스려진다〔而天下治矣〕."

適:우연할 적 遭:만날 조 鄙:천할 비 豫:즐길 예 厭:싫증날 염
莽:멀 망 眇:멀 묘 壙:넓을 광 埌:끝없이 넓을 낭 帠:법 예
感:움직일 감 淡:담박할 담 漠:마음 편할 막 容:품을 용
天根(천근):원래 별 이름이지만 여기에서는 우화의 인물
無名人(무명인):우화 속의 인물 殷陽(은양):지영地名)
蓼水(요수):강 이름

【담소(談笑)】

천근(天根)과 무명인(無名人)은 장자가 등장시킨 우화 속의 인물이다. 무명인은 곧 무위의 삶을 상징하는 인물이다. 이 무명인이 곧 「응제왕(膺帝王)」편의 주제를 체험하게 해준다. 무명인처럼 자연에 순종하면서 걸림 없이 사는 사람은 누구나 제왕이 된다는 것이다. 자유인보다 더 강한 제왕은 없다.

욕심이 나를 노예로 만들고 지위가 나를 종으로 만들고 명예가 나를 비굴하게 한다. 이런 사실을 스스로도 모른 척하려 한다. 그래서 세상이 항상 너절하고 천해 못난 모습이다. 비인(鄙人)이 되지 말라. 무슨 일이 있어도 천한 인간은 되지 말라. 이것이 곧 이 우화의 명령인 셈이다. 천한 놈이 되지 않으려면 어이하란 말인가? 그 해답은 순물자연(順物自然)에 있다. 이는 곧 사사로움 없이 살라 함이다.

3. 태씨(泰氏)는 자기를 소나 말이라고 한다

【우화(寓話)】

설결이 왕예에게 물었다〔齧缺問於王倪〕. 네 번이나 물었지만 네 번 다 부지라고 하였다〔四問而四不知〕. 설결은 모르는 것이 정말로 아는 것임을 깨닫고 뛸 듯이 기뻐〔齧缺因躍而大喜〕 포의자에게 달려가 알렸다〔行而告蒲衣子〕. 포의자가 말했다〔蒲衣子曰〕. "이제야 그것을 알았단 말인가〔而乃今知之乎〕. 성군이라는 유우씨도 태씨에게는 미치지 못하지〔有虞氏不及泰氏〕. 유우씨는 여전히 인을 간직한 채 사람을 모아〔有虞氏猶藏仁以要人〕 자기 편에 두려고 하지〔亦得人矣〕. 그래서 여지껏 사람을 헐뜯는 짓에서 벗어나지 못했어〔而未始出於非人〕. 태씨는 자면 참으로 편히 자고〔泰氏其臥徐徐〕 깨어나면 어수룩하지〔其覺于于〕. 스스로 자기를 말이라 하기도 하고〔一以己爲馬〕 스스로 자기를 소라고 하기도 하지〔一以己爲牛〕. 태씨의 지혜는 확실히 미덥고〔其知情信〕 그 덕은 참으로 진지하지〔其德甚眞〕. 그래서 태씨는 사람을 헐뜯는 일에 빠져 든 적이 없지〔而未始有入於非人〕."

躍:뛸 약　喜:기쁠 희　藏:감출 장　要:모을 요　得:얻을 득
臥:누울 와　徐:평온할 서　于:갈 우　一:만일 일　甚:매우 심
齧缺(설결):왕예(王倪)의 제자. 우화 속의 인물
蒲衣子(포의자):왕예의 선생. 우화 속의 인물
有虞氏(유우씨):순(舜)임금의 별칭
泰氏(태씨):순임금보다 훨씬 이전의 제왕

【담소(談笑)】

　유가(儒家)에서 말하는 왕도(王道)란 장자의 입장에서 보면 별게 아니다. 왜냐하면 사람 되는 방법이라는 인의예악(仁義禮樂)을 바탕으로 삼는 왕도(王道)가 실제로는 비인(非人)의 원인들을 제공하기 때문이다. 내 뜻만 옳다 하고 남의 뜻은 거두려는 짓이 곧 비인(非人)이다. 자기를 앞세우고 남을 제치려는 짓도 비인(非人)이다. 어디 유가(儒家)만의 탓이겠는가. 인간이 저마다 비인(非人)의 습성에 빠져 있는 탓 아닌가.

　왕예가 설결에게 말해 준 부지(不知)를 어떻게 이해하면 될까? 인(仁)을 모른다는 뜻으로 체험하면 되리라. 나아가 도술(道術)에 따라 산다는 말로 들어도 될 것이다. 도(道)는 자연이요 술(術)은 작용이다. 그 작용을 변화로 생각해도 될 것이고 자유와 평등으로 새겨들어도 될 것이다. 변화를 따르는 것을 일러 순(順)이라 한다. 태씨는 철저하게 자연에 자기를 맡기고 산다. 태씨는 순물자연(順物自然)의 화신인 셈이다. 태(泰)는 태(太)요 태(太)는 대(大)이며 대(大)는 자연의 모습이 아닌가. 그러니 이 우화 속의 태씨는 자연의 의인화인 셈이다.

　태씨야말로 변화에 따라 무엇이든 된다〔化爲物〕는 인물이다. 그래서 자기를 말이라 하든 소라 하든 개의치 않는다. 이런들 어떠하며 저런들 어떠하리. 그저 그냥 변화에 노니는 태씨가 어찌 인(仁)을 앞세워 사람들을 끌어 모아 편을 갈라 싸움질하는 비인(非人)의 짓을 범하겠는가. 그러니 부지(不知)란 인위(人爲)를 모른다는 뜻이리라. 도는 만물을 하나로 본다는 틀림없는 사실〔情信〕을 태씨는 알고 순(舜)은 모른다. 당신은 누구를 인생의 제왕으로 삼겠는가? 이렇게 이 우화는 묻고 있다.

4. 호자(壺子)가 무당 계함(季咸)을 혼내 준다

【우화(寓話)】

정(鄭)나라에 계함이라는 신들린 무당이 있었다〔鄭有神巫曰季咸〕. 그 무당은 사람이 죽을지 살지, 흥할지 망할지, 행복할지 불행할지, 그리고 장수할지 요절할지를 알아서〔知人之死生存亡禍福壽夭〕 연월일까지 귀신처럼 맞췄다〔期以歲月旬日數若神〕. 그래서 정나라 사람들은 그를 보면〔鄭人見之〕 모두 꺼리며 줄행랑을 쳤다〔皆棄而走〕. 열자가 그를 보고 홀딱 빠져〔列子見之而心醉〕 돌아와 호자께 아뢰었다〔歸以告壺子曰〕. "처음에 저는 선생님의 도가 최고라고 여겼습니다만〔始吾以夫子之道爲至矣〕, 선생님보다 뛰어난 자가 또 있었습니다〔則又有至焉者矣〕." 호자가 말했다〔壺子曰〕. "내 너에게 도의 겉은 충분히 말해 주었지만〔吾與汝旣其文〕 아직 도의 내용은 충분히 말해 주지 않았다〔未旣其實〕. 그런데도 도를 깨쳤다고 할 테냐〔而固得道與〕. …… 시험삼아 그를 오게 해〔嘗試與來〕 나를 그에게 보여 보게나〔以予示之〕."

다음 날 열자는 계함과 함께 호자를 만났다〔明日列子與之見壺子〕. (계함이) 호자를 만나고 나와 열자에게 말했다〔出而謂列子曰〕. "아아〔嘻〕 당신의 선생은 죽을 것이오〔子之先生死矣〕. 결코 살 수 없어요〔弗活矣〕. 열흘을 넘기기 어려워요〔不以旬數矣〕. 나는 괴상한 상을 보았어요〔吾見怪矣〕." 호자가 말했다〔壺子曰〕. "잠시 전에 나는 그에게 대지의 모습을 보여 주었다네〔鄕吾示之以地文〕……."

다시 다음 날 계함과 함께 호자를 만났다(明日又與之見壺子). (계함이) 만나고 나와 열자에게 말했다〔出而謂列子曰〕. "다행이네요〔幸矣〕. 당신의 선생은〔子之先生〕 나를 만나 병이 나았습니다〔遭我也瘳矣〕. 아주 생기가 돌더군요〔全然有生矣〕. 나는 마들가리

〔杜〕에서 돋는 싹〔權〕을 보았어요〔吾見其杜權矣〕.” 호자가 말했다〔壺子曰〕. “좀 전에 나는 그에게 하늘과 땅의 모습을 보여 주었다네〔鄕吾示之天壤〕.”

다음 날도 계함과 함께 호자를 만났다〔明日又與之見壺子〕. (계함이) 나와서 열자에게 말했다〔出而謂列子曰〕. “당신 선생의 관상은 일정하지가 않아요〔子之先生不齊〕. 상을 더는 볼 수 없어요〔吾無得而相焉〕. 일정해지면 한번 더 봅시다〔且復相之〕.” 호자가 말했다〔壺子曰〕. “나는 아까 그에게 차별이 없는 허(虛)를 보여 주었지〔吾鄕示之以太沖莫勝〕. 이것이 내 기운을 고르게 해줄 조짐을 보였을 거야〔是殆見吾衡氣機也〕.”

다시 또 다음 날 계함과 함께 호자를 만났다〔明日又與之見壺子〕. 계함은 곧게 서지도 못한 채〔立未定〕 얼이 빠져 줄행랑을 쳤다〔自失而走〕. 호자가 말했다〔壺子曰〕. “저 놈을 잡아라〔追之〕.” 그래서 열자가 쫓아갔지만〔列子追之〕 따라잡지 못해〔不及〕 돌아와 선생께 아뢰었다〔反以報壺子曰〕. “사라져 버려〔已滅矣〕 놓치고 말았습니다〔已失矣〕. 도저히 제가 따라잡을 수 없었습니다〔吾弗及已〕.” 호자가 말했다〔壺子曰〕. “나는 아까 그 자에게 내 본래의 으뜸을 보여 주었지〔鄕吾示之以未始吾宗〕. 내 본래의 으뜸과 더불어 나를 비우고 자득(自得)하여 흔들림이 없었지〔吾與之虛而委蛇〕. 그래서 내가 무엇인지를 알 수 없었던 거야〔不知其誰何〕.”

그 뒤로 열자는 자신의 배움이 아직 멀었음을 알고 돌아와〔然後列子自以爲未始學而歸〕, 삼 년을 집 안에 틀어박혀〔三年不出〕 아내를 대신해 밥을 짓고〔爲其妻爨〕, 사람을 먹여 기르듯이 돼지를 기르고〔食豕食人〕, 세상일의 좋아함이나 싫어함 따위를 없애고〔於事無與親〕, 꾸미는 짓을 버리고 소박함으로 돌아가〔彫琢復朴〕 무심히 홀로 있으면서〔塊然獨以其形立〕, 별별 일이 일어나도 전혀 개의치 않았다〔紛而封哉〕. 이렇게 한결같이 일생을 마쳤다

〔一以是終〕.

　명예의 주인이 되지 말라〔無爲名尸〕. 모략의 곳집이 되지 말라〔無爲謀府〕. 일을 떠맡지 말라〔無爲事任〕. 지식의 주인이 되지 말라〔無爲知主〕. 자연의 도는 다함이 없으니〔體盡無窮〕 무위의 경지에 노닐면서〔而遊無朕〕, 자연에게서 받은 바를 온전히 하되〔盡其所受乎天〕 얻은 것이 있다고 하지 말라〔而無見得〕. 역시 텅 빈 것일 뿐이다〔亦虛而已〕. 지인의 마음 쓰기는 거울 같아〔至人之用心若鏡〕 보내지도 않고 맞지도 않는다〔不將不迎〕. 응하되 감추지 않으니〔應而不藏〕 사물에 대응하면서도 상하지 않게 한다〔故能勝物而不傷〕.

巫:무당 무	壽:장수할 수	夭:요절할 요	期:예측할 기	棄:꺼릴 기
走:달아날 주	醉:취할 취	歸:돌아갈 귀	至:이를 지	文:무늬 문
旣:이미 기. 다할 기	實:내용 실	與:더불어 여. 그러할까 여		
嘻:소리낼 희	子:당신 자. 존칭	活:살 활	數:셈할 수	怪:기이할 괴
鄕:마을 향. 접때 향(嚮)과 통용	幸:다행 행	遭:만날 조		
瘳:병이 나을 추	壤:흙 양	齊:한결같은 제	太:클 태	沖:빌 충
勝:이길 승	殆:가까울 태	衡:저울대 형	機:틀(조짐) 기	立:설 립
追:쫓을 추	及:미칠 급	報:알릴 보	滅:없어질 멸	失:잃을 실
宗:마루 종	委:맡길 위	蛇:든든할 이	誰:누구 수	妻:아내 처
爨:밥지을 찬	食:먹여 기를 사	豕:돼지 시	彫:깎아 다듬을 조	
琢:쪼아 다듬을 탁	朴:꾸밈없는 박	粉:가루 분	封:봉할 봉	
終:끝날 종	尸:주관할 시	謀:꾀할 모	府:곳집 부	任:맡길 임
盡:다할 진	窮:다할 궁	遊:놀 유	朕:조짐 짐	受:받을 수
鏡:거울 경	將:보낼 장	迎:맞이할 영	應:응할 응	藏:감출 장
勝:대응할 승	傷:상처 상			
季咸(계함):제(齊)나라에서 정(鄭)나라로 왔다는 무녀(巫女)로 성은 계(季) 이름은 함(咸)				

壺子(호자) : 정나라 사람으로 이름은 임(林)이며 열자(列子)의 스승이라 함
杜權(두권) : 두(杜)를 돌(柮)의 차자(借字)로 보자는 설과 권(權)을 맹(萌)으
　　　　　　로 보는 설을 따라 마들가리[枿] 즉 나무토막에 돋는 싹으로 봄
塊然(괴연) : 무심한 모습
委蛇(위이) : 든든한 모습(자득한 모습)

【담소(談笑)】

걸신이 들면 앞뒤를 못 가리는 법이다. 우화에서 용한 무당에
게 홀린 열자(列子)는 마치 철부지 같이 행동한다. 감히 선생 면
전에 선생보다 뛰어난 자[至焉者]가 있다고 고하는 모습이 오만
불손하기까지 하다. 지언자(至焉者)의 언(焉)은 시(是)와 통한다.
그러니 여기서 시(是)는 바로 열자가 선생으로 모시는 호자(壺
子)를 칭한다. 열자에게 아직 설익은 데가 있음을 꼬집으면서 이
우화는 시작된다.

신무(神巫)에게 열자가 홀렸다. 분명 열자는 길흉(吉凶)을 가
려서 행복[吉]은 좋아하고 불행[凶]은 싫어한 것이다. 본래 시비
(是非) · 분별(分別) · 귀천(貴賤)이란 인간의 호오(好惡)에서 비
롯되는 것이다. 길(吉)은 좋고[好] 흉(凶)은 싫다[惡]고 하니 세
상이 분분(紛紛)한 것 아닌가. 무격(巫覡)은 시끄러운 세상을 이
용하여 한몫 보려는 무리에 불과하다. 이런 무리에게 정신이 팔
린 열자(列子)를 흉보지 마라. 우리 모두 점치고 굿해서 길(吉)을
더하고 흉(凶)을 면해 보려는 속셈을 다 숨기고 살고 있으니 말
이다.

호자(壺子)를 처음 만난 계함은 호자가 짓는 지문(地文)에 죽
을상이 되어 점을 친 후 열자에게 선생이 곧 죽을 거라고 말했다.
계함의 말만 믿고 호자 앞에 엎드려 곡하는 열자를 상상해 보라.

그 모습이 꼭 철부지 같다. 지문(地文)은 땅의 모습이다. 문(文)은 문(紋)이므로 드러나는 모습이다. 호자가 짓는 땅의 모습[地文]을 계함은 기이하다[怪] 여기고 그 기이함을 오래 살지 못할 조짐이라 점쳤다. 점쟁이의 풀이를 믿고 선생 앞에 엎드려 곡하는 열자를 어이할까. 어찌 열자만 그러할 것인가. 인간은 저마다 제 속셈으로 울고불고 한다.

두 번째로 계함이 호자를 만났다. 이번에 호자는 계함에게 천양(天壤)의 모습을 지어 보였다. 천양(天壤)은 천지(天地)를 말한다. 계함은 천지의 모습을 유생(有生)으로 점친 후 자기 덕에 호자가 목숨을 건졌다고 큰소리를 친다. 어제 선생의 죽음을 곡했으니 이제 열자는 선생의 소생을 기뻐해야 하리라. 이런 희비의 장난을 인위(人爲)라 하리라. 이처럼 분별해 울고 웃는 인간이 얼마나 변덕스러운가. 그래서 인위(人爲)는 항상 혼란스럽다.

세 번째 만났을 때 호자는 계함에게 태충(太沖)의 상을 지어 보였다. 그랬더니 계함은 어리둥절해지고 말았다. 그리고 열자에게 호자의 관상이 한결같지 않다[不齊]며 투덜댄다. 태충(太沖)은 허(虛)요 무(無)이다. 허무(虛無)는 도의 모습이요 유무(有無)를 하나[一]로 보는 혼돈(渾沌)이 아닌가. 이런 태충(太沖) 앞에서 계함은 점을 치지 못한다. 못난 목수가 연장을 탓하듯이 호자의 모습[相]이 한결같지 않다고 투덜대는 계함의 점술은 소지(小知)일 뿐이다.

계함이여! 호자의 상이 보여 준 혼돈(渾沌)을 부제(不齊)라고 투덜대지 말라. 삼라만상이 모조리 다 생사(生死)의 수레바퀴를 굴리는데 어찌 알량한 점치기로 만상이 한결같기를 바라는가. 그러니 우리도 호자가 열자에게 태충(太沖)을 오형기기(吾衡氣機)라고 말하는 대목을 흘려듣지 말아야 한다.

호자가 지은 땅의 모습[地文]을 죽음으로 점치고 호자가 지은 천지의 모습[天壤]을 소생으로 점치다가, 호자가 관상으로 도의 모습[太沖]을 떠올리자 얼이 빠져 버린 계함에게 더는 놀아나지 말라. 그래서 호자가 오형기기(吾衡氣機)라고 덧붙인 게 아닌가 싶다. 형(衡)은 평(平)이다. 형기(衡氣)는 음양(陰陽)의 두 기[二氣]가 균형을 이룬 기운(氣運)이다.

이 우화에서 호자가 태충(太沖)을 형기기(衡氣機)라고 하는 것을 어떻게 이해해야 할까? 첫날 계함이 죽음[弗活]으로 관상했던 호자의 지문(地文)과, 둘째 날 계함이 소생[有生]으로 관상했던 호자의 천양(天壤)을 혼융(渾融)하고 있는 조짐[機]이, 곧 셋째 날 호자가 계함에게 보여 준 태충(太沖)이라고 보아도 되리라. 그리고 형기(衡氣)가 곧 태충(太沖)의 모습이라고 짐작해도 되리라.

호자의 지문(地文)과 천양(天壤)이 균형을 잡고 있으면 곧 생사(生死) 아닌가. 생사(生死)는 목숨이요 목숨은 두 기운의 조화(造化)가 아닌가. 그러니 오형기기(吾衡氣機)를 내[吾] 목숨[衡氣]의 조짐[機]이라고 생각할 수 있다. 계함은 목숨의 조짐을 대하고 한결같지 않다[不齊]며 얼이 빠지고 말았으니 어찌 소지(小知)가 대지(大知)를 알 것인가.

넷째 날 계함은 호자를 보자마자 혼비백산하여 도망치고 말았다. 호자가 계함에게 대도(大道)를 보여 주었기 때문이다. 호자가 열자에게 말해 준 나의 으뜸[吾宗]이란 곧 열자가 말했던 부자지도(夫子之道)의 실(實)을 말한다. 부자(夫子)는 선생을 일컫는 호칭이다. 계함은 점치기를 즐기고 호자는 무위(無爲)를 즐긴다. 열자여! 계함을 따르겠는가 아니면 호자를 따르겠는가? 이렇게 우화가 묻고 있다.

왜 계함은 자실(自失)하고 호자는 위이(委蛇)하는가? 계함은 인위(人爲)의 소지(小知)를 따르고 호자는 무위(無爲)의 대지[大

知)를 따르기 때문이다. 자실(自失)은 심신(心身)을 잃어버리는 것이다. 위이(委蛇)는 허심(虛心)하고 무신(無身)하여 무엇 하나 두려울 게 없어 편하고 든든한 모습이다. 장자가 말하는 위이(委蛇)는 불가의 자득(自得)과 통하는 셈이다. 열자여! 계함처럼 자실(自失)하겠는가 아니면 호자처럼 위이(委蛇)하겠는가? 이렇게 우화가 다그친다.

미처 선생인 호자의 도를 몰랐던 열자는 부끄러웠다. 이렇게 부끄러운 줄 알면 뉘우칠 수 있다. 부끄러움을 모르기에 뉘우치지 못해 소인이 되고 마는 법이다. 뉘우치면 소인은 대인으로 변해 간다. 열자는 계함과 놀아났던 일을 뉘우치고, 3년을 집 안에 틀어박혀 아내의 일을 대신해 밥을 짓고 돼지를 사람처럼 대하면서 귀천(貴賤)을 떠났고, 분별과 차별을 떠나 대지(大知)를 터득하게 되었다.

열자는 자연과 하나 된 것〔同於大通〕이다. 드디어 열자는 노자(老子)의 말대로 용내공(容乃公)의 왕(王)이 될 터를 잡은 셈이다. 속에 품은 것〔容〕이 곧 사사로움이 없는 것〔公〕이라면 왕(王)이 된다. 왕(王)이란 왕(往)이 아닌가. 왕(往)은 곧 왕래(往來)요, 왕래(往來)란 가고 옴에 걸림이 없으니 불가의 무애(無碍)와 통한다.

이제 열자도 태씨(泰氏)처럼 자신이 말〔馬〕이 되든 소〔牛〕가 되든 아랑곳없이 한결같은 대인이 된 셈이다. 우화(寓話)의 말미에 남긴 열자의 감동적인 독백(獨白)을 보라. 이것이 호자(壺子)의 독백인가? 열자(列子)의 독백인가? 아니면 장자(莊子)의 독백인가? 누구의 독백인들 어떠랴. 본래 독백은 마음에 울리도록 침묵(沈默)으로 들으면 된다. 열자의 독백을 침묵하고 들어 보라. 그러면 마치 에밀레종의 소리처럼 긴긴 여운이 남으리라.

명예의 주인이 되지 말라〔無爲名尸〕. 모략의 곳집이 되지 말라

〔無爲謀府〕. 일을 떠맡지 말라〔無爲事任〕. 지식의 주인이 되지 말라〔無爲知主〕. 자연의 도는 다함이 없으니〔體盡無窮〕, 무위의 경지에 노닐면서〔而遊無朕〕 자연에게서 받은 바를 온전히 하되〔盡其所受乎天〕, 얻은 것이 있다고 하지 말라〔而無見得〕. 역시 텅 빈 것일 뿐이다〔亦虛而已〕. 지인의 마음 쓰기는 거울과 같아〔至人之用心若鏡〕 보내지도 않고 맞지도 않는다〔不將不迎〕. 응하되 감추지 않으니〔應而不藏〕 사물에 대응하면서도 상하지 않게 한다〔故能勝物而不傷〕.

제왕(帝王) 같은 대인이 되고 싶다면 위와 같이 울리는 독백의 여운을 항상 간직해야 하리라. 명성을 얻고 싶어 안달인가? 그렇다면 명성의 졸개일 뿐이다. 모략을 일삼기에 여념이 없는가? 그렇다면 간신(奸臣)에 불과하다. 이런 일 저런 일을 도맡아 하겠다고 자청하는가? 그렇다면 일에 짓눌려 머슴이 되고 만다. 아는 것이 힘이라고 자만하는가? 그렇다면 제 손의 도끼로 제 발등을 찍을 것이다.

그러나 자연의 도(道)를 따르면 어떠한 경우라도 궁할 리 없다. 어떻게 해야 도를 따를 수 있을까? 동어대통(同於大通)이 바로 그 길이리라. 동어대통이 곧 체진무궁(體盡無窮)이다. 여기서 체진(體盡)은 도가 하는 일〔道之動〕이니 곧 삼라만상을 한결같이 하나 되게 하는 일〔爲一〕이다. 위일(爲一)을 따르는 것이 곧 동어대통(同於大通)의 동(同)이 아닌가! 동(同)하면 누구나 제왕(帝王)인 지인(至人)이 된다는 것이다.

지인(至人)은 덕(德)이 지극한 분이다. 덕이란 무엇인가? 자연의 도를 따르는 것이니 대통(大通)의 모습이 곧 덕이다. 항상 자연은 은혜를 베풀면서도 어진 척하지 않고 만물을 덮어 주고 실어 주면서도 자랑하지 않는다. 자연을 따라 사는데 무슨 사사로움이 있을 것인가. 그래서 지인의 마음 쓰기〔用心〕는 거울 같다.

오면 맞이하고 가면 보낼 뿐이다. 거울 같은 지인이 왜 마음을 사사롭게 하여 아파하고 몸을 상하게 하겠는가? 그렇게 할 리 없다. 지인(至人)은 제왕(帝王)이다. 편애하는 제왕이란 없다. 그래서 노자는 용내공(容乃公) 공내왕(公乃王)이라 찬탄(讚嘆)했나 보다.

새는 높이 날아올라〔且鳥高飛〕화살의 해를 피하고〔以避矰弋之害〕
생쥐도 제단 아래에 깊은 굴을 파서〔鼷鼠深穴乎神丘之下〕
연기나 파헤쳐져 입게 될 우환을 피한다〔以避熏鑿之患〕.
지렁이도 밟히면 꿈틀거린다.

호랑이나 표범의 무늬는 산천을 사냥터로 만들고〔虎豹之文來田〕,
너구리를 잡는 개는 제 목을 맬 밧줄을 불러온다〔執斄之狗來藉〕
제 자랑을 하면 푼수밖에 될 것이 없다.

암컷이 많다 해도 수컷이 없으면〔衆雌而無雄〕
어찌 알이 생길 것이냐〔而又奚卵焉〕.
독불장군은 남는 게 없다.

꾸미고 깎아 닦는 짓을 버리고 소박함으로 되돌아간다〔彫琢復朴〕.
젊어 높인 코가 늙으면 주저앉아 보기 흉하다.

外篇 1

변무(騈拇)

요지 학의 다리가 길다고 자르면 학이 아파한다.

입문 군더더기요, 있어도 소용 없고 지나쳐 성가신 것이 변무(騈拇)이다.
「변무(騈拇)」편부터는 외편(外篇)이라 한다. 외편은 유가(儒家)에 대한 격렬한 비판으로 시작한다. 내편(內篇)이 인간의 시비를 떠나 무위자연(無爲自然)과 하나 되기[爲一]로 일관했다면, 외편에서는 유가(儒家)의 도덕(道德)에 대한 매서운 질타가 계속된다. 외편의 앞머리로, 인의예지(仁義禮智)의 도덕이란 군더더기에 불과하다고 이야기하는 「변무(騈拇)」가 그 예다. 「변무(騈拇)」편을 시작으로 「마제(馬蹄)」, 「거협(胠篋)」, 「재유(在宥)」편의 우화들은 마치 『노자(老子)』의 18장과 19장을 연상하게 할 만큼 유가(儒家)와 공맹(孔孟)의 도덕(道德)을 질타한다.

『노자』 18장은 이러하다. "대도(大道)가 버려져서 인의(仁義)라는 것이 생겼고[大道廢 有仁義], 지혜(智慧)가 나타나자 대위(大僞)라는 것이 생겼으며[智慧出 有大僞], 육친(六親)이 서로 어울리지 못하자 효자(孝慈)라는 것이 생겼고[六親不和 有孝慈], 국가(國家)가 혼란(昏亂)해지자 충신(忠臣)이라는 것이 생겼다[國家昏亂 有忠臣]."

그리고 『노자』 19장은 이러하다. "인위의 성(聖)을 끊고 인위의 지(智)를 버린다면[絶聖棄智] 백성의 이로움이 백 배로 불어날 것이고[民利百倍], 인위의 인(仁)을 끊고 인위의 의(義)를 버리면[絶

仁棄義〕 백성은 무위의 효자(孝慈)를 다시 행할 것이며〔民復孝慈〕, 인위의 교 (巧)를 끊고 인위의 이(利)를 버리면〔絶巧棄利〕 도적이 없을 것이다〔盜賊無 有〕. 이들 세 가지를 가지고 삶의 문화를 삼으니 부족하다〔此三者 以爲文而不 足〕. 그러므로〔故〕 저마다 무리들로 하여금〔令有所屬〕 수수함을 알고 자연을 따르게 하여〔見素抱樸〕 사사로움을 줄여 욕심을 줄인다〔少私寡欲〕.″

변무(騈拇)란 엄지발가락과 둘째발가락이 달라붙어 발가락이 네 개가 되어 버린 불구의 발을 말한다. 군더더기가 변무(騈拇)요, 있어도 소용 없는 것이 변무(騈拇)요, 지나쳐 성가신 것이 또한 변무(騈拇)이다. 없어도 되는데 공연 히 생겨나서 괴롭히는 것들 모두가 변무(騈拇)인 셈이다. 무위자연(無爲自然) 의 도덕(道德)이면 족하다, 인의예지(仁義禮智)의 도덕(道德)은 군더더기 같아 없어도 된다고 「변무(騈拇)」의 우화들이 소리친다. 아마도 노장(老莊)의 도 (道)가 공맹(孔孟)의 도(道)에 밀려나고 있었던 것은 아니었는지. 우화들이 격 렬하리만큼 사납고 거칠게 공맹의 도를 질타하고 있기 때문이다.

자연(自然)의 도(道)를 걷자는 노장(老莊)보다 인간(人間)의 도(道)를 걷자 는 공맹이 더 솔깃하게 여겨질지도 모른다. 학문(學文)을 닦아 수기치인(修己 治人)하라는 공맹의 도(道)가 청운의 꿈을 향해 가는 출세의 길로도 통하기 때 문이다. 나를 닦아〔修己〕 사람들을 다스려라〔治人〕. 이는 곧 지배자가 되라 함 이다. 사람은 저마다 종보다 주인이 되길 바란다. 어리석은 사람이기보다 지 혜로운 사람이 되기를 바라는 사람의 욕심을 공맹은 허락하고 노장은 철저하 게 질타한다. 그러니 사람들에게 공맹은 꿀맛 같고 노장은 소태 같이 느껴지 는 것이다. 그러나 단것이 독이 되고 쓴것이 약이 되는 줄을 알라고 노장은 당 부한다.

1. 손발가락이 넷이든 여섯이든 상관없다

【우화(寓話)】

가장 바른길을 가는 사람은〔彼至正者〕 태어난 그대로의 참모습을 잃지 않는다〔不失其性命之情〕. 그래서 발가락이 붙어 나란히 되어도 병신이라 여기지 않고〔故合者不爲騈〕, 손가락이 하나 더 붙은 육손이라도 병신이라 여기지 않는다〔而枝者不爲跂〕. 길어도 여분으로 여기지 않으며〔長者不爲有餘〕 짧아도 부족하다 여기지 않는다〔短者不爲不足〕. 그러므로 물오리는 비록 다리가 짧지만〔是故鳧脛雖短〕 그것을 늘리면 괴로워하고〔續之則憂〕, 학의 다리는 길어도〔鶴脛雖長〕 그것을 잘라 버리면 슬퍼한다〔斷之則悲〕. 그러므로 본래부터 긴 것을 잘라서는 안 되며〔故性長非所斷〕, 본래부터 짧은 것을 늘려서는 안 된다〔性斷非所續〕. 그러니 걱정할 것 없다〔無所去憂也〕. 생각하건대 인의란 것은 사람의 참모습〔本性〕이 아니다〔意仁義非人情乎〕. 저 인(仁)을 갖추었다는 인간들에게 괴로움이 얼마나 많은가〔彼仁人何其多憂也〕.

性:목숨 성 命:목숨 명 情:본성(참모습) 정 騈:나란히 할 변
枝:육손이 기 跂:발가락이 많을 기. 여기서는 손가락을 말함
餘:남을 여 短:짧을 단 鳧:오리 부 脛:정강이 경 雖:비록 수
續:이을 속 憂:근심 우 鶴:두루미 학 斷:자를 단

【담소(談笑)】

태어난 그대로에 만족하라. 이를 성명(性命)이라 한다. 그러므로 나라는 본성은 그저 그냥 자연이다. 또한 그런 이유로 나라는 참모습은 자유(自由)요 무위(無爲)요 허(虛)요 대(大)요 하나〔一〕

이다. 스스로 내가 있음이 하나라 함은, 곧 모두가 있음도 따라서 하나이니 내 목숨의 참[情]과 지렁이 목숨의 참이 평등하다는 뜻이다. 그런 자유를 누리는 것을 소유(所遊)라 한다. 인의(仁義)라는 것이 만들어져 그런 소유를 앗아갔단 말인가.

자연(自然)이 본성(本性)이지 인의(仁義)가 본성이 아니란 뜻이다. 이는 인의가 곧 인위(人爲)란 말이다. 태어난 그대로에 만족하지 못한다면 사서 고생하는 꼴이다. 이런 고생이 곧 인위 아니겠는가. 인위는 늘 부족(不足)해한다. 그래서 욕(欲)이 생긴다. 욕은 부자연(不自然)이요 부자유(不自由)요 구속이다. 왜 군더더기의 밧줄로 스스로를 묶으려고 하는가? 위의 우화는 유가가 만들어 낸 인의를 그런 밧줄로 여긴다.

이렇게 하면 되고 저렇게 하면 안 된다고 하지 말라. 짧다면 짧은 대로 둘 일이요 길다면 긴 대로 둘 일이다. 그러나 사람은 길면 줄이려 하고 짧으면 늘리려고 수작을 부린다. 그런 수작을 변무(駢拇)에 비유하고 있는 셈이다. 군살과 군더더기이기 때문에 없어도 되는 것이 변무라 하겠다. 깎지도 말고 더하지도 말고 그대로 두고 살라. 인간이여! 스스로 꾸미는 짓을 버려라. 그리고 성명(性命)에 따라 살라. 그러나 인간들은 저마다 성형(成形)하자고 아우성이다.

2. 순(舜)임금의 인의 탓에 세상이 어지럽다

【우화(寓話)】

작은 어리석음은 방향을 바꾸지만[夫小惑易方] 큰 어리석음은 본성을 바꿔 놓는다[大惑易性]. 그런 줄 어떻게 알겠는가[何以知其然邪]. 우씨가 인의를 내걸고 세상을 어지럽힌 뒤로[自虞氏招仁

義以撓天下也〕 천하는 인의에서 이리저리 발버둥친다〔天下不莫奔命於仁義〕. 이런 짓이야말로 인의로 인해 본성을 바꾸어 버리는 것이 아닌가〔是非以仁義易其性與〕. 그러니 그것을 한번 논의해 볼 일이다〔故嘗試論之〕. 하(夏) · 은(殷) · 주(周) 삼대 이후로〔自三代以下〕 세상은 바깥 사물에 끌려 제 본성을 바꾸어 버리고 말았다〔天下莫不以物易其性矣〕. 서민은 목숨 걸고 이익을 좇고〔小人則以身殉利〕, 선비는 목숨 걸고 명예를 좇으며〔士則以身殉名〕, 대부는 목숨 걸고 제 문중을 지키며〔大夫則以身殉家〕, 성인(임금)은 목숨 걸고 천하를 지키려 한다〔聖人則以身殉天下〕. 그래서 수많은 사람들이〔故此數子者〕 저마다 하는 일이 다르고〔事業不同〕 저마다 명성은 다르지만〔名聲異號〕, 제 본성을 해치고 제 몸을 희생하는 것은〔其於傷性以身爲殉〕 다 같다〔一也〕.

惑 : 어리석을 혹   易 : 바뀔 역   邪 : 그럴 야   虞 : 순임금 우   招 : 부를 초
撓 : 어지럽힐 요   奔 : 달릴 분   嘗 : 시험할 상   試 : 시험할 시
殉 : 목숨 바칠 순   號 : 이름 호

【담소(談笑)】

우(虞)는 순(舜)임금을 말한다. 그는 공맹(孔孟)이 성왕으로 받드는 분이다. 공맹은 인의(仁義)로써 세상이 조용해질 수 있다고 한다. 그러나 노장(老莊)은 그 인의 탓에 세상이 시끄럽다고 한다. 어느 쪽 말이 옳은가? 인생의 쓴맛 단맛을 겪고 나면 노장의 말이 솔깃하리라. 그러나 인생을 경영하는 현실의 와중에서는 노장의 말은 겉돌기 마련이다. 현실적으로는 이익을 버릴 수 없고 명성을 버릴 수 없고 권력을 버릴 수 없기 때문이다. 그래서 공맹의 말은 타고 싶지만 노장의 말에서는 내리고 싶어진다. 그러나

말을 타고 달리다 떨어져 신음하는 인간을 보면 불쌍해진다.

이익·명성·권력 등은 결국 인간의 욕(欲)에서 솟는다. 욕(欲)은 늘 인간을 욕(辱)되게 하고 더럽히고 괴롭힌다. 아픔을 겪고 나면 우리는 뉘우치거나 후회하거나 부끄러워한다. 그런 순간에는 노장의 말이 묘하게 울려와 가슴을 친다. 그 순간만은 차라리 무식(無識)해지기를 바란다. 아는 것이 힘이라 하지만 모르는 게 약이라는 말이 참말로 느껴질 때 인간은 운다. 그 눈물 방울 속에서 비로소 겸허하게 세상을 향해 고개 숙일 줄 알게 된다. 그래서 접여(接輿)는 공자의 문전에 가서 가시나무에 앉지 말라 했던가!

3. 노장(老莊)과 공맹(孔孟)이 이렇게나 다르다

【우화(寓話)】

내가 착하다고 말함은〔吾所謂臧者〕 인의를 말함이 아니라〔非仁義之謂也〕 덕을 따르는 선일 뿐이다〔臧於其德而已矣〕. 내가 착하다고 말함은〔吾所謂臧者〕 인의를 말함이 아니라〔非仁義之謂也〕 타고난 모습 그대로를 맡긴다는 것뿐이다〔任其性命之情而已矣〕. 내가 귀밝기를 말함은〔吾所謂聰者〕 바깥을 잘 듣는다고 말하는 것이 아니라〔非謂其聞彼也〕 스스로를 듣는다는 것뿐이다〔自聞而已矣〕. 내가 눈밝기를 말함은〔吾所謂明者〕 바깥을 잘 본다고 말하는 것이 아니라〔非謂其明彼也〕 스스로를 본다는 것뿐이다〔自明而已矣〕.

臧:착할 장　聰:귀밝을 총　聞:들을 문　明:눈밝을 명

【담소(談笑)】

장(臧)은 불가의 여래장(如來藏)을 생각나게 한다. 여래장의 장(藏)이 부처를 따라가듯 장자가 말하는 장(臧)은 자연의 도를 따라간다. 자연을 따라가는 것을 덕(德)이라 한다. 그러므로 장(臧)하다 함은 남 앞에 드러내는 선(善)이 아니라 스스로 자연이 되려는 마음가짐이다. 장(臧)은 드러나지 않는 선(善)이다.

남에게 선하려 하지 말라. 자신에게 먼저 선하라. 그러면 위선(僞善)이 없다. 거짓이 없으면 곧 덕이다. 어머니 품안 같은 것이 덕이다. 어머니 품안에 무슨 거짓이 있겠는가. 남의 위선(僞善)을 따질 것 없다. 먼저 내가 위선인가 자문하는 일이 급하다. 그래서 불가에도 세찬 물결 위에 있는 공을 차라는 화두(話頭)가 있다.

성명지정(性命之情). 타고난 대로 따른다. 이것이 성명(性命)이다. 참된 모습을 일러 정(情)이라 한다. 있는 그대로의 모습이 바로 정(情)이다. 정에는 더할 것도 없고 덜 할 것도 없다. 하늘이 준 대로 땅이 준 대로 그 모습 그대로에 만족하라. 만물은 모두 하나에서 비롯되었기 때문이다. 그러니 성명지정의 정(情)은 천일(天一)이요 대일(大一)인 셈이다. 이를 일러 참모습[情]이라고 한 것이다.

그러나 인간만은 천지로부터 받은 모습에 만족하지 못한다. 부모가 곧 천지다. 그대로에 만족을 못하니 도시 번화가에 성형외과가 즐비하다. 코를 높여 무엇할 것인가? 눈을 키워 무엇할 것인가? 남에게 잘 보이려 결국 상처를 감추고 살 뿐이다. 이는 곧 성명지정(性命之情)의 정(情)에 칼질을 해 얼굴 모습을 꾸미고 사기치는 것이다. 남의 눈을 속이면서도 마음이 편하다면 끝장났다는 욕을 먹어도 할 말이 없으리라.

장자가 밝힌 총명(聰明)은 스스로를 밝히라는 말씀으로 들린다. 남의 말을 엿듣자고 귀가 밝기를 바라는가? 그렇다면 염탐꾼에 불과하다. 남을 흠잡자고 눈이 밝기를 바라는가? 그렇다면 모함꾼에 불과할 뿐이다. 나아가 사물(事物)만 알려고 할 뿐 자신은 내팽개치고 만다면 들판에 선 허수아비 꼴이라 하리라. 바깥을 밝히는 등불보다 속을 밝히는 등불이 급하다. 바깥을 알기 전에 먼저 자신을 알아 보라. 이것이 노장(老莊)의 자명(自明)이요 불가(佛家)의 자도(自度)가 아닌가. 물론 공맹(孔孟)도 수기(修己)하고 수기(守己)하라 하였다.

4. 꼭두각시로 그렇게 살아 무엇하리

【우화(寓話)】

자기를 살피지 않고 남을 살피며〔夫不自見而見彼〕 자신에 만족하지 않고 남의 만족을 부러워하는 자여〔不自得而得彼者〕. 이런 자는 남의 만족을 흉내내 만족하는 자다〔是得人之得〕. 그리고 남의 만족을 흉내내 만족하는 자는〔而不自得者也〕 남의 즐거움을 흉내내 즐거워한다〔適人之適〕. 남의 즐거움은 즐거워하는데〔夫適人之適〕 자신의 즐거움은 즐거워하지 않는다면〔而不自適其適〕, 비록 도척과 백이일지라도 본성을 잃었다는 점에서 다 같다〔雖盜跖與伯夷是同爲淫僻也〕. 나는 도덕 앞에 부끄럽다〔余愧乎道德〕. 이러하니 위로는 인의를 감히 행하려 하지 않고〔是以上不敢爲仁義之操〕, 아래로는 본성에 어긋난 짓을 감히 범하려 하지 않는다〔而下不敢爲淫僻之行〕.

得:만족할 득　適:좇을 적　淫:도리에 어긋날 음　僻:치우칠 벽
愧:부끄러워할 괴　操:부릴 조
伯夷(백이):BC 1,100년경의 상(商)나라 현자(賢者)
盜跖(도척):이름은 척(跖). 전설적인 대도(大盜)이므로 도척이라 함

【담소(談笑)】

행복을 원하는가? 여기에 행복해지는 방법이 있다. 자견(自
見)·자득(自得)·자적(自適). 이 세 가지가 함께한다면 누구나
행복해지기 마련이다. 이를 삼자(三自)라고 했으면 한다. 돈이 많
아야 행복할까? 아니다. 명성이나 인기를 누리면 행복할까? 아니
다. 권력을 누리면 행복할까? 아니다. 학식이 많고 지위가 높다면
행복할까? 아니다. 그러면 어찌해야 행복하단 말인가? 본성(本
性)을 누려야 행복할 수 있다. 삼자(三自)로써 본성을 누릴 수 있
기 때문이다. 그러나 사람들은 이를 믿지 않는다. 그래서 세상에
는 불행한 사람들만 있게 되었다.

자신을 살펴라[自見]. 그러면 부끄러워할 줄 안다. 부끄러움이
란 부덕(不德)한 줄 아는 마음[愧]이다. 그러면 덕(德)으로 돌아
갈 수 있다. 덕이란 자연을 따라 사는 것이다. 덕에 머물러 스스
로 만족하는 것이 자득(自得)이다. 그래서 덕(德)을 곧 득(得)이
라 한다. 덕에 머물러 만족을 누리면 즐겁다. 덕으로 가라. 이것
이 적(適)이다. 스스로 덕에 머물러 즐기는 것이 자적(自適)이다.

그러므로 행복하자면 가장 급한 일이 자견(自見)이다. 나를 살
펴 부끄러운 줄 알면 행복해질 가능성이 충분하다. 그러므로 자
연을 어기는 짓[淫僻]을 말라. 지나쳐서 부덕을 범하는 짓이 곧
음벽(淫僻)이다. 혹시나 음벽할까 부끄러워해야 천일(天一)을 누
린다고 하니 들을수록 아득하다.

어록

인의에 빠져 치우치면〔淫僻於仁義之行〕

눈과 귀를 분주하게 만들어 힘들게 한다〔而多方於聰明之用〕.

정신 없이 산다며 자랑하는 사람이 많다.

세상으로 하여금 피리 불고 북을 치게 하여

이르지 못할 법을 떠받들게 하는 짓은〔使天下簧鼓奉不及之法〕

옳지 못하다〔非乎〕.

법은 강자의 밥이 되기 쉽고 약자의 짐이 되기 쉽다.

천하 모든 것이 절로 따라 생겨나지만〔天下誘然皆生〕

생겨난 까닭을 모르고〔而不知所以生〕,

한결같이 모두 제 모습을 얻었지만〔同焉皆得〕

얻게 된 까닭을 모른다〔而不知其所以得〕.

옛날과 지금이 둘이 아니므로〔故古今不二〕 이지러지지 않는다〔不可虧也〕.

인간만 불이(不二)를 몰라 시비(是非)하며 산다.

백이는 명성 때문에 수양산 아래서 죽었고〔伯夷死名於首陽之下〕

도척은 이욕 때문에 동능산 위에서 죽었다〔盜跖死利於東陵之上〕.

두 사람이〔二人者〕 죽은 곳은 다르지만〔所死不同〕

목숨을 해치고 본성을 상하게 한 짓은 다를 바 없다〔其於殘生傷性均也〕.

심신(心身)은 하나인데 마음이 몸을 괴롭힌다.

外篇 2

마제(馬蹄)

요집 말은 재갈도 싫어하고 편자도 싫어한다.

입문 더할 것도 없고 덜할 것도 없다.

있는 그대로면 족하다. 있는 그대로 즐기며 살면 그것이 곧 성명(性命)이다. 타고난 모습이 바로 자연을 드러낸 것이다. 이 모습을 즐거워하라. 그러면 목숨이 해를 입거나 상하지 않는다. 이제야 장자의 천방(天放)이 뜻하는 바를 알 만하다. 철책으로 둘러싸인 목장이 아무리 크다 한들 어찌 자연의 방목(放牧)을 대신할 수 있겠는가. 그러나 인간은 더하자 할 때도 있고 덜자고 할 때도 있다. 그래서 시비(是非)와 선악(善惡)을 따지며 분별을 일삼는다. 그런 일로 마음 고생을 사서 하며, 우수한 두뇌라며 제 자랑하길 좋아한다. 「마제(馬蹄)」편의 우화는 이러한 인간의 흉상(凶相)을 되돌아보게 한다. 자연이 왜 인위(人爲)를 어리석다 하는지 알리라. 이러한 인위는 불가(佛家)의 무명(無明)과도 통한다. 「마제(馬蹄)」편의 우화들은 인간이 망상(妄想)의 노예임을 일깨워 우리를 자괴하게 한다.

1. 말한테는 백락(伯樂)이란 인간이 원수이다

【우화(寓話)】

　말은 발굽으로 눈서리를 밟을 수 있고〔馬蹄可以踐霜雪〕, 털로는 찬바람을 막을 수 있으며〔毛可以禦風寒〕, 풀을 뜯어 씹어 먹고 물을 마시고〔齕草飲水〕, 발을 들어 껑충껑충 뛰논다〔翹足而陸〕. 이런 것이 말이 타고난 그대로인 것이다〔此馬之眞性也〕. 비록 높은 누대가 있고 화려한 궁전이 있다 한들〔雖有義臺路寢〕 말한테는 소용이 없다〔無所用之〕.

　마침내 백락이 말한다〔及至伯樂曰〕. "나는 말을 다스리는 데 뛰어납니다〔我善治馬〕. 말의 털을 사르거나 잘라 내고〔燒之剔之〕, 발굽을 칼로 깎고 인두로 지지고〔刻之雒之〕, 굴레와 줄로 묶어〔連之而羈馽〕 구유와 말판이 있는 마구간에 말을 나란히 매어 두지요〔編之以皁棧〕." 이렇게 하여 말 열 마리 중에서 두서너 놈이 죽어난다〔馬之死者十二三矣〕. (말이 말을 안 들으면) 먹이를 주지 않고 물도 먹이지 않으며〔饑之渴之〕, 뛰고 달리게 하면서〔馳之驟之〕 길들이고 다스린다〔整之齊之〕. 앞에는 재갈과 장식을 달아 불편이 따르고〔前有橛飾之患〕 뒤에는 채찍질의 위협이 따른다〔後有鞭策之威〕. 이러니 말의 절반이 죽어 버리고 만다〔而馬之死者已過半矣〕.

　도공이 말한다〔陶者曰〕. "나는 진흙을 만지는 솜씨가 뛰어나서〔我善治埴〕 둥글게 만들면 그림쇠에 들어맞고〔圓者中規〕, 네모지게 만들면 곡자에 들어맞지요〔方者中矩〕."

　장인이 말한다〔匠人曰〕. "나는 나무 다루는 솜씨가 뛰어나서〔我善治木〕 굽은 것을 만들면 갈고리에 꼭 맞고〔曲者中鉤〕, 곧은 것을 만들면 먹줄에 딱 들어맞지요〔直者應繩〕."

　그러나 무릇 찰흙과 나무의 본성이〔夫埴木之性〕 어찌 그림쇠,

갈고리, 곡자나 먹줄 따위 도구에 맞기를 바라겠는가〔豈欲中規矩鉤繩哉〕. 그런데도 세상은 이들을 칭하기를〔然且世世稱之曰〕백락은 말을 잘 다스린다〔伯樂善治馬〕, 도공은 흙을 잘 다스리고 장인은 나무를 잘 다스린다〔而陶匠善治埴木〕한다. 이런 것 또한 천하를 다스린다는 자의 잘못이다〔此亦治天下者之過也〕.

내가 생각하기에는〔吾意〕천하를 잘 다스린다는 것은〔善治天下者〕그렇지가 않다〔不然〕. 저 백성한테는 한결같은 성질이 있다〔彼民有常性〕. 길쌈을 해 옷을 입고〔織而衣〕논밭을 갈아 먹는다〔耕而食〕. 이를 일러 다 함께 누리는 것이라고 한다〔是謂同德〕. 이 누림이란 모두가 하나이지 따로따로 패거리를 짓지 않는다〔一而不黨〕하여 하늘이 풀어 놓은 것이라 한다〔命曰天放〕. 그러니 덕이 지극한 세상에서는〔故至德之世〕저마다 거동이 만족스럽고〔其行塡塡〕눈매가 밝고 맑다〔其視顚顚〕.

蹄:짐승의 발굽 제　踐:밟을 천　霜:서리 상　御:막을 어　齕:깨물 흘
翹:꼬리 교　燒:사를 소　剔:깎을 척　雒:지질 락　羈:굴레 기
縶:잡아맬 칩　編:엮을 편　皁:말우리 조　棧:말우리의 바닥 잔
饑:주릴 기　渴:목마를 갈　馳:달릴 치　驟:달릴 취　整:가지런히 할 정
齊:가지런히 할 제　橛:말뚝 궐　飾:꾸밀 식　患:근심 환　鞭:채찍 편
筴:대쪽 책　威:위엄 위　中:들어맞을 중　規:그림쇠 규　矩:곡자 구
匠:기술자 장　鉤:갈고랑이 구　應:응할 응　繩:먹줄 승　豈:어찌 기
稱:일컬을 칭　過:허물 과　織:길쌈 직　衣:옷 의　耕:밭갈 경
黨:무리 당　放:놓을 방　塡:채울 전　顚:꼭대기 전
伯樂(백락):성은 손(孫), 이름은 양(陽)으로 진(秦)나라의 이름난 말 조련
　　　사의 별명. 천마(天馬)의 별자리를 백락이라 함

【담소(談笑)】

발굽의 천상설(踐霜雪), 털과 갈기의 어풍한(禦風寒), 주둥이의 흘초음수(齕草飮水)는 말이 삶을 누리기 위하여 스스로 하는 일이다. 스스로 하는 일이야말로 본성이 드러나는 일이다. 그 드러남은 스스로 삶을 누리는 일이므로 힘들어도 자유롭고 편안하다. 그러니 말의 발굽과 털, 이빨과 목구멍은 바로 말이 타고난 즐거움이다. 그런 즐거움이 천성(天性)이요 자연이요 도덕(道德)이다.

그러나 소지척지(燒之剔之), 각지락지(刻之雒之), 연지편지(連之編之), 기지갈지(饑之渴之), 치지취지(馳之驟之), 정지제지(整之齊之)는 결코 말이 바라는 짓들이 아니다. 이런 짓들은 말의 입장에서 보면 살아남기 위해 억지로 당하는 위협(威脅)이요 환란(患亂)일 뿐이다. 그러니 천하에 말을 잘 다스린다는 백락(伯樂)은 말을 못살게 하고 죽어나게 하므로 말한테는 악마일 뿐이다. 이런 짓을 범하는 인간이 또 본성을 해치는 짓을 범해 만물에 괴로움을 준다. 그런 괴로움이 인간이요 인위요 문화이다.

백락(伯樂)이 말한 선치(善治)와 이 우화가 말하는 선치(善治)는 서로 다르다. 백락은 사람의 치(治)를 말하고 장자는 자연의 치(治)를 말하기 때문이다. 사람의 치(治)는 사람에게만 선할 뿐 만물에게는 선하지 않으나[不善], 자연의 치(治)는 만물 모두에게 선(善)하다. 모두에게 선한 것을 덕(德)이라 한다. 덕(德)은 본성에 따라 만물 모두 즐겁게 살도록 맡겨 둔다. 그래서 동덕(同德)이라 하고 일(一)이라 하며 천방(天放)이라 한다.

그러나 인간은 일(一)보다 무리[黨]를 택하려 한다. 내 편 네 편을 갈라 동덕(同德)보다는 부덕(不德)을 범하고, 천방(天放)보다는 사육(飼育)을 노리며, 만물을 갈라 인간의 뜻대로 하려고 한다. 바로 백락의 훈련이 말에게는 부덕한 짓이다.

제가 만물을 지배한다는 인간의 오만 탓에 땅이 썩고 바람이 썩고 물이 썩어 모든 목숨이 죽어날 지경이다. 인간이 더욱 무서운 것은 자기 중심으로 시비를 걸고, 선악을 저울질하며 제멋대로 세상을 재려는 속셈을 품은 데 있다. 특히 유식한 사람들이 그 잣대를 흔들어 세상을 혼란스럽게 한다. 이러한 속셈 탓에 혹세무민(惑世誣民)이 사라지질 않는다. 세상을 헷갈리게 하는 짓[惑世]을 범하지 말라. 또한 백성을 깔보고 속이는 짓[誣民]을 범하지 말라. 하늘의 품에서 만물은 한결같고 자유롭게 산다. 본성에 따라 산다. 그러면 삶이 편안하여 즐겁다. 이를 일러 동덕(同德)이요 하나[一]요 천방(天放)이라 한다.

2. 자연(自然)의 성인(聖人)과 인의(仁義)의 성인은 다르다

【우화(寓話)】

무릇 덕이 지극한 세상에서는[夫至德之世] 새와 짐승과 더불어 살았고[同與禽獸居] 만물과 함께 어울려 살았다[族與萬物幷]. 어찌 군자니 소인이니 가릴 줄 알았겠나[惡乎知君子小人哉]. 다 함께 무지했고[同乎無知], 덕이 떠나지 않아[其德不離] 다 함께 무욕했다[同乎無欲]. 이를 일러 소박하다 했다[是謂素樸]. 꾸밈없이 있는 그대로였으니 백성이 본성을 지녔다[素樸而民性得矣]. 급기야 성인이 나타나[及至聖人] 애쓰고 힘들여 인을 행하고[蹩躠爲仁], 이리저리 동동거리며 의를 행해서[踶跂爲義] 세상을 의심하기 시작했다[而天下始疑矣]. 마구 질펀하게 악을 행하고[澶漫爲樂], 가려내 치우치게 예를 행해[摘僻爲禮] 세상을 분별하기 시작했다[而天下始分矣].

同:한가지 동 禽:새 금 獸:짐승 수 居:살 거 族:무리 족
幷:나란히 병 惡:어찌 오 離:떼어놓을 이 素:흰빛 소
樸:본디 그대로 박 得:얻을 득 蹩:애쓰는 모양 별 薛:둘러갈 설
踶:힘쓸 제 跂:갈 기 疑:의심할 의 澶:방종할 단 漫:질펀할 만
摘:따낼 적 僻:치우칠 벽

【담소(談笑)】

공맹(孔孟)의 무리는 난세(亂世)를 바로잡아 치세(治世)로 이끌려면 인의예락(仁義禮樂)을 떠나서는 안 된다고 한다. 그러나 노장(老莊)의 무리는 그 치세란 것이 바로 난세(亂世)라고 질타한다. 인의예락이 추구한다는 치세(治世)는 따지고 보면 백락(伯樂)이 말을 잘 다스린다며 하는 짓에 불과하기 때문이다. 인의예락의 치세에 걸려들면 인간도 백락의 수중에 들어간 말 신세가 되고 만다. 목축(牧畜)이 인의(仁義)의 예락(禮樂)이라면 천방(天放)은 자연의 낙(樂)이다.

유가(儒家)는 만물을 나누고[分], 도가(道家)는 만물을 하나[一]로 본다. 유가는 생명을 분별하고 도가는 생명을 하나로 본다. 유가는 인의예락(仁義禮樂)에 근거해 사람을 중심에 두고 만물을 분별하지만, 도가는 무위자연(無爲自然)에 근거해 만물이 동락(同樂)한다고 본다. 그래서 유가는 귀천(貴賤)을 따지려 하지만 도가는 동덕(同德)에 따라 만물을 하나로 본다. 어찌 생명에 귀천이 있을 것인가? 천지의 입장에서 본다면 사람 목숨이나 지렁이 목숨이나 다 같다. 이를 천일(天一)이라 한다. 천일을 따라 사는 것이 곧 소박(素樸)이다. 그래서 노자(老子)는 견소포박(見素抱樸)을 우선한 것이다.

어록

도덕이 자연 그대로 있다면〔道德不廢〕

어찌 인의를 취할 것이며〔安用仁義〕,

태어난 그대로의 모습이 떠나지 않는다면〔性情不離〕

어찌 예락이 필요할 것인가〔安用禮樂〕.

꾸미는 짓은 속이거나 숨기는 짓이다.

통나무를 다듬어 그릇을 만든 것은〔夫殘樸以爲器〕

목수의 죄고〔工匠之罪〕,

자연의 도덕을 훼손하여 인의를 만든 것은〔毁道德爲仁義〕

성인〔孔孟〕의 잘못이다〔聖人之過也〕.

유식한 성인이 있고 무식한 성인이 있음을 알라.

外篇 3

거협(胠篋)

요지 전성자(田成子) 같은 대도(大盜)는 하루 아침에 나
라를 훔친다.

입문 모르면 약이고 알면 병이다.

이런 속담이 왜 생겼을까? 박식한 탓에 탈을 내기 때문이다. 유
식(有識)한 무리가 무식(無識)한 민초(民草)를 등치고 괴롭혀 세
상을 아프게 한다는 말이 새삼스럽다. 성군(聖君)이란 말이 있지
만 실제로 성군이기는 참으로 어렵다. 선악(善惡)을 가려 선해지
려 하지만 인간의 지식이 오히려 악을 좇는 부나비 같을 때가 많
다. 그래서 세상에는 유식(有識)이 빚어 내는 노략질이 기승을 부
린다. 「거협(胠篋)」편은 인간의 지식이란 것이 얼마나 못난 것인
지를 다시금 살피게 한다. 금고 같은 잠긴 상자(篋)를 연다(胠).
그러니 거협(胠篋)을 도적질이나 노략질로 새겨도 된다.

안다는 자들이 혹세무민(惑世誣民)을 일삼는다. 세상을 헷갈리
게 하고(惑世) 백성을 깔보는 짓(誣民)은 먹물깨나 든 자들이 저지
르는 짓거리다. 백성은 세상을 못살게 굴지 않는다. 다만 식자(識
者)들이 만든 통치(統治)라는 게 세상을 훔치고 백성을 속이고 등
치려 한다. 그래서「거협(胠篋)」편의 우화는 세속의 지자(知者)를
세상을 훔치려는 대도의 졸개 정도로 몰아붙인다.

고양이한테는 생선 가게를 맡기지 말아야 하는 것을 알면서도
민초(民草)는 속고 산다. 그러다 사는 게 차라리 죽느니만 못할 지
경이 되면 그 때는 손에 든 낫을 무기로 삼게 된다. 그래서 어느

왕조든 말기가 되면 농민의 난(亂)이 그렇게 많았나 보다. 조선(朝鮮) 역시도 끝에 농민의 난(亂)이 터졌다. '새야 새야 파랑새야 녹두꽃에 앉지 마라. 녹두 꽃이 떨어지면 녹두장군 울고 간다.'는 참요(讖謠)가 민초의 바람처럼 불려졌구나 싶게 「거협(胠篋)」편의 우화들이 새삼스럽다. 어디 이뿐이랴.「거협(胠篋)」편의 우화를 듣다 보면 후한 말(後漢末) 황건(黃巾)의 난 때 노장(老莊)의 후예들이 오두미도(五斗米道)를 퍼뜨렸다는 연원(淵源)을 짚어 보게 된다. 다섯 말의 쌀이 편한 세상을 이루는 길〔五斗米道〕이 곧 대도(大盜)가 없는 세상으로 가는 길이겠다.

1. 지식은 큰 도둑의 노략질을 돕는다

【우화(寓話)】

상자를 열고 주머니를 뒤지고 함을 열어젖혀 훔쳐 가는 도둑을 〔將爲胠篋探囊發匱之盜〕 막으려고 준비할 때에는〔而爲守備〕, 반드시 노끈으로 꽉꽉 묶고〔則必攝緘縢〕 빗장을 단단히 걸어 자물쇠를 잘 걸어 둔다〔固扃鐍〕. 이렇게 하는 것이 세속에서 말하는 지식이다〔此世俗之所謂知也〕. 그러나 큰 도둑이 들면〔然而大盜至〕 함을 메고 가거나 상자를 들고 가거나 주머니를 걸머지고 달려가면서〔則負匱揭篋擔囊而趨〕 묶어 둔 노끈이나 자물쇠가 단단하지 않을까봐 두려워할 뿐이다〔唯恐緘縢扃鐍之不固也〕. 그러니 앞의 지식이란 것은〔然則鄉之所謂知者〕 오히려 큰 도둑을 위해 쌓아둔 꼴이 아닌가〔不及爲大盜積者也〕.

莊子 ● 外篇

胠：열 거　篋：상자 협　探：찾을 탐　囊：주머니 낭　發：열 발
匱：함 궤　守：지킬 수　備：갖출 비　攝：당길 섭　緘：봉할 함
縢：노끈 등　扃：빗장 경　鐍：자물쇠 휼　負：질 부　揭：들 게
擔：멜 담　趨：달릴 추　恐：두려울 공　積：쌓을 적
鄉之(향지)：앞서의　不及(불급)：오히려. 무급(無及)과 같음

【담소(談笑)】

금고에 넣어 두면 도둑맞지 않으리란 확신은 작은 도둑만 생각한 것이다. 작은 도둑은 밤중에 금고를 열고 돈을 털지만 큰 도둑은 대낮에 금고를 통째로 들고 가 버린다. 어디 그뿐인가. 정말로 큰 도둑은 나라를 통째로 훔친다. 식자(識者)들이 잘 만들어 놓은 법망(法網)이 결국 큰 도둑의 창과 방패가 되는 것이다.

협(篋), 궤(匱), 낭(囊) 등을 유가(儒家)가 만들어 낸 문물제도라고 상상해 보자. 등(藤)·경(扃)·휼(鐍) 등을 그 제도의 안전장치라고 생각해 보자. 섭(攝)·함(緘)·고(固) 등을 그 장치를 운영하는 방책이라고 생각해 보자. 이 우화가 유가(儒家)를 비꼬는 데 쓴 수법이 더 재미있게 들릴 것이다. 나아가 부(負)·게(揭)·담(擔) 등을 임금이 나라를 훔쳐먹는 짓으로 상상해 보면 유가에 대한 독설이 오뉴월 서릿발같이 느껴질 것이다.

물론 세상에는 도둑을 막기 위해 만든 법이 있다. 작은 도둑은 그 법에 걸려들어 감옥에 간다. 그러나 큰 도둑은 오히려 그런 법을 제 장물처럼 여긴다. 법망에는 벌레만 걸리고 정작 새는 거미줄처럼 가볍게 빠져나가는 것이다. 결국 온갖 법으로 제도를 만들어 짜놓은 세상은 큰 도둑의 장물이 된다. 이 우화는 이런 세상을 거부한다. 세상은 자연이지 제도가 아니다. 자연의 세상이 곧 천방(天放)이 아니던가.

2. 전성자(田成子)가 제(齊)나라를 통째로 훔친다

【우화(寓話)】

세상이 말하는 지자란〔世俗之所謂知者〕 큰 도둑을 위해 모아 놓은 자가 아니라 하겠는가〔有不爲大盜積者乎〕. 세속이 성자라 하는 것도〔所謂聖者〕 큰 도둑을 위해서 지켜 주는 자가 아니라 하겠는가〔有不爲大盜守者乎〕. 어찌 그런 줄 안단 말인가〔何以知其然邪〕? 옛날에〔昔者〕 제나라 이웃 마을들은 서로 바라보여〔齊國鄰邑相望〕 개 짖고 닭 우는 소리가 서로 들렸고〔鷄犬之音相聞〕, 어망이 던져지는 곳〔罔罟之布〕과 괭이질 쟁기질 할 곳〔耒耨之所刺〕이 사방 이천 리가 넘었다〔方二千餘里〕. 나라 안 곳곳에〔闔四竟之乃〕 종묘 사직을 세우고[立宗廟社稷] 읍(邑)·옥(屋)·주(州)·여(閭)·향(鄕)·곡(曲)을 다스리는데[治邑屋州閭鄕曲者], 어찌 성인이 다스린다는 것을 따르지 않았겠는가[曷嘗不法聖人哉].

그러나 전성자(田成子)가 제나라 임금을 죽이고 나라를 훔쳤다[然而田成子一旦殺齊君而盜其國]. 훔친 것이[所盜者] 어찌 나라뿐이었겠는가[豈獨其國邪]. 아울러 그 나라의 성인과 지자가 이룩한 법까지도 다 훔쳐 버린 것이다[幷與其聖知之法而盜之]. 그래서[故] 전성자는 도둑이란 이름을 얻었지만[田成子有乎盜賊之名], 그 몸은 요순인 양 누렸다[而身處堯舜之安].

昔:옛 석　齊:나라 이름 제　邑:고을 읍　鷄:닭 계　犬:개 견
鄕:이웃 린　罔:그물 망　罟:그물 고　布:펼 포　耒:쟁기 뢰
耨:괭이 누　刺:찌를 자　闔:온통 합　竟:다할 경　閭:마을 여
曷:어찌 갈　嘗:일찍 상　幷:어우를 병　盜:훔칠 도
宗廟(종묘) : 임금의 위패를 모신 곳
社稷(사직) : 토지신(土地神)과 오곡(五穀)의 신(神)
邑(읍)·屋(옥)·州(주)·閭(여)·鄕曲(향곡) : 행정구역의 명칭. 사마법(司馬法)에 의해 300묘(苗)를 옥(屋), 12옥(屋)을 읍(邑), 25가(家)를 여(閭), 125여(閭)를 주(州), 5주(州)를 향(鄕), 부락(部落)을 곡(曲)이라 함
田成子(전성자) : 제(齊)나라 대부(大夫)인 진항(陳恒). 즉 전상(田常). 성자(成子)는 시호(諡號). 자신의 군주인 간공(簡公)을 죽이고 실권을 장악함

【담소(談笑)】

임자나 주인이 따로 있나? 누구든 차지하면 임자요 주인이지. 이것이 도적의 심보이다. 이런 심보를 욕(慾)이라 한다. 욕(慾)은 남모르게 마음 속에 숨어서 자란다. 그 욕(慾)이 크면 클수록 사

람을 도적으로 몰아간다. 좀도둑이든 큰 도둑이든 나라를 훔치는 도적이든 모조리 욕(慾)의 졸개들이다.

제국인읍상망(齊國鄰邑相望). 제나라 고을〔邑〕들은 서로 마주 바라보며 살았으니 오손도손 편안히 살았던 모양이다. 읍(邑)·옥(屋)·주(州)·여(閭)·향(鄕)·곡(曲) 등의 행정구역을 만들고 문물제도도 갖추어 놓았다. 그러한 제도를 만들어 준 성지자 덕에 군왕도 나라를 다스릴 수 있었다. 그러나 이런 성지자(聖知者)는 임금의 신하 노릇을 하는 탓에 나라를 훔치려는 대도(大盜)가 등장하면 결국 도적의 졸개로 전락하고 말았다.

이 우화에서 성지자(聖知者)는 성자(聖者)와 지자(知者)를 말한다. 그러나 여기에서 이들은 무위(無爲)를 따라 사는 성인(聖人)이나 지자(知者)를 의미하는 게 아니다. 여기서의 성지자(聖知者)는 인위(人爲)를 따르는 위인(偉人)일 뿐이다. 우화는 무위(無爲)를 따라 사는 성인과 지자가 인위(人爲)를 좇는 성지자(聖知者)와 왜 다른지 상기(想起)해 보라 한다.

인위의 성지자(聖知者)와 무위의 성지자는 왜 다른가? 전자는 천사(天食)를 알고 후자는 천사(天食)를 모르기 때문이다. 하늘이 먹여 준다〔天食〕는 것이 곧 무위를 잘 해석해 준다. 하늘이 먹여 준다는 데 무슨 욕심을 내겠는가? 욕심낼 것이 하나도 없다. 이러면 절로 무위가 된다. 그렇지 않고 인간이 욕심을 내면 절로 인위가 된다. 그래서 무위를 무욕(無慾)이라 하고 인위를 유욕(有慾)이라 한다.

천사(天食)를 모르므로 인위의 성지자(聖知者)는 임금 밑에서 갖가지 문물제도를 만들어 그것을 치세(治世)의 방편으로 삼도록 충성을 다한다. 이것이 한꺼번에 몽땅 훔쳐 가는 큰 도둑의 욕(慾)을 부추긴다. 결국 이런 식으로 문물제도를 갖추어 오손도손 잘 살도록 제나라 군왕을 도운 인위의 성지자가 하루 아침에 제나라를 훔친 전성자의 졸개 구실을 하고 마는 것이다.

이 우화에 성삼문이란 지자(知者)를 등장시키면 어떨까? 성삼문 역시도 군왕의 졸개 노릇을 하다 아까운 목숨을 잃었다고 욕을 먹을 것이다. 도학(道學) 정치를 외쳤던 조광조란 지자(知者)를 등장시켜도 역시 군왕의 졸개 노릇을 하려다 제 명을 다하지 못했다고 핀잔을 들을 것이다. 털끝만큼의 욕(慾)이라도 곧 도적의 졸개가 될 위험이 있음이로다. 어찌 재물(財物)만 욕(慾)의 군침거리가 되겠는가. 명성도 욕의 탐이요 출세도 욕의 탐이니, 청운(靑雲)이야말로 욕(慾)의 꿈이 아니겠나. 이 우화는 이렇게 읊어 두라 한다. 백운(白雲)은 있어도 청운은 없다.

3. 도둑질에도 도(道)가 있습니까

【우화(寓話)】

옛날〔昔者〕 용봉은 머리를 잘렸고〔龍逢斬〕 비간은 가슴을 찢겼으며〔比干剖〕 장홍은 창자를 찢겼고〔萇弘胆〕 자서는 썩어 죽었다〔子胥靡〕. 그러니 이 네 사람은 현자라고 하는데도〔故四子之賢〕 살육을 면하지 못한 것이다〔而身不免乎戮〕. 이런 까닭에 도척의 부하가 도척에게 물었다〔故跖之徒問於跖曰〕. "도둑질하는 데도 도가 있습니까〔盜亦有道乎〕?" 도척이 대답했다〔跖曰〕. "어디에든 도가 없는 곳이 있겠느냐〔何適而無有道邪〕. 방안에 감춰진 것을 짐작으로 아는 것이〔夫妄意室中之藏〕 성이고〔聖也〕, 훔치리 들어갈 때 먼저 들어가는 것이〔入先〕 용이며〔勇也〕, 훔친 다음 맨 뒤에 나오는 것이〔出後〕 의고〔義也〕, 훔치게 될지 안 될지를 아는 것이〔知可否〕 지며〔知也〕, 훔친 것을 골고루 나누는 것이〔分均〕 인이다〔仁也〕. 이 다섯 가지를 갖추지 않은 채 큰 도둑이 된 자는

〔五者不備而能成大盜者〕 세상에 아직 없었다〔天下未之有也〕."

昔:옛 석　斬:벨 참　剖:가를 부　胣:창자를 가를 이　靡:썩을 미
免:면할 면　戮:죽일 육　徒:무리 도　適:갈 적　藏:감출 장
均:고를 균　備:갖출 비
妄意(망의):짐작하다

【담소(談笑)】

　폭군에게 바른말을 했다가 죽음을 당한 본보기로 용봉(龍逢)·
비간(比干)·장홍(萇弘)·자서(子胥) 등이 있다. 이 넷은 모두 폭
군에게 성군의 도를 지키라고 직간(直諫)했다가 살육(殺戮)을 당
했다. 용봉은 하(夏)나라 걸왕(桀王)의 비행을 직간하다 머리를
잘렸고, 비간은 은(殷)나라 주왕(紂王)의 무도함을 직간하다 가슴
을 찢겼으며, 장홍은 진(晉)나라의 역모에 가담했다 하여 배를 찢
겨 창자가 잘렸고, 자서는 오(吳)나라 임금 부차(夫差)에게 월
(越)나라를 치자고 진언하다 독살을 당해 양자강 가에서 썩은 시
신으로 발견되었다. 이 넷은 현자라 하지만 왕도를 외치다 제 목
숨을 생죽음으로 내몰았으니 따지고 보면 소중한 제 목숨을 도둑
질당한 셈이다.
　인위(人爲)의 왕도(王道)야말로 자연의 생명을 훔쳐 간 큰 도둑
이라고 질타하는 이 우화가 우리를 서글프게 한다. 폭군이나 성군
이나 모두 인위(人爲)의 왕도(王道)로 세상을 다스리겠다고 호언
한다. 그런 왕도를 폭군에게 요구하다 죽음을 당한 용봉 등은 왕
도를 훔친 도둑에게 그 왕도를 내놓으라고 윽박지르다 목숨을 빼
앗긴 셈이다. 그러니 이를 어리석다 할까 슬프다 할까.
　인위(人爲)의 왕도야말로 폭군에게는 편리한 장물(臟物)이다.

그래서 대도(大盜)의 상징인 도척(盜跖)이 등장해 우화의 주인공
이 된 것이다. 그는 도둑질에도 도가 있다고 당당히 말한다. 이러
한 우화 속에는 내팽개칠 수 없는 깊은 속셈이 숨어 있을 것이다.
왕도를 내걸고 나라를 훔친 제후(諸侯)와 제후가 차지한 궁궐을
턴 도척을 비교할 때 누가 훔치기의 윗길에 있다 하겠는가. 이를
두고 뛰는 놈 위에 나는 놈 있다 하는 것이다. 제후는 가신(家臣)
을 거느리고 도척은 도적의 무리를 거느린다. 제후의 하수인 노
릇을 하는 가신(家臣)이란 지자(知者)들은 장물(臟物)이 되는 셈
이니 어안이 벙벙할 뿐이다.

莊子 ● 外篇

4. 인위(人爲)의 지자(知者)가 좀도둑으로 몰린다

【우화(寓話)】

되와 말을 만들어 용량을 되려고 하면〔爲之斗斛以量之〕 되와 말
을 다 훔쳐 버리고〔則幷與斗斛而竊之〕, 저울대와 저울추를 만들어
무게를 달려고 하면〔爲之權衡以稱之〕 저울대와 저울추를 다 훔쳐
버린다〔則幷與權衡而竊之〕. 증거나 증서를 만들어 신용을 삼으려
고 하면〔爲之符墨以信之〕 증거와 증서를 다 훔쳐 버린다〔則幷與符
墨而竊之〕. 인의를 행해서 교정하려 하면〔爲之仁義以矯之〕 인의를
다 훔쳐 버린다〔則幷與仁義而竊之〕.

斗 : 말 두   斛 : 휘(열 말) 곡   竊 : 훔칠 절   權 : 저울추 권   衡 : 저울대 형
稱 : 저울질할 칭   符 : 신용을 증거할 부   璽 : 인장 새   矯 : 바로잡을 교
幷與(병여) : 무엇과 함께, 몽땅. 여기서 여(與)는 어(於)의 의미

【담소(談笑)】

충신(忠臣)이든 간신(奸臣)이든 모두 군왕 밑에 있게 마련이다. 충신이든 간신이든 지자(知者)임에는 틀림없다. 충신도 군왕에 충성한다 하고, 간신도 군왕에 충성한다고 같은 말을 한다. 다만 충신은 군왕을 성군으로 이끌려 하고, 간신은 군왕을 폭군으로 이끌려 한다는 점에서 그 둘을 구별하는 것이 세상의 상식이다. 그러나 이 우화는 어떤 유형의 지자(知者)라도 임금 밑에 빌붙어 먹고 사는 좀도둑에 불과한 짓거리를 한다고 난타한다.

양지(量之) · 칭지(稱之) · 신지(信之) · 교지(矯之) 등은 세상을 다스리는 방편들을 비유한다. 공정하고 정직하게 다스린다고 말하지만, 따지고 보면 결국 절지(竊之)로 통하고 만다는 것이다. 몰래 훔쳐먹는 짓을 일러 절지(竊之)라 한다. 백성은 등치고 간내 먹는 짓을 하지 않는다. 본래 탐관오리(貪官汚吏)란 큰 도둑 밑에 숨어 있는 도적의 졸개들을 말한다. 이런 졸개들의 우두머리는 누구일까? 이 우화는 임금이라고 밝힌다.

인위가 주장하는 지식(知識)은 자연을 따라 편히 살려는 백성을 속이고 훔쳐먹는 짓에 불과하다. 이런 백성의 심정이 후한 말에는 오두미도(五斗米道)로 퍼지기도 했다는 것이다. 그러니 도적질하는 잔재주를 버리고 자연을 따라 순하고 착하고 본디 태어난 모습대로 살아가라. 그러면 훔칠 것도 없고 숨길 것도 없어 짊어지고 달아날 것도 없다. 왜 사람이 거짓말을 하고 숨기고 감추어야 하는가? 저마다 속셈을 부리려고 잔꾀를 일삼는 데서 비롯된다. 속셈을 잔재주로 묶어 두려는 짓을 장자는 길고 네모난 상자[篋]에 비유하고 있다.

좀도둑은 훔친 것을 감추려고 협(篋)에다 자물쇠를 달아 잠그고 밧줄로 튼튼히 묶어 숨겨 둔다. 그러면 큰 도둑이 나타나 속절없이 협(篋)을 통째로 들고 가 열어서[肱], 훔친 것을 다시 사정

없이 훔쳐 버린다. 이를 비유해 거협(胠篋)이라 하는 것이다. 훔친 것을 담아 둔 상자를 열어서 갖는다[胠篋]. 이는 훔친 것을 다시 훔쳐먹는 짓이다. 신하는 백성의 것을 절지(竊之)하고 군왕은 신하의 것을 절지(竊之)하는 짓거리를 인위(人爲)는 부추긴다. 좀도둑질을 부추기는 작은 앎[小知]을 앞세워 훔치고 숨기고 감추어 큰 도둑이 생기게 하는 짓거리를 왜 한사코 하려 드는가? 이렇게 우화(寓話)가 반문하고 있다.

5. 대란은 인간의 호지(好知)에서 비롯한다

【우화(寓話)】

지(知), 사(詐), 점(漸), 독(毒), 힐활(頡滑), 견백(堅白), 해구(解垢), 동이(同異) 같은 말재주가 많다 보면[知詐漸毒頡滑堅白解垢同異之變多] 세상은 그런 변론에 말려들고 만다[則俗惑於辯矣]. 그래서 천하가 큰 난을 당해 어둡게 된다[故天下每每大亂]. 죄는 지식을 좋아하는 데 있다[罪在於好知]. 그러니[故] 세상 사람들이 모두 알지 못하는 것을 추구할 줄은 알면서도[天下皆知求其所不知], 이미 알고 있는 것을 더 탐구해 볼 줄은 모르는 것이다[而莫知求其所已知者]. 사람들은 모두 선하지 않은 것을 비난할 줄은 알아도[皆知非其所不善] 이미 선하지 않은 것을 비난할 줄은 모른다[而莫知非其所已善者]. 이래서 세상은 크게 혼란을 겪는다[是以大亂]. 이런 까닭에[故] 위로는 해와 달의 밝음을 어기고[上悖日月之明], 아래로는 산과 강의 정기를 없애며[下爍山川之精], 가운데에서는 네 계절의 변화를 어긴다[中墮四時之施].

詐 : 속일 사　漸 : 천천히 할 점. 여기서는 무고할 참(譖)을 대신한다고 봄
毒 : 해독 독. 여기서는 원망할 독(讟)을 대신한다는 설을 따름
辯 : 말 잘할 변　悖 : 어그러질 패　爍 : 태워 없앨 삭　墮 : 무너질 타
施 : 행할 시. 여기서는 옮길 이(迻)를 대신한다는 설을 따름
每每(매매) : 어두운 모습

【담소(談笑)】

지(知)는 알아보거나 알아 내려는 짓이고 사(詐)는 속임수를 쓰는 짓이다. 점(漸)은 참(譖)을 대신하고 있다. 참(譖)은 인간이 인간을 헐뜯는 짓. 독(毒)은 독(讟)을 대신하고 있다. 독(讟)은 인간이 인간을 원망하는 짓. 해구(解垢)는 해후(該詬)와 같다. 해후(該詬)는 인간이 인간을 욕하는 짓이고, 견백동이(堅白同異)는 말이 안 되는 궤변(詭辯)을 늘어놓는 짓이다. 이런 짓을 쉴새없이 저질러대면서도 인간 자신은 못할 짓을 하고 있다는 것을 모른다. 위와 같은 짓거리를 삼가고 무서워하는 사람도 있고 서슴없이 범하는 사람도 있다.

부지(不知)와 이지(已知). 우리는 부지(不知)를 못 견딘다. 모르면 꼭 알아 내려고 하는 것이 인간의 욕(慾)이다. 인간은 이 욕(慾)을 버린 적이 없다. 인간은 이지(已知)를 다시 살피려 하지 않는다. 그런 까닭에 안다 하며 사기를 쳐도 도둑인 줄 모른다. 이미 알고 있는 것[已知]일수록 새삼 살펴야 스스로를 밝힐 수 있다. 이를 자명(自明)이라 한다. 자명(自明)하면 누구나 저절로 자연에 가까워진다. 자명한 인간은 아는 것을 앞세워 뒤에서 도둑질하는 짓거리를 범하지 않는다.

불선(不善)과 이선(已善). 불선(不善)은 드러난 악(惡)이란 말인가. 어찌 이것은 선(善)이고 저것은 불선(不善)이라고 단정할

수 있는가. 자연에는 선악이 없다. 인위(人爲)의 선악(善惡)은 억지일 경우가 많다. 이선(已善)에 위선(僞善)이 도사리고 있는 경우가 많기 때문이다. 선을 이용해 이득을 남기려는 무리를 일러 소인배(小人輩)라고 한다.

소인배는 이선(已善)을 이용하길 좋아한다. 선한 척하면 이선(已善)을 파는 법이다. 그러면 소인배가 된다. 소인은 불선(不善)을 보고도 비난할 줄 모른다. 아부해 이득만 보면 그만이다. 그러니 선을 앞세우거든 경계할 줄 알라. 그러면 소인배와 한통속이 되는 험한 꼴을 면할 수 있다.

세상을 어지럽히면 대란(大亂)이다. 막막하고 답답하게 하면 살아갈 일이 캄캄하다. 해와 달처럼 밝게 살고 싶어라. 그런 소망을 밟지 말라. 무성하고 싱싱한 초목처럼 살고 싶어라. 그런 소망을 밟지 말라. 철 따라 자연처럼 살고 싶어라. 그런 소망을 밟지 말라. 그러나 큰 도둑이 항상 그런 소망을 통째로 훔쳐 달아난다.

「거협(胠篋)」편의 우화들은 한결같이 인위(人爲)로 세상을 다스리겠다는 임금보다 더 큰 도둑은 없다고 한다. 인위의 성지자(聖知者)여! 큰 도둑(임금)의 하수인 노릇을 그만두라. 이 우화는 일월(日月)과 산천(山川)과 사계(四季)를 빌려 인위를 좇다 도둑의 졸개가 되지 말라고 호소하고 있다. 타고난 그대로의 모습〔性命之情〕을 말살하지 말라. 그러면 절로 무위(無爲)를 따라 산다.

어 록

입술이 없어지면 이가 시리고〔脣竭則齒寒〕,

노나라 술이 멀개지면 한단이 포위되며〔魯酒薄而邯鄲圍〕,

성인이 생기면 큰 도둑이 일어난다〔聖人生而大盜起〕.

접여(接輿)가 공자를 가시나무새에 빗댄 뜻을 알겠다.

** 초(楚)·노(魯)·조(趙)·위(魏) 네 나라가 각축을 벌이던 때, 노나라가 초나라에 보낸 술이 멀개서 초
나라 왕이 노한 나머지 노나라를 공격했다. 이를 틈타 위나라가 조나라에 쳐들어가 조나라 서울 한단
(邯鄲)을 포위했다는 고사(故事)가 있다.

띠쇠를 훔친 놈은 사형을 당하고〔彼竊鉤者誅〕

나라를 훔친 놈은 임금이 된다〔竊國者爲諸侯〕.

이런 제후의 문하에서 인의가 보존된다〔諸侯之門而仁義存焉〕.

인의를 입에 올리지 않은 임금은 없었다.

천하를 다스린다는 성인의 법을 깡그리 없앤다면〔殫殘天下之聖法〕

백성은 비로소 서로 속내를 주고받을 수 있다〔而民始可與論議〕.

폭군은 세상이 염탐꾼의 소굴이기를 바란다.

사람들이 저마다 눈밝음을 안에 간직한다면〔彼人含其明〕

세상은 들끓지 않으며〔則天下不鑠矣〕,

저마다 귀밝기를 안에 간직한다면〔人含其聰〕

천하는 걱정하지 않으며〔則天下不累矣〕,

저마다 지식을 안에 간직한다면〔人含其知〕

천하는 혼란해지지 않으며〔則天下不惑矣〕,

저마다 덕을 안에 간직한다면〔人含其德〕 세상은 지나치지 않는다〔則天下不僻矣〕.

성경에도 왼손이 한 일을 오른손이 모르게 하란 말씀이 있다.

만일 위에 있는 자가 지식을 좋아하고 도를 무시한다면〔上誠好知而無道〕
세상은 큰 혼란에 빠지고 만다〔則天下大亂矣〕.

도(道)를 동고동락(同苦同樂)으로 풀이해도 무방하겠다.

수더분한 백성을 버리고〔舍種種之民〕
경박한 말재주를 반기며〔悅夫役役之佞〕,
편안하고 맑은 무위를 버리고〔釋夫恬淡無爲〕
떠벌리는 말들을 반긴다〔而悅夫諄諄之意〕.

우리를 두고 흉보는 것 같아 고개를 못 들겠다.

外篇 4

재유(在宥)

요잡 마음이 편하고〔恬〕 기뻐야〔愉〕 덕(德)이다.

입문 만물이 원하는 대로 그냥 두라.

용서하라. 사랑하라. 놓아 주라. 풀어 주라. 태어난 그대로 있는 그대로 내버려 두라. 간섭하지 말라. 자유(自由)를 환호하라. 이 모든 소유(所遊)들이 무위(無爲)요 자연(自然)이요 천방(天放)이다. 자연을 누려라. 그러면 재유(在宥)이다. 한도 끝도 없이 자유를 누린다〔在宥〕 함은 자연에 안겨 삶을 누린다는 천방(天放)과 같다.

재유(在宥)도 자연을 설(說)하고 천방(天放)도 자연을 설한다. 무엇이 무엇을 다스린단 말인가. 삼라만상을 왕래(往來)하게 하는 도마저도 이래라 저래라 하지 않거늘 어느 무엇이 천하를 다스린다 말하는가. 오히려 만물이 원하는 대로 그냥 두라. 그러면 절로 상덕(常德)이다. 목장(牧場)을 만들어 목축(牧畜)을 해도 안 되거늘 어찌 천하를 다스려 목민(牧民)을 하겠다 하는가. 「재유(在宥)」편의 우화들은 목민(牧民)하겠다는 인위(人爲)를 질타한다. 듣다 보면 다산(茶山)의 『목민심서(牧民心書)』도 부질없어 보인다. 천사(天食)를 실제로 따른 임금이 없기 때문이다. 자연이 백성을 먹여 준다〔天食〕는 말을 의심하지 말라. 그러면 덕(德)이 멀어진다. 덕이 멀어지면 인위가 기승을 부린다. 그러면 살기가 어렵고 험하고 흉흉하다. 이를 「재유(在宥)」편의 우화들이 곱씹어 보라 한다.

1. 요(堯)임금도 천하를 불편하게 했다

【우화(寓話)】

천하를 있는 그대로 내버려 둔다는 말은 들었지만〔聞在宥天下〕 천하를 다스린다는 말은 듣지 못했다〔不聞治天下也〕. 본래 그대로 있게 하는 것은〔在之也者〕 천하가 본래 그대로를 망칠까 봐 염려하기 때문이고〔恐天下之淫其性也〕, 그대로 놓아 두는 것은〔宥之也者〕 천하가 본래의 덕을 바꿀까 봐 걱정되기 때문이다〔恐天下之遷其德也〕. 천하가 본래 그대로를 망치지 않고〔天下不淫其性〕 그 덕을 바꾸지 않는다면〔不遷其德〕 새삼 천하를 다스릴 것이 있겠는가〔有治天下者哉〕. 옛날〔昔〕 요(堯)임금이 천하를 다스리는 일이〔堯之治天下也〕 세상을 기쁘게 하고〔使天下欣欣焉〕 사람들로 하여금 그 본성을 즐기게 했다지만〔人樂其性〕, 그 천하가 편안한 것은 아니었다〔是不恬也〕. 걸왕이 천하를 다스리는 짓이〔桀之治天下也〕 천하를 고달프게 하고〔使天下瘁瘁也〕, 사람들로 하여금 그 본성을 괴롭히게 하였는데〔人苦其性〕 이는 불쾌한 것이었다〔是不愉也〕. 편안하지 못하고 불쾌한 것은 어느 것이든〔夫不恬不愉〕 덕이 아니다〔非德也〕. 덕이 아니면서〔非德也〕 오래 갈 수 있는 것은〔而可長久者〕 천하에 없다〔天下無之〕.

宥:놓을 유　恐:두려워할 공　淫:미혹할 음　遷:옮길 천　欣:기뻐할 흔
恬:편안해 조용할 염　瘁:고달플 췌　愉:기뻐할 유　久:오래갈 구
堯(요):삼황오제의 한 분으로 도당씨(陶唐氏)라고도 함. 성씨는 이기(伊祁) 이름은 방훈(放勳). 요(堯)는 높고(高) 풍요롭다(饒)는 뜻이 있음
桀(걸):고대 하(夏)나라 마지막 임금. 성은 사(姒) 이름은 이계(履癸). 재위 당시 황음무도(荒淫無道)하여 경궁(傾宮)과 요대(瑤臺) 옥문(玉門)을 짓고 포악한 정치를 한 폭군

莊子 ● 外篇

【담소(談笑)】

자연(自然)이면 그만이다. 스스로[自] 그대로이면[然] 된다. 더도 덜도 필요 없다. 그런데 인간이 세상을 다스린다고 하여 세상이 불편하고 고달프다. 불편한 세상 고달픈 세상은 자연이 아니다. 인위(人爲)가 세상을 그렇게 만들 뿐이다. 왜 사람의 짓이 세상을 불편하고 고달프게 하는가? 재지(在之)를 거부하고 유지(宥之)를 못 참기 때문이다.

태어난 그대로 있다. 이를 일러 재지(在之)라 한다. 있는 그대로 놓아 둔다. 이를 일러 유지(宥之)라 한다. 좋으면 더하고 싫으면 덜어내는 것은 자연이 아니다. 세상을 편안하게 한 요(堯)임금 같은 성군(聖君)이나, 세상을 고달프게 한 걸왕(桀王) 같은 폭군(暴君)이나, 모두 세상을 다스린다는 이유로 세상 사람을 편안히 그대로 내버려 두지 않았다. 그래서 성군도 비덕(非德)이요 폭군도 비덕(非德)이다.

알맞게 자유롭게 하면 덕(德)이다. 알맞게 편안하게 하면 덕이다. 알맞게 기쁘게 하면 덕이다. 알맞게 즐겁게 하면 덕이다. 덕의 모습은 싱싱하고 무성한 삼라만상(森羅萬象)에서 그대로 드러난다. 생명을 긍정하고 사랑하는 것이면 다 덕으로 통한다. 이러한 덕을 재지(在之)와 유지(宥之)로 표현하고 있는 셈이다. 비덕(非德)을 범하지 말라. 그러면 부덕(不德)에서 벗어난다. 지나치고 기울면 부덕이다. 부덕(不德)을 면하려면 우제용(寓諸庸)을 잊지 말아야 할 것이다. 요(堯)임금이 그랬더라면 노장(老莊)도 그를 일러 성군이라 했을 것이다.

요지치천하(堯之治天下) 사천하흔흔언(使天下欣欣焉)하여 인락기성(人樂其性)이라지만 시불염(是不恬)이라. 이 대목에서 낙이불염(樂而不恬)이면 비덕(非德)이란 뜻을 알게 돼 새삼 사무친다. 임금이 있다는 자체에 불안한 면이 있으니 즐겁더라도[樂] 마음이 편치 못하다[不恬]. 그러면 덕이 아니다[非德]. 염(恬)은 정(靜)으로 통한다.

요(堯)임금에 이르러 제도문물이 갖추어져 교화(敎化)가 시작되었으니 이때부터 그대로 둘 것[在之]을 사람의 뜻대로 고쳐 천하를 다스리기 시작한 셈이다. 이를 들어 공자(孔子)가 유가(儒家)의 이상적인 성군으로 요(堯)를 칭송한 이래, 유가는 요임금을 덕(德)으로 백성을 교화하여 무위(無爲)의 정치를 행하고 덕치주의(德治主義)에 성공한 이상적인 군주로 받들어 왔다. 그러나 요임금이 폈다는 무위(無爲)의 덕치(德治)를 무위 자연의 무위로 오해해서는 안 된다.

유가에서 말하는 무위(無爲)란 인위(人爲)의 공평(公平)을 뜻하지, 자연의 용내공(容乃公)으로 통하는 무위(無爲)가 아니기 때문이다. 노자(老子)가 밝힌 용내공(容乃公)은 자연의 공평(公平)이다. 그러자면 나를 버려야 하고[舍己] 내가 없어야 하며[無身] 사사로움이 없어야[無親] 하므로 인간의 뜻이 없어야 한다. 인간의 뜻을 없애면 유가는 소멸한다. 그러니 이 우화는 유가를 난타하고 있는 셈이다.

걸지치천하(桀之治天下) 사천하췌췌(使天下瘁瘁)하여 인고기성(人苦其性)이니 시불유(是不愉)라. 이 대목 역시 낙이불유(樂而不愉)면 비덕(非德)이라는 뜻을 다시금 생각하게 한다. 걸(桀)은 하(夏)나라 마지막 임금으로 황음무도(荒淫無道)하여 경궁(傾宮)과 요대(瑤臺) 옥문(玉門)을 짓고 포악한 정치를 하다가, 상(商)나라 탕(湯)왕에게 패하여 남소(南巢)로 도망가 죽었다. 폭군은 백성을 병들고 고달프게 하는 짓[瘁]을 범하기 때문에 백성이 유쾌한 마음[愉]을 누릴 수 없다. 그런 세상은 병들어 비덕(非德)이다. 췌(瘁)는 병(病)으로 통한다.

요순(堯舜)은 성군이고 걸주(桀紂)는 폭군이라는 유가의 도식

(圖式)은 노장의 무위로 보면 부질없는 구분일 뿐이다. 병 주고 약 주는 유가여. 세상을 다스린다고 말하지 말라. 어찌 걸주(桀紂)의 천하만 비덕(非德)이겠는가. 요순(堯舜)의 천하도 인위(人爲)로 다스려지니 그 또한 비덕(非德)이 아닌가. 이렇게 이 우화는 유가를 난타하고 있다.

걸(桀)과 더불어 주(紂) 역시 인위(人爲)의 극치를 보여 준다. 걸주(桀紂)를 묶어서 만나야 비로소 인간의 욕(欲)이 얼마나 무서운지를 알 수 있다. 상(商)나라 마지막 임금이라는 주(紂)의 본명은 수(受)로 제신(帝辛) · 은주(殷紂) · 제주(帝紂)라고도 불리는데, 죽어서도 주(紂)라는 시호(諡號)를 받았으니 폭군이란 오명을 저승까지 가지고 간 셈이다.

황음주색(荒淫酒色)에 놀아나며 포악한 정치를 했던 주(紂)는 미자(微子)의 거듭된 간언(諫言)을 마다했고, 비간(比干)의 충간(忠諫)을 듣고는 그의 몸을 가르고 심장을 도려내 강물에 던졌으며, 두려워 미친 척하는 기자(箕子)를 노예로 삼고 가두었다. 이후 상(商)나라 태사(太師)와 소사(少師)가 제기(祭器)와 악기(樂器)를 갖고 주(周)나라로 도망가자 이를 구실로 삼은 주(周) 문왕(文王)의 토벌로 목야(牧野)에서 패했으며, 녹대(鹿臺)로 올라가 보옥(寶玉)의 옷을 입고 불 속에 뛰어들어 죽었다.

2. 왜 치세(治世)란 것이 범보다 무서운지 알겠다

【우화(寓話)】

사람이 지나치게 기뻐하면〔人大喜邪〕 양에 치우치게 되고〔毗於陽〕, 사람이 지나치게 노하면〔人大怒邪〕 음에 치우치게 된다〔毗於陰〕. 음과 양이 서로 치우치면〔陰陽幷毗〕 네 계절이 어지러워져

〔四時不至〕춥고 더움이 엉망이 되고〔寒暑之和不成〕, 사람의 몸을 상하게 하는 꼴이 된다〔其反傷人之形乎〕. 그리하여 사람은 기쁨과 성냄의 균형을 잃어버리고〔使人喜怒失位〕 몸둘 바를 모르며〔居處無常〕, 스스로 깊이 생각할 수 없게 되어〔思慮不自得〕 지나침과 모자람이 없는 경지를 이룰 수 없게 된다〔中道不成章〕. 이렇게 되어〔是於乎〕 천하에는 불평 불만이 시작되었고〔天下始喬詰卓鷙〕 그런 뒤로 도척(盜跖)과 증삼(曾三)과 사추(史鰌)의 짓거리가 생겼다〔而後盜跖曾史之行〕. 그래서〔故〕 온 세상이 착한 것을 칭찬하려 해도 부족하게 되고〔擧天下以賞其善者不足〕, 온 세상이 악한 것을 벌주려 해도 부족하게 되었다〔擧天下以罰其惡者不給〕. 그렇기 때문에〔故〕 세상이 아무리 커도 상벌을 주기에 부족하다〔天下之大不足以賞罰〕. 하 · 은 · 주 삼대 이후로〔自三代以下者〕 그렇게 큰소리치며〔匈匈焉〕 끝까지 상벌로 다스리길 일삼았지만〔終以賞罰爲事〕, 그런 짓 따위로 사람이 본래 태어난 그대로의 모습을 편히 할 수 있겠느냔 말이다〔彼何暇安其性命之情哉〕.

눈이 밝기를 그렇게 좋아한대서야〔而且說明邪〕. 이는 빛깔에 현혹된다〔是淫於色也〕. 귀가 밝기를 그렇게 좋아한대서야〔說聰邪〕. 이는 소리에 현혹된다〔是淫於聲也〕. 인을 그렇게 좋아한대서야〔說仁邪〕. 이는 덕을 어지럽힌다〔是亂於德也〕. 의를 그렇게 좋아한대서야〔說義邪〕. 이는 본래의 이치를 어긴다〔是悖於理也〕. 예를 그렇게 좋아한대서야〔說禮邪〕. 이는 기교에 빠진다〔是相於技也〕. 낙을 그렇게 좋아한대서야〔說樂邪〕. 이는 음탕에 빠진다〔是相於淫也〕. 성을 그렇게 좋아한대서야〔說聖邪〕. 이는 재주에 빠진다〔是相於藝也〕. 지를 그렇게 좋아한대서야〔說知邪〕. 이는 상처를 입는다〔是相於疵也〕.

온 세상이 본래의 모습에 편안히 머물러 있는다면〔天下將安其性命之情〕, 이 여덟 가지는〔之八者〕 있어도 그만이고〔存可也〕 없어도 그만이다〔亡可也〕. 그러나 온 세상이 본래의 모습에 편안히 머물러 있지 못한다면〔天下將不安其性命之情〕, 이 여덟 가지가〔之八者〕 이내 오그라지고 말리고 얽혀 들기 시작해서〔乃始臠卷獊囊〕 세상을 어지럽힌다〔而亂天下也〕. 그리고 세상은 이것들을 존경하고 못내 아쉬워하다가〔而天下尊之惜之〕 심하게 치우쳐 버린다〔甚矣〕. 온 세상의 어리석음이〔天下之惑也〕 어찌 이것들을 곧장 스쳐 지나가겠는가〔豈直過而去之邪〕. 나아가 심신을 가다듬어 팔자(八者)를 말하고〔乃齋戒以言之〕 무릎 꿇어 절하면서 이것들을 받들고〔跪坐以進之〕 북 치고 노래부르며 팔자를 춤춘다〔鼓歌以儛之〕. 이런데 내가 어쩌란 말인가〔吾若是何哉〕.

毗 : 치우칠 비   寒 : 찰 한   暑 : 더울 서   怒 : 성낼 노   反 : 도리어 반
章 : 글 장   喬 : 높을 교   詰 : 꾸짖을 힐   卓 : 뛰어날 탁   熱 : 사나울 지
賞 : 칭찬할 상   罰 : 처벌할 벌   匈 : 떠들썩할 흥   臠 : 오그라질 련
卷 : 힘이 센 활 권   獊 : 어지러울 창   尊 : 높일 존   惜 : 아낄 석
囊 : 주머니 낭. 여기서는 어지러울 녕(攘)의 의미   惑 : 미혹할 혹
齋 : 공경할 재   跪 : 무릎꿇고 절할 궤   儛 : 춤출 무. 무(舞)와 같음
曾三(증삼) : 천하에서 제 눈이 제일 밝다고 자랑을 일삼은 사람
史鰌(사추) : 천하에 제 귀가 제일 밝다고 자랑한 사람

【담소(談笑)】

이 우화는 우제용(寓諸庸)의 마음가짐을 생각나게 한다. 알맞게 마음 쓰기에〔諸庸〕 머물러라〔寓〕. 그러면 비(毗)를 범하지 않을 것이다. 더도 덜도 말고 알맞게 마음 쓰고 행동하라 함이 용(庸)이다. 이를 어기면 곧장 비(毗)가 된다. 지나치게 더해도 비(毗)요 지나치게 덜어도 그 또한 비(毗)가 되니 비(毗)란 결국 팔

이 안으로 굽는다는 사친(私親)인 셈이다. 그러나 인간은 용(庸)을 멀리하려 하고 비(毗)를 좋아한다. 이 또한 욕(欲)이다. 욕(欲)이 곧 인위로 이어진다. 그 욕이 인간의 타고난 참모습[性命之情]을 상실하게 한다. 바로 여기서 탈이 생긴다.

음양병비(陰陽幷毗). 이보다 더한 재앙(災殃)은 없다. 음양(陰陽)은 우주 삼라만상을 움직이는 기운(氣運)이다. 음양의 움직임을 조화(造化)라고 보면 된다. 음양이 서로 화합하지 않고 서로 지나치거나 처져 화합이 깨진다고 상상해 보라. 그러나 사람만 제외하면 걱정할 것이 없다. 오로지 사람만이 음양의 화합을 깨려고 하기 때문이다. 타고난 참모습[性命之情]이란 음양화합(陰陽和合)을 뜻하고, 그 참모습을 잃어버린다 함은 음양병비(陰陽幷毗)를 뜻한다. 그러니 천지에는 욕이 없다[無欲] 함은 곧 천지의 음양화합(陰陽和合)을 뜻하는 셈이고, 인간한테만 욕이 있다[有欲] 함은 인간의 음양병비(陰陽幷毗)를 뜻하는 셈이다. 기운 아닌 것이 없다. 마음 쓰기가 곧 인간의 기운이다. 그 기운이 균형을 잃는 것이 욕(欲)이다.

도척증사지행(盜跖曾史之行). 이를 걸척증사지행(桀跖曾史之行)으로 보자는 설도 있다. 황음(荒淫)하여 무도(無道)한 폭군 걸(桀)이든, 재물을 훔치는 도척(盜跖)이든, 눈밝다고 자랑하는 증삼(曾三)이든, 귀밝다고 자랑하는 사추(史鰌)든 간에 이들은 우화 속에서 인간의 탐욕(貪欲)을 거짓으로 드러내는 인물들이다. 욕(欲)이 없는 척하며 사나운 욕(欲)을 부리는 짓거리가 탐욕이다. 그러니 걸주(桀紂) · 도척(盜跖) · 증삼(曾三) · 사추(史鰌) 등은 음양병비(陰陽幷毗)의 화신(化身)들이다.

교힐탁지(喬詰卓鷙). 인간이 교(喬)와 힐(詰), 탁(卓)과 지(鷙) 등의 버릇을 부리면서 걸(桀) · 척(跖) · 증(曾) · 사(史) 등과 같은 소인배가 나타나기 시작했다는 이 우화가 지식욕에 들뜬 인간상을 반성하게 한다. 제 자랑하는 짓이 교(喬)요 남을 꾸짖는 짓이 힐(詰)이다. 교힐(喬詰)은 남보다 제가 잘났다 하는 소인배의 오만(傲慢)이다. 남달리 행동하는 짓이 탁(卓)이고, 남에게 사납게 구는 짓이 지(贄)다. 탁지(卓贄) 역시 남보다 제가 잘났다는 소인배의 오기(傲氣)다. 오만과 오기는 소인배의 버르장머리요, 겸손(謙遜)과 겸허(謙虛)는 대인의 도량(度量)이다. 너는 어느 부류(部類)냐? 이렇게 우화가 묻는 듯하다.

왜 노자가 사기(舍己)하라 하고, 왜 장자가 무기(無己)하라 하는지 알 만하다. 왜 공자가 수기(修己)하라 하고, 왜 맹자가 수기(守己)하라 하는지 알 만하다. 노장(老莊)은 열사(列士 : 소인배)가 되지 말라 하고, 공맹(孔孟)은 소인(小人)이 되지 말라 한다. 따지고 보면 성현(聖賢)은 다 한길로 통하는 셈이다. 어느 성현이든 교힐탁지(喬詰卓贄)를 범하지 말라고 한 것은 이보다 더한 비덕(非德)이 없기 때문이다.

그래서 위의 우화는 비덕(非德)을 조장하는 인위(人爲)의 요소가 무엇인지를 밝히고 있다. 유가(儒家)가 숭상하는 열명(說明)·열총(說聰)·열인(說仁)·열의(說義)·열예(說禮)·열락(說樂)·열성(說聖)·열지(說知)가 바로 그것이다. 이 여덟 가지를 줄여 유가의 팔자(八者)라고 불렀으면 한다. 불가(佛家)에서 멀리하라는 팔풍(八風)처럼 열명(說明)·열총(說聰)·열인(說仁)·열의(說義)·열예(說禮)·열락(說樂)·열성(說聖)·열지(說知)의 모든 열(說)을 버려라. 이렇게 우화는 요구하고 있다.

여기서 열(說)은 중도(中道)를 버리고 비(毗)를 뜻한다고 새길 수 있다. 즉 유가는 중용을 주장하면서도 따지고 보면 그 중용을 어기고 있다는 말로 해석할 수 있다. 그래서 유가를 향해 중용에 머물라〔寓諸庸〕고 한 셈이다. 왜 이 우화가 유가의 팔자(八者)를 질타하는가? 팔자(八者) 때문에 인간이 자연과 하나 되어 살기

〔玄同〕를 마다하기 때문이다.

　현동(玄同)은 바로 내가 자연과 하나 되는 것이다. 현동(玄同)이면 곧 도덕(道德)으로 통한다. 현동은 만물은 다 같다는 제물(齊物)을 향하므로 대일(大一)·위일(爲一)·천일(天一)과 통한다. 그래서 이 우화는 한사코 치우치려는 인위(人爲)와 치우치지 않으려는 무위(無爲)를 함께 생각하게 한다. 인간의 덕이 곧 자연의 덕이 되면 무위(無爲)요, 자연의 덕과 인간의 덕을 분별하면 곧 인위(人爲)다. 말하자면 이 우화는 유가의 팔자(八者)에서 인위가 비롯된다는 것을 살피게 한다.

　특히 열명(說明)과 열총(說聰)을 새겨들어야 한다. 도가(道家)와 유가(儒家) 모두 인간의 총명(聰明)을 말하기 때문이다. 그러나 이들이 말하는 총명(聰明)은 같은 것은 아니다. 유가는 열명(說明)과 열총(說聰)을 들지만, 도가는 함명(含明)과 함총(含聰)을 들기 때문이다.

　함명(含明)·함총(含聰)의 함(含)은 명(明)·총(聰)을 머금고 품는다는 뜻이다. 이는 내가 명(明)을 머금어 품고, 내가 총(聰)을 머금어 품는다는 말이다. 함(含)은 명(明)·총(聰)을 드러내지 않는 것이다. 열명(說明)·열총(說聰)을 비웃는 이 우화가『노자(老子)』12장과 22장을 떠올리게 한다.

　『노자』12장에 이런 말이 있다. "오색령인목맹(五色令人目盲) 오음령인이롱(五音令人耳聾) 오미령인구상(五味令人口爽)." 오색(五色)은 사람의 눈을 멀게 한다〔五色令人目盲〕. 오색(五色:靑·黃·赤·白·黑)에 치우쳐 색깔을 못 보게 되면 장님이다. 오음(五音)은 사람의 귀를 멀게 한다〔五音令人耳聾〕. 오음(五音:宮·商·角·徵·羽)에 치우쳐 소리를 못 듣게 되면 귀머거리다. 오미(五味)는 사람의 입맛을 버려 놓는다〔五味令人口爽〕. 오미(五味:酸·鹽·甘·苦·辛)에 치우쳐 맛을 못 본다면 멍텅구리다.

『노자』 22장에 이런 말도 있다. "부자현고명(不自見故明) 부자시고창(不自是故彰) 부자벌고유공(不自伐故有功) 부자긍고장(不自矜故長) 부유부쟁(夫惟不爭)." 자기를 드러내지 않아서 자기를 밝게 한다〔不自見故明〕. 자기만 옳다 하지 않아서 속에 숨겨 둘 것이 없다〔不自是故彰〕. 분명하여 의심할 바 없다는 것이 창(彰)이다. 제 자랑을 하지 않아 공이 절로 드러난다〔不自伐故有功〕. 잘난 척하지 않아서 장하다〔不自矜故長〕. 항상 의젓하고 어질고 착함이 장(長)이다. 누가 이렇게 한단 말인가? 바로 성인이 그렇게 한다고 노자는 단언한다. 이런 성인의 모습을 일러 노자는 포일(抱一)이라고 했다. 그러니 포일(抱一)은 곧 함명(含明)하고 함총(含聰)하라 함이요, 열명(說明)하거나 열총(說聰)하지 말라 함이다.

열명(說明)의 열(說)은 기뻐한다는 말이다. 열명의 명(明)은 눈 밝기를 뜻한다. 그러나 열명(說明)의 명(明)은 함명(含明)의 명(明)이 아니다. 열명의 명(明)은 한사코 바깥 사물〔色〕만을 살피도록 현혹하기 때문이다. 그러니 열명(說明)은 남에게 과시하기를 좋아하는 버릇과 통한다. 그러면 두 눈이 밝은 얼굴에 붙어 있어도 아무것도 못 보는 장님 꼴이다.

열총(說聰)의 총(聰) 역시 함총(含聰)의 총(聰)이 아니다. 열총의 총(聰)은 바깥 소리〔聲〕에 현혹되어 엿듣고 살피기를 좋아하는 나머지 염탐하는 버릇에 빠지게 한다. 바깥 소리를 살피고 엿듣는 데 매달리면 헐뜯고 헤집기 쉽고, 결국 무고(誣告)한 짓거리를 일삼다 제 소리 듣기〔含聰〕를 못한다. 그러면 밝은 귀를 달고서도 아무것도 못 듣는 귀머거리 꼴이다.

열인(說仁). 인(仁)을 기뻐하는가? 그러나 그 기뻐함을 지나치게 탐하지 말라. 인(仁)을 기뻐하다 지나치면 불인(不仁)도 되고 비인(非仁)도 된다. 어질다 하면서 모진 사람들이 많다. 이런 경우가 인의 지나침이다〔說仁〕.

열의(說義). 의(義)를 기뻐하는가? 그러나 그 기뻐함을 지나치게 탐하지 말라. 의(義)를 기뻐한 나머지 지나쳐 불의(不義)도 되고 비의(非義)도 된다. 의롭다 하면서 험한 사람들이 많다. 이런 사람들의 경우도 의(義)의 지나침이다〔說仁〕.

열예(說禮). 예(禮)를 기뻐하는가? 그러나 그 기뻐함을 지나치게 탐하지 말라. 예(禮)를 기뻐하다 지나치면 불례(不禮)도 되고 비례(非禮)도 된다. 하기야 결례(缺禮)나 무례(無禮)를 범하면서도 예를 입에 달고 사는 사람들이 많다. 이런 경우도 예의 지나침이다〔說禮〕. 그래서 『예기(禮記)』의 「낙기(樂記)」에서 예승즉리(禮勝則離)라 하였다. 예를 지나치게 탐하면 서로 멀어진다〔禮勝則離〕.

열락(說樂). 낙(樂)을 기뻐하는가? 그러나 그 기뻐함을 지나치게 탐하지 말라. 낙(樂)을 기뻐한 나머지 지나치면 낙(樂)이 불락(不樂)도 되고 비락(非樂)도 된다. 방탕하고 타락하는 사람들이 왜 생기는가? 낙(樂)의 지나침 탓이다. 그래서 「낙기(樂記)」에서도 낙승즉류(樂勝則流)라 했다. 낙을 지나치게 탐하면 방탕해진다〔樂勝則流〕.

열성(說聖). 성(聖)을 기뻐하는가? 그러나 그 기뻐함을 지나치게 탐하지 말라. 성(聖)을 기뻐한 나머지 지나치면 불성(不聖)도 되고 비성(非聖)도 된다. 성인을 빙자해 득(得)을 보려는 사람들이 너무도 많다. 성(聖)에 맹종하는 까닭에 성(聖)이란 미명 아래 위선이 넘친다.

열지(說知). 지(知)를 기뻐하는가? 그러나 그 기뻐함을 지나치게 탐하지 말라. 지(知)를 기뻐하다 지나치면 부지(不知)도 되고 비지(非知)도 된다. 여기서 부지(不知)란 안다고 하면서 실제로는 모르는 것이다. 이것을 노장(老莊)의 부지(不知)와 혼동하지 않아야 한다. 노장의 부지(不知)는 인지(人知), 즉 소지(小知)를

멀리하고 대지(大知)를 따른다[不知]는 말이다. 모르면서 아는 척
하는 인간들이 너무나 많다. 이런 사람들의 경우도 지의 지나침이
다[說知].

위와 같은 유가의 팔자(八者)를 인위(人爲)의 모습으로 보아도
되리라. 이러한 팔자의 해악은 「마제(馬蹄)」편에서 이미 다음과
같이 들어본 바 있다. "무릇 덕이 지극한 세상에서는[夫至德之世]
새와 짐승과 같이 살았고[同與禽獸居] 만물과 함께 몰려 어울려
살았다[族與萬物幷]. 어찌 군자니 소인이니 가릴 줄 알았겠나[惡
乎知君子小人哉]. 다 함께 무지했고[同乎無知], 덕이 떠나지 않아
[其德不離] 다 함께 무욕했다[同乎無欲]. 이를 일러 소박하다 했
다[是謂素樸]. 꾸밈없이 있는 그대로였으니 백성은 본성을 지녔다
[素樸而民性得矣]. 급기야 성인이 나타나[及至聖人] 애쓰고 힘들
여 인을 행하고[蹩躠爲仁], 이리저리 동동거리며 의를 행해서[踶
跂爲義] 세상이 의심하기 시작했다[而天下始疑矣]. 마구 질펀하게
악을 행하고[澶漫爲樂] 가려내 치우치게 예를 행해[摘僻爲禮] 세
상이 분별하기 시작했다[而天下始分矣]."

팔자(八者)의 작태(作態)를 음(淫)·패(悖)·상(相)으로 밝히
고 있다. 이렇듯 음(淫)하면 탐닉(眈溺)한다. 그러면 절로 현혹되
어 제 정신[性命]을 빼앗긴다. 그래서 사람이 미친다. 미치면 도
리(道理)를 버린다. 음(淫)해서 미치면 도리(道理)에 어긋나 세상
이 어지러워진다.

패(悖)하면 어그러지고 어긋나 제 정신을 못 차리게 된다. 그래
서 사람은 미친다. 패(悖) 또한 세상을 어지럽힌다. 난(亂)이야말
로 세상을 흔든다. 난(亂)은 철저하게 덕을 짓밟는다.

여기서 상(相)의 속뜻은 함께 휘말리다 홀려 빠져 버린다는 것
이다. 홀리면 제 정신을 잃어버린다. 본성을 떠나면 변태(變態)가
되기 마련이다. 그러므로 상(相) 역시 세상을 어지럽힌다.

세상은 사람만 사는 곳이 아니다. 만물이 더불어 오순도순 살다 죽는 곳이 이 세상이다. 그러나 인위(人爲)가 엮어 내는 팔자(八者) 때문에 세상이 어지럽고 아파한다. 그래서 이 우화는 소리친다. 인위를 물리쳐라.

인위가 온 세상을 잡고 흔든다. 유가는 팔자(八者), 즉 명(明)·총(聰)·인(仁)·의(義)·예(禮)·낙(樂)·예(藝)·지(知)를 앞세워 치세(治世)한다고 큰소리친다. 이 우화는 이런 치세를 통탄하고 있다. 팔자의 치세를 앞세워 세상을 어지럽히고 현혹하지 말라. 오로지 재지(在之)하고 유지(宥之)하라. 있는 그대로 있게 할 것[在之]이요 있는 그대로 놓아 둘 것[宥之]이다. 그러나 세상은 이 팔자 앞에서 사족을 못 쓰고 있으니 '낸들 이를 어쩌란 말이냐[吾若是何哉]'고 통탄하는 사람은 누구일까? 노자(老子)라고 해도 좋고 장자(莊子)라고 해도 좋다.

3. 사람의 마음을 다루지 말라

【우화(寓話)】

최구(崔瞿)가 노담(老聃)에게 물었다[崔瞿問於老聃曰]. "천하를 다스리지 않는다면[不治天下] 어찌 사람의 마음을 착하게 하겠습니까[安臧人心]." 노담이 대답했다[老聃曰]. "자네는 사람의 마음을 구속하지 않도록 삼가게[汝愼無攖人心]. 사람의 마음은 억누르면 내려가고[人心排下] 치켜세우면 올라간다네[而進上]. 오르락내리락하는 데 묶여 죽을 지경이지[上下囚殺]. 굳센 것을 유연하게 하여 부드럽게 하고[淖約柔乎剛彊] 날카로움이 상처를 내면서 갈고 닦지[廉劌彫琢]. 열이 오르면 불길로 애태우고[其熱焦火] 차면 얼음처럼 꽁꽁 얼지[其寒凝冰]. 재빠르기가 고개를 들어

올리는 순간에도〔其疾俛仰之間〕 사해 밖을 두 번이나 덮을 정도라네〔而再撫四海之外〕. (마음먹기가) 머문다면〔其居也〕 연못같이 고요하고〔淵而靜〕, (마음먹기가) 움직인다면〔其動也〕 둥둥 떠올라 하늘이지〔縣而天〕. 막을 수 없게 치달아 매둘 수 없는 게야〔僨驕而不可係者〕. 이런 것들이야말로 사람의 마음이 아니겠나〔其惟人心乎〕."

臧:착할 장　愼:삼갈 신　攖:구속할 영　排:밀칠 배　囚:가둘 수
殺:죽일 살　淖:부드러울 작　約:합칠 약　柔:부드러울 유　剛:굳셀 강
彊:힘셀 강　廉:곧을 염　劌:상처 입힐 귀　焦:애태울 초　寒:찰 한
凝:엉길 응　冰:얼음 빙　疾:급할 질　俛:고개 숙일 면　仰:고개 들 앙
間:사이 한　撫:덮을 무　居:머무를 거　淵:못 연　縣:높이 걸릴 현
僨:움직일 분　驕:잘난 체할 교　係:걸릴 계
老聃(노담):노자의 별칭　崔瞿(최구):노자의 제자　彫琢(조탁):갈고 닦음

【담소(談笑)】

　사람의 변화무쌍한 마음을 말하고 있다. 신영인심(愼攖人心)에서 신(愼)과 영(攖)을 헤아려 본다. 신(愼)은 삼가라는 말이다. 이는 마음을 함부로 하지 말라 함이다. 함부로 경솔하게 굴지 말라 함이요, 조심스럽게 살펴 어긋나지 않게 하라 함이다. 무엇을 범하지 말라 함인가? 영인심(攖人心)이다.

　영인심(攖人心)의 영(攖)을 촉(觸)이나 인(引)으로 보거나, 영(攖)이 영(嬰)으로 보는 설도 있다. 영(攖)이 촉(觸)과 통한다면 영인심(攖人心)은 사람의 마음을 건드려 어떻게 해본다는 뜻이 된다. 영(攖)을 인(引)으로 본다면 영인심(攖人心)은 사람의 마음을 원하는 대로 끌어들이려는 뜻으로 통할 것이고, 영(攖)이 영(嬰)을

대신한다면 영(攖)은 더한다는 가(加)도 되고 찔러본다는 촉(觸)도 되고 둘러맨다는 요(繞)도 된다. 하여튼 영인심(攖人心)은 사람의 마음을 이용해 보려 한다는 뜻이다.

영인심(攖人心)을 삼가라. 사람의 마음을 다루려 하지 말라. 사람의 마음을 다스리려는 짓을 말라. 다스리는 짓〔治〕은 결국 사람의 마음을 이용하겠다는 속셈에서 비롯된다. 팔자(八者)가 바로 인심을 묶어 매려는 수법이다. 사람의 마음을 다스려 보겠다고 생각하지 말라. 인심불가계(人心不可係)인 까닭이다. 사람의 마음〔人心〕은 잡아맬 수 없다〔不可係〕. 그저 있는 그대로 놓아 두라. 그러므로 영인심(攖人心)을 삼가라 함은 인심의 재유(在宥)요 인심의 무위(無爲)요 인심의 자연(自然)이다. 인심을 천방(天放)하라. 그러면 여론을 만들고 조작하려는 무리는 전멸한다.

4. 요(堯)임금이 신하를 배척하고 추방했다

【우화(寓話)】

옛날〔昔者〕 황제가 나타나 인의로 사람의 마음을 구속하기 시작했다〔皇帝始以仁義攖人之心〕. 요순도 그렇게 하느라 허벅지에 살이 붙질 못했고 정강이에 털이 남아나지 못했다〔堯舜於是乎股無胈脛無毛〕. 그렇게 애써서 세상을 돌보려고〔以養天下之形〕 오장이 상하도록 인의를 행했고〔愁其五臟以爲仁義〕, 건강을 해치면서 법도를 만들었다〔矜其血氣以規法度〕. 그러나 그렇게 했다고 해서 잘한 것 같지 않았다〔然猶有不勝也〕. 요임금은 환두를 남쪽의 숭산으로 추방했고〔堯於是放驩兜於崇山〕, 삼묘를 서쪽의 삼위로 몰아냈으며〔投三苗於三峗〕, 공공을 북쪽의 유도로 유배 보냈다〔流共工於幽都〕. 이로 보아 천하를 감당할 수 없었던 것이 아닌가〔此

不勝天下也〕. 무릇 삼왕에 이르러〔夫施及三王〕 온 세상은 크게 놀라게 되었다〔而天下大駭矣〕. 한쪽에선 걸왕(桀王)과 도척(盜跖)이 나타나고〔下有桀跖〕, 다른 쪽에선 증삼(曾三)과 사추(史鰌)가 나타나고〔上有曾史〕, 유가와 묵가도 함께 떨쳐 일어났다〔儒墨畢起〕. 이렇게 되니〔於是乎〕 희로(喜怒)가 서로 의심하고〔喜怒相疑〕, 우지(愚知)가 서로 속이고〔愚知相欺〕, 선부(善否)가 서로 비난하며〔善否相非〕, 탄신이 서로 헐뜯어〔誕信相譏〕 세상이 쇠잔해졌다〔而天下衰矣〕. 대덕은 부동하고〔大德不同〕 성명은 문드러지고 어지러워졌다〔而性命爛漫矣〕. 세상은 지식을 좋아하고〔天下好知〕 백성은 각박해져 갔다〔百姓求竭矣〕.

【담소(談笑)】
　황제(黃帝)는 천하를 다스린다는 장본인. 장자는 이런 치자(治者)를 의심한다. 세상을 다스리겠다면서 무위(無爲)가 아니라 인위(人爲)로 백성의 마음을 묶어 구속하기 때문이다. 장자는 인의(仁義)를 인위(人爲)의 본보기로 여긴다. 무위는 태어난 그대로 놓아 두지만, 인위는 더하고 더는 등 인간의 욕(欲)이 개입해 긁어 부스럼을 만들기 때문이다. 그렇듯 인위는 재유(在宥)를 부정한다.

백성이 치자(治者)를 두려워하는 까닭은 무엇인가? 백성이 원하지도 않는데 자칭 치자라며 나서서 세상을 다스리겠다고 스스로 힘들이며 백성에게 공치사를 강요한다. 백성이 치자에게 고무발(股無胈) 경무모(脛無毛)의 역사(役事)를 강요하는 것은 아니다. 백성의 환심을 사서 그 마음을 구속하여 마음대로 해보려고 치자(治者)라는 위인들이 자진해서 허벅지에 살이 빠지고[股無胈] 정강이털이 다 닳아 없어지도록[脛無毛] 동분서주하는 것이다.

세상을 제 것인 양 착각하는 자들이 있다. 그런 자들을 폭군(暴君)이라고 부른다. 폭군의 표본을 일러 걸(桀) 또는 주(紂)라고 한다. 남의 재물에 제 것인 양 환장하는 놈이 있다. 그런 자들을 도둑이라 한다. 도둑의 본보기를 도척(盜跖)이라고 한다. 남다른 재주가 있다고 제 자랑을 일삼는 건달들이 있다. 눈이 밝다고 자랑하는 증삼(曾參)이나 귀가 밝다고 자랑하는 사추(史鰌)와 다를 바 없다고 이 우화는 유가(儒家)와 묵가(墨家)를 질타한다. 이런 자들은 사람의 마음을 팔자(八者)로 묶어서 수고롭게 만들기 때문이다.

증삼이 자랑하는 명(明), 사추가 자랑하는 총(聰), 그리고 유가의 인의예락예지(仁義禮樂藝知)로 엮인 팔자(八者)가 인심(人心)의 자연을 파괴하여 그 재유(在宥)를 방해한다. 이런 팔자가 인심을 갈라 놓았다. 그래서 있는 그대로의 인심은 현동(玄同)을 떠나 부동(不同)이 되어 어지럽고 소란스럽다.

인심(人心)의 부동(不同)이란 무엇인가? 희로(喜怒)요 우지(愚知)요 선부(善否)요 탄신(誕信) 등이 인심의 부동이다. 부동(不

同)은 동(同)을 부정하므로 한결같지 못하다. 한결같지 않으니 곧 자연에 어긋난 일이다. 그래서 부동(不同)은 역(逆)이다. 자연과 하나 됨을 일러 현동(玄同)이라 한다. 그래서 현동은 순(順)이다. 인심의 현동(玄同)은 일(一)이요 인심의 부동(不同)은 다(多)를 뜻한다. 만물을 하나로 보면 제물(齊物)이요 평등이요 자유요 하나[一]이다. 그러나 만물을 별개(別個)로 보면 차별(差別)이요 시비(是非)요 구속이다.

맞다[是] 하면 기뻐하고[喜] 그르다[非] 하면 성낸다[怒]. 이것이 희로(喜怒)이다. 어리석은 것[愚]과 똑똑한 것[知]으로 나누면 서로 의심하는 일이 생기고, 선한 것[善]과 악한 것[惡]으로 나누면 서로 비난하는 일이 생기며, 거짓말[誕]과 참말[信]로 나누면 서로 헐뜯는 일이 생긴다. 이렇게 되면 대덕(大德)이 깨지고 만다. 대덕이 현동(玄同)이면 그 대덕은 자연의 덕이요, 대덕이 깨지면 덕은 인위(人爲)의 저울추가 된다. 그런 인위의 덕이 병 주고 약 주는 일을 저질러 세상을 어지럽히고 아프게 한다.

5. 황제(黃帝)를 혼내 주는 광성자(廣成子)를 보라

【우화(寓話)】

황제(黃帝)가 두 번 절하고 머리를 조아리며 말했다[黃帝再拜稽首曰]. "광성자께서는 하늘입니다[廣成子之謂天矣]." 광성자가 말했다[廣成子曰]. "이리 와 보시오[來]. 당신에게 말해 주리다[余語女]. 모든 사물에는 다함이 없는데도[彼其物無窮] 인간만 다들 사물에는 끝남이 있다고 하오[而人皆以爲終]. 모든 사물은 한량이 없는데도[彼其物無測] 인간만 다들 사물에는 다함이 있다 하오[而人皆以爲極]. 내 도를 터득한 자는[得吾道者] 위로는 황제가 되고

〔上爲皇〕 아래로는 왕이 되오〔而下爲王〕. 내 도를 잃은 자는〔失吾道者〕 위로는 눈부신 일월의 빛을 보고〔上見光〕 아래로는 흙이 된다오〔而下爲土〕. 지금도 무릇 만물은 흙에서 태어나〔今夫百昌皆生於土〕 흙으로 되돌아가지요〔而反於土〕. 그러니〔故〕 나는 이제 당신과 헤어져〔余將去女〕 다함이 없는 문으로 들어가〔入無窮之門〕 끝남이 없는 벌에서 노닐 것이오〔以遊無極之野〕. 나는 일월과 더불어 빛나고〔吾與日月參光〕 천지와 더불어 한결같을 것이오〔吾與天地爲常〕. 나에게 가까이 와도 무심하고〔當我緡乎〕 나에게서 멀리 떨어져도 무심하오〔遠我昏乎〕. 인간은 다들 죽지만〔人其盡死〕 나 혼자만은 살아 있을 것이오〔而我獨存乎〕.

稽:머리 숙일 계 窮:다할 궁 皆:모두 개 終:끝날 종 測:젤 측
極:다할 극 皇:임금 황 反:돌아갈 반 昏:어두울 혼 盡:다할 진
緡:어두울 혼. 혼(昏)과 함께 혼(惛)의 가차로 봄
百昌(백창):만물이 무성한 모양

【담소(談笑)】

광성자(廣成子)는 도(道)를 터득한 인물로 노자(老子)를 일컫는다는 말도 있다. 여기에서는 자연을 의인화한 인물로 광성자를 등장시켰다고 보면 된다. 유가(儒家)에서는 황제(黃帝)를 최고의 치자(治者)로 여긴다. 이런 황제가 머리를 숙이고 광성자를 천(天)이라고 호칭한다. 더할 바 없는 존칭이다. 천(天)을 흔한 말로 대신하면 선생(先生)이다. 선생은 도(道)를 암시한다. 선천지지생(先天地之生)이라 하여 선생에는 천지보다 먼저 태어났다는 뜻이 있으니 말이다. 천지보다 먼저 태어난 것을 도라고 한다. 그

러니 황제는 광성자를 천(天)이라 일컬어 도(道)의 경지로 모신 셈이다. 유가의 정상이 무릎을 꿇은 격이다.

궁(窮) · 극(極) · 종(終) · 측(測) 등은 모두 한계가 있음을 말한다. 그러나 다하여 끝이 있다는 생각은 인간의 좁은 소견일 뿐, 자연에는 다함도 없고 끝도 없다. 이는 시작과 끝이 따로 없기 때문이다. 시작이 끝이요 끝이 시작인 것을 유생어무(有生於無)라 하던가. 인간은 유(有)만 알려 하고 무(無)는 팽개치려고 한다. 유(有)는 생사(生死)를 둘로 나누어 생(生)은 시작이요 사(死)는 끝이라고 하여 절망하게 만든다. 그러나 무(無)는 생사를 하나로 본다. 자연에서 온 생(生)이 자연으로 되돌아가는 것이 사(死)이다. 그러므로 자연은 여전하고, 여전하므로 하나일 뿐이다. 그 하나의 모습이 재유(在宥)이니 이는 걸림 없는 왕래(往來)가 아닌가.

황(皇)도 임금이요 왕(王)도 임금이다. 이는 상하가 같음이요 하나임을 말한다. 하나〔一〕는 유무(有無)도 하나요 생사(生死)도 하나인 것이다. 그래서 상(上)이 황(皇)이 되는 것도 하(下)가 왕(王)이 되는 것도 광성자에게는 한가지로 같다. 그러나 자연을 어기는 인간은 생사(生死)와 유무(有無)를 달리 보려고 한다. 그래서 상(上)은 광(光)이요 하(下)는 토(土)라고 하면서, 생(生)은 좋다 하고 사(死)는 싫다 한다. 광(光)은 드러남이요 드러남은 곧 생(生)이다. 토(土)는 묻힘이요 묻힘은 죽음이다. 세상에 나와 살다가 죽으면 흙에 묻히고 만다며 인간들은 죽음을 두려워한다. 상하 · 생사 · 유무가 하나인 것을 몰라 인간은 기뻐하고 슬퍼하면서 한평생을 보낸다. 그래서 광성자는 황제를 멀리하고, 무궁(無窮)과 무극(無極)의 한 벌로 나아가 노닐겠다고 한다. 그 벌은 어디인가? 자연(自然)이다. 재유(在宥)란 바로 이런 자연을 뜻한다.

혼(緡)과 혼(昏)은 다 혼(惛)으로 통한다 해도 된다. 어수룩하고 어리석은 마음이 혼(惛)이다. 재주를 부릴 줄 모르고 순수한 마음이 어리석음이다. 사람은 다들 이 어리석음을 흉본다. 이는 도둑이나 사기꾼이 못됐다고 남을 흉보는 것과 같다. 어리석은 마음을 흉보지 말라. 어리석음은 수수한 마음이므로 무심(無心)이다. 마음이 어리석어 무심하다면 거기가 곧 무궁(無窮) · 무극(無極)의 경지가 된다. 언제쯤 거기에 들어가 광성자의 도를 얻을 수 있을까? 광성자가 마치 화두(話頭)를 던지고 있는 듯하다.

어 록

천하를 다스리는 일보다 제 몸을 귀하게 여기는 자가 있다면〔貴以身於爲天下〕

그에게 천하를 맡길 수 있고〔則可以託天下〕,

천하를 다스리는 일보다 제 몸을 좋아하는 자가 있다면〔愛以身我爲天下〕

그에게 천하를 부탁할 수 있다〔則可以寄天下〕.

내 몸은 내 것이 아니라 자연이다. 그러므로 신(身)은 자연이다.

현자는 높은 산 험상궂은 바위 아래에 엎드려 살고〔賢者伏處大山嵁巖之下〕

나라를 다스리는 군주는 조정의 윗자리에서 두려움에 떤다

〔而萬乘之君憂慄乎廟堂之上〕.

다스리자면 힘을 써야 한다. 힘은 겁을 주고 겁은 한을 남겨 무섭다.

당신의 안을 소중히 하고〔愼女內〕 당신의 바깥을 폐하라〔閉女外〕.

지식이 많으면 이기지 못한다〔多知爲敗〕.

제 꾀에 제가 넘어가는 것은 몰라서가 아니라 알아서이다.

만물의 참 모습을 거역하면〔逆物之情〕

자연의 작용이 이루어지지 못한다〔玄天弗成〕.

짐승의 무리는 흩어지고〔解獸之羣〕 새들은 밤에 울며〔而鳥皆夜鳴〕

화가 벌레에게까지 미친다〔禍及止蟲〕.

현천(玄天)은 자연의 작용이다. 인간이여 그 작용을 어기지 말라.

마음을 살리시오〔心養〕.

당신이 어디에 있든 아무것도 하지 않으면〔汝徒處无爲〕

만물은 저절로 되게 마련이오〔而物自化〕.

당신의 몸뚱이를 떨쳐 버리고〔墮爾形體〕

당신의 총명함을 토해 버리며〔吐爾聰明〕

만물과 더불어 저마다 무리를 잊고〔倫與物忘〕

자연과 하나가 된다오〔大同乎涬溟〕.

마음을 풀고 정신을 풀어서〔解心釋神〕

아득해져 심신이 없어지면〔莫然無魂〕

만물은 무성해져〔萬物云云〕

저마다 제 뿌리로 돌아가오〔各復其根〕.

만물은 그러면서도 그런 줄 모르고〔各復其根而不知〕

천지가 생기기 전 같은 모양으로〔渾渾沌沌〕

평생 떠나지 않는다오〔終身不離〕.

마음이 편하면 곧 자유다. 자유롭게 살고 싶다면 매달리지 말라.

사람들은〔世俗之人〕

모두 다 남들이 자기와 같다 하면 좋아하고〔皆喜人之同乎己〕

남들이 자기와 다르다 하면 싫어한다〔而惡人之異乎己〕.

남들이 자기와 동조하기를 바라고〔同於己而欲之〕

남들이 자기와 달리하기를 바라지 않는 것은〔異於己而不欲者〕

남들 앞에 나서려는 마음이 있기 때문이다〔以出乎衆爲心也〕.

제 욕심대로 좋다 싫다 하는 자를 일러 소인(小人)이라 한다.

큰 것을 간직한 자는〔有大物者〕

물(物)로써 물(物)에 매달릴 수 없고〔不可以物物〕

물(物)에 묶이지 않는다〔而不物〕.

그래서〔故〕물(物)을 다룰 수 있다〔能物物〕.

물을 물로서 다루는 자가 물이 아닌 것은 분명하다〔明乎物物者之非物也〕.

황금을 돌같이 본다면 큰 것을 간직한 당사자이다.

대인의 가르침은〔大人之敎〕그림자가 몸을 따르는 것과 같고〔若形之於影〕

메아리가 소리를 따르는 것과 같다〔聲之於響〕.

질문을 받으면 가리지 않고〔有問而應之〕

속에 품은 것을 모조리 털어놓는다〔盡其所懷〕.

대인은 속셈이 없다. 감추고 숨길 것이 하나도 없다.

크나큰 하나와 합한다〔合乎大同〕.

크나큰 하나이므로 나라는 것이 없다〔大同而無己〕.

나라는 것이 없는데〔無己〕어찌 사물이란 것이 있겠는가〔惡乎得有有〕.

있다고 보는 것은〔覩有者〕옛날의(낡은) 군자요〔昔之君子〕

없다고 보는 것은〔覩無者〕천지의 벗이다〔天地之友〕.

**대동(大同) · 현동(玄同) · 천일(天一) · 현천(玄天) · 대일(大一) ·
제물(齊物) 등은 다 자연의 작용을 말한다. 모두 같이 하나로 평등
하다는 뜻이다. 나만 따로 떼어 낼 것 없다.**

그러므로 내가 없다〔無己〕.

莊子 ● 外篇

外篇 5

천지(天地)

요절 태초부터 자연(自然)이 치세(治世)하고 있다.

입문 지(知)를 내세우지 말고 변(辯)을 내세우지 말라.

다스리는 일은 무엇인가? 자연을 따라 하는 일이다. 지(知)를 내세우지 말라. 변(辯)을 내세우지 말라. 재능(才能) 따위는 작을 뿐이다. 자연을 따라 하라. 이는 조작하지 말라 함이다. 꾸미고 닦고 더하지 말라. 그대로에 만족하라. 그러면 무심(無心)이다.

장자가 정치를 부정한 것은 아니다. 자연을 따라 세상을 다스리자는 것뿐이다. 이를 일러 천덕(天德) 또는 현덕(玄德)이라 한다. 천덕은 천일(天一)이요 천일은 곧 현동(玄同)이다. 현동은 평등이요 자유로 통한다. 무위란 무엇인가? 천덕을 실천하라는 것이다. 왜 왕도(王道)를 한다면서도 힘으로 군림하려는 패도(覇道)로 빠지고 마는가? 차별하고 분별하며 세상을 제 욕심대로 해보려는 까닭이다. 억지로 다스리려 하지 말라. 사람의 마음을 묶어 두고 세상을 휘어잡아 군림하지 말라. 그러면 천덕이 절로 드러나고 크나큰 순응[大順]이 드러난다. 이를 일러 동호대순(同乎大順)이라 한다. 대순(大順)은 대통(大通)이다. 자유롭고 평등하여 크게 통하도록 세상을 자연에 맡기는 것이 노장(老莊)의 치세관(治世觀)이다. 이러한 치세관은 태초부터 있었다. 이는 현동(玄同)의 치세관이 곧 자연의 치세(治世)요 자연의 치세는 태초부터 있었기 때문이다.

1. 노장(老莊)의 치세(治世)를 음미하라

【우화(寓話)】

천지는 넓고 크지만〔天地雖大〕 천지가 만물에 미치는 바는 평등하다〔其化均也〕. 만물은 수없이 많지만〔萬物雖多〕 만물을 다스리는 것은 하나이다〔其治一也〕. 백성의 수는 많지만〔人卒雖衆〕 그 주인은 하나의 임금이다〔其主君也〕. 임금은 덕을 근원으로 하고〔君原於德〕 자연에서 이루어진다〔而成於天〕. 그래서 말하기를〔故曰〕 세상을 다스린 옛날의 임금은〔玄古之君天下〕 제 뜻을 따라 하지 않았고〔無爲也〕 자연의 덕을 따랐을 뿐이라 한다〔天德而已矣〕.

도에 따라 말을 살피면〔以道觀言〕 천하의 임금이 바르게 되고〔而天下之君正〕, 도에 따라 분별을 살피면〔以道觀分〕 군신의 뜻이 분명해지며〔而君臣之義明〕, 도에 따라 능력을 살피면〔以道觀能〕 천하의 관직이 잘 다스려지며〔而天下之官治〕, 도에 따라 널리 살피면〔以道汎觀〕 만물이 절로 순응하여 갖추어진다〔而萬物應備〕. 그러므로 천지에 두루 통하는 것이 덕이고〔故通於天地者德也〕 만물에 두루 미치는 것이 도이다〔行於萬物者道也〕.

위에서 사람을 다스리는 것이 사이고〔上治人者事也〕, 제대로 할 수 있는 것이 기며〔能有所藝者技也〕, 기는 사에 합쳐지고〔技兼於事〕, 사는 의에 합쳐지며〔事兼於義〕, 의는 덕에 합쳐지고〔義兼於德〕, 덕은 도에 합쳐지며〔德兼於道〕, 도는 자연에 합쳐진다〔道兼於天〕. 그러므로 예로부터 말하기를〔故曰〕 옛날에 천하를 다스린 자는〔古之畜天下者〕 욕심이 없어서 천하가 만족했고〔無欲而天下足〕, 하려는 짓이 없어서 만물이 절로 자랐으며〔無爲而萬物化〕, 잠자코 있어서 백성은 마음이 편했다〔淵靜而百姓定〕고 한다. 옛 기록에 말하기를〔記曰〕 하나로 통하면 만사가 잘되고〔通於一而萬事畢〕 욕심이 없으면 귀신도 탄복한다〔無心得而鬼神服〕고 하였다.

雖:비록 수 均:고를 균 觀:볼 관 應:응할 응
藝:재주 예. 여기에서는 옳을 의(誼)를 대신한다는 설을 따름
兼:겸할 겸 畜:기를 축

【담소(談笑)】

장자의 치세관(治世觀)이 바로 이러하다. 화균(化均)과 치일
(治一)이 곧 천(天)이다. 천은 자연의 작용이다. 자연의 작용은
무엇인가? 화(化)요 치(治)다. 자연은 어떻게 작용하는가? 균
(均)이요 일(一)이다. 만물을 주관하지만 차별하지 않음이 균(均)
이요, 만물을 다스리지만 차별하지 않음이 일(一)이다. 자연의 다
스림은 균일(均一)하다. 균일은 절대평등이다. 그러니 자연에는
귀천(貴賤)이 없다.

사람이 다스리면 자꾸만 팔이 안으로 굽지만 자연이 다스리면
만물이 한결같다. 장자는 이도관언(以道觀言)·이도관분(以道觀
分)·이도관능(以道觀能)·이도범관(以道汎觀)이라 하여 그처럼
만물이 응비(應備)하는 연유를 밝힌다. 응하여 갖춘다〔應備〕. 무
엇에 응한단 말인가? 도(道)에 응한다. 여기서 비(備)는 자화(自
化)를 떠올리게 한다. 그것은 절로 갖추는 것이다. 즉 응비(應備)
는 법으로 묶어 갖추라는 유비(有備)가 아니다.

사람을 다스리는 것〔治人〕은 군림하는 것이 아니라 받드는 것
〔事〕이다. 사군(事君)은 백성이 임금을 받드는 것이고 사민(事民)
은 임금이 백성을 받드는 것이다. 유가(儒家)의 치세는 사군(事
君)을 택하지만 이 우화 속의 치세는 사민(事民)을 의미한다. 사
민은 곧 사천(事天)이다. 유소예(有所藝)의 예(藝)가 바로 사천
(事天)의 기(技), 사민(事民)의 기(技)를 말한다.

기(技)는 받드는 일〔事〕을 마땅하게 한다는 말이다. 예(藝)는

의(誼)로 통하고 의(誼)는 곧 의(義)다. 이러한 의(義)를 실천하는 능력이 기(技)다. 이러한 기(技)는 권(權)이 아닌 사(事)의 능력을 말한다. 백성을 받드는 능력이 사민(事民)의 기능인 셈이다. 그러나 권(權)은 힘〔力〕을 쓰는 것. 권능(權能)은 사민의 기능이 아니다. 사(事)는 본래 하늘을 받드는 것이다. 하늘을 받들라. 천덕(天德)하라. 이것이 노장(老莊)의 치세관이다.

기겸어사(技兼於事)→사겸어의(事兼於義)→의겸어덕(義兼於德)→덕겸어도(德兼於道)→도겸어천(道兼於天)을 주목하면 노장의 치세관을 살필 수 있다. 여기서 겸(兼)은 함께 어울려 합하여 떠나거나 벗어나지 않는다는 것이다. 기(技)는 정치를 하는 것이다. 기(技)는 하늘을 따라 백성을 받들어야 한다. 받드는 일은 결국 자연〔天〕으로 통해야 한다. 사(事)→의(義)→덕(德)→도(道)→천(天)으로 통하는 것이 대순(大順)이다. 만물이 이러한 대순에 따르는 것을 일러 만물응비(萬物應備)라 한다. 노장의 치세란 결국 응비(應備)를 이루는 예(藝)라고 할 수 있다. 천덕(天德)을 이룩하는 예(藝)를 무위(無爲)라고 한다.

2. 군자에게는 밝아야 할 십자(十者)가 있다

【우화(寓話)】

아무 일도 하지 않으면서 다 하는 것을 천이라 한다〔無爲爲之之謂天〕. 아무 말도 하지 않으면서 말하는 것을 덕이라 한다〔無爲言之之謂德〕. 사람을 사랑하고 만물을 이롭게 하는 것을 인이라 한다〔愛人利物之謂仁〕. 서로 같지 않으면서도 서로 같게 하는 것을 대라 한다〔不同同之之謂大〕. 행하되 남달리 굴지 않는 것을 관이라 한다〔行不崖異之謂寬〕. 여러 가지 많은 것들을 갖는 것을 부라 한다〔有萬不同之謂富〕. 덕을 지키는 것을 기라 하고〔故執德之謂紀〕 덕이 이루어지는 것을 입이라 한다〔德成之謂立〕. 도를 좇는 것을 비라 하고〔循於道之謂備〕 물질 따위에 뜻이 꺾이지 않는 것을 완이라 한다〔不以物挫志之謂完〕. 군자가 이 열 가지에 밝으면〔君子明於此十者〕 일을 갈무리하는 마음이 커진다〔則韜乎事心之大也〕.

崖:모날 애 富:부유할 부 執:지킬 집 紀:벼리 기 循:좇을 순
備:갖출 비 挫:꺾을 좌 韜:갈무리할 도

【담소(談笑)】

공자가 군자의 구사(九思)를 밝혔다면 장자는 군자의 십자(十者)를 밝힌 셈이다. 공자의 구사(九思)는 이러하다. 볼 때는 명(明)을 생각하고〔視思明〕, 들을 때는 총(聰)을 생각하고〔聽思聰〕, 표정을 지을 때는 온(溫)을 생각하고〔色思溫〕, 태도를 취할 때는 공(恭)을 생각하고〔貌思恭〕, 말할 때는 충(忠)을 생각하고〔言思忠〕, 일할 때는 경(敬)을 생각하고〔事思敬〕, 의심이 날 때는 문(問)을 생각하고〔疑思問〕, 분할 때는 난(難)을 생각하고〔忿思難〕, 이득을 볼 때는 의(義)를 생각한다〔見得思義〕. 공자의 구사는 큰 마음을 추구하긴 해도, 결국 사람의 마음〔人心〕이 커져야 한다고 말한다. 그러나 장자의 십자는 사람의 마음이 밝아져〔明〕 자연의 것〔天心〕이 되자고 말한다.

징자가 밝히는 군사의 십자는 이러하다. 명어천(明於天) · 명어덕(明於德) · 명어인(明於仁) · 명어대(明於大) · 명어관(明於寬) · 명어부(明於富) · 명어기(明於紀) · 명어립(明於立) · 명어비(明於備) · 명어완(明於完). 이를 줄이면 천(天) · 덕(德) · 인(仁) · 대

(大)·관(寬)·부(富)·기(紀)·입(立)·비(備)·완(完)이다.

천(天)은 아무것도 하지 않는다[無爲]. 그러나 천(天)은 그 무위(無爲)를 행한다[爲之]. 위지(爲之)의 지(之)는 무위를 말하는데 무위를 행한다 함은 곧 자연을 따른다는 것이다. 자연을 따른다는 것은 결코 편애(偏愛)하지 않는다는 뜻이다. 사람이나 지렁이나 다 같다는 것이 천(天)의 무위인 셈이다.

덕(德)은 아무것도 하지 않는다[無爲]. 그러나 덕은 그 무위(無爲)를 말한다[言之]. 언지(言之)의 지(之)는 무위를 말한다. 말한다는 것은 드러나는 것이다. 태어나는 것[生]이야말로 자연의 드러남이다. 생(生)이 곧 덕이다. 그래서 만물에 두루 통하는 것을 덕이라 한다. 만물이 다 같다는 것이 덕이다. 그러므로 자연은 달리 말하면 천덕(天德)이다.

인(仁)은 사람을 사랑하는 것이고 만물을 이롭게 하는 것이다. 공자의 인(仁)은 애인(愛人)으로 그치지만 장자의 인은 애인과 더불어 이물(利物)로 이어진다. 인은 천덕(天德)의 실천이요 이행이기 때문이다. 어찌 사람의 어진 마음[仁]이 사람에게만 이어지겠는가. 만물에 두루 어진 마음이 장자의 인이다. 그 인(仁)은 크다.

대(大)는 같지 않은 것[不同]을 같게 한다[同之]. 동지(同之)의 지(之)는 부동(不同)을 말한다. 공자는 동(同)을 패거리를 짓는 것으로 보고 하나 됨을 화(和)라고 했지만, 장자는 동(同)을 하나 됨으로 보았다. 그러니 장자의 동(同)은 공자의 화(和)와 통한다. 하나 됨이 크다는 것에 두 선생이 동의하는 셈이다. 편을 나눠 시비를 걸지 말라. 그러면 작다[小]. 적을 벗처럼 맞아라. 그러면 크다[大]. 소인(小人)이 되기는 참으로 쉽지만 대인(大人)이 되기는 참으로 어렵다.

관(寬)은 대(大)의 드러남이다. 소인은 너그럽지 못하다. 대인이어야 너그러워 베푼다. 넉넉해서 너그러운 사람은 어긋난 짓이나 어그러지는 짓을 못한다. 불애이(不崖異)는 남달리 어그러지는 짓을 범하지 않는다 함이다. 여기서 애(崖)는 괴(乖)를 대신하면서 뜻은 여(戾)로 통한다. 여(戾)는 서로 맞지 않아 어그러진다는 뜻이다. 불려(不戾)야말로 관용이요 관대함이다.

부(富)는 골고루 다 가지고 있는 것이다〔有萬不同〕. 만부동(萬不同)은 온갖 것이란 뜻이다. 재물만 많다고 부유한 것이 아니다. 재물이 아무리 많아도 소인배라면 빈곤(貧困)을 벗어나지 못한다. 욕심의 종이 되어 항상 굶주린 개처럼 게걸스럽기 때문에 돈을 아무리 많이 벌어도 빈자(貧者)에 불과할 뿐이다. 하기야 요새 사람들은 장자의 이런 말을 믿지 않겠지만 이 말씀이 틀린 것은 아니다.

기(紀)는 덕(德)을 행함이다. 집덕(執德)이 기(紀)인 까닭이다. 집덕(執德)은 덕을 지키는 것이다. 덕을 잡고 놓지 않는다. 이는 덕을 일으켜 실천하고 실행한다는 뜻이다. 여기서 기(紀)는 기(起)를 대신한다. 덕을 일으켜〔起〕 세워라〔立〕. 덕을 실천하라. 그러면 무위(無爲)다.

입(立)은 덕을 이룸이다. 덕을 베풀어 섰으면 무너지지 않는다. 욕(欲)을 부려서 섰다면 필경 넘어진다. 덕은 서로를 든든하게 해 세월이 갈수록 단단해지지만, 욕(欲)은 서로를 의심하게 해 얼마 못 가서 허물어져 버린다. 물가에 모래성을 쌓지 말라. 이는 부덕(不德)하지 말라 함이다. 덕을 이루도록 했는가? 그렇다면 넘어지지 않는다. 이를 일러 입(立)이라 한다.

비(備)는 도(道)를 받들고 모시는 마음가짐이다. 필요하다거나 어쩔 수 없어 도를 좇고 따르는 것이 아니라 항상 도에 순응하는 마음가짐을 갖는 것이 곧 비(備)다. 순어도(循於道) 하라. 항상 도를 따라 살라. 그러면 인생을 누릴 수 있다. 이렇게 장자는 우리를 향해 확신에 차서 말하지만 우리가 이를 믿질 못해 불비(不備)의 인생 탓으로 울고 웃고 아우성이다.

완(完)은 재물 따위로 뜻을 굽히지 않는다 함이다. 불이물좌지(不以物挫志). 물질로 해서[以物] 뜻을 꺾지 말라[不挫志]. 돈 때문에 양심을 파는 인간은 천하의 소인배라 할 것이다. 불완전한 인간을 소인(小人)이라 한다. 돈과 목숨을 바꾸는 자는 사람을 사냥해 돈을 버는 총잡이나 마찬가지다. 현대인은 저마다 불완전한 인간이 되려고 서슴없이 앞에 나선다. 돈만 믿고 사람은 못 믿는 세상에서는 장자의 십자(十者)가 완성될 리 없다. 그렇지만 세상을 위하여 새삼스럽게 장자의 십자(十者)를 밝혀 두고자 한다. 천(天)·덕(德)·인(仁)·대(大)·관(寬)·부(富)·기(紀)·입(立)·비(備)·완(完).

3. 인간이 자연을 잃어버린 지 오래되었다

【우화(寓話)】

황제(黃帝)가 적수의 북녘을 여행하다가[黃帝遊乎赤水之北], 곤륜산에 올라[登乎崑崙之丘] 남쪽을 바라다보고 돌아왔다[而南望還歸]. 거기서 현주를 잃어버렸다[遺其玄珠]. 지를 시켜 찾게 했지만 찾지 못했고[使知索之而不得], 이주를 시켜 찾게 했으나 찾지 못했고[使離朱索之而不得], 끽후를 시켜 찾게 했으나 찾지 못했다[使喫詬索之而不得]. 그래서 상망을 시켰더니[乃使象罔] 상망이 그것을 찾아냈다[象罔得之]. 황제가 말하기를[黃帝曰] "기이한 일이로다[異哉]. 어찌 상망이 그것을 찾을 수 있었단 말인가[象罔乃可以得之乎]."

遊:여행할 유 赤:붉을 적 登:오를 등 丘:언덕 구 望:바라볼 망
還:돌아올 환 歸:돌아올 귀 遺:잃을 유 異:기이할 이
赤水(적수) : 곤륜산에서 시작된다는 강
崑崙山(곤륜산) : 신선이 산다는 전설 속의 산
玄珠(현주) : 자연을 상징하는 구슬

莊子 ● 外篇

【담소(談笑)】

적수지북(赤水之北)에서 적(赤)과 북(北), 그리고 남망(南望)에서 남(南)은 자연과 세속을 상징하는 무대다. 적(赤)은 남방의 명색(明色)이고, 북(北)은 신선이 사는 현경(玄境)을 의미한다. 명색(明色)은 세속을 암시하고 현경(玄境)은 선경(仙境) 또는 자연을 암시한다. 이 우화에서 황제가 적수의 북을 여행하다 곤륜산에 올라 남쪽을 바라보았다는 것은 현경(玄境)에서 속세(俗世)를 바라보았다는 뜻이다. 그러다가 그만 세속에 빠져 자연을 잃고 말았다.

지(知)는 아는 것이 많다고 뽐내는 인간형이다. 이주(離朱)는 눈이 밝아 남보다 뛰어나다고 자랑하는 인간형이다. 그리고 끽후(喫詬)는 남보다 말을 잘한다고 제 자랑하는 인간형이다. 이러한 지(知)와 이주(離朱)와 끽후(喫詬)는 인간의 재능을 나타내는 인물들이다. 황제가 이런 인물들을 시켜서 잃어버린 현주(玄珠)를 찾아오라 했지만 모두 실패했다는 것이다. 인간의 재능으로는 자연을 맞이할 수 없음을 생각하게 한다.

상망(象罔)은 무심(無心)한 것을 말한다. 무심(無心)의 심(心)은 인심(人心), 즉 인위(人爲)를 말한다. 그러므로 무심이란 인위가 없다는 말이다. 인위가 없는 것을 소박(素樸)이라고 한다. 소박은 있는 그대로를 뜻한다. 있는 그대로가 곧 자연이니 상망은

자연인 셈이다. 상망(象罔)을 시켜 현주를 찾아본다는 것은 결국 자연에 맡긴다는 것이다. 황제여 알량한 인재를 모아 세상을 다스린다고 자랑하지 말라. 치란지솔(治亂之率)일 뿐이다. 다스린다는 것은 항상 어지러움을 좇는다〔治亂之率〕. 그러나 자연에 맡기면 난(亂)이 없다.

4. 우주관(宇宙觀)을 보고 만물의 생성을 보라

【우화(寓話)】

태초에 무가 있었다〔太初有無〕. 유도 없었고 따라서 명도 없었다〔無有無名〕. (없는 것〔無〕에서) 하나가 생겼다〔一之所起〕. 하나가 있었지만 아직 모습은 드러나지 않았다〔有一而未形〕. 만물은 그 하나를 얻어서 생겼다〔物得以生〕. 이를 덕이라 한다〔謂之德〕. 아직 모습은 드러나지 않았으나 나누어짐이 있었고〔未形者有分〕 그러면서도 틈은 없었다〔且然無閒〕. 이를 명이라 한다〔謂之命〕. (하나가) 움직여 만물을 낳고〔留動而生物〕 만물이 이루어져 이치가 생겼다〔物成生理〕. 이를 형이라 한다〔謂之形〕. 형체는 정신을 지키면서〔形體保神〕 각각 저마다 타고난 법칙이 있었다〔各有儀則〕. 이를 성이라 한다〔謂之性〕. 성이 잘 닦이면 덕으로 돌아간다〔性脩反德〕. 덕이 지극하면 태초와 하나가 된다〔德至同乎初〕. 동하면 허하고〔同乃虛〕 허하면 크다〔虛乃大〕. 새 부리와 울음소리가 합쳐진다〔合喙鳴〕. 훼와 명이 합치듯이〔喙鳴合〕 천지도 더불어 합쳐진다〔與天地爲合〕. 그 합침이 너무나 완벽해〔其合緡緡〕 마치 어리석고 얼이 빠진 것 같다〔若愚若昏〕. 이를 현덕이라 한다〔謂之玄德〕. 크나큰 순응과 하나가 되는 것이다〔同乎大順〕.

起:일어날 기 閒:사이 한 留:머무를 류 保:지킬 보 儀:거동 의
脩:닦을 수 反:되돌아갈 반 喙:부리 훼 鳴:울 명

【담소(談笑)】

이 우화는 우주론(宇宙論)과 만물의 생성론(生成論)을 말하고 있다. 만물은 하나〔一〕에서 생겼고 그 하나의 시초는 무(無)이다. 노자는 도생일(道生一)이라 하였으니 장자의 무(無)는 노자의 도(道)를 말하는 셈이다. 생겨나는 것을 일러 덕(德)이라 했으니 덕(德)은 곧 무(無)가 만물을 낳는 모습인 셈이다. 그 모습을 일러 생(生)이라 한다.

하나에서 만물이 생겼다. 이것이 분(分)이다. 이런저런 헤아릴 수 없이 많은 온갖 것들이 생겨나지만 모두 멸(滅)하고 만다. 만물이 다 다르지만 생멸(生滅)로 친다면 모두가 같다. 이를 무한(無閒)이라 하였다. 틈새〔閒〕가 없다는 것은 결국 다를 것이 없다 함이다. 그래서 장자는 태어나자마자 죽어버린 영아(嬰兒)를 장수했다 하고 700갑자를 살다 간 팽조를 요절했다 한다. 이런 생사(生死)의 무한(無閒)을 명(命)이라 한다.

만물이 만들어지면 저마다 제 나름대로 존재하는 이유가 생긴다. 사람은 사람대로, 참새는 참새대로, 개미는 개미대로, 진달래는 진달래대로, 저마다 존재하는 이치가 생겨난다. 이런 존재의 이유와 이치를 형(形)이라 한다. 형(形)은 몸이다. 몸이 정신을 보유하면 사람은 사람의 정신을, 참새는 참새의 정신을 갖는다. 이를 저마다의 의칙(儀則)이라 한다. 태어난 그대로를 따르는 것〔儀則〕을 일러 성(性)이라 한다. 유가(儒家)는 이러한 성(性)을 분별해 사람과 짐승은 다르다고 하지만, 도가(道家)는 성(性)은 생명(生命)에서 비롯되므로 다 같다고 한다. 여기서 생성관이 서

로 달라지고 생명관이 서로 달라진다.

성수반덕(性脩反德). 본바탕[性]을 닦아[脩] 덕(德)으로 돌아간다[反]. 이것이 생사(生死)를 헤아리게 한다. 생사를 달리 보지말라. 생사는 둘이 아니다. 생사는 같다. 생사는 하나이다. 반덕(反德)에는 이런 뜻이 담겨 있다. 자연에서 온 것이 생(生)이요자연으로 가는 것이 사(死)이다. 자연은 동(同)일 뿐이다. 같다함[同]은 하나[一]라는 말이다. 이는 곧 자연은 편애나 차별, 시비 따위를 하지 않는다 함이다. 자연의 그러함을 허(虛)라 하겠다. 반덕(反德)은 자연과 하나 됨[同]이다. 그러므로 동내허(同乃虛)는 반덕(反德)인 셈이다. 덕으로 돌아간다[反德]. 이를 현덕(玄德)으로 여겨도 되리라.

현덕(玄德)이란 무엇인가? 동호대순(同乎大順)이다. 대순(大順)이란 무엇인가? 대통(大通)에 순응(順應)하는 것이다. 대통(大通)이란 무엇일까? 자연의 일이다. 자연의 일이란 무엇일까? 무유무명(無有無名)에서 일지소기(一之所起)가 바로 자연의 일이다. 있는 것[有]도 없고 이름도 없음[無有無名]에서 하나가 일어났다[一之所起]는 것이 바로 자연의 일이다. 그렇게 일어난 일(一)을무엇이라 할까? 도(道)의 기(氣)로 보면 될 것이다. 그 하나[一 : 氣]를 얻어 물(物)이 생겼다[物得以生]는 것을 덕(德)이라 하니덕이 곧 생사(生死)가 아닌지. 그러니 반덕(反德)이란 생사(生死)의 왕래(往來)를 말함이겠다. 생사가 왕래하는 곳이 바로 천지(天地)가 아닌가. 천지는 곧 자연의 드러남이요 그 드러남을 현덕(玄德)이라 한 것이다.

어록

덕이 지극한 분은 만물과 사귄다〔其(王德之人)與萬物接也〕.

그 분은 무위의 경지에 이르러 만물이 원하는 대로 베푼다〔至無而供其求〕.

때에 따라 행하면서 만물과 함께 머물기를 바란다〔時騁而要其宿〕.

덕(德)은 패를 만들지 않고 모든 것을 끌어안는다.

다스린다는 짓이 혼란의 원인이다〔治亂之率也〕.

신하에게는 화가 되고〔北面之禍〕

임금에게는 해가 된다〔南面之賊〕.

남을 지배하려는 짓〔治〕은 항상 험하고 흉하다.

아들이 많으면 걱정이 많아지고〔多男子則多懼〕

재산이 많아지면 이런저런 일이 많아지며〔富則多事〕

오래 살다 보면 욕될 일이 많아진다〔壽則多辱〕.

이 세 가지는〔是三者〕덕을 쌓기 위한 것이 아니다〔非所以養德也〕.

욕(欲)은 욕(辱)으로 이어지면서 덕(德)을 비웃는다.

성인이란 메추라기처럼 살고 새끼 새 처럼 어미(자연)가 주는 대로 먹으며

〔夫聖人鶉居而鷇食〕

새처럼 날아다녀도 흔적을 남기지 않는다〔鳥行而無影〕.

공치사만 안 해도 성인의 졸개는 된다.

사람이 다스리려 할 뿐이다[有治在人].

사물을 잊고[忘乎物] 하늘을 잊는다[忘乎天].

이것이 나를 잊는 것이라고 한다[其名爲忘己].

성군이 되려는 나비도 없고 폭군이 되려는 거미도 없다.

기계가 있으면[有機械者] 그 기계로 인한 일이 반드시 생기고[必有機事],

그런 일이 생기면[有機事者] 그 기계에 얽매이는 일이 생긴다[必有機心].

컴퓨터가 머슴이 아니라 주인 노릇을 하리라.

천명을 다하고 만물의 참모습을 지극히 살피면[致命盡情]

하늘과 땅이 즐거워하고 만물이 서로 녹아들며[天地樂而萬物銷亡]

만물이 제 모습으로 되돌아온다[萬物復情].

이를 혼명이라 한다[此之謂混冥].

사람을 제하면 만물은 모두 제 모습이다.

효자는 어버이에게 아첨하지 않고[孝子不諛其親]

충신은 임금에게 아첨하지 않는다[忠臣不諂其君].

이것이 신하와 자식의 당당한 모습이다[臣子盛也].

가난한 집이어야 효자가 드러난다.

자신의 어리석음을 알고 있는 자라면〔知其愚者〕바보가 아니고〔非大愚也〕,

자신이 꼬임에 빠진 줄 알면〔知其惑者〕얼간이가 아니다〔非大惑也〕.

얼간이는 평생 동안 얼간인 줄 모르고〔大惑者終身不解〕

바보 역시 평생 동안 바보인 줄 모른다〔大愚者終身不靈〕.

제 손에 든 도끼로 제 발등을 찍는 자를 잘난 놈이라 한다.

外篇 6

천도(天道)

요지 허정(虛靜)하면 유위(有爲)도 무위(無爲)다.

입문 자연(自然) · 무위(無爲) · 천도(天道)는 다 같은 말이다.

「천도(天道)」편은 「재유(在宥)」편과 이어지는 이야기로 생각
되는데, 「재유」편의 마지막 이야기를 떠올리며 「천도」편의 우화
들을 경청해 보면 재미있을 것이다.

「재유」편 끝에 이런 말이 있다. "무엇을 도라 하는가[何謂道]?
하늘의 도가 있고[有天道] 사람의 도가 있다[有人道]. 하는 일이
없으나 받들어 모실 것이 천도요[無爲而尊者天道也], 하는 일이
있어서 번거로운 것이 인도이다[有爲而累者人道也]. 군주는 천도이고
[主者天道也] 신하는 인도이다[臣者人道也]. 천도와 인도는[天道與
人道也] 서로 멀리 떨어져 있어[相去遠矣] 살펴보지 않으면 안 된
다[不可不察也]." 천도(天道)는 참으로 걸림 없이 왕래하는 길이
다. 자유롭게 출입하는 문이라고 해도 틀린 말은 아니다. 요샛말로
하자면 천도(天道)의 천(天)은 보편성의 궁극이라 하리라. 천도를
다른 말로 하면 무엇인가? 무위(無爲)다. 무위는 곧 자연이다. 그
러므로 자연(自然) · 무위(無爲) · 천도(天道)는 같은 말이다.

인간의 마음이 자연을 따르는 모습을 일러 허정(虛靜)이나 염담
(恬淡)이라 한다. 허정(虛靜)은 허(虛)하면 정(靜)하다는 말이다.
마음이 편안하여 고요하고 조용한가? 그러면 정(靜)이다. 그래서
정(靜)을 염담(恬淡)이라고 하는 것이다. 세상을 다스리는 사람의

마음은 바로 허정염담(虛靜恬淡)해야 한다는 것이 「천도(天道)」편의 주된 이야기다.

인도(人道)를 다른 말로 하면 무엇인가? 유위(有爲)다. 그러므로 유위(有爲)·인위(人爲)·인도(人道)는 같은 말이다. 사람의 마음이 무엇을 하고자 바라는 바가 있을 때 욕(欲)이 생긴다. 그래서 인도(人道)의 마음을 일러 유욕(有欲)이라 하고, 천도(天道)의 마음을 무욕(無欲)이라 한다. 유위(有爲)에서 마음가짐의 허정(虛靜)은 불가능할 수밖에 없다. 허정은 무욕(無欲)이고 유위는 유욕(有欲)이기 때문이다. 그런데 왜 천도(天道)와 인도(人道)가 서로 멀다 하는가? 천도는 무욕으로 통하고 인도는 유욕으로 통하기 때문이다. 마음가짐에 욕(欲)이 있고 없고의 차이는 멀고도 멀어 도달할 수 없을 만큼의 거리가 있다. 바로 여기서 인간은 두 갈래로 나누어진다. 대인(大人)과 소인(小人)이 그것이다.

대인은 무욕의 길을 택하려 하고 소인은 유욕의 길을 택하려고 한다. 천하를 다스리려는 군주는 대인의 길[天道]을 벗어나선 안 된다. 군주가 소인이면 결국 폭군이 되는 법이다. 정치를 하고 싶은가? 그렇다면 천도(天道)를 떠나지 말라. 그래야 대인이 된다. 당신은 대인인가? 그렇다면 정치를 해도 좋으리라. 이렇게 「천도(天道)」편의 우화들이 이야기한다.

1. 무위(無爲)·자연(自然)·허정(虛靜)·염담(恬淡)·적막 (寂漠)은 하나이다

【우화(寓話)】

무릇 허정하고 염담하며 적막함인 무위가[虛靜恬淡寂漠無爲者] 천하의 근본이고[天下之平] 도덕의 본질이다[道德之至]. 그래서 제왕이든 성인이든 무위에 쉰다[故帝王聖人休焉]. 쉬면 비워지고 [休則虛], 비워지면 착실하며[虛則實], 착실하면 다스려진다[實者 倫矣]. 비우면 고요해지고[虛則靜], 고요해지면 움직이며[靜則 動], 움직이면 얻는다[動則得矣]. 고요해지면 무위하고[靜則無 爲], 무위하면 맡은 일을 다한다[無爲也則任事者實矣]. 무위하면 홀가분해 즐겁고[無爲則兪兪], 홀가분해 즐거운 마음에는 걱정거 리가 붙지 않으며[兪兪者則憂患不能處] 오래 산다[年壽長矣]. 허 정하고 염담하며 적막하여 작위 따위가 없는 것이[夫虛靜恬淡寂 漠無爲者] 만물의 근본이다[萬物之本也]. 고요하면 성이고[靜而 聖] 움직이면 왕이다[動而王]. 무위하면 받들어지고[無爲也而尊] 소박하면 천하에 겨룰 것이 없을 만큼 훌륭하다[樸素而天下莫能與 之爭美].

恬:조용하고 편안할 염   淡:담박할 담   寂:고요할 적   漠:조용할 막
倫:가릴 륜   兪:그러할 유. 여기서는 기뻐할 유(愉)의 의미

【담소(談笑)】

허정(虛靜)은 텅 비어 고요함을 말한다. 염담(恬淡)은 편안하고 조용할 뿐 연연할 것이 없음을 말한다. 적막(寂漠) 역시 고요하고

조용함이니 각기 말은 달라도 이 셋의 뜻은 모두 무위(無爲)와 자연으로 통한다. 무위는 인간의 뜻대로 하는 것이 아니라 자연의 뜻대로 하는 것이다. 자연의 뜻이란 무엇인가? 만물을 하나로 보는 것이다. 이를 일러 천일(天一)이라 한다. 천일이란 삼라만상이 다 같다는 말로, 무위를 풀이하는 말이기도 하다. 천일(天一)은 절대평등이요 절대자유이다. 본래 이런 자유를 무심(無心)이니 허심(虛心)이니 무욕(無欲)이니 해탈(解脫)이니 말해 왔다.

천지지평(天地之平)의 평(平)은 모자람도 없고 치우침도 없는 균형이라고 풀이하는데, 이와 달리 본(本)이라는 주장도 있다. 도덕지지(道德之至)의 지(至)는 질(質)과 같다. 천하의 근본과 도덕의 본질이 곧 무위다. 그러므로 세상을 다스리는 일은 무위에서 벗어날 수 없다. 이는 치세(治世)를 부정하는 것이 아니라 인위의 치세를 부정하는 것뿐이다. 무위(無爲)로 세상을 다스려라. 말하자면 무욕의 정치를 하라는 뜻이다.

성인이든 제왕이든 무위를 떠날 수 없고 벗어날 수 없다. 이를 휴(休)라고 한다. 무위에 머물러 쉬어라〔休〕. 무위에 머물러 쉬면 허(虛)하다. 허를 어렵게 생각할 것 없다. 허에는 사(私)라는 것이 없다. 사를 인간의 허(虛)라고 여기면 무방하다. 사(私)란 것이 욕(欲)을 불러오고, 욕(欲)이 나(己)를 불러오고 친(親)을 불러와 편애(偏愛)를 쌓아 욕(辱)을 보게 만든다. 인위(人爲)는 이런 사(私)에서 떠나지 못한다. 인위가 사람의 마음을 꽉 채운다. 인위만 없어지면 마음은 절로 허(虛)하다. 허심(虛心)하면 성실(誠實)하다. 성실하면 덕(德)을 얻는다. 덕은 저마다 그냥 그대로를 소중하게 여긴다. 그렇게 하는 것이 곧 가릴 륜(倫) 아니겠는가. 그래서 허(虛)하면 실(實)하고 실하면 후덕(厚德)해져 만물이 윤리(倫理)로 통한다. 윤(倫)은 치(治)로 통한다. 덕을 얻어야 다스릴 수 있다.

정(靜)한 다음 움직여라〔靜則動〕. 이는 무위로 생각하고 행동하라는 뜻이다. 그렇게 하면 모든 일이 잘된다〔動則得〕. 욕심이 없는 사람이 일을 하면 나무가 열매를 맺듯이 실(實)하다. 사심(私心)이 없으면 사심(邪心)이 깃들 수 없다. 못된 마음〔邪心〕 없이 일을 끝내고 나면 홀가분해진다. 가벼운 마음이어야 편하다. 이를 유유(愈愈)라 한다. 유유(愈愈)는 즐거운 모습이다. 곧 무위의 모습이다.

정(靜)은 무위(無爲)의 휴(休)요, 동(動)은 무위의 치(治)다. 퇴거이한유(退居而閒遊)가 휴(休)요, 진위이무세(進爲而撫世)가 치(治)다. 물러가 쉬는 것도 무위로 하고 나아가 세상을 다스리는 것도 무위로 한다. 성(聖)은 무위로 쉬는 분이고 왕(王)은 무위로 일하는 분이다. 물러가 쉬든 나아가 다스리든 달라질 것이 없다. 무위는 천하를 하나로 보기 때문이다. 만물이 하나이고 한결같으므로 뽐낼 것도 없고 더하거나 덜 것도 없다. 있는 그대로면 족하다. 이를 일러 박소(樸素)라 한다. 박소(樸素)보다 더 훌륭한 치(治)는 없다고 이 우화는 밝힌다.

「천도(天道)」편의 치세관(治世觀)은 장자의 생각이라기보다는 그의 후예들이 유가(儒家)를 비판하기 위해 내세운 것으로 보인다. 무위자연(無爲自然)을 정치적으로 활용하자고 주장하면서 유가가 주장하는 인의(仁義)를 통렬하게 비판하기 때문이다. 무위(無爲)로 치세(治世)하라. 그러면 난세(亂世)는 없어진다. 그러나 지금껏 이런 치세가 이루어진 적은 없다. 인간이 무욕하기란 하늘의 별 따기보다 더 어렵기 때문이다. 그렇다고 무위의 치세를 없는 것으로 치자고 말하지 말라. 무위의 치세를 회초리로 삼으면 난세의 종아리를 쳐서 못된 짓들을 줄여 갈 수는 있다.

2. 지인(至人)이 세상을 다스리면 된다

【우화(寓話)】

노자(老子)가 말했다〔夫子曰〕. "무릇 도란 큰 것에도 다함이 없고〔夫道於大不終〕 작은 것에도 버려 둠이 없다〔於小不遺〕. 그래서 만물이 다 갖추어진다〔故萬物備〕. 넓고 넓어서 그 안에 담겨지지 못할 것이란 없고〔廣廣乎其無不容也〕, 깊고 깊어서 그 안을 측량할 수 없다〔淵淵乎其不可測也〕. 형벌과 은덕 그리고 인의는 도의 작용에서 보면 말단이다〔形德仁義神之末也〕. 지인이 아니라면 누가 그렇다고 할 수 있겠는가〔非至人孰能定之〕. 무릇 지인이 세상을 다스리는 것이〔夫至人有世〕 얼마나 위대한 일인가〔不亦大乎〕. 세상을 다스리는 것을 짐스럽다고 하지 않는다〔而不足以爲之累〕. 천하가 권세를 두고 다투어도〔天下奮棅〕 그런 무리들과 함께하지 않는다〔而不與之偕〕. 진리를 잘 깨닫고 있어도〔審乎無假〕 사물과 더불어 떠나지 않고〔而與物不遷〕, 사물의 궁극적인 진리인〔極物之眞〕 근본을 지킬 수 있다〔能守其本〕. 그러므로〔故〕 천지를 벗어나〔外天地〕 만물을 버려 두고서도〔遺萬物〕 지인의 정신은 피곤할 리가 없다〔而神未嘗有所困也〕. 도에 통하고〔通乎道〕, 덕과 어우러져〔合乎德〕 인의를 멀리하고〔退仁義〕 예락을 물리치므로〔賓禮樂〕, 지인의 마음에는 안정된 바가 있다〔至人之心有所定矣〕."

遺:버릴 유　備:갖출 비　廣:넓을 광　容:담을 용　淵:깊을 연
測:잴 측　孰:누구 숙　累:묶을 루　奮:떨칠 분　棅:자루 병
偕:함께할 해　假:거짓 가　遷:옮길 천　嘗:시험삼을 상
困:괴로울 곤　賓:물리칠 빈
夫子(부자):노자(老子)를 가리킴

【담소(談笑)】

　지인(至人)은 덕이 지극한 분이다. 덕이 지극하다 함은 무위(無爲)를 따르는 삶을 누린다는 것. 무위는 곧 무기(無己)로 이어진다. 나를 중심으로 삶을 영위하지 않는 것이 곧 무기(無己)다. 이는 만물을 하나로 보고 서로 평등하여 자유가 되는 것이다. 그러므로 지인은 도(道)에 살고 덕(德)과 어울려 인위(人爲)에서 해방된 선생이다.

　지인(至人) · 진인(眞人) · 신인(神人) · 천인(天人)은 모두 무위의 선생을 뜻한다. 특히 천인은 자연을 따라 삶을 허심(虛心)하게 누리는 분을 말한다. 유가(儒家)의 성인(聖人)과 군자(君子)는 인의예악(仁義禮樂)에 따라 삶을 경영하지만, 도가(道家)의 지인(至人)은 무위자연(無爲自然)에 따라 삶을 누린다. 인의예악은 시비분별(是非分別)을 허락하는 인위지만, 무위자연은 시비분별을 떠나 제물(齊物)을 따른다. 제물(齊物)은 대동(大同)이다. 만물이 모두 하나〔大同〕이기 때문에 시비(是非)와 분별(分別) 따위는 소멸해 버린다. 이러한 소멸을 일러 현동(玄同) · 대순(大順) · 대통(大通)이라 한다.

　인위(人爲)는 작고 무위(無爲)는 크다. 시비(是非)는 작고 제물(齊物)은 크다. 본래 다른 것〔不同〕마저도 같게 하는 것〔同之〕을 대(大)라고 한다. 나를 이롭게 하고 남을 해롭게 하면 작다. 그런 것은 시비를 부를 뿐이다. 그러나 남을 이롭게 하면 내가 해롭게 된다는 생각을 버리면 그 순간은 누구든 크다. 시비 따위가 사라지기 때문이다.

　인의예악(仁義禮樂)은 시비를 불러오므로 지인은 그것들을 물리친다. 그렇다고 지인이 세상을 등지는 것은 아니다. 지인이야말로 큰 정치로 세상을 평온하게 할 수 있다. 시비분별을 떠나 세상을 하나[大同·齊物]로 보기 때문이다. 지인에게는 미운 정 고운 정이란 게 없다. 무사(無私)하기 때문이다. 지인은 진실을 잘 깨닫고 있으므로[審乎無假] 경우에 따라 변덕을 부리지 않는다[不與物遷]. 달면 삼키고 쓰면 뱉는 변덕스러운 소인(小人)의 치세(治世)가 탈을 내는 것이다.

3. 환공과 윤편 중 누가 옛 사람의 찌꺼기를 먹고 있는가

【우화(寓話)】

환공(桓公)이 당상에서 책을 읽고 있었다[桓公讀書於堂上]. 당하에서는 윤편(輪扁)이 수레바퀴를 깎고 있었다[輪扁斲輪於堂下]. 망치와 끌을 놓고 위로 올라가[釋椎鑿而上] 환공에게 물었다[問桓公曰]. "감히 묻겠습니다만 전하께서 읽고 있는 것은 어떤 말씀입니까[敢問公之所讀爲何言邪]?" 공이 말했다[公曰]. "성인의 말씀이다[聖人之言也]." 윤편이 되물었다[曰]. "성인이 살아 있습니까[聖人在乎]?" "벌써 돌아가셨지[已死矣]." 그러자 윤편이 말했다[曰]. "그렇다면 전하께서 읽고 있는 것은 옛 사람의 찌꺼기에 불과하겠습니다[曰然則君之所讀者古人之糟魄已夫]." 환공이 으름장을 놓았다[桓公曰]. "과인이 독서하고 있는데[寡人讀書] 바퀴 만드는 목수 따위가 시비를 걸겠단 말인가[輪人安得議乎]. 마땅하게 설명한다면 살려 주되[有說則可] 그렇지 못하다면 죽이리라[無說則死]."

윤편이 말했다[輪扁曰]. "신하로서[臣也] 제가 하는 일에 비추어 살피건대[以臣之事觀之] 바퀴를 깎으면서 너무 깎아 내면 헐거워 단단치 못하고[斲輪徐則甘而不固], 덜 깎아 내면 빡빡해 들어가질 않습니다[疾則苦而不入]. 덜 깎지도 더 깎지도 않는 일은[不

徐不疾〕 손에 익어〔得之於手〕 마음에 통하는 것이라〔而應於心〕 입으로 말할 수는 없습니다〔口不能言〕. 바로 거기에 비결이 있습니다만〔有數存焉於其間〕 제 자식에게도 그것을 전할 수 없고〔臣不能以喩臣之子〕, 제 자식 역시 저한테 그 비결을 물려받을 수 없습니다〔臣之子亦不能受之於臣〕. 그래서 일흔이 넘어서까지 늙도록 바퀴를 깎고 있는 것입니다〔是以行年七十而老斲輪〕. 옛 사람도 전하고 싶었지만 전해 주지 못하고 죽었습니다〔古之人與其不可傳也死矣〕. 그러니 전하께서 읽는 것은 옛 사람이 남긴 찌꺼기인 것입니다〔然則君之所讀古人之糟魄也〕."

斲:깎을 착 輪:바퀴 륜 釋:놓을 석 椎:망치 추 鑿:끌 착
敢:감행할 감 糟:찌꺼기 조 魄:찌꺼기 박 議:책잡을 의
甘:헐거울 감 固:들어맞을 고 疾:틈 질 苦:빡빡할 고
數:술수 수 喩:깨우쳐 줄 유

【담소(談笑)】

이 이야기는 우화(寓話)이므로 사실 여부나 환공(桓公)이 역사적으로 어느 나라의 임금인지 따지지 않아도 된다. 윤편(輪扁)의 윤(輪)은 직업을 나타내고 편(扁)은 이름인 셈이다. 수레바퀴를 만드는 장인이 임금의 어리석음을 타이른다고 상상해 보라. 이 우화가 얼마나 재미있는 담론인지 알 수 있을 것이다. 우화에서는 무식한 인물(人物)이 유식한 인물(人物)을 혼내 줄 수 있다. 우화(寓話)는 자유로운 담소의 현장이기 때문이다. 장자가 왜 우화를 택했는지를 여기에서도 알 수 있다.

윤편과 환공 중에서 누가 지혜로운가? 환공은 책으로는 배울 수 없는 것이 있음을 모르지만 윤편은 안다. 한평생 수레바퀴를

깎다 보니 손이 알아서 깎으면 절로 마음이 따라 응해서 인위가
끼어들지 않는 비결을 터득하였다. 자로 재고 먹물을 튀기는 일
따위를 하지 않아도 마음과 손이 하나 되어 알맞게 수레바퀴를
깎는 것이다. 원래 선 목수가 연장 탓을 하는 것이다. 남을 빙자
해 이렇군 저렇군 말하는 인간은 남이 남긴 찌꺼기 따위로 유식
한 체하는 것이다. 그런 인간이야말로 꼭두각시나 허수아비에 불
과하다. 환공과 윤편 중 어느 쪽이 허수아비인가?

남의 찌꺼기만 핥고 있는 환공 같은 자들이 앵무새처럼 조잘대
면 세상이 혼란스러워진다. 그 따위 인간 앵무새가 되지 말라. 흉
내내는 짓은 그만두고 창조하는 주인이 되라. 유식(有識)할수록
탈이란 말이 있다. 남의 것에 놀아나다 제 정신을 잃어버리기 때
문이다. 글이 중요한 게 아니다. 말이 중요한 것도 아니다. 마음
이 가는 대로 제 뜻이 자유로워야 한다. 그런 뜻은 말로 전할 수
없다. 뜻은 마음이 사물(事物)을 만날 때 일어난다. 이는 책을 읽
어서 될 일이 아니다. 뜻을 새롭게 하려면 체험하라. 체험은 터득
이다. 터득하라. 책으로 꽃을 만날 것 없다. 꽃밭에서 꽃을 직접
만나라. 지금 윤편은 환공에게 책 속에서 성인을 찾지 말고 만물
의 현장에서 직접 만나 보라 한다.

자연의 즐거움을 아는 이는〔知天樂者〕

살아서는 자연을 따라 행하고〔其生也天行〕

죽어서는 만물을 따라 변화한다〔其死也物化〕.

나는 흙이요 바람이요 물이로다.

무위면 천하를 이용해도 여유가 있지만〔無爲也則用天下而有餘〕

유위면 천하를 위해 일한다 해도 쪼들린다〔有爲也則爲天下用而不足〕.

무위는 속임수가 없어서 편하다.

사심을 없앤다는 것이 곧 사심이다〔無私焉乃私也〕.

세상이 소박함을 잃지 않기를 당신이 바란다면 그렇다는 말이다

〔夫子若欲使天下無失其牧乎〕.

사심(私心)이 없다는 말은 거짓말일 때가 많다.

당신이 나를 소라고 했다면〔子呼我牛也〕

나는 소라고 생각했을 거고〔而謂之牛〕,

나를 말이라고 했다면〔呼我馬也〕

말이라고 생각했을 거요〔而謂之馬〕.

이런들 어떠하며 저런들 어떠하리. 시비할 것 없다.

外篇 7

천운(天運)

요지 함지락(咸池樂)을 연주하는 까닭을 아는가.

입문 천지의 참모습[情] 앞에 서서 침묵해 보라.

「천운(天運)」편은 「천도(天道)」편과 그 논지를 같이한다. 무위(無爲)는 귀하고 유위(有爲)는 천하다는 주장이 계속되는데, 이렇게 귀천을 따지는 것에서 유가를 비판하려는 장자 후학들의 의도가 엿보인다. 천도(天道)의 천(天)은 두루 통한다는 말씀으로 들어도 된다. 도(道)에 무슨 유(儒)·불(佛)·선(仙)이 따로 있겠는가. 길은 하나인데 노장(老莊)과 공맹(孔孟) 등 성현들이 달리 말하고 있을 뿐이다.

「천운(天運)」편에서는 도덕(道德)과 인의(仁義)가 대비되고 있다. 도덕은 무위(無爲)의 다른 말이며, 인의는 인위(人爲)의 다른 말이다. 그러나 유식하게 시비를 걸기는커녕 「천운」편은 하늘의 움직임을 상상하듯 읊어 우리를 황홀하게 한다. 천지 앞에 있는 나를 상상해 보라. 그러면 천지가 바로 나요 내가 바로 천지라는 커다란 마음을 맛볼 수 있으리라. 그 맛은 참으로 환상적일 것이다. 환상을 비웃지 말라. 환상이야말로 이성(理性)의 논리에 묶여 있는 나를 풀어 주는 손이다. 그 손이 바로 미래를 향하는 상상의 동무가 아니겠는가. 거울 앞에 서서 내가 나를 들여다볼 게 무어 있겠나. 차라리 천지 앞에 나서라. 그리고 천지의 참모습[情] 앞에 서서 침묵해 보라. 천지와 내가 따로 없는 큰 하나[大一]를 상상해 보라. 그러니 천운(天運)을 한마디로 신(神)이라 해도 된다. 천운은 도(道)가 하는 일이니 말이다.

도가 하는 일을 노래하라. 그 노래를 천락(天樂)이라 한다. 인간은 온갖 두려움[懼]에 휩싸여 산다. 도가 하는 일[天運]을 잊은 탓일까? 그 일을 잊지 말라고 황제(黃帝)가 함지락(咸池樂)을 노래하는 것 같다. 천운(天運)을 상기(想起)하라. 이는 곧 무위(無爲)로 살라 함이다. 그래서 낙(樂)은 구(懼)에서 시작된다고 한 듯하다. 왜 두려운 것인가? 무위를 잊고 인위에만 사로잡혀 살기 때문이다. 이제 인락(人樂)에서 천락(天樂)으로 옮겨가라고 노래하는 황제의 뜻을 알겠다.

1. 무함소(巫咸祒)가 온 세상에 설파한다

【우화(寓話)】

"하늘은 움직이고 있는가〔天其運乎〕. 땅은 머물러 있는가〔地其處乎〕. 해와 달은 자리를 다투고 있는가〔日月其爭於所乎〕. 누가 이 천지를 통솔하는가〔孰主張是〕. 누가 이 천지를 쥐고 갈무리하는가〔孰維綱是〕. 누가 머물러 아무 일 하지 않으면서도 이 천지를 다루는가〔孰居無事而推行是〕. 혹은 어떤 기계의 힘으로 부득이 움직인단 말인가〔意者其有機緘而不得已邪〕. 혹은 어떤 기운이 돌아 스스로 멈추지 못하는 것인가〔意者其運轉而不能自止邪〕. 구름이 비가 되는가〔雲者爲雨乎〕 비가 구름이 되는가〔雨者爲雲乎〕. 누가 구름을 일으키고 비를 내리는가〔孰隆施是〕. 누가 누리며 하는 일 없이 즐기면서 구름과 비를 권하는가〔孰居無事淫樂而勸是〕. 바람은 북에서 일어〔風起北方〕 동서로 불다가〔一西一東〕 허공으로 올라가 이리저리 불고 다닌다〔在上彷徨〕. 누가 바람을 들이쉬고 내쉬고 하는가〔孰噓吸是〕. 누가 하는 일 없이 바람을 불게 하는가〔孰居無事而披拂是〕. 정말 무슨 까닭일까〔敢問何故〕."

무함소가 이에 대답했다〔巫咸祒曰〕. "내 너희에게 말해 주리라〔來吾語女〕. 하늘에는 육극이 있고 오상이 있다네〔天有六極五常〕. 제왕도 이를 따르면 천하를 다스리고〔帝王順之則治〕 이를 어기면 흉하다네〔逆之則凶〕. 낙서에 밝혀진 아홉 가지 규범을 섬겨〔九洛之事〕 세상을 다스리는 일이 이루어지고 덕이 갖추어지면〔治成德備〕, 제왕이 세상을 살펴 밝게 하여〔監照下土〕 천하가 그를 추대한다네〔天下戴之〕. 그를 일러 임금 중의 임금이라 하지〔此謂上皇〕."

運:돌릴 운 維:맬 유 綱:벼리 강 緘:묶을 함 轉:구를 전
隆:성할 륭 湛:즐길 음 噓:내불 허 披:해칠 피 洛:물 이름 락
監:살필 감 戴:받들 대

【담소(談笑)】

창조력을 원하는가? 그렇다면 논리를 앞세워 시비를 가리려 애쓰지 말라. 따지고 덤비면 알고 있는 것에 묶여 새것을 놓치고 만다. 알고 있는 것을 지식(知識)이라 하고 새것을 미지(未知)라고 한다. 똑똑한 사람은 지식으로 따질 줄은 알아도 미지(未知)를 잃는 것은 모른다. 낡은 것이 지식인 줄을 알아야 새것을 마주할 수 있다. 새것을 마주하는 마음이 곧 창조력의 샘이다. 위의 우화는 이러한 샘을 깊게 하여 창조력을 흐르게 하라고 한다.

창조력이 흐르는 물길을 일러 상상(想像)이라 한다. 상상력을 꽃피우려면 먼저 환상(幻想)의 전야제를 열고 춤을 추어라. 하늘은 움직이고 있는가? 땅은 머물러 있는가? 해와 달은 자리를 다투고 있는가? 누가 이 천지를 다스린단 말인가? 황홀한 질문이다. 이렇게 황홀한 질문이어야 환상의 춤을 출 수 있다. 환상의 춤사위를 과학적으로 따지려 하지 말라. 그러면 창조력이 흐르는 물길은 말라 버린다.

창조력을 흐르게 하는 상상력을 마시고 싶은가? 그렇다면 먼저 자연 앞에서 환상(幻想)하라. 그러면 상상하는 일이 밥 먹기처럼 쉬워진다. 상상한다 함은 마음을 자유롭게 한다는 뜻이다. 그래서 장자는 소유(所遊)하라 하지 않았던가. 장자의 소유(所遊). 이는 곧 상상하라, 천운(天運)에 동승(同乘)하라 함이다.

무함소(巫咸招)가 말하는 천유육극오상(天有六極五常)이란 무엇일까. 육극(六極)을 육극(六殛)으로 보기도 한다. 요절(夭折)·

질(疾)·우(憂)·빈(貧)·악(惡)·약(弱)이 곧 여섯 가지 벌[六極]이다. 그리고 오상(五常)은 오복(五福)으로 보기도 한다. 수(壽)·부(富)·강령(康寧)·유호덕(攸好德)·고종명(考終命)이 곧 오복이다. 육극은 하늘이 벌(罰)을 주는 것이고 오상은 하늘이 상(賞)을 내리는 것이다. 이러한 무함소의 해답에 끌려다닐 필요는 없다. 오히려 천지 앞에서 크고 넓게 상상하는 일이 더 급하고 중요하다. 그러면 사물(事物)이 우리를 미지의 세계로 안내한다. 마음이 자유를 누리지 못하면 상상할 수 없다. 천운(天運)은 도가 하는 일이니 자연의 것이다. 그 자연을 마주하고 거침 없이 상상해 보라. 이 또한 무위자연(無爲自然)의 자유이다. 무위는 통행료가 없는 즐겁고 자유로운 길이 아닌가.

2. 호랑이도 인(仁)이고 이리도 인(仁)이다

【우화(寓話)】

상나라 재상 탕이 장자에게 인을 물었다〔商太宰蕩問仁於莊子〕. 장자가 대답했다〔莊子曰〕. "호랑이와 이리가 인입니다〔虎狼仁也〕." 탕이 말했다〔曰〕. "무슨 말씀인지요〔曰何謂也〕." 장자가 대답했다〔莊子曰〕. "호랑이 부자도 서로 사랑합니다〔父子相親〕. 어찌 인이 아니라 하겠습니까〔何爲不仁〕." 탕이 말했다〔曰〕. "지극한 인을 듣고 싶은데요〔請問至仁〕." 장자가 대답했다〔莊子曰〕. "지극한 인에는 친(親)이란 것이 없습니다〔至仁無親〕." 탕이 말했다〔大宰曰〕. "내가 듣기로는〔蕩聞之〕 무친이면 사랑하지 않는 것이며〔無親則不愛〕 사랑하지 않으면 불효라고 하던데〔不愛則不孝〕 지인은 불효해도 된다는 것인지요〔謂至仁不孝可乎〕." 장자가 대답했다〔莊子曰〕. "그렇지 않습니다〔不然〕. 무릇 지극한 인이란 말씀하신 것보다 높은 경지입니다〔至仁尙矣〕. 효만을 들어서 지극한 인을 말할 수는 없답니다〔孝固不可以言之〕. 이는 효도를 넘어섰다는 말이 아니라〔此非過孝之言〕 효 따위로는 미칠 수 없다는 말입니다〔不及孝之言也〕."

虎:범 호 狼:이리 랑 請:청할 청 親:친할 친 尙:높을 상

【담소(談笑)】

상(商)나라는 송(宋)나라의 전신이니 탕(蕩)을 송나라 재상으로 보아도 된다. 이 사람이 장자에게 인도(人道)의 인(仁)을 물었다. 장자가 천도(天道)의 인(仁)을 들어서 대답하니 탕은 그 말을 잘 알아듣지 못한다. 어디 사람에게만 인(仁)이겠는가. 어미새가 새끼를 낳아 키우고 돌보는 것과 사람의 어미가 아이를 낳아 키우고 돌보는 것을 다르다 여기지 말라. 이를 모르는 탕이 인이란 무엇이냐고 묻자 장자는 호랑이요 이리라고 답한다. 이것이 장자가 말하는 자연의 인(仁)이다.

인(仁)은 서로 사랑하는 일〔親〕이다. 효(孝)는 자녀가 부모를 받들어 모시는 일이다. 어떻게 모셔야 부모의 마음이 편안할까? 이러한 마음가짐을 잊지 말라는 것이 효요, 그 마음가짐을 행동으로 실천하라 함이 효행(孝行)이다. 이러한 효행은 사람들 사이에만 통하는 인(仁)의 한 성질이리라. 만물에 두루 통하는 덕행이 있는데 유별나게 효행을 앞세워 지인(至仁)을 인위(人爲)로 좁히지 말라는 장자의 뜻을 아직 탕(蕩)은 모르고 있다. 어찌 탕만 모르겠는가. 오만해진 인간은 자연의 인(仁)을 모르고 산다. 그렇기 때문에 천지가 사람을 위해서 있는 것인 양 착각하고 공룡처럼 날뛰는 것이다.

공룡이 왜 전멸했을까? 그 이유를 과학적으로 규명해 보려고 많은 사람들이 노력하고 있다. 이를 장자에게 묻는다면 간단하게 대답해 줄 것이다. 천지가 공룡이 더 살기를 용서하지 않았다고 말이다. 장자가 밝히는 자연의 인을 부정하면 하늘이 노하고 땅이 노할 것이라고 말하면 과학은 이를 비웃을 것이다. 이렇듯 인간은 천지 앞에 오만하고 건방지다. 계속 자연의 인을 무시하면 인간은 앞으로 혼이 날 것이다.

3. 황제(黃帝)가 함지락(咸池樂)을 연주한다

【우화(寓話)】

"나는 또 쉼 없는 소리로 함지(咸池)의 낙(樂)을 연주하고〔吾又奏之(咸池之樂)以無怠之聲〕, 자연이 하라는 대로 그 음악을 어울리게 한다네〔調之以自然之命〕. 그래서 함지(咸池)의 낙(樂)은 섞이고 뒤쫓아 무리를 지어 생겨나듯 하여〔故混逐叢生〕, 모두가 즐거워하면서도 드러나지 않고〔林樂而無形〕, 넓게 휘둘러 퍼져 끌어 잡을 수가 없다네〔布揮而不曳〕. 아득하고 희미해 소리가 없어도〔幽昏而無聲〕 사방으로 퍼져 나가〔動於無方〕 그윽하고 깊은 곳에 머물지〔居於窈冥〕. 이러한 연주를 두고 죽었다고도 하고〔或謂之死〕 혹은 살았다고도 하고〔或謂之生〕 혹은 꽉 찼다고도 하고〔或謂之實〕 혹은 텅 비었다고도 하지〔或謂之榮〕. 흐르고 흘러 퍼져 나가〔行流散徙〕 어느 정해진 소리에 얽매이지 않는다네〔不主常聲〕. 세상은 이를 의심해〔世疑之〕 성인에게 묻는다네〔稽於聖人〕. 성인이란〔聖也者〕 천지의 본래 모습에 통달해 자연이 하라는 대로 따르지〔達於情而遂於命也〕. 자연의 작용이 떨쳐 나지 않아도〔機不張〕 온몸의 감각이 맞추어져〔而五官皆備〕 말하지 않아도 마음이 즐겁다네〔無言而心說〕. 이를 일러 하늘의 즐거움이라고 한다네〔此之謂天樂〕. 그래서 유염씨도 노래를 지어 부르며 말했지〔居有焱氏爲之頌曰〕. '들으려 해도 들리지 않고〔聽之而不聞其聲〕 보려고 해도 그 모습이 보이지 않아〔視之而不見其形〕 천지에 가득 차고〔充滿天地〕 우주를 감싼다네〔苞裹六極〕.' 자네도 이 노래를 듣고 싶겠지만 들을 수 없다네〔女欲聽之而無接焉〕. 그렇기 때문에 어리둥절한 것일세〔而故惑也〕. 낙이란 두려움에서 시작된다네〔樂也者始於懼〕. 두려우니까 귀신을 받들지〔懼故崇〕. 나는 다시 두려움을 없애는 노래를 부르려 하네〔吾又次之以怠〕. 두려움을 없애니까 숨어 버리지〔怠故遁〕. 어리둥절한 채로 끝이 날 걸세〔卒之於惑〕. 어리둥절하니까 어리석지〔惑故愚〕. 어리석으니까 도가 된다네〔愚故道〕. 도야말로 나를 실어서 함지의 노래와 함께하게 한다네〔道可載而與之俱也〕."

奏:아뢸 주　怠:게으름 태　逐:쫓을 축　叢:무더기 총　揮:휘두를 휘
曳:끌 예　散:흩어질 산　徙:옮길 사　窈:그윽할 요　冥:어두울 명
疑:의심할 의　稽:의논할 계　達:통달할 달　苞:쌀 포　裹:쌀 과
懼:두려워할 구　崇:빌미 수　惑:헷갈릴 혹　愚:어리석을 우
遁:숨을 둔　載:실을 재　俱:함께할 구
窈冥(요명):근원(根源)　有焱氏(유염씨):신농(神農)의 별칭

【담소(談笑)】

　성씨는 북문(北門)이고 이름은 성(成)이라는 신하가 함지(咸池)의 노래를 듣고 나서 황제(黃帝)에게 심회를 물었다. 우화(寓話) 속 황제의 대답을 보면 인락(人樂)과 천락(天樂)이 나누어지는 것을 알 수 있다. 오우주지(吾又奏之)에서 오(吾)는 황제를,

지(之)는 함지의 노래〔咸池之樂〕를 말한다. 함지의 노래를 무위의 노래라 해도 되고 더할 바 없는 자유의 노래라고 해도 된다. 천방(天放)의 노래라고 새겨도 무방하고 천락(天樂)이라 해도 무방하다.

여기서 황제는 요(堯)임금으로 본다. 이 요임금이 유가(儒家)의 입장을 떠나 도가(道家)의 입장에서 함지의 노래를 부르고 있다. 자연이 하라는 대로 세상을 다스려 백성을 편하게 하려고 함지의 노래를 부른다. 유가에서는 예락(禮樂)을 치세(治世)의 방편으로 삼지만, 도가는 오로지 낙(樂)을 치세의 방편으로 삼는다. 예락(禮樂)은 인락(人樂)이고 낙(樂)은 천락(天樂)인 셈이다.

황제가 부른 함지의 노래를 듣고 북문성(北門成)이 다음과 같이 아뢴다. "동정의 벌에서 황제께서 함지의 노래를 하셨을 때〔帝張咸池之樂於洞庭之野〕 처음 듣고서는 두려웠습니다만〔吾始聞之懼〕 다시 듣고서는 두려움이 없어졌는데〔復聞之怠〕, 마지막 듣고서는 어리둥절해졌습니다〔卒聞之而惑〕. 얼이 빠져〔蕩蕩默默〕 제 자신을 어찌해야 할지 몰랐습니다〔乃不自得〕."

황제가 함지의 노래를 먼저 구(懼)하게 불렀다가 다시 태(怠)하게 불렀고 다시 혹(惑)하게 불렀다는 대목에서 어떻게 낙(樂)으로 세상을 다스리게 되었는지를 헤아릴 수 있다. 낙(樂)은 사람의 마음을 자연으로 돌아가게 하는 노래이다. 유가는 세상을 다스린다〔治〕고 하지만 도가는 세상을 키운다〔畜〕고 한다. 그래서 도가의 정치를 천방(天放)이라 해도 되고 천사(天食)라 해도 된다. 하늘이 먹여 줌〔天食〕을 감사하는 노래가 함지(咸池)의 낙(樂)인 셈이다. 말하자면 천지의 어머니를 향해 부르는 노래가 함지락(咸池樂)인 것이다.

동정지야(洞庭之野). 이는 만물이 어울려 살아야 하는 천지를 말한다. 함지지락(咸池之樂). 이는 황제가 부르는 노래다. 「천하(天下)」편에 '황제유함지(黃帝有咸池)'라는 말이 있는데 이것이 곧 황제의 정치를 말한다. 함지(咸池)는 인간으로 하여금 자연을 따르게 하려는 황제의 정치인 셈이다. 함지(咸池)를 삼라만상이 모여 함께 어울려 사는 즐거움으로 여기고 상상해 보라. 그러면 내가 천지요 천지가 곧 나라는 큰 마음이 함지락(咸池樂)을 누리게 해준다.

천지 앞에 서 있다고 상상해 보라. 그리고 천지 앞에 서서 노래하라. 상상하라. 노래하라. 이는 서로 다른 말이 아니라 같은 말이다. 상상하든 노래하든 천지의 참모습을 따라 하라는 것이다. 황제는 이를 드러났다가 사라진다는 말로 비유한다. 드러남은 형(形)이요 사라짐은 둔(遁)이다. 왜 사라진다고 하는가? 드러내지 않고 자연의 품안에 안기기 때문이다. 황제는 자연에 안기는 과정을 이렇게 설명한다. '홀연히 그치고[其卒無尾] 홀연히 시작하지[其始無首]. 사라졌는가 하면 살아나고[一死一生], 넘어졌는가 하면 일어난다네[一債一起]. 마주함이 무궁하여[所常無窮] 어떻게 될지를 모른다네[而一不可待]. 자네는 그런 까닭에 두려워진 것일세[女故懼也].'

황제가 함지(咸池)를 처음 부를 때 북문성이 두려워했다[懼]는 점을 주목하라. 왜 두려워하는가? 인간은 이런지 저런지 종잡을 수 없을 때 두려워한다. 이것과 저것을 분별(分別)하고 시비(是非)를 걸어 정오(正誤)를 판정할 수 있다고 자만할 때면 두려움을 모르지만, 무엇인지 알 수 없을 때에는 두려워하면서 삶의 소망을 생각하며 겸손해지는 것이다.

두려워하는 마음은 무엇인가를 숭배하려고 한다. 숭배하는 마음은 천지 앞에 겸허하다. 이렇게 겸허한 마음가짐이 수(崇)요, 수(崇)는 귀신(鬼神)을 섬기려는 마음가짐이다. 왜 인간이 귀신을 두려워하고 섬기려고 하는 것[崇]인가? 버리기 어려운 지(智) 때문이다. 지(智)라는 것이 얼마나 허망한가를 깨우칠 때 인간은 머리를 조아리며 천지 앞에 두 손을 모아 빈다. 그러니 황제가 함지의 낙(樂)을 노래하여 인간으로 하여금 구고수(懼故崇)하게 한다는 것은 무위로 돌아가게 한다는 말이 된다. 두려워하는 마음가짐〔懼〕은 인간이 신화(神禍)를 깨우치고 두려워하는 마음가짐이다. 신화(神禍)는 자연의 노여움이다. 그런 노여움의 빌미〔崇〕를 사지 않으려는 마음가짐〔懼〕이 곧 함지락(咸池樂)을 부르게 한다. 그러니 함지락(咸池樂)은 노자의 자지자명(自知者明)을 깨닫게 하는 등불인 것이다. 이를 두고 나를 밝게 하는 노래라고 여겨도 틀리지 않다.

두려움을 모르면 인간은 얕보기를 마다하지 않는다. 우리는 지(智) 때문에 오만해져 귀신(鬼神)을 높일 줄 모르게 되었다. 그뿐인가. 얕보면서 귀신은 없다고 호언한다. 귀신이 없다면 살아남을 것이라곤 하나도 없다. 귀신은 무엇인가? 귀(鬼)는 음(陰)이요 땅이고, 신(神)은 양(陽)이요 하늘이다. 그러니 귀신(鬼神)은 곧 천지(天地)요 천지는 자연의 모습〔情〕이 아닌가. 천지를 떠나서는 살 수 없는데도 인간은 지(智) 탓으로 천지를 얕보고 건방을 떤다. 이렇게 천지를 얕보는 짓을 물질화(物質化)라고 한다. 황제가 노래하는 함지(咸池)의 낙(樂)을 비웃지 말라. 이는 온갖 낙(樂)의 모태(母胎)인 것이다.

황제가 두 번째는 함지를 태(怠)하게 불렀다. 태(怠)는 편안히 쉬는 마음가짐이다. 유가에서는 태(怠)를 태만(怠慢)으로 보고 부정하지만, 도가에서는 식심(息心)으로 보고 긍정한다. 쉬는 마음〔息心〕에는 바랄 것이 하나도 없다. 허심(虛心)이요 무심(無心)이다. 그런 마음이 무엇 때문에 심란(心亂)하겠는가. 그러니 함지의 낙(樂)을 노래해 태고둔(怠故遁)하게 한다 함은 쉬는 마음가짐〔怠〕을 갖게 한다는 뜻이다.

쉬는 마음가짐〔怠:息心〕은 숨는 마음가짐〔遁〕과 통한다. 태

(怠)는 고요한 마음가짐[靜]이다. 정(靜)하면 허(虛)하게 될 것이고 허(虛)하면 무(無)하게 될 것이다. 그러니 태(怠)는 무심한 모습이요 허심한 모습이다. 이러한 마음가짐이야말로 두려움이 없는 마음가짐인 식심(息心)이다. 식심(息心)은 곧 장자의 낙출허(樂出虛)요 노자의 용내공(容乃公)이다. 용내공(容乃公)이든 낙출허(樂出虛)든 다 사사로운 마음가짐[私心]이 없다.

황제가 세 번째는 함지를 혹(惑)하게 불렀다. 나를 잊어버리는 마음가짐[亡己]을 혹(惑)이라 한다. 장자가 나비인가 나비가 장자인가. 이는 장자와 나비가 하나 되는 것이다. 분별을 넘고 차별을 떠나 하나 되는 것이 혹(惑)이다. 이를 불가(佛家)에서는 번뇌로 보고 부정하지만, 도가에서는 내가 자연과 하나 되는 마음가짐으로 보고 망기(亡己)로 친다. 그러니 함지락(咸池樂)을 노래해 혹고우(惑故愚)하게 하는 것은 나를 잊어버리고[惑] 어리석음[愚]으로 돌아가게 한다는 뜻이다. 어디로 돌아가는가? 자연으로 돌아간다. 유가와 불가는 우(愚)를 어리석음으로 보고 물리치라 한다. 그러나 도가는 우(愚)를 소박(素樸)으로 본다. 노자의 견소포박(見素抱樸)을 상기해 보라. 소(素)를 살펴 박(樸)을 안아라[見素抱樸]. 소박한 마음이 우(愚)요 검소한 마음이 우(愚)요 하나 되는 마음이 우(愚)요 자기를 낮출 줄 아는 마음이 우(愚)이니, 어리석음[愚]이 도(道)라는 말씀이 곧 우고도(愚故道)인 셈이다.

어리석음으로 도가 된다[愚故道]. 이는 곧 성(聖)의 경지를 말한다. 천지의 모습에 통달하고[達於情] 천지가 하라는 대로 따르는[逐於命] 마음가짐을 성(聖)이라 한다. 유가의 성인(聖人)은 인의(仁義)를 따르는 인간이지만 도가의 성인은 자연이 된 인간이다. 유가의 성인은 예락(禮樂)을 앞세우지만 도가의 성인은 천락(天樂)을 누리라 한다.

인간의 노래[禮樂]를 불러 만족하지 말라. 시비와 분별 때문에 혼란스러울 뿐이다. 자연의 노래〔天樂〕를 불러 만족하라. 만물이 하나라서 자유롭고 넉넉하여 다툴 일이 없다. 들어서 들리는 것은 사람의 낙(樂)이다. 자연의 낙(樂)은 몸의 귀로는 들리지 않는다. 보아서 보이는 것은 사람의 낙이다. 자연의 낙은 몸의 눈으로는 보이지 않는다. 마찬가지로 몸으로 감각할 수 있는 낙(樂)은 사람의 낙(樂)이요 자연의 낙은 감각을 넘어선 낙(樂)이다. 노자의 이(夷)·희(希)·미(微)가 자연의 낙(樂), 즉 천락(天樂)을 헤아리게 하는구나. 몸의 눈으로는 보이지 않는 것이 이(夷)요, 몸의 귀로는 들리지 않는 것이 희(希)요, 몸으로는 느낄 수 없는 것이 미(微)라고 말하는 노자야말로 천락(天樂)을 누리고 즐겼던 것이다. 그러니 낙(樂)을 예술(藝術)에 버금가는 말이라고 하지 말라. 예술에는 사람의 낙(樂)만 있지 자연의 낙〔天樂〕이 없기 때문이다. 자유롭게 즐겁게 살고 싶은가? 그렇다면 그대의 마음을 쉬게 하여 숨어서〔怠故遁〕 수수하고 꾸밈없이 살아라〔愚故道〕.

무릇 물길을 가는 데 배를 이용하는 것 이상이 없고〔夫水行莫如用舟〕,

뭍길을 가는 데 차(수레)를 이용하는 것 이상이 없다〔而陸行莫如用車〕.

물에서는 배로 갈 수 있지만〔以舟之可行於水也〕,

뭍에서 배를 끌고 가려 한다면〔而求推之於陸〕

평생을 끌어도 얼마 가지 못한다〔則沒世不行尋常〕.

예와 지금의 차이가 물과 육지가 아닐까〔古今非水陸與〕.

냇물에서 발을 씻듯이 하라. 그러면 생각은 항상 새 물을 마신다.

저 상황오제의 예의나 법도가〔夫三皇五帝之禮義法度〕

동일해서 자랑스러운 것이 아니다〔不矜於同〕.

세상이 다스려져서 자랑스러운 것이다〔而矜於治〕.

그러므로 삼황오제의 예의와 법도를 비유해 보자면〔故譬三皇五帝之禮義法度〕

풀명자나무 배나무 감귤나무 유자나무 같은 것이다〔其猶柤梨橘柚邪〕.

각각 그 열매의 맛이 서로 달라도〔其味相反〕 모두 입맛에 맞는다〔而皆可於口〕.

그러므로 예의와 법도란 것은〔故禮義法度者〕

시대에 따라 변하는 것이다〔應時而變者也〕.

예법(禮法)을 앞세워 사람을 얽매는 것은 음모일 뿐이다.

명성이란 모든 사람의 것이므로〔名公器也〕

많이 가지려 하면 안 되고〔不可多取〕,

인의란 것은 옛 임금들의 주막이므로〔仁義先王之蘧廬〕

하루를 머물기에는 괜찮으나〔止可以一宿〕 오래 있을 곳은 못 된다〔而不可久處〕.

청와대를 제 집으로 생각하는 대통령이 있다면 탈이다.

부자가 되기를 바라는 사람은〔以富爲是者〕

재물을 내줄 수 없고〔不能讓祿〕,

유명해지기를 바라는 사람은〔以顯爲是者〕

명성을 내줄 수 없으며〔不能讓名〕,

권세를 탐하는 자는〔親權者〕

남에게 권력을 물려 줄 수 없다〔不能與人柄〕.

본래 부자가 가난뱅이의 호주머니를 넘보는 법이다.

원한을 사거나 은혜를 베풀거나〔怨恩〕,

갖거나 주거나〔取與〕, 타이르거나 가르치거나〔諫敎〕,

그리고 살리거나 죽이거나〔生殺〕 간에,

이 여덟 가지 짓이 정치의 수단이다〔八者正之器也〕.

정치야말로 병 주고 약 주면서 세상을 홀린다.

겨를 날려서 눈을 제대로 뜰 수 없게 한다면〔夫播穅眯目〕

천지 사방의 방향이 바뀌고〔則天地四方易位矣〕,

모기나 등에가 물면〔蚊虻噆膚〕

밤새도록 잠을 못 이룬다〔則通昔不寢矣〕.

세상에는 긁어 부스럼을 만들려는 자들이 많다.

고니는 날마다 목욕을 아니해도 희고〔夫鵠不日浴而白〕,

까마귀는 날마다 검정 칠을 아니해도 검다〔烏不日黔而黑〕.

흑백의 본바탕은〔黑白之朴〕 거론할 것이 못 된다〔不足以爲辯〕.

사람만 본바탕이 자연임을 모르고 날뛴다.

대체로 육경이란〔夫六經〕 옛 임금들이 남긴 흔적이다〔先王之陳迹也〕.

어찌 흔적이 본연일 것인가〔豈其所以迹哉〕.

발자취는 신에서 생기는 것인데〔夫迹履之所出〕

어찌 발자취가 신발이 되겠나〔而迹豈履哉〕.

신발에다 발을 맞추려고 덤비는 인간들이 많다.

外篇 8

각의(刻意)

요점 당신은 어떤 인간형인가? 수신(守神)하라.

입문 인간형(人間形)의 갈래를 나누어 헤아리게 한다.

「각의(刻意)」 편은 매우 짧다. 전체적으로 일관된 논조를 유지하고 있지만 조잡한 면이 없지 않다고 본다. 여러 갈래의 인간형을 설명하고 다시 여러 갈래의 성인을 들어서 정신의 소중함을 주장하고 있다.

이 「각의(刻意)」 편을 두고 「양생주(養生主)」, 「대종사(大宗師)」 편의 내용을 부연한 것에 불과하다 하여 『장자(莊子)』에서 제외시킨 경우도 있다. 이처럼 가볍게 취급되기도 하지만, 인간형을 여러 갈래로 나누어 헤아리게 하므로 그것대로 음미할 가치가 있다고 본다.

1. 인간형을 갈래 짓고 보면 세상이 보인다

【우화(寓話)】

뜻을 준엄하게 하고 행동을 고고하게 하며〔刻意尙行〕, 세속을 떠나 세속과 달리하면서〔離世異俗〕, 논쟁을 높여 세상을 원망하고 헐뜯는 것은〔高論怨誹〕 거만함일 뿐이다〔爲亢而已矣〕. 이는 산 속에 숨어사는 사람〔此山谷之士〕, 세상을 비난하는 사람〔非世之人〕, 지칠 대로 지쳐 물에 빠져 죽고 싶은 사람 등이 좋아하는 짓이다〔枯槁赴淵者之所好也〕.

인의와 충신을 말하고〔語仁義忠信〕 공검과 겸양을 따르는 것은〔恭儉推讓〕 수양함일 뿐이다〔爲修而已矣〕. 이는 평탄한 세상에 사는 사람〔此平世之士〕, 교육에 종사하는 사람〔敎誨之人〕, 걱정 없이 사는 학자 등이 좋아하는 짓이다〔遊居學者之所好也〕.

큰 공을 앞세우고〔語大功〕 큰 명성을 세우며〔立大名〕, 임금과 신하의 예를 정하고〔禮君臣〕 위아래를 바로잡는 것은〔正上下〕 정치하는 짓일 뿐이다〔爲治而已矣〕. 이는 조정에서 일하는 사람〔此朝廷之士〕, 임금을 섬기고 나라를 강하게 하겠다는 사람〔尊主彊國之人〕, 공적을 올려 나라를 넓히는 사람 등이 좋아하는 짓이다〔致功幷兼者之所好也〕.

사람이 없는 시골을 택하거나〔就藪澤〕, 하염없이 조용한 곳에 머물거나〔處閒曠〕 낚시질하면서 소일하는 짓은〔釣魚閒處〕 욕심으로 하는 일은 없다는 것일 뿐이다〔爲無而已矣〕. 이는 시골에 묻혀 사는 사람〔此江海之士〕, 세상을 피하는 사람〔避世之人〕, 한가한 사람이 좋아하는 짓이다〔閒暇者之所好也〕.

숨을 내쉬고 들이쉬면서〔吹呴呼吸〕, 들이쉰 숨을 내쉬고 새로 숨을 들이쉬면서〔吐故納新〕 곰이 나뭇가지에 매달리듯 새가 목을 뻗듯이 하는 것은〔熊經鳥申〕 오래 살려고 하는 짓일 뿐이다〔爲壽

而已矣]. 이는 장생법을 연마하는 사람[此道引之士], 몸매를 단련하는 사람[養形之人], 팽조처럼 장수하고자 하는 사람이 좋아하는 짓이다[彭祖壽考者之所好也].

만약에 마음을 준엄하게 하지 않으면서도 고고하고[若夫不刻意而高], 인의로 애쓰지 않고서도 자기를 닦으며[無仁義而修], 공명을 내세우지 않아도 다스릴 수 있고[無功名而治], 강이나 바다로 나가지 않아도 한가롭게 틈을 낼 수 있으며[無江海而閒], 오래 사는 법을 끌어들이지 않고서도 오래오래 산다면[不道引而壽], 모든 것을 죄다 잊어버리고[無不忘也] 모든 것을 죄다 갖춘 섬이다[無不有也]. 마음이 그저 그냥 편안하여 견줄 바 없고[澹然而無極] 온갖 아름다움이 뒤를 따른다[而衆美而從之]. 이러함이 천지의 도이며[此天地之道] 성인의 덕이다[聖人之德也]. 무릇 조용하고 담담하며 그지없이 고요하고[拈淡寂漠], 마음을 텅 비우고 욕심을 부리지 않는다[虛無無爲]. 이런 것이 천지의 평안이며[此天地之平] 도덕의 본질이다[而道德之質也]. 그러므로 성인은 쉰다[故聖人休焉]. 쉬고 있으면 마음이 편해 쉽다[休則平易矣]. 편안하고 쉬우면 조용하고 담담하다[平易則恬淡矣]. 편안하고 담담하면 근심 걱정이 끼어들 수 없고[平易恬淡則憂患不能入] 나쁜 마음이 기어들 수 없다[邪氣不能襲]. 그러므로 성인의 덕이 온전하고 정신이 어지러울 리 없다[故其德全而神不虧].

刻:깎을 각　怨:원망할 원　誹:헐뜯을 비　亢:거만할 항　赴:다다를 부
誨:가르칠 회　藪:덤불 수　曠:넓을 광　釣:낚시 조　閒:사이 한
避:피할 피　暇:겨를 가　吹:불 취　呴:숨 내쉴 구　納:들일 납
熊:곰 웅　經:매달릴 경
申:기지개켤 신. 신(伸)과 같음　彭:성씨 팽

【담소(談笑)】

당신은 위항(爲亢)의 인간형인가? 그렇다면 먼저 겸허한 사람을 본받아야 한다. 위항(爲亢)은 오만함이다. 목에 힘주는 인간이다. 오만한 성질 탓에 저만 제일이고 남 얕보는 짓을 마다하지 않는다. 스스로 자신의 잘못된 점을 안다면 위항의 인간형이 되지는 않으리라. 울분으로 속을 태우고 애를 끓이는 인간은 고고한 척해도 따지고 보면 작은 인간일 뿐이다.

당신은 위수(爲修)의 인간형인가? 그렇다면 닦는 일〔修行〕을 자랑하지 말라. 진정으로 자신을 닦는 사람은 자신을 과시하지 않는다. 인의를 말하지 말라. 행하는 사람은 말하지 않는다. 검소하게 살라고 말하지 말라. 자신이 검소하면 그만이다. 겸양하라고 말하지 말라. 자신이 겸허하면 그만이다. 말만 앞세우고 행하지 않는 사람이라면 아무리 수양해도 허망할 뿐이다.

당신은 위치(爲治)의 인간형인가? 그렇다면 공치사하는 버릇에 놀아나기 쉽다. 공치사를 앞세우는 인간은 그릇이 작다. 작은 그릇에 너무 많이 담으려고 잔꾀를 부리면 손가락질을 당하는 정객 따위로 추락한다. 아무리 권세를 쥐어도 너절하고 더러운 인간이 될 뿐이다. 나라를 위해, 백성을 위해 헌신하겠다고 호언하지 말라. 그럴수록 거짓말쟁이가 될 뿐이다.

당신은 위무(爲無)의 인간형인가? 그렇다면 부지런한 사람을 부러워하라. 무위(無爲)는 위무(爲無)가 아니다. 거침 없이 자유롭게 자연에 따라 생각하고 행동하는 것이지, 꼼짝 않고 가만히 있는 게으름 따위가 아니다. 진정한 은둔자는 하는 일 없이 빈둥거리지 않는다. 천지와 함께 노니는 사람은 바람도 되고 물도 되면서 하염없이 변화를 즐긴다. 그러니 세상을 피해 빈둥거리는 인간은 낙오자일 뿐이다.

당신은 위수(爲壽)의 인간형인가? 그렇다면 700갑자를 살다 간

팽조는 요절했고 태어나자마자 죽은 영아(嬰兒)는 장수했다는 장
자의 말을 상기해 보라. 볼일 없이 살덩어리만 오래 살아 무얼 할
것인가. 몸만 다듬고 속이 썩어 있다면, 멀쩡해 보이면서도 속이
비어 버린 바람 든 무에 불과할 뿐이다. 깍두기감도 못 되는 무쪽
같은 인간들이 알통을 자랑하며 섹시하지 않느냐고 방정을 떠는
세상이다. 양신(養神)을 떠난 양형(養形)은 비육우(肥肉牛)를 키
워 내는 목축(牧畜)과 다를 바 없다. 몸매만 키우는 짓〔養形〕을
하면 몸만 살아 있을 뿐 마음은 치매에 걸린 꼴이 된다.

어느 유형의 인간이든 분주하고 정신을 이리저리 남용하느라
부산을 떤다. 성인은 그런 짓거리를 결코 범하지 않는다. 그래서
인간과 성인은 같은 사람이면서도 다른 것이다. 인간만 득실거리
고 성인은 세상에 없는 요즘이다. 그러나 성인이 없다 하여 성인
을 부정해서는 안 된다. 없을수록 더 소중하다. 신인(神人)·지인
(至人)·진인(眞人)·성인(聖人)은 이름만 다를 뿐 모두 다 무위
(無爲)로 사는 분이다. 성인을 무기(無己)·무친(無親)·무사(無
私)·사기(舍己) 등으로 풀기도 하고, 좌망(坐忘)이니 망기(亡己)
로 묘사하기도 한다. 그러니 천지는 곧 성인의 모습이다.

위항(爲亢)·위수(爲修)·위치(爲治)·위무(爲無)·위수(爲
壽) 등은 인간형의 속성(屬性)이다. 염담(恬淡)·적막(寂漠)·허
무(虛無)·무위(無爲)·평이(平易)는 성인의 속성이다. 성인은
쉴 줄 알지만 인간은 항상 분주할 뿐이다. 성인은 어디에서 쉬는
가? 자연에서 쉰다. 이를 일러 성인의 휴(休)라 한다.

휴(休)는 식(息)이요 식(息)은 지(止)로 통한다. 지(止)는 멈춘
다는 말이다. 어디에 멈추는가. 자연이다. 자연 따라 마음이 쉬는
모습을 염담이니 적막이니 허무니 무위니 평이니 이른 셈이다.
불가(佛家)의 말로는 선정이나 삼매라 할까. 이처럼 「각의(刻意)」
편은 인간의 모습과 성인의 모습을 나란히 견주고 있다. "성인은

사람의 모습이지만[有人之形] 사람의 정은 없다[無人之情]"고 「덕충부(德充符)」편에서도 말한 바 있다. 사람의 정이란 무엇인가? 위항(爲尢)이요 위수(爲修)요 위치(爲治)요 위무(爲無)와 위수(爲壽)일 것이다. 성인은 이런 성질에서 벗어나 자연을 따라 산다. 이러한 성인을 잊지 말라. 하지만 인간들은 들은 척도 하지 않는다.

2. 왜 정신(精神)을 동제(同帝)라고 하는가

【우화(寓話)】

무릇 간월(干越)에서 만든 명검(名劍)을 간직한 자는[夫有干越之劍者] 궤짝 속에 감춰 두고[匣而藏之] 함부로 가벼이 사용하지 않는다[不敢輕用也]. 이런 게 보물을 잘 간수하는 것이다[寶之至也]. 정신이 온 사방으로 트이고 막힘 없이 흘러[精神四達幷流] 꽉 막힌 데가 없다[無所不極]. 위로는 하늘에 닿고[上際於天], 아래로는 땅에 도사리며[下蟠於地], 만물을 낳고 길러 내면서도[化育萬物] 모습을 드러내지 않는다[不可爲象]. 이를 일러 동제라 한다[其名爲同帝]. 순수하고 소박한 길은[純素之道] 오직 이 정신을 지키는 것이다[唯神是守]. 잘 지켜서 잃지 않으면[守而勿失] 정신과 더불어 하나가 되고[與神爲一], 하나가 된 정신은 통하여[一之精通] 자연의 이치와 합치된다[合于天倫].

속담에도 이런 말이 있다[野語有之曰]. "보통 사람들은 이득을 소중히 하고[衆人重利], 청렴한 선비는 이름을 소중히 하며[廉士重名], 현명한 선비는 뜻을 받들고[賢士尙志], 성인은 정신을 귀하게 여긴다[聖人貴精]." 그러므로 소박함이란[故素也者] 이것저것 섞이지 않았음을 말하는 것이다[謂其無所與雜也]. 순수함이란

〔純也者〕 정신을 이지러지게 하지 않음을 말한다〔謂其不虧其神也〕. 순수와 소박을 터득해야〔能體純素〕 진인이라 할 수 있다〔謂之眞人〕.

干：방패 간. 여기서는 오(吳)나라를 말함   越：나라 이름 월   劍：칼 검
匣：궤 갑   藏：감출 장   寶：보물 보   除：닿을 제   蟠：도사릴 반
廉：청렴할 염   雜：섞일 잡   虧：이지러질 휴

【담소(談笑)】

수신(守神)하라. 정신을 지켜라. 성인은 오로지 수신(守神)한다. 그러나 인간은 정신을 제대로 지킬 줄 모른다. 물론 여기서 인간은 범인을 일컫는다. 그래서 호랑이한테 물려 가도 정신만 차리면 산다는 속담이 생기지 않았나 싶다. 수신(守神)하기 위하여 노자는 사기(舍己)하라 하고, 장자는 무기(無己)하라 하며, 공자는 수기(修己)하라 하고, 맹자는 수기(守己)하라 한다. 이러한 경고는 모두 사사로움을 없애고〔無私〕 편애하지 말라〔無親〕 함이다. 그러면 정신은 곧 동제(同帝)로 통한다. 동제(同帝)는 도(道)의 다른 말이다.

성인의 정신은 인간의 정신과 달리 천지에 두루 통하는 동제(同帝)다. 성인은 그 정신을 따라 산다. 이것이 곧 성인의 수신(守神)이다. 그러므로 성인은 정신을 동제(同帝)로 받든다. 동제(同帝)는 천제(天帝)로, 조물자(造物者) 즉 도(道)이다. 성인은 정신을 조물주로 맞이하고 받든다. 이를 수신(守神)이라 한다. 이러한 삶을 노장(老莊)은 무위자연(無爲自然)이라 한다.

성인은 정신(精神)을 무위자연으로 대한다. 무위자연은 곧 성인의 정신이요 그 정신은 곧 순소(純素)의 도(道)이다. 성인은 바

로 순소(純素)의 길을 걷는다. 노자가 영아(嬰兒)를 예찬한 뜻을
알 만하다. 잡것이 하나도 없다. 이것이 순(純)이다. 다듬고 꾸민
것이라곤 하나도 없다. 이것이 소(素)이다. 정(精)은 순(純)과 소
(素)를 갖춘 것이요, 신(神)은 기운(氣運)이다. 말하자면 만물을
만들어 낸 주인을 일러 순소(純素)의 기운(氣運) 혹은 성인의 정
신(精神)이라고 한 셈이다.

　정신(精神)을 잡스럽게 하고 이지러지게 하는 것이 무엇인가?
이(利)요 명(名)이요 지(志)이다. 이러한 이(利)와 명(名)과 지
(志)는 인간의 욕(欲)일 뿐, 자연에는 그런 것들이 없다. 인위(人
爲)란 무엇인가? 이득과 명성과 의지에 따라 잡스럽게 생각하고
행동하는 삶이다. 무위(無爲)란 무엇인가? 이(利)·명(名)·지
(志)를 떠나 자유롭게 거침 없이 생각하고 행동하는 삶이다. 이런
삶이야말로 동제(同帝)요 천운(天運)이요 도지동(道之動)이다.

　이득을 탐하며 침을 흘린다. 명성을 얻자고 안간힘을 쓴다. 의
지를 강하게 하자고 열을 올린다. 인간의 이런 아우성을 일러 잡
스럽다〔雜〕 하고 이지러진다〔虧〕고 한다. 이렇게 정신을 내동댕
이치는 짓을 인간은 밥 먹듯이 범한다. 그러나 성인은 정신을 귀
하게 여기고, 무슨 일이 있어도 잡(雜)과 휴(虧)를 떠나 산다. 이
를 일러 합우천륜(合于天倫)이라 한다.

　천륜(天倫)의 윤(倫)은 이(理)와 같다. 천륜은 도(道)의 다른
말이다. 그러니 천륜은 곧 자연을 따르는 것이다. 도법자연(道法
自然)이 아닌가. 이제 정신(精神)이란 말을 알겠다. 정신을 지켜
라. 이는 곧 자연을 따라 살라는 말이다. 자연과 더불어 하나가
된다〔與神爲一〕. 자연은 만물을 하나로 보니까 일지정(一之精)이
요, 그 정(精)이 걸림 없이 두루 통하므로 일지정통(一之精通)이
라 한다. 성인은 하나의 길로 통하게 하고 범인은 그 길을 막는
다. 그래서 장자는 하늘은 구멍을 뚫고 인간은 구멍을 막는다 했

다. 성인은 숨구멍을 트고 범인은 숨구멍을 막는다. 그러니 우리가 어찌 편히 살 수 있겠는가?

어록

잔재주와 속임수를 버리고〔去知與故〕
자연의 이치에 따른다〔循天之理〕.

왜 욕을 먹고 남의 손가락질을 받는지 헤아려 보라.

이리저리 생각하지 않고〔不思慮〕 앞질러 꾀하지 않으며〔不豫謀〕,
빛나되 눈부시지 않게 한다〔光矣而不耀〕.
성의를 다하되 바라지 않는다〔信矣而不期〕.

공을 따져 공치사를 앞세우는 인간은 꼬리치는 개와 같다.

슬퍼하거나 즐거워하는 것은 덕을 속이는 짓이고〔悲樂者德之邪〕,
기뻐하거나 노여워하는 것은 도에서 벗어나는 짓이며〔喜怒者道之過〕,
좋아하거나 싫어하는 것은 덕을 잃는 짓이다〔好惡者德之失〕.

달면 삼키고 쓰면 뱉는 인간을 어이하리.

外篇 9

선성(繕性)

요지 너는 어떻게 사느냐? 존신(存身)하라.

입문 인(仁)을 덕(德)이 포용하고, 의(義)를 도(道)가 포용한다.

유가(儒家)의 인의(仁義)를 냉소하지 않고 무위자연의 품으로 안는 모습을 이 「선성(繕性)」편에서 만날 수 있다. 인(仁)을 덕(德)이 포용하고 의(義)를 도(道)가 포용한다 함은 유가의 사상(思想)을 도가(道家)에 포용한다는 뜻이다. 이는 유가에 대한 보다 적극적인 비판인 셈이다. 본래 심성(心性)은 자연이다. 이것이 도가의 무위사상이다. 그러나 인간의 본성은 자연을 떠나 논리를 앞세워 시비를 따지며 똑똑하다 한다. 이렇게 타고난 본성이 지식으로 다스려지면서 온갖 걱정거리를 사게 되었다. 이를 격파하라고 「선성(繕性)」편은 우리에게 요구한다.

존신(存身)하라. 스스로 자신을 바로잡아라[存身]. 지식은 본래 욕(欲)으로 통한다. 지식이 인간의 바라는 바를 증폭시켜 삶이 자꾸만 무거워진다. 가볍게 살자고 생각해 보라. 그러면 나를 가볍게 하는 새로운 지식을 만나리라.

나를 가볍게 해주는 시(知)는 명(明)이요, 나를 무겁게 하는 지(知)는 지(智)이다. 명(明)은 나를 밝혀 욕(欲)을 없애 나를 가볍게 하고, 지(智)는 온갖 사물(事物)을 밝혀 나를 무겁게 한다. 그래서 노자는 학(學)을 하면 날마다 불어나고[爲學日益] 도(道)를 하면 매일 줄어든다[爲道日損]고 했다.

1. 본성(本性)을 스스로 찢지 말라

【우화(寓話)】

세속의 학문에서 본성을 닦아〔繕性於俗學〕 근원으로 돌아가려 하고〔以求復其初〕, 세속의 생각 속에서 어지러운 탐욕으로〔滑欲於俗思〕 명지를 다하려고 한다〔以求致明〕. 이런 인간을 일러 눈이 가려져 어리석은 자라고 한다〔謂之蔽蒙之民〕. 옛적에 도를 닦던 사람은〔古之治道者〕 고요히, 그리고 조용히 명(明)의 지(知)를 길렀다〔以恬養知〕. 그 지(知)가 생겨도 그것을 빌어 무슨 일을 꾀하려 들지 않았다〔知生而無以知爲也〕. 이를 일러 명(明)의 지(知)로써 고요함을 기르는 것이라고 했다〔謂之以知養恬〕. 명(明)의 지(知)와 고요함이 서로 어울려〔知與恬交〕 북돋아 주었다〔相養〕. 그리하여 본성에서 어울려 덕(德)과 그 이치인 도(道)가 나왔다〔而和理出其性〕.

무릇 덕은 어울림이고〔夫德和也〕 도는 이치다〔道理也〕. 모든 것을 감싸 안는 덕이 인이고〔德無不容仁也〕, 모든 것에 이치를 부여하는 도가 의다〔道無不理義也〕. 의가 밝아져 사물이 서로 친해지는 것이 충이다〔義明而物親忠也〕. 마음 속이 순수하고 소박하여 자연의 참모습으로 되돌아오는 것이 낙이다〔中純實而反乎情樂也〕. 성실한 행동이 몸에 배어 절도를 따르는 것이 예다〔信行容體而順乎文禮也〕. 예락이 치우쳐 행해지면〔禮樂偏行〕 천하가 혼란스러워진다〔天下亂矣〕. 저마다 올바르게 하고 덕을 드러내지 않아도〔彼正而蒙己德〕 덕이라면 가려지지 않는다〔德則不冒〕. 덕이 가려지면 사물은 반드시 제 본성을 잃는다〔冒則物必失其性也〕.

繕:다스릴 선 滑:어지럽힐 골 致:다할 치 蔽:가릴 폐 蒙:어두울 몽
恬:고요할 염 養:기를 양 理:이치 리 偏:치우칠 편 冒:가릴 모

莊子 ● 外篇

【담소(談笑)】

속학(俗學)은 유가(儒家)로 보면 된다. 속사(俗思) 역시 유가의 사상으로 볼 수 있다. 자연은 크지만 인간은 작다. 속(俗) 역시 인간의 것이라 작다. 그래서 인지(人知)를 속물(俗物)로 보고 작다 하는 것이다. 작은 지식으로 본성을 다스리려고 하지 말라. 그렇게 하면 인간이 똑똑해지는 것 같지만 결국 어리석은 존재로 추락할 뿐이다. 오만한 유식(有識)은 겸허한 무식(無識)을 당해내지 못한다.

선성(繕性), 이는 본성을 다스린다는 말이다. 이 우화는 선성(繕性)을 꾸짖는다. 여기서 선성(繕性)은 유가를 빙자한 말이다. 도가(道家)는 유가를 속학(俗學)으로 본다. 속학(俗學)은 속사(俗思)를 위주로 한다. 속사(俗思)란 인위(人爲)를 생각하는 짓이다. 결국 이 우화는 그런 속학(俗學)으로 본성(本性)을 다스린다〔繕〕고 하지 말라는 것이다. 본성이 자연인 줄도 모르고 유가가 선성(繕性)을 떠들어댄다. 인간이 어찌 자연을 다스리려 하는가? 인의(仁義)와 예락(禮樂)을 인간의 것으로 묶어 놓는다면 그런 인의와 예락은 자연에서 벗어나고 말리라.

또한 이 우화는 본성을 다스릴 수 있다고 여기는 사람을 폐몽(蔽蒙)이란 말로 꾸짖는다. 폐(蔽)는 색(塞)으로 통하고, 몽(蒙)은 암(暗)으로 통한다. 눈이 가려져 캄캄한 꼴이 곧 폐몽(蔽蒙)이다. 그런 인간은 자명(自明)을 몰라 겁이 없다. 그래서 인간이 자연을 다스릴 수 있다고 호언한다. 얼마나 무모한가. 그러니 속학(俗學)으로 선성(繕性)하지 말라. 이는 인간의 타고난 본성을 다

스리려 하지 말라는 말씀이다.

치도(治道)하라. 치도(治道)란 무엇인가? 자연을 따라 하라는 것이다. 그러면 치도(治道)이다. 자연을 따라 하기[治道]를 일러 염담(恬淡)이요 적막(寂漠)이요 허무(虛無)요 무위(無爲)라고 한다. 치도(治道)는 곧 명지(明知)인 셈이다. 밖을 밝히지 말고 내 안을 밝힐 줄 알라[明知]. 물론 명(明)이 없으면 치도(治道)가 어렵다. 그래서 노자는 나를 아는 것이 명(明)이라[自知者明] 했다.

나를 조용히 하라. 나를 고요히 하라. 나를 텅 비어 있게 하라. 나를 밝혀라. 이렇게 하는 것이 곧 명지(明知)인 셈이다. 염(恬)으로써 지(知)를 길러라[以恬養知]. 그러면 명지(明知)다. 그러나 욕(欲)으로 지(知)를 기르면[以欲養知] 인지(人智)일 뿐이다. 스스로를 모르는데도 밖의 것만 알려 하는 것을 노자는 지(智)라고 했다. 원래 남을 아는 것을 지(智)라고[知人者智] 했다. 우리는 명지(明知)를 멀리하고 인지(人智)에 치우쳐 디지털 기술(digital technology)에 스스로를 맡기려 한다. 그래서 우리가 본래 자연인 줄을 모르고 산다. 이처럼 인간이 자연인 줄 모르고 사는 것을 이 우화는 폐몽지민(蔽蒙之民)이라고 하였다.

폐몽지민(蔽蒙之民). 이는 앞을 내다볼 줄 몰라 어리석은 인간을 말한다. 왜 어리석다 하는가? 욕(欲)을 좇다 탐욕(貪慾)에 빠지고, 덕을 잃어 실덕(失德)에 빠져 버렸기 때문이다. 가릴 폐(蔽), 어리석을 몽(蒙). 폐(蔽)는 명지(明知)를 멀리하다 자기를 보는 눈이 가려졌다는 말이고, 몽(蒙)은 명지를 멀리하다 무모해졌다는 뜻이다. 이를 다시 한번 새겨 두고 싶다.

이염양지(以恬養知). 이는 조용하고 고요한 마음[恬]으로 지(知)를 길러 좁고 작은 인지(人智)의 어리석음에서 풀려 나라 함이다. 왜 인지(人智)는 좁고 작은가? 나를 중심에 두고 세상을 다루려 하기[欲] 때문이다. 나를 자유롭게 하고 나를 고요하게 하고 나를 조용하게 하는 마음가짐이 곧 명지(明知)인 것이다. 결국 명지(明知)란 욕(欲)을 버리란 말이다. 그것은 자연을 따를 줄 아는 마음가짐이다. 그래서 노자는 명지(明知)를 포박(抱樸)이라고 했다. 수수하고 꾸밈없는 것〔樸〕을 껴안아라〔抱〕.

피정이몽기덕(彼正而蒙其德). 저마다 바르게 하라〔彼正〕. 무엇을 바르게 하라는 것일까? 본성이다. 본성이 바른 사람은 남에게 과시하려 하지 않는다. 그래서 성인은 숨는다〔遁〕고 하지 않는가? 가려져서 어리석은 것〔蔽蒙〕은 본성을 잃어버렸기 때문이지만, 밝아서 어리석은 것은 본성을 따라 살기에 그저 어리석어 보이는 것일 뿐이다. 본래 후덕(厚德)은 몽기덕(蒙己德)으로 통한다. 후덕한 사람은 잘난 체를 않는다. 덕이 있는 사람은 덕을 자랑하지 않는다.

몽기덕(蒙己德)이 존신(存身)인 것을 알겠다. 이것이 본성을 자연이게 한다. 어떻게 존신(存身)할 것인가? 치도(治道)하라. 어떻게 치도(治道)할 것인가? 이염양지(以恬養知)하라. 조용하고 고요한 마음가짐〔明知〕을 길러라. 그러면 의(義)가 자연의 도(道)요, 인(仁)이 자연의 덕(德)임을 알 것이다. 그래서 도덕(道德)·화리(和理)·인의(仁義)를 한마디로 자연(自然)이라 한다.

피정(彼正)이 곧 중순실(中純實)임을 알 것이다. 중(中)은 마음이요, 순실(純實)은 맑고 깨끗하며〔純〕 여물어 허튼 데가 없음〔實〕이다. 그런 순실한 마음〔中〕이 어찌 바르지 않겠는가. 그러니 피정(彼正)·중순실(中純實)·몽기덕(蒙己德)은 모두 같은 말이요, 본성은 곧 자연이란 말이다. 이를 이 우화는 반호정(反乎情)이라고 밝힌 것이다.

반호정(反乎情). 정(情)으로 반(反)하라. 참모습〔情〕으로 되돌아가라〔反〕. 참모습은 무엇을 뜻할까? 자연이 본성이요 본성이 자연인 모습이 곧 정(情)이다. 불가(佛家)의 말로 하면 불이(不

二)의 모습이다. 그런 모습을 일러 피정(彼正)이니 몽기덕(蒙己德)이니 중순실(中純實)이라 말한 셈이다. 참모습으로 되돌아가라〔反乎情〕. 그렇다면 즐겨라〔樂〕.

순호문(順乎文). 문(文)에 순(順)하라. 참모습〔文〕을 따르라〔順〕. 도가(道家)의 문(文)은 자연이 드러나는 모습이고, 유가(儒家)의 문(文)은 인간이 이루어 내는 모습이다. 그 모습을 문명(文明)이니 문화(文化)라고 한다. 물론 순호문(順乎文)의 문(文)은 자연이 드러나는 모습이다. 그러니 반호정(反乎情)의 정(情)이나 순호문(順乎文)의 문(文)은 모두 자연의 참모습을 말한다.

어떻게 따라야 하는가? 신행용체(信行容體)하라. 숨길 것도 없고 감출 것도 없어 밝고 맑고 깨끗한 행동이 곧 신행(信行)이다. 앞에서 말한 양염(養恬)이 바로 신행(信行)으로 드러난다. 신행(信行)이 체(體)를 드러낸다〔容〕. 그러면 순호문(順乎文)한다. 여기서 체(體)는 피정(彼正)·몽기덕(蒙己德)·중순실(中純實)이며 어느 것으로 새겨도 무방하다. 맑고 깨끗한 마음으로 더불어 믿음직하게 행동하면 그것이 곧 순호문(順乎文)이다. 참모습을 따라하라〔順乎文〕. 그렇다면 행동하라〔禮〕.

이 우화를 듣다 보면 유가가 인의예악(仁義禮樂)을 인간 중심으로 좁혀 놓았다는 생각이 든다. 장자는 이러한 유가의 행동을 점잖게 꾸짖으면서 인의예악(仁義禮樂)을 자연의 것으로 되돌려 놓는다. 인위(人爲)의 인의예악(仁義禮樂)보다 만상에 두루 통하는 무위(無爲)의 인의예악(仁義禮樂)을 잊지 말라는 것이다.

2. 아서라, 제발 다스린다 말라

【우화(寓話)】

옛날 사람은 혼망한 가운데 살았다〔古之人在混芒之中〕. 온 세상 사람들이 조용하고 편안한 삶을 누렸다〔與一世而得澹漠焉〕. 그 시절은〔當是時也〕 음양이 어울려 아늑했고〔陰陽和靜〕, 귀신이 어지럽히지 않았으며〔鬼神不擾〕, 계절이 순조롭고〔四時得節〕 만물은 상처를 입지 않았으며〔萬物不傷〕, 온갖 생물이 제 목숨대로 살았고〔群生不夭〕, 비록 사람에게 앎이 있어도〔人雖有知〕 쓸 데가 없었다〔無所用之〕. 이를 일러 지극한 하나라고 한다〔此之謂至一〕. 그 시절은〔當是時也〕 해보려고 하는 것이 없어서 항상 그대로였다〔莫之爲而常自然〕.

덕이 차츰 기울어지자〔逮德下衰〕 급기야 수인이나 복희가 나와서 천하를 다스렸다〔及燧人伏戲始爲天下〕. 이런 연고로 사람들이 따르기는 했지만 하나가 되지는 않았다〔是故順而不一〕. 다시 덕이 기울어지자〔德又下衰〕 신농이나 황제가 나와서 천하를 다스렸다〔及神農黃帝始爲天下〕. 이런 연고로 백성은 편했지만 따르지는 않았다〔是故安而不順〕. 또다시 덕이 기울어지자〔德又下衰〕 당우가 나와서 천하를 다스리게 되었다〔及唐虞始爲天下〕. 세상을 다스리고 변화시키는 풍조가 일어났다〔興治化之流〕. 그리하여 순박함이 엷어지고 수수함이 내팽개쳐져〔澆淳散朴〕, 선선히 도를 떠나고〔離道以善〕 서슴없이 덕을 험하게 했다〔險德以行〕. 그런 뒤로〔然後〕 본성을 버리고 제 마음대로 하면서〔去性而從於心〕, 서로 속셈을 엿보게 되어〔心與心識知〕 천하를 제대로 안정시킬 수 없었다〔而不足以定天下〕. 그런 뒤로〔然後〕 꾸미는 짓이 곁들여져〔附之以文〕 박식해야 유익해지고〔益之以博〕, 꾸미는 짓이 그대로의 속내를 멸하게 하고〔文滅質〕, 많이 알려고 함이 마음을 익사시켰다

〔搏溺心〕. 그런 뒤로〔然後〕 사람들이 혹란(惑亂)하기 시작하면서 〔民始惑亂〕 본성으로 돌아가지 못해 자연을 따랐던 맨 처음을 회복할 수 없게 되었다〔無以反其性情而復其初〕.

芒:어두울 망　澹:조용할 담　漠:편안할 막　擾:어지러울 요
夭:어릴 요　雖:비록 수　逮:미칠 체　澆:엷을 요　淳:순박할 순
散:흩을 산　離:떠날 리　衰:쇠할 쇠　險:험할 험　附:붙을 부
博:넓을 박　溺:빠질 익
燧人(수인)·伏戲(복희)·唐虞(당우):요순(堯舜)을 가리킴

【담소(談笑)】

똑똑해지기를 바라게 되면서부터 사람들은 혼망(混芒)을 싫어하게 되었다. 혼(混)이란 어수선하게 하는 것. 그런 혼(混)을 끝이게 하라〔芒〕. 혼망은 달리 말해 우(愚)에 가깝다. 그러니 혼망(混芒)은 마음가짐이 담막(澹漠)함을 뜻한다. 담(澹)은 조용한 모습이다. 막(漠) 역시 조용한 모습이다. 조용한 마음가짐이 곧 혼망(混芒)이다. 당신의 마음이 숨가쁘게 시비(是非)를 가리고 있는가? 그렇다면 그 마음이 조용할 리 없다. 일단 시비를 떠나 보라. 그러면 한 순간만이라도 마음이 혼망(混芒)을 누릴 수 있다.

시비가 곧 족쇄임을 안다면 어느 누가 혼망을 싫어하겠는가. 시비를 일삼는 지성(知性)이 시달리게 하는 덫임을 안다면 넉넉하게 하여 너그럽게 하는 덕성(德性)을 왜 멀리하겠는가? 지성은 마음을 부산하게 하고 덕성은 마음을 조용하게 한다.

지일(至一). 온갖 것이 하나 된다는 뜻이다. 무엇과 하나가 되는가? 도(道)와 하나 된다. 이는 곧 자연(自然)이 된다는 말이다. 있는 그대로이며 걸림이 없어 하염없는 게 자연 아닌가. 자연은

절대의 평등과 자유를 뜻한다. 이러한 지일(至一)은 곧 천일(天一)이다. 만물은 다 하나란 것이 지일(至一)이요 천일(天一)이요 대일(大一)이다. 그래서 위일(爲一)하라 한다.

어찌 인간만 귀하다 하는가? 무엇이든 우주에 있는 것이라면 다를 게 없다. 차별해 분별하지 말라. 그러면 선악(善惡)이 따로 없고 귀천(貴賤)이 따로 없다. 이런 경지가 곧 자연이 아닌가. 지일(至一)·천일(天一)·자연(自然)은 다른 말이 아니라 다 도덕(道德)을 말하는 것이다.

체덕하쇠(逮德下衰). 덕(德)이 쇠잔하게 되었다[衰]. 이는 인간이 덕을 멀리하기 시작했다는 말이요, 천지와 인간뿐만 아니라 인간끼리도 서로 하나 되기를 버렸다는 말이다. 너는 너, 나는 나로 갈라지는데 어떻게 인간이 천지와 하나가 될 수 있겠는가. 이렇게 서로 하나 되지 못하고 틈이 생겼다는 것이 바로 혼란(混亂)의 시작이다. 덕의 쇠망이 곧 혼란을 뜻하지 않는가. 혼(混)하여 난(亂)한 것을 끝이게 하라는 게 혼망(混芒)이다.

덕이 성(盛)하면 혼란이 없다. 혼란이 없다면 다스려야 할 까닭이 없다. 덕이 쇠하면 세상이 혼란하다. 그러니 세상을 다스려야 한다. 이렇듯 유가(儒家)는 혼란한 세상을 다스리자 하고, 도가(道家)는 자연과 하나 되면 본래 혼란이란 없다고 한다. 인간이 덕을 멀리해 자연을 떠났고 이 때문에 세상이 혼란해졌다. 덕을 세우자. 이것이 덕성(德成)의 기(紀)다. 혼란을 바로잡는 실마리〔紀〕가 덕성(德成)임을 알라.

순이불일(順而不一). 따르되〔順〕 하나가 되지는 않았다〔不一〕. 겉으로만 복종(服從)할 뿐 마음으로는 순종(順從)하지 않는다는 말이다. 즐겁게 따르는 것이 아니라 마지못해 억지로 따라서야 어찌 마음이 편하겠는가. 이런 복종은 권력(權力)으로 다스렸기 때문이다. 천지는 인간에게 권력을 준 적이 없는데 군왕이 하늘을 앞세울 뿐이다. 힘 앞에 거역하면 불안(不安)하므로 복종은 해도 진실로 순종하지 않는 것이 순이불일(順而不一)이요 안이불순(安而不順)이다.

요순(堯舜)에 이르러선 요순산박(澆淳散朴)의 지경에 빠졌다 한다. 순(淳)을 사라지게 하고[澆] 박(朴)을 흩어지게 했다[散]. 이것은 거성(去性)을 말한다. 인간이 본성을 떠나[去性] 인위(人爲)의 마음을 따랐다[從於心]는 말이다. 성(性)은 자연이요 순박(淳朴)은 그 모습이다. 여기서 심(心)은 박식한 심리 따위, 즉 인위(人爲)를 만드는 마음 씀을 말한다. 순박했던 인간이 박식함을 뽐내려고 서로 겨루고 다투어 이겨 보려 애쓰는 짓이 곧 심여심식지(心與心識知)다. 그래서 열 길 물 속은 알아도 한 길 사람 속은 모르게 되었다. 이런 지경을 일러 혹란(惑亂)이라 한다.

유가(儒家)나 불가(佛家)에서는 혹(惑)을 못된 것으로 보지만, 도가(道家)에서는 기리고 누린다. 혹(惑)은 망기(亡己)기 때문이다. 천하 만물이 모두 하나로 통하는 지일(至一)인데 나만 따로 고집하고 주장할 것이 뭐 있겠는가? 그럴 일이 없어 황홀한 경지를 망기(亡己)라 한다. 장자가 나비인지 나비가 장자인지 모르겠다는 제물(齊物)이 곧 망기(亡己)다. 이러한 망기(亡己)를 상실하는 게 곧 혹란(惑亂)이다.

인간은 성정(性情)으로 돌아가 본래의 모습을 회복하라. 그러면 혹란(惑亂)의 난(亂)이 평정되어 혹(惑)을 회복할 수 있을 것이다. '혹고우(惑故愚) 우고도(愚故道)'란 말을 상기해 보라. 혼미해지니까 어리석어지고[惑故愚] 어리석어지니까 자연이 된다[愚故道]. 이런 경지가 최고의 존신(存身)이요 천방(天放)이요 천락(天樂)이리라. 그러니 유가의 치세(治世)란 마음 편한 세상을 잃었노라고 선언하는 셈이다. 도가의 입장에서 본다면 유가의 치세가 바로 난세(亂世)인 것이다.

어록

좁고 작은 지식은 덕을 상처내고〔小識傷德〕

좁고 작은 행동은 도를 상처낸다〔小行傷道〕.

몰라서 약이더니 알아서 탈이다.

즐거움이 온전함을 일러 뜻을 이룬 것이라 한다〔樂全之謂得志〕.

옛날에 뜻을 이루었다고 함은〔古之所謂得志者〕

높은 벼슬을 말하는 것이 아니라〔非軒冕之謂也〕

즐거움을 더할 것이 없음을 말할 뿐이었다〔謂其無以益其樂而已矣〕.

뜻이 즐거움을 누린다면 마음은 절로 가볍다.

사물에 놀아나 자기를 잃어버리고〔喪己於物〕

세속에 빠져 제 본성을 잃어버린 자를〔失性於俗者〕

거꾸로 선 자라 이른다〔謂之倒置之民〕.

황금에 눈이 멀어 쇠고랑 찬 사람이 어디 하나 둘인가.

外篇 10

추수(秋水)

요지 넓고 크다는 바다도 작디작은 구멍인 것을.

입문 작은 것은 큰 것을 몰라보아 오만하다.

「추수(秋水)」편은 「소요유(逍遙遊)」, 「제물론(齊物論)」편을 떠올리게 하는 명편(名篇)이다. 가을이면 홍수로 황하(黃河)가 범람한다. 범람한 황하가 그 큰 물을 타고 바다를 만난다. 황하는 하백(河伯), 바다는 북해약(北海若)으로 등장하는 이 편의 앞머리가 망망하고 도도하다. 그래서 「추수(秋水)」편을 두고 천하의 절창(絶唱)이라 한다. 이 우화만 만나 보아도 우물 안 개구리는 면할 수 있으리라.

누구나 우물 안 개구리 속담을 알 것이다. 그 개구리가 이 「추수(秋水)」편 우화(寓話)에서 바다를 건너온 거북을 만나 그만 어안이 벙벙해지고 만다. 그러나 개구리는 큰 거북을 몰라보고 오만하고 경박하게 행동한다. 작은 것에 사로잡혀 있기 때문이다. 시비하고 차별하는 짓을 즐기다가는 우물 안 개구리 꼴이 되고 만다.

「추수(秋水)」편의 주인공인 하백(河伯)과 북해약(北海若)의 문답을 헤아려 보면 누구나 왜 겸허해야 하는지 알게 되리라. 인간이 얼마나 작고 못난 소인배인지를 깨닫고 부끄러움이 뼛속까지 사무치리라. 천지에서 보면 크다는 바다도 작은 구멍일 뿐이다. 중국 땅덩이가 크다 해도 천지 사이에 끼인 좁쌀에 불과한 줄 알라는 것이다. 그러니 크다고 우쭐할 것도 없고 작다고 기죽을 것도 없다. 이를 알면 정말로 살기가 가벼워질 것이다.

1. 하백(河伯)이 북해(北海)의 약(若)을 처음 만나다

【우화(寓話)】

가을 빗물이 일시에 쏟아져[秋水時至] 개울물 냇물 강물 할 것 없이 온갖 물이 황하로 흘러들었다[百川灌河]. 물길이 크고 넓어서[涇流之大] 양쪽 강 사이의 모래언덕이 멀어[兩涘渚崖之間] 소인지 말인지 분간할 수 없었다[不辯牛馬]. 이러한 광경에[於是焉] 황하의 신 하백은 하도 기뻐 절로 좋아하며[河伯欣然自喜], 천하의 온갖 아름다움이 자기에게 있다고 여겼다[以天下之美爲盡在己]. 순조롭게 흘러 동쪽으로 가[順流而東行] 북해에 다달았다[至於北海]. 동쪽을 바라보니[東面而視] 물 끝을 찾아낼 수 없었다[不見水端]. 이런 지경에[於是焉] 하백은 비로소 눈길을 돌려[河伯始旋其面目], 끝없는 바다를 바라보다 북해의 신 약을 향하여 탄식하며 말했다[望洋向若而歎曰]. "속담에 이르기를[野言有之] 도를 들어 많이 알면 나보다 나은 이가 없다고 했습니다[曰聞道百以莫己若者]. 이는 나를 두고 한 말인가 봅니다[我之謂也]. 대체로 나는 공자의 도는 작다든지 백이의 의는 가볍다든지 하는 말을 들어 보았지만[且夫我嘗聞少孔子之聞而輕伯夷之義者] 당장 그렇다고 믿질 못했습니다[始吾弗信]. 지금 저는 당신의 더없이 큰 모습을 똑똑히 보고 있습니다[今我睹之之難窮]. 당신의 문간에(앞에) 이르지 않았더라면[吾非至於子之門] 제게 큰 일이 날 뻔했습니다[則殆矣]. 저는 두고두고 크나큰 도를 깨우친 사람들로부터 비웃음거리가 되었을 것이기 때문입니다[吾長見笑於大方之家]."

북해의 약이 말했다[北海若曰]. "우물 안 개구리한테 바다를 이야기해 주어도 소용 없는 것은[井鼃不可以語於海者] 살고 있는 터에 잡혀 있기 때문이지요[拘於虛(墟)也]. 여름 벌레에게 얼음을 말해 줄 수 없는 것은[夏蟲不可以語於冰者] 제가 사는 철에 얽매인 때문이지요〔篤於時也〕. 한 가지 재주뿐인 사람에게 도를 말해도 모르는 것은〔曲士不可以語於道者〕 제가 배운 것에만 붙들려 있기 때문이지요〔束於敎也〕. 지금 당신은 두 강 사이에서 나와〔今爾出於崖涘〕 드넓은 바다를 보고〔觀於大海〕, 비로소 자신이 얼마나 초라한 자인지를 겨우 알게 된 것이겠지요〔乃知爾醜〕. 당신은 이제 크나큰 이치에 대해 말할 수 있게 된 것입니다〔爾將可與語大理矣〕. 천하에 있는 물치고〔天下之水〕 바다보다 더 큰 것은 없지요〔莫大於海〕. 온갖 물이 모조리 다 바다로 흘러들고〔萬川歸之〕 언제 그칠지 알 수 없지만〔不知何時止〕, 넘쳐날 일은 없지요〔而不盈〕. 새어나갈 틈으로 물이 새〔尾閭洩之〕 언제 멈출지 몰라도〔不知何時已〕 텅 비는 일은 없지요〔而不虛〕. 철 따라 변하는 일도 없고〔春秋不變〕 홍수가 나든 가뭄이 들든 아랑곳하지 않지요〔水旱不知〕. 바다는 황하나 양자강의 물이 흐른 것으로〔此其過江河之流〕 그 양을 측량할 수 없답니다〔不可爲量數〕. 그러나 내가 그것을 스스로 많다고 말하지는 않으렵니다〔而吾未嘗以此自多者〕. 스스로 몸을 천지에 맡기고〔自以比形於天地〕 음양에서 기운을 얻지요〔而受氣於陰陽〕. 나는 천지 사이에 있지만〔吾在於天地之間〕 큰 산에 있는 돌멩이나 작은 나무와 같지요〔猶小石小木之在大山也〕. 이제 자신이 작다는 생각으로 사는데〔方存乎見少〕 또 어찌 스스로를 많다고 하겠소〔又奚以自多〕."

灌：흘러들 관　涇：통할 경　涘：물가 사　渚：물가 저　崖：벼랑 애
辯：나눌 변　欣：기뻐할 흔　喜：기뻐할 희　旋：돌릴 선　望：바라볼 망
洋：바다 양　歎：탄식할 탄　睹：볼 도　嘗：일찍이 상　輕：가벼울 경
百：일백 백. 여기서는 많을 박(博), 즉 다(多)의 뜻으로 보자는 설을 따름
殆：위태할 태　見：당할 견　鼃：개구리 와　拘：잡힐 구　蟲：벌레 충

冰:얼음 빙 束:묶일 속 爾:너 이 醜:추할 추 盈:찰 영 尾:꼬리 미
閭:마을 앞에 세워둔 문 려 泄:샐 설 旱:가물 조 方:바야흐로 방
河伯(하백):황하(黃河)의 신(神) 若(약):북해(北海)의 신(神)
仲尼(중니):공자(孔子)의 별칭 伯夷(백이):주(周)나라의 은자(隱者)
大方(대방):크나큰 도. 대도(大道)

莊子 ● 外篇

【담소(談笑)】

강이 바다를 만났다고 상상해 보라. 제가 제일 큰 줄 알고 산천을 도도하게 굽이쳐 흘러왔는데, 바다에 이르러서 자신이 얼마나 작은지를 비로소 깨닫게 되었다고 생각해 보라. 이를 알면 함부로 결정하고 얕보는 짓을 범하지 않는다. 나는 작다. 이런 마음가짐이라면 큰 것을 볼 수 있다.

하백(河伯)은 바다에 이르기 전까지는 넘실거리는 황하를 보고 천하의 아름다움이 다 자신에게 있다고 기뻐했다. 그러나 황하는 바다에 이르자 그만 바다 품안으로 스며들어 흔적도 없어진다. 이런 꼴을 본 하백(河伯)을 상상해 보라. 조금 아는 것을 코에 걸고서 온 천하 것을 다 아는 양 거들먹거리는 인간의 꼴을 쉽게 떠올리게 되리라. 크다는 황하만 알았다가 망망한 바다를 보고 하백이 어찌했을까 상상해 보라.

왜 하백은 북해의 신 약(若) 앞에서 고해(告解)하는가? 자신이 바로 우물 안의 개구리인 것을 몰랐기 때문이다. 그래서 도(道)를 따라 사는 이의 조롱거리가 될 뻔했다며 머리를 조아린다. 드디어 하백은 자신이 우물 안 개구리임을 깨달았다. 약(若) 앞에서 조아리는 하백은 이미 황하의 물길을 보고 도도해하던 하백이 아니다. 우물 안 개구리가 벽창호인 것은 바다가 있다는 것을 모르기 때문이다. 바다가 있는 줄 알면 우물 안의 개구리일지라도 벽

창호 소리를 들을 리 없다.

　아마도『장자(莊子)』의 우화에서 그만큼 표현력이 뛰어난 인물을 찾아보기 어려울 만큼 약(若)의 말솜씨는 망망하며 장엄하다. 약(若)의 대사(臺詞)는 관객을 사로잡는 마력을 발휘한다. 그래서 「추수(秋水)」편의 우화가 장대하면서도 섬세한 면이 있는 것이다. 약(若)의 이야기를 들어 보라. 그러면 속이 후련해진다.

　구어허(拘於虛). 제가 살고 있는 터에 붙들려 있다는 말이다. 허(虛)는 공(空)이니 공간이다. 자신이 살고 있는 터에 사로잡혀 천지를 가늠하려는 자를 우물 안 개구리라고 한다. 그런 개구리가 되지 않으려면 마음을 열어라. 장자는 항상 마음을 열어 큰 것을 보라고 한다. 큰 것을 일러 자연(自然)이라 한다.

　독어시(篤於時). 제가 살고 있는 때에 얽매여 있다는 말이다. 독(篤)은 우길 고(固)와 통하고, 상하(上下)를 묶는 속(束)과 통한다. 제가 살고 있는 때만 알고 과거나 미래를 모르면 벽창호가 될 수밖에 없다. 그래서 하나만 알지 둘은 몰라 꽉 막힌 인간이 생긴다. 그대여 곡사(曲士)가 되지 말라. 곡사(曲士)란 하나밖에 모르는 인간을 일러 곡사(曲士)라 한다. 이른바 전공한다는 사람들은 저마다 안경을 쓰고 세상을 보려 한다. 빨간 안경을 쓰면 온 세상이 빨갛게 보인다. 제가 쓴 안경만으로 세상을 바라보는 인간을 곡사(曲士)라고 부른다.

　차형어천지(此形於天地). 천지에 몸을 맡긴다는 말이다. 이는 자연에 맡긴다는 뜻이다. 차(此)에는 방언으로 기(寄)의 뜻도 있으니 곧 의지하고 맡긴다는 말이다. 자연에 맡겼으니 돌멩이로 취급하든 푸성귀로 취급하든 아랑곳하지 않고 자연의 뜻대로 산다. 내가 똥이면 어떻고 밥이면 어떤가. 차형어천지(此形於天地), 이는 무위(無爲)로 산다 함이요 시비를 떠나 산다는 말이다.

　바다〔北海若〕가 강〔河伯〕에게 다시 이렇게 말한다. 방존호견소

(方存乎見少) 우해이자다(又奚以自多). 항상 작다는 생각으로 사는데 또 어찌 스스로를 많다고 하겠나. 견소(見少)하라. 자신을 작게 보라. 그러면 자다(自多)를 면한다. 잘난 척하고 제 자랑하는 꼴〔自多〕을 면하면 언제 어디서 어떻게 산들 어떠리. 견소(見少)는 노자의 견소(見素)와 통한다. 견소(見素)와 견소(見少), 이는 모두 겸허(謙虛)함이다. 자다(自多), 이는 오만(傲慢)함이요 불손(不遜)함이다.

그대는 바다인가 강인가? 바다는 크고 강은 작다. 큰 것과 작은 것으로 나누어 시비를 걸려는 것은 아니다. 다만 우물 안 개구리처럼 되지 말 것이며, 여름 벌레가 얼음을 모르듯이 하나만 알고 둘은 모르는 곡사(曲士)가 되지 말자는 것이다.

2. 미란(迷亂)의 잣대로 털끝은 작고 태산은 크다 하지 말라

【우화(寓話)】

하백이 말했다〔河伯曰〕. "그러하다면 제가 천지는 크고 털끝은 작다고 여기면〔然則吾大天地而小毫末〕 되겠습니까〔可乎〕."

북해약이 대답했다〔北海若曰〕. "안 되지요〔否〕. 사물의 양은 다함이 없답니다〔夫物量無窮〕. 시간에는 멈춤이 없고〔時無止〕 운명은 변하며〔分無常〕 처음과 끝이라 해서 까닭이 있는 것은 아니지요〔終始無故〕. 이렇기 때문에 큰 지혜는 멀리서도 보고 가까이서도 본다오〔是故大知觀於遠近〕. 그래서 작다고 적다 하지 않고〔故小而不寡〕 크다고 많다 하지 않지요〔大而不多〕. 만물이 한량없음을 알고〔知量無窮〕 과거와 지금을 밝혀서 증명하지요〔證曏今古〕. 그래서 먼 일이라 해서 어둡지 않고〔故遙而不悶〕 가까운 일이라 해서 허둥거리지 않지요〔掇而不跂〕. 시간에는 멈춤이 없음을 알고[知時無止] 가득한 것과 빈 것을 관찰하지요[觀乎盈虛]. 그래서 얻었다 해서 기뻐하지 않고[故得而不喜] 잃었다고 해서 근심하지 않지요[失而不憂]. 사물의 운명이 일정치 않음을 아는 것이지요[知分之無常]. 그리고 평등한 도를 밝힌답니다[明乎坦塗]. 그래서 삶이라고 해서 즐거워 않고[故生而不說], 죽음이라고 해서 역겨워 하지 않지요[死而不禍]. 끝남과 시작이 다른 까닭이 없음을 알기 때문이지요[知終始之不可故也]. 사람이 안다는 것을 헤아려 보면[計人之所知] 알지 못하는 것에 미치지 못하지요[不若其所不知]. 살아 있는 시간이란[其生之時] 태어나기 전의 시간에 미치지 못하지요[不若未生之時]. 지극히 작은 것으로[以其至小] 지극히 큰 것을 알아보려고 하므로[求窮其至大之域], 어리석은 혼란에 빠져 스스로 터득하지 못하는 것이랍니다[是故迷亂而不能自得也]. 이렇듯 잘 살펴본다면[由此觀之] 털끝이 정말로 지극히 작은 것이라고 어찌 알 것이며[又何以知毫末之定細之倪], 천지가 더할 바 없이 지극히 큰 것이라고 어찌 알 것인지요[又何以知天地之足以窮至大之域]."

毫:터럭 호 觀:볼 관 遠:멀 원 寡:적을 과 證:증명할 증
響:밝힐 향 遙:아득할 요 悶:어두울 민 掇:손으로 주울 철
趹:힘쓸 지 坦:평평할 탄 塗:칠할 도 迷:미혹할 미

【담소(談笑)】
큰 것을 크다 하지 말며 작은 것을 작다 하지 말라. 저마다 본분(本分)이 있기 때문이다. 본분이란 타고난 명(命)이다. 대지(大知)는 본분을 헤아려 살피지만, 소지(小知)는 자신의 잣대로 만물을 대하려고 한다. 미란(迷亂)이란 그러한 잣대를 말한다. 이 우

화에서 북해약은 하백에게 미란의 잣대를 버리라고 가르치고 있다. 북해약은 대지(大知)의 상(象:image)이고, 하백은 소지(小知)의 상(象)이다.

물량무궁(物量無窮)하다. 물량은 만물이다. 만물은 다함이 없다. 그래서 노자는 도지동반자(道之動反者)라고 했다. 도의 움직임은 되돌아가게 한다. 오고 가며 가고 온다. 그래서 우주 삼라만상은 생사의 틀 사이에서 무궁하다.

시무지(時無止)하다. 시간은 흐를 뿐 멈추지 않는다. 시간이란 우주가 움직인다는 말이다. 어찌 태양계만 움직이겠는가. 또 어디서 어디로 움직이는지도 모른다. 다만 흘러갈 뿐이다. 시간은 멈춤이 없다. 한 시간, 일 년, 이렇게 시간을 끊어 놓는 것은 인간의 짓일 뿐이다. 이 또한 미란(迷亂)이다.

분무상(分無常)하다. 분(分)은 본분(本分)이다. 본분은 운명(運命)이다. 운명이란 천지의 리듬이리라. 그 리듬을 생사(生死)라 불러도 된다. 운명은 결정되지 않으며 멈추지 않는다. 이를 일러 조화(造化)라 한다. 조화란 변화이다. 무상도 변화요 무궁도 변화이다. 변화하는 것이 곧 운명이다. 운명이 정해져 있다고 믿지 말라. 다만 조화의 흐름에서 왕래할 뿐이다.

종시무고(終始無故)하다. 끝남과 시작은 둘이 아니다. 끝남과 시작이 따로따로 갈라져 별개로 고정되어 있지 않다는 말이다. 끝이 있기에 시작이 있고 시작이 있기에 끝이 있다. 이를 일러 무고(無故)라 한다. 고(故)는 고(固)요 상(常)이요 정(定)이다. 그러니 무고(無故)·무상(無常)·무궁(無窮)은 멈추거나 쉬지 않고 움직이며 움직이면서 변화한다는 말이다.

대지(大知)는 무궁(無窮)을 알고, 무지(無止)를 알며, 무상(無常)을 알고, 무고(無故)를 안다. 그러나 소지(小知)는 이를 모른다. 그래서 소지는 시비를 가리자 하고 분별해서 서열을 두자고 한다. 그러나 대지(大知)는 무궁·무지·무상·무고를 터득해 깨우쳤으므로 탄도(坦塗)를 밝힌다. 탄(坦)은 평(平)으로 통하고, 도(塗)는 도(道)로 통한다. 대지(大知)는 평등한 길을 밝힌다. 그러나 소지(小知)는 분별의 길을 밟으면서 미란(迷亂)에 빠진다. 미란(迷亂)은 삶의 수렁이다.

3. 대인(大人)에게는 자기(自己)라 할 게 없다

【우화(寓話)】

하백이 물었다〔河伯曰〕. "세상의 논객들은 다들 이렇게 말합니다〔世之議者皆曰〕. 지극히 작은 것은 드러나지 않고〔至精無形〕 지극히 큰 것은 둘러쌀 수 없다〔至大不可圍〕고 말입니다. 이것이 정말입니까〔是信情乎〕?"

북해약이 대답했다〔北海若曰〕. "무릇 작은 것에서 큰 것을 보면 다 볼 수 없지요〔夫自細視大者不盡〕. 무릇 큰 것에서 작은 것을 보면 명백하지 못하지요〔夫自大視細者不明〕. 무릇 지극히 작다는 것은 작은 것 중에서도 작은 것이고〔夫精小之微也〕, 지극히 크다는 것은 큰 것 중에서도 큰 것입니다〔垺大之殷也〕. 그러므로 저마다 편의에 따라〔故異便〕, 상황에 따라 있는 것이지요〔此勢之有也〕. 대체로 작다거나 크다 함은〔夫精粗者〕 형체가 있음을 예상하는 것입니다〔期於有形者也〕. 형체가 없는 것이라면〔無形者〕 수량으로 나눌 수도 없고〔數之所不能分也〕, 둘러쌀 수 없으면〔不能圍者〕 수량으로 따져 볼 수도 없지요〔數之所不能窮〕. 말로 형언할 수 있는 것은〔可以言論者〕 만물 중에 큰 것이고〔物之粗也〕, 마음으로 알 수 있는 것은〔可以意致者〕 만물 중에서 작은 것이지요〔物之精也〕. 말로 따져 알 수 없고〔言之所不能論〕 마음으로도 살펴 알 수 없는 것은〔意之所不能察致者〕 크다 작다로 문제삼지 않습니다〔不期精粗焉〕. 그래서 대인의 행위는〔故大人之行〕 남을 해치지 않지만〔不出乎害人〕, 자비로운 베풂 따위를 치켜세우지도 않습니다〔不多仁恩〕. 이득을 밝히지 않지만〔不動爲利〕 문지기나 종도 천하다 하지 않습니다〔不賤門隷〕. 돈이나 재물을 두고 다투지 않지만〔貨財弗爭〕 그렇다고 사양만 하지도 않습니다〔不多辭讓〕. 일하는데 남의 신세를 지지 않지만〔事焉不借人〕 자기 힘으로 살아간다고 내세우지도 않습니다〔不多食乎力〕. 탐욕을 천하고 더럽다 여기지 않고〔不賤貪汙〕 세상과 달리 괴상한 짓을 중하게 여기지 않지요〔不多辟異〕. 사람들이 하는 대로 하고〔爲在從衆〕 아첨하는 짓도 천하다 하지 않지요〔不賤佞諂〕. 사람들이 좋아하는 벼슬이나 재산으로도〔世之爵祿〕 마음을 살 수 없답니다〔不足以爲勸〕. 형벌이든 모욕이든 욕될 수가 없지요〔戮恥不足爲辱〕. 시비는 분별할 수 없음을 알고〔知是非之不可爲分〕 작고 큰 것도 나눌 수 없음을 알지요〔細大不可爲倪〕. 옛말이 있습니다〔聞曰〕. '도를 터득한 분은 귀가 얇지 않고〔道人不聞〕, 덕이 지극한 분은 덕을 지니지 않으며〔至德不得〕, 대인에게는 자기가 없다〔大人無己〕.' 이야말로 본분을 지키는 극치겠지요〔約分之至也〕."

圍:에울 위　皆:모두 개　精:세밀할 정　情:참모습 정　細:작을 세
粗:클 조　垺:클 부　盡:다할 진　微:작을 미　殷:클 은　便:편할 편
隷:종 례　汙:더러울 오　佞:아첨할 녕　諂:아첨할 첨　爵:벼슬 작
祿:행복 록　戮:죄줄 륙　恥:욕보일 치　倪:나눌 예　約:묶을 약
信情(신정):믿어야 할 일

【담소(談笑)】
시비(是非)를 걸지 말라. 그러면 대인(大人)이다. 이 말 저 말

을 듣고 어찌할 바를 모르는 사람이야말로 소인(小人)이다. 선악 (善惡)·미추(美醜)·진위(眞僞)·호오(好惡)·귀천(貴賤)·장단 (長短) 등등 모든 것을 상대를 짓고 분별하는 소인이 시비를 일삼 는다. 그러나 대인은 그런 시비가 알맞지 않다는 것을 잠시도 잊 지 않는다. 사람은 밥을 먹어야 살고 똥을 먹으면 죽는다고 여기 지만 어디 구더기도 그러한가? 소인은 이런 이치를 비웃지만 대 인은 소중히 여기며 지킨다. 이런 이치에 따라 생사를 맡기는 분 을 지인(至人)·진인(眞人)·신인(神人)·도인(道人)이라고 부른 다. 우리에게 낯익은 말로 한다면 그냥 대인이라 해도 된다.

　자연에 맡기고 자연을 따라 사는 것은 스스로 그렇게 하는 것이 지 강요 때문이 아니다. 그래서 도인(道人)은 핑계를 대지 않는 다. 칭찬하면 좋다 하고 비난하면 발끈하는 것은 소인의 짓일 뿐 이다. 도인(道人)·대인(大人)·진인(眞人)·신인(神人)·지인 (至人)처럼 대일(大一)을 깨우친 분들은 남이 소라 하면 그냥 소 가 되고, 남이 개라고 부르면 그냥 개가 된다. 이러한 대인을 비웃 는 사람은 우리 소인밖에 없다.

　도인불문(道人不聞). 도인은 불문(不聞)한다. 불문(不聞)하라. 이는 갸웃거리지 말라, 이런저런 말에 흔들리지 말라 함이다. 귀 가 얇아 변덕스러운 것은 작은 것이다. 모두가 하나인데 무엇을 의심하겠는가. 의심하지 않으니 귀를 쫑긋할 필요가 없다.

　부득(不得)하라. 내 몫으로 챙기지 말라 함이다. 나중을 생각해 덕을 베푼다면 제 욕심을 위해서 덕을 이용하는 것이다. 이는 부 덕(不德)을 감추는 짓이다. 위선이야말로 가장 작은 것이다.

　무기(無己)하라. 나를 앞세워 주장하지 말라 함이다. 나와 만물 이 하나라면 나만 유별나게 주장할 것 없다는 마음가짐이 곧 무기 (無己)다. 본래 대(大)란 같지 않은 것〔不同〕을 같게 하는 것〔同〕 이다. 벗도 없고 적도 없다. 미운 놈 고운 놈이 따로 없다 함이다.

따지고 보면 나를 자유롭게 함이 곧 무기(無己)다. 무기(無己)는 이미 좌망(坐忘)을 넘어선 자연이요 도덕의 경지리라. 내가 없다는 것[無己]은 잊어야 할 나[坐忘]를 이미 떠났다는 것이다. 달마조사(達摩祖師)도 기상자망(己尙自亡)이라 했다. 나[己]조차도 [尙自] 잊었다[亡]. 무기(無己)하라. 망기(亡己)하라. 그러나 이런 말을 들어 알고 있으면서도, 실제로는 나를 잊을 수도 없고 나를 버릴 수도 없다. 그러므로 나는 소인이다.

자신이 소인인 줄 모르는 삶과 자신이 소인인 것을 아는 삶은 다르다. 바다가 있는 줄 모르고 우물 안에서 사는 개구리와 바다가 있는 줄 알고 우물 안에서 사는 개구리는 서로 다르다. 앞의 개구리는 부끄러워할 줄 모르지만 뒤의 개구리는 부끄러워할 줄 알기 때문이다. 부끄러워할 줄 알아야 뉘우칠 줄 안다. 뉘우칠 줄만 알아도 소인이 대인을 흠모할 줄 알아 스스로 약분(約分)해 보려는 마음이 생길 것이다.

약분(約分)하라. 불문(不聞)하고 부득(不得)하고 무기(無己)하라. 그러면 약분(約分)은 저절로 이루어진다. 약분(約分)하라. 분(分)을 묶어라[約]. 분(分)은 본분(本分)의 줄임말로, 약(約)은 수(守)로 새길 수 있다. 즉 본분을 지킨다 함이다. 약분(約分)은 크고도 크다. 곧 대지(大知)를 향하는 모습이다. 북해약(北海若)은 대지를 상징하고 하백(河伯)은 소지를 상징한다. 대지는 자연이요 무위(無爲)요, 소지는 인간이요 인위(人爲)다.

4. 도(道)로써 관찰하면 언제나 천방(天放)이다

【우화(寓話)】

하백이 물었다[河伯曰]. "사물의 밖인가요[若物之外] 사물의 안인가요〔若物之內〕? 어째서 귀천이고〔惡至而倪貴賤〕 어째서 대소입니까〔惡至而倪大小〕?"

북해약이 대답했다〔北海若曰〕. "도로써 본다면〔以道觀之〕 사물에는 귀천이 없지요〔物無貴賤〕. 사물의 입장에서 본다면〔以物觀之〕 자기를 귀하다 하고 상대를 천하다 하지요〔自貴而相賤〕. 세속의 입장에서 본다면〔以俗觀之〕 자기에게는 귀천이 없지요〔貴賤不在己〕. 차별의 입장에서 본다면〔以差觀之〕, 저마다 크기에 따라 크다고 한다면〔因其所大而大之〕 만물치고 크지 않은 것이라곤 없고〔則萬物莫不大〕, 작기에 따라 작다고 한다면〔因其所小而小之〕 만물치고 작지 않은 것은 없지요〔則萬物莫不小〕. 천지도 피의 알맹이처럼 작다는 걸 알고〔知天地之爲稊米〕 털끝도 준령처럼 크다는 것을 안다면〔知毫末之爲丘山〕, 차별하는 이치는 분명해집니다〔則差數覩矣〕. 쓸모의 입장에서 본다면〔以功觀之〕, 각기 쓸모가 있는 것에 따라 쓸모 있다고 한다면〔因其所有而有之〕 만물치고 쓸모 없는 것이란 없고〔則萬物莫不有〕, 각기 쓸모 없는 것에 따라 쓸모 없다고 한다면〔因其所無而無之〕 만물치고 쓸모 있는 것은 없지요〔則萬物莫不無〕. 동과 서가 서로 반대여도 둘 다 없어서는 안 되는 것을 안다면〔知東西之相反而不可以相無〕 사물마다 효용의 나눔은 분명해집니다〔功分定矣〕. 시비에 대한 마음가짐의 입장에서 본다면〔以趣觀之〕, 각기 옳은 것을 옳다고 한다면〔因其所然而然之〕 만물치고 옳지 않은 것이란 없고〔則萬物莫不然〕, 각기 옳지 않은 것에 따라 옳지 않다고 한다면〔因其所非而非之〕 만물치고 옳은 것은 없는 것이지요〔則萬物莫不非〕. 요와 걸이 서로 자기가 옳다 하고 상대는 옳지 않다고 하는 것을 안다면〔知堯桀之自然而相非〕 마음가짐의 조종은 분명해지지요〔則趣操覩矣〕."

倪:끝 예　稊:돌피 제　毫:터럭 호　丘:언덕 구　差:상이할 차
數:이치 수　覩:볼 도　趣:향할 취　操:조종할 조
相賤(상천) : 상(相)은 상대(相對), 즉 남을 말함
堯桀(요걸) : 요임금과 걸왕

莊子 ● 外篇

【담소(談笑)】

　대지(大知)는 도(道)를 따르는 지혜를 뜻한다. 그런 지혜는 곧 열린 마음이다. 상반된 마음은 작고 상통하는 마음은 크다. 열린 마음은 그래서 크다. 북해약은 하백에게 귀천(貴賤)·시비(是非)·차별(差別)·대소(大小) 등은 막힌 마음가짐에서 비롯된다고 알려 준다. 열린 마음에는 그런 것들이 없이 무궁(無窮)하고 무상(無常)하며 무지(無止)하고 무고(無故)할 뿐임을 이미 말해 주었는데도, 하백은 한사코 귀천(貴賤)은 어째서 생기고 대소(大小)는 어째서 비롯되느냐고 따져 묻는다. 그처럼 소지(小知)는 항상 고집스럽게 따지고 물고늘어지려 한다.

　이도관지(以道觀之). 도(道)로써 살핀다. 자연의 입장에서 살핀다. 곧 대지(大知)로 살핀다는 뜻이다. 앎[知]이 크다[大]. 궁(窮)이 없어 막히거나 걸릴 것이 없으면 크다. 상(常)이 없고 지(止)도 없고 고(故)도 없으므로 고집할 것이 없어 크다. 도의 입장에서 보라[以道觀之]. 그러면 사물에 귀천이 없음[物無貴賤]을 안다. 천일(天一)·대일(大一)·위일(爲一)을 기억하는가? 만물이 하나요 평등한데 무엇이 귀하고 무엇이 천하겠는가. 그런 갈래질은 소지(小知)에서 비롯된다. 인간만 크다 작다 시비를 건다. 뱁새는 황새를 부러워 않고 황새는 뱁새를 얕보지 않고 절로 산다. 사람만 샘내하고 얕보는 짓을 마다하지 않는다. 왜 한사코 자연을 벗어나 살려고 하는가? 노장(老莊)은 이를 고뇌했다.

이물관지(以物觀之). 물(物)로써 살핀다. 인간의 입장에서 본다. 곧 소지(小知)로 살핀다는 뜻이다. 앎〔知〕이 작다〔小〕. 그러면 보는 것이 작다〔小〕. 그래서 인간 중심으로 보면 작다. 시비, 분별, 차별, 귀천 등은 작은 생각이다. 작은 생각은 먼저 자기를 앞세우려 한다. 나는 귀하고〔自貴〕 너는 천하다〔相賤〕는 생각을 감추고 있는 마음가짐은 작다. 사람들은 저마다 이런 생각을 감추고 있다. 서로 문을 닫고 상대를 살피는 것이야말로 소지(小知)의 텃세이다. 그러나 크고 열린 마음가짐에는 자귀(自貴)도 없고 상천(相賤)도 없다. 이처럼 걸림 없는 마음가짐이 곧 대지(大知)다. 그러니 대지(大知)야말로 천방(天放)이다.

이속관지(以俗觀之). 속(俗)으로써 살핀다. 세속의 입장에서 본다. 세속은 자기 중심의 인간들이 북적거리는 곳이다. 귀천(貴賤)은 남을 재는 기준일 뿐 나를 재는 기준은 아니라고 고집하는 마음가짐이 곧 내 중심으로 생각하고 판단하는 버릇이다. 그래서 남을 향해서는 귀천을 따지고, 자신은 항상 귀하다고 고집하는 것이 소인의 세속(世俗)이다. 세속에서는 대지(大知)가 웃음거리가 된다. 그래서 대지(大知)는 숨고 소지(小知)가 판을 친다.

이차관지(以差觀之). 차(差)로써 살핀다. 차(差)는 차별을 말한다. 인간만이 차별할 줄 안다. 인간은 무엇이든 차별하려고 한다. 대소, 귀천, 장단 등등이 바로 그런 짓이다. 황새와 뱁새는 대소(大小)를 두고 서로 차별하지 않는다. 자연대로 살기 때문이다. 코끼리는 크고 생쥐는 작다 하는 것은 사람의 짓일 뿐이다. 이제 천지는 작고 털끝이 크다는 말을 헤아릴 수 있겠는가?

이공관지(以功觀之). 공(功)으로써 살핀다. 공(功)은 사물이 지닌 효용(效用)을 말한다. 효용에 따라 사물을 바라보는 것 또한 인간의 짓이다. 밥은 쓸모〔效用〕 있고 똥은 쓸모 없다고 말하지 말라. 쓸모가 있다고 보면 밥이든 똥이든 다 효용이 있다. 무엇이든 살자면 밥을 먹어야 살고 똥을 싸야 한다. 무엇이든 죽었다면 밥이든 똥이든 아무 쓸모가 없다. 그러니 쓸모 있다 없다 시비를 거는 짓은 작다.

이취관지(以趣觀之). 취(趣)로써 살핀다. 취(趣)는 지(志), 곧 마음이 가는 바를 말한다. 취향(趣向)은 곧 의향(意向)이니 마음을 내는 짓이다. 그런 짓이 곧 욕(欲)으로 통한다. 취조(趣操)는 취향을 정하는 근거를 말한다. 그런 근거가 곧 욕(欲)이 아닌가. 인위는 욕(欲)의 하수인 노릇을 마다 않는다. 달면 삼키고 쓰면 뱉는 인간의 취향을 어찌 다 말하겠는가. 대지(大知)는 이를 알므로 소지(小知)가 떠들면 귀를 막는다. 소지(小知)여 소인(小人)이여 부끄러운 줄 알라. 그래서 노자는 불감위선(不敢爲先)하라 했다. 잘난 척하며 나서지 말라〔不敢爲先〕. 여문 이삭은 고개를 숙이고 쭉정이는 고개를 쳐든다. 고상한 취미라는 것도 별것 아니다.

그대여 하염없이 그저 자유로운 삶〔天放〕을 원하는가? 그렇다면 도로써 살펴라〔以道觀之〕. 그렇지 않고 얽매여 살고 싶다면 다음 같은 일들을 안 버리면 된다. 이물관지(以物觀之)·이속관지(以俗觀之)·이차관지(以差觀之)·이공관지(以功觀之)·이취관지(以趣觀之). 북해의 약(若)은 황하의 하백(河伯)에게 대지(大知)로 살피는 짓〔觀之〕과 소지(小知)로 살피는 짓을 말하고 있다. 우리를 어리둥절하게 하면서도 우리가 얼마나 작은지 일깨워 주는 절묘하고 웅장한 우화(寓話)가 아닌가.

5. 하백(河伯)이 어찌할 바를 모른다

【우화(寓話)】

하백이 하소연했다〔河伯曰〕. "그러시다면 나는 어찌해야 하며

〔然則我何爲乎〕 어찌하지 말란 말입니까〔何不爲乎〕. 나도 사양하고 받아들이고 마음을 두고 버리기도 하는데〔吾辭受趣舍〕 나는 결국 어찌하란 말입니까〔吾終奈何〕."

북해약이 말해 주었다〔北海若曰〕. "도의 입장에서 본다면〔以道觀之〕 귀하다 천하다 할 것이 없지요〔何貴何賤〕. 이를 일러 반연이라 합니다〔是謂反衍〕. 구속하지 말고 마음이 가는 바대로 내버려 두시오〔無拘而(爾)志〕. 그렇지 않으면 도와 더불어 편히 걷기가 어렵지요〔與道大蹇〕. 적다 많다 할 것 없지요〔何少何多〕. 이를 일러 사시라 하지요〔是謂謝施〕. 당신의 행동을 하나로 고집하지 마시오〔無一而(爾)行〕. 그러면 도와 어긋난다오〔與道參差〕. 근엄한 군왕처럼〔嚴嚴乎若國之有君〕 사사로운 덕을 베풀지 않고〔其無私德〕, 유유하게 제사를 받는 당귀신처럼〔繇繇乎若祭之有社〕 사사로운 복을 내지 않고〔其無私福〕, 넓고 넓게 사방이 막힘이 없듯〔泛泛乎其若四方之無窮〕 아무런 경계를 두지 않고〔其無所畛域〕, 만물을 두루두루 감싸 안으면서〔兼懷萬物〕 어느 것이든 날개로 감싸듯 돕지요〔其孰翼承〕. 이를 일러 무방이라 합니다〔是謂無方〕. 만물은 하나같이 평등합니다〔萬物齊一〕. 어느 것이 짧고 어느 것이 긴 것일까요〔孰短孰長〕. 도에는 끝남과 시작이 없습니다〔道無終始〕. 사물에만 생사가 있지요〔物有生死〕. 사물의 완성은 기대할 수 없답니다〔不恃其成〕. 때로는 가득 차고 때로는 텅텅 비어서〔一盈一虛〕 그 모습이 일정치 않기 때문이지요〔不位乎其形〕. 가는 세월 붙들 수 없고〔年不可擧〕 흐르는 시간 멈추게 할 수 없지요〔時不可止〕. 사라졌다가 생겨나고 가득하다 텅 비고〔消息盈虛〕 끝났다 하면 시작하지요〔終則有始〕. 이야말로 도의 뜻을 말하고〔是所以語大義之方〕 만물의 이치를 밝히는 것이랍니다〔論萬物之理也〕. 만물이 태어나는 것은〔萬物之生也〕 말이 달리는 것과 같답니다〔若驟若馳〕. 움직이면서 변하지 않는 것은 없고〔無動而不變〕 시간이면서 이동하지 않는 것은 없지요〔無時而不移〕. 무엇을 하고〔何爲乎〕 무엇을 말아야 할까요〔何不爲乎〕. 하지만 모든 것을 자연의 변화에 맡기면 된답니다〔夫固將自化〕."

辭:사양할 사　受:받을 수　趣:뜻 취　舍:버릴 사　奈:어찌 나
反:되돌릴 반　衍:흐를 연　蹇:고생할 건　謝:용서할 사　施:베풀 시
嚴:엄할 엄　繇:다닐 유. 유(悠)와 같음　社:땅귀신 사
泛:넓고 질펀할 범　畛:두둑 진　兼:아울러 겸　懷:품을 회
承:받들 승. 도울 승(丞)과 같음　翼:날개 익　恃:믿을 시　擧:들 거
盈:가득 찰 영　驟:달릴 취　馳:달릴 치
辭受趣舍(사수취사):사양(辭讓)·수납(受納)·진취(進趣)·퇴사(退舍)의
　　　　　　　　준말. 속세(俗世)의 처세(處世)를 말함
反衍(반연):끝없이 변전(變轉)하는 경지
無拘而志(무구이지):여기서 이(而)는 이(爾)와 같음
大蹇(대건):걷기가 몹시 불편함
謝施(사시):사물의 변화에 순종한다는 뜻. 위사(委蛇)와 같음. 사(謝)는 대
　　　　　　(代), 시(施)는 용(用)으로도 봄
參差(참치):고르지 못한 모양
私德(사덕):사은(私恩). 백성에게 공평하게 베풂
承翼(승익):감싸 도와줌　自化(자화):자연스럽게 변화함

【담소(談笑)】

북해약은 이어서 하백에게 자연과 인간, 무위와 인위를 말한다. 무엇을 하고 무엇을 말아야 한다고 따로 생각하지 말라는 이유를 반연(反衍)·사시(謝施)·무방(無方) 등을 들어 설명하고 있다. 결론은 자화(自化)에 모든 것을 맡기고 무구이지(無拘而〔爾〕志)하라는 것이다. 당신의 뜻〔爾志〕을 구속하지 말라. 시비(是非)·분별(分別)·차별(差別) 따위로 마음이 가는 바를 구속하지 말라는 것이다.

반연(反衍). 이는 끝없이 변화함을 말한다. 그런데도 귀천을 따지겠는가? 귀한 것이 천하게 되고 천한 것이 귀하게 되는 꼴은 인생에만 있다. 쥐구멍에 볕 들 날 있다는 속담은 인간을 두고 한 말이지, 들쥐를 두고 한 말은 아니다. 새옹지마(塞翁之馬)란 속담도 인생을 말한 것일 뿐, 말[馬]을 두고 한 속담은 아니다. 자연에 무슨 새옹지마(塞翁之馬)가 필요하겠는가.

사시(謝施). 사물의 변화에 따라 순종한다. 이는 팔이 안으로 굽는 짓을 하지 말라 함이다. 고운 놈 미운 놈 골라 놓고 편애하는 짓은 인간만 한다. 이런 짓을 하지 않으면 적네 많네 하며 제 몫 다툼을 하지 않을 것이다. 빛살이 편애하던가 단비가 편애하던가. 자연은 만물을 그냥 그대로 둘 뿐 편을 들지 않는다. 그래서 노자는 무친(無親)이라 했다. 인간은 베풀면 공치사를 하지만 자연에는 그런 일이 없다. 변화에 따라 순종할 뿐이다[謝施]. 그러니 어찌 마음에 흔들림이 있겠는가. 태연하고 늠름할 뿐이다. 나는 허(虛)와 더불어 편안하다[吾與之虛而委蛇]는 말을 「응제왕(應帝王)」편에서 들은 적이 있으리라. 사시(謝施)는 위사(委蛇)로 통하고 결국 허심(虛心)을 말하는 것이 아닌가.

무방(無方). 정해진 방향이 없다. 이는 사(私)가 없다 함이다. 공평하면 무방하다 하지 않는가. 무방(無方)의 사덕(私德)은 대덕(大德)이지만, 편애(偏愛)의 사덕(私德)은 부덕(不德)이다. 무방(無方)의 사복(私福)은 행복이지만, 사친(私親)의 사복(私福)은 불행이다. 내 덕을 보려고 남에게 덕을 베푼다면, 또 덕을 팔아 인심을 사려는 속셈이라면 사친(私親)의 사덕(私德)이다. 내 복을 빌자고 공을 들이고, 남이야 화를 입든 말든 상관없다는 속셈이 사친(私親)의 사복(私福)이다. 인간은 이렇게 사덕(私德)과 사복(私福)을 숨기고 산다. 그렇게 살지 말라. 그러면 절로 인생은 무방(無方)하다. 무방하면 탈이 없다. 탈이 없으면 화(禍)가 없다.

만물일제(萬物一齊). 만물은 하나[一]요 평등하다[齊]. 이를 줄여 제물(齊物)이라 한다. 장자가 나비인가 나비가 장자인가. 이렇게 장자가 꿈속에서 맛본 황홀함이 곧 일제(一齊)다. 이런 일제(一齊)의 황홀함이 노장(老莊)의 우(愚)요 혹(惑)일레라. 도(道)와 더불어 노니는 모습을 일러 우(愚)라 한다. 그래서 우고도(愚故道)라 하였다. 우고도(愚故道)가 곧 천락(天樂)이 아닌가. 자연은 도(道)요, 그 도가 큰 것을 대의(大義)라 한다. 왜 자연의 도는 크고 큰가? 만물일제(萬物一齊)기 때문이다. 평등하므로 크다. 어째서 평등한가. 자화(自化)하기 때문이다. 이러한 자화(自化)를 북해약은 하백에게 다음처럼 밝힌다. '다함이 없으니 무궁(無窮)하다. 고집하는 게 없으니 무상(無常)하다. 얽매임이 없으니 무지(無止)하다. 그래야 할 까닭이 없으니 무고(無故)하다.'

그러나 하백은 아직 자화(自化)를 터득하지 못하고 있다. 대지(大知)는 자화(自化)를 알지만 소지(小知)는 모른다. 그러나 대지(大知)의 북해약은 소지(小知)의 하백을 버리지 않는다. 자연이 버리고 만다면 우주도 삼라만상도 끝이 나기 때문이다. 인간이 안다고 건방을 떨지만, 몰라도 너무나 모른다는 사실을 하백을 통해 북해의 약(若)이 빗대고 있다.

6. 하늘[天]은 무엇이고 사람[人]은 무엇인가

【우화(寓話)】

하백이 물었다[曰]. "무엇을 일러 하늘이라 하고[何謂天], 무엇을 일러 사람이라 합니까[何謂人]?"

북해약이 답했다[北海若曰]. "우마사족(牛馬四足)을 일러 하늘이라 하고[是謂天], 낙마수(絡馬首)와 천우비(穿牛鼻)를 일러 인간이라 합니다〔是謂人〕. 그런 까닭으로 말하기를〔故曰〕 인(人)으로 천(天)을 멸하지 말고〔無以人滅天〕, 꼬투리를 붙여 천명을 멸하지 말며〔無以故滅命〕, 덕으로써 명성을 탐하지 말라〔無以得殉名〕 합니다. 천을 삼가 지켜 잃지 않음을〔謹守而勿失〕 일러 자연으로 돌아간다 하지요〔是謂反其眞〕."

絡:묶을 락 穿:뚫을 천 鼻:코 비 滅:제거할 멸 殉:탐할 순

【담소(談笑)】

인간을 꾸짖는 대목이다. 그런데도 우리는 후련함과 황홀함을 느낀다. 변명을 허용하지 않는 선언(宣言)과 인간의 소지(小知)를 질타하는 공언(公言)이 우리네 심장을 울리고, 잔재주로 가득한 머릿속을 텅텅 비도록 만들기 때문이다. 어느 누가 자연과 인간에 대해 이보다 더 간명하게 정곡을 찔러 말할 수 있겠는가?

자연이란 무엇인가? 천지란 무엇인가? 무위란 무엇인가? 통틀어서 도(道)란 무엇인가? 이를 한마디로 말해 보겠다. 우마사족(牛馬四足). 소와 말이 갖고 있는 네 발이 곧 자연이요 하늘이요 땅이요 무위요 나아가 도라는 것이다. 네 발이 있으니 우마(牛馬)여, 얼마나 편하고 자유로운가. 말과 소를 편하고 자유롭게 하는 네 다리가 곧 자연이요 무위요 도라고 비유하는 북해의 약(若) 앞에 변론(辯論)의 여지가 없으리라.

인간이란 무엇인가? 문화란 무엇인가? 문명이란 무엇인가? 통틀어서 인위(人爲)란 무엇인가? 이를 두 마디로 말해 보겠다. 낙마수(絡馬首) 천우비(穿牛鼻). 말머리에 고삐를 매는 짓〔絡〕이 인간이요 문화요 문명이며 인위다. 소의 코를 뚫는 짓〔穿〕이 인간이요 문화요 문명이요 인위다. 말머리에 고삐가 없으면 말은 얼마

나 편할까? 뚫린 코에 코뚜레가 없다면 소는 얼마나 편할까? 목에 넥타이를 걸고 잘난 척하지만, 인간이야말로 고삐 매인 말이요 코 뚫린 소가 아니냐? 이렇게 북해약이 하백에게 절규하고 있다. 이러한 절규가 디지털 시대라는 21세기에 더욱 절절하게 들리는구나. 인간이여 귀를 막지 말라. 북해약의 뜻을 알아듣지 못한다면 인간도 공룡의 길을 밟는다.

이렇게 북해의 신(神) 약(若)과 황하의 신 하백(河伯) 사이의 문답은 장엄하면서도 간명하게 이어진다. 자연이란 무엇이고 인간이란 무엇인가? 무위란 무엇이고 인위란 무엇인가? 도덕이란 무엇이고 문화란 무엇인가? 아마도 약(若)만큼 간명하게 급소를 찔러 답할 수는 없을 것이다. 약(若)의 비유를 잊지 말라. 우마사족(牛馬四足)이 자연이고, 천우비(穿牛鼻)가 인간이요 인위요 문화라는 시적(詩的) 표현을 잊지 말라. 그러면 우화(寓話)를 제대로 체험할 수 있으리라.

7. 논리(論理)만 앞세우던 공손룡(公孫龍)이 위모(魏牟)를 찾아갔다

【우화(寓話)】

공손룡이 위모에게 물었다〔公孫龍問於魏牟曰〕. "저는 어려서 선왕의 도를 배웠고〔龍學先王之道〕 나이가 들어서는 인의를 실천하도록 밝히며〔長而明仁義之行〕, 같음과 다름을 합치는 것을 밝히고〔合同異〕 굳은 것과 흰 것을 갈라놓는 것을 밝히며〔離堅白〕, 그렇다 하면 그렇지 않음을 밝히고〔然不然〕 가능하다 하면 불가능함을 밝혀〔可不可〕, 모든 이의 지식을 곤경에 빠뜨렸고〔困百家之知〕 숱한 사람의 변론을 궁지로 몰았습니다〔窮衆口之辯〕. 이렇게 해서 나는 달관의 경지에 이르렀습니다〔吾自以爲至達已〕. 지금 장자의 말을 듣고서는〔今吾聞莊子之言〕 망연해졌습니다〔汒焉〕. 이상합니다〔異之〕. 제 논리가 장자에 미치지 못하는 것인지 모르겠고〔不知論之不及與〕, 제 지식이 장자의 것만 못한지 모르겠습니다〔知之弗若與〕. 저는 지금 입도 벌릴 수 없는 지경입니다〔今吾無所開吾啄〕. 감히 어찌해야 할지 묻겠습니다〔敢問其方〕."

공자 모(牟)는 안석에 기댄 채 크게 한숨을 쉬고〔公子牟隱机大息〕 하늘을 우러러 보고 웃으며 말했다〔仰天而笑曰〕. "당신만 무너진 우물 안의 개구리 이야기를 듣지 못했나요〔子獨不聞夫埳井之䗪乎〕? 동해에 사는 자라에게 이렇게 말했다오〔謂東海之鱉曰〕. '나는 즐겁다네〔吾樂與〕. 나는 우물 난간 위의 들보에서 뛰며 놀다가〔吾跳梁乎井幹之上〕 안에 들어가서 깨진 벽돌 난간에서 쉬거나〔入休乎缺甃之崖〕, 물로 나가려면 겨드랑이를 붙여 턱을 들거나〔赴水則接掖持頤〕 뻘을 차서 발을 빠지게 하여 발등을 묻어 버린다네〔蹶泥則沒足滅跗〕. 장구벌레, 게, 올챙이를 둘러보아도〔還虷蟹與科斗〕 나만 한 놈은 없다네〔莫吾能若也〕. 정말이지 구덩이 물을 내 맘대로 휘저으며〔且夫擅壑之水〕 무너진 우물의 즐거움을 누리는 것이〔跨跱埳井之樂〕 그만이라네〔次亦至矣〕. 자네도 이따금 와서 들어와 보는 게 어떻겠나〔夫子奚不時來入觀乎〕?'

이에 동해의 자라가 왼발을 채 들이기도 전에〔東海之鱉左足未入〕 오른쪽 무릎이 꽉 끼어 버렸다네〔而右膝已縶矣〕. 이렇게 되자 뒷걸음질쳐 물러나며〔於是逡巡而却〕 바다를 알려 주었다네〔告海曰〕. '무릇 천 리만큼 먼 거리로도〔夫千里之遠〕 바다의 크기를 설명하기는 부족하고〔不足以擧其大〕, 천 길의 깊이라도〔千仞之高〕 바다의 깊이를 다하기는 부족하다네〔不足以極其深〕. 우가 치수를 맡고 있을 때 10년 동안 9번이나 장마가 졌어도〔禹之時十年九潦〕 홍수가 바닷물을 불어나게 못했고〔而水弗爲加益〕, 탕 시절에는

8년에 7번이나 가뭄이 들었어도〔湯之時八年七旱〕 바닷가의 물은 조금도 줄지 않았다네〔而崖不爲加損〕. 무릇 바다는 시간이 오래든 짧든 시간에 따라 변하지 않고〔夫不爲頃久推移〕, 흘러드는 물이 작거나 많거나 상관없이 변하지 않는다는 것이〔不以多少進退者〕 또한 동해가 누리는 크나큰 즐거움이라네〔此亦東海之大樂也〕.'

무너진 우물 안의 개구리는 자라의 말을 듣고〔於是埳井之䵷聞之〕 놀란 표정으로〔適適然驚〕 정신이 나가 버렸다오〔規規然自失也〕."

隱:숨길 은　机:책상 궤　仰:우러를 앙　子:당신 자　埳:구덩이 감(坎)
䵷:개구리 와　鼈:자라 오　梁:들보 량　幹:우물 난간 간　跳:뛸 도
缺:이지러질 결　甃:벽돌 추　崖:벼랑 애　赴:나아갈 부
掖:겨드랑이 액　頤:턱 이　蹶:넘어질 궐　泥:진흙 니　跗:발등 부
還:돌아올 환　蚗:장구벌레 간　蟹:게 해　科:올챙이 과(蝌)
擅:멋대로 천　壑:골 학　跨:타고 넘을 과　跱:머뭇거릴 치
膝:무릎 슬　縶:맬 칩　逡:머뭇거릴 준　巡:돌 순　舉:들 거　仞:찰 인
潦:장마 료　旱:가물 한　規:꾀할 규

【담소(談笑)】

논리를 앞세우는 무리의 우두머리인 공손룡(公孫龍)이 위(魏)나라 공자(公子) 모(牟)에게 위와 같이 묻자 모(牟)가 용(龍)에게 이렇게 반문했다. "자네는 무너진 우물 안 개구리 이야기를 듣지 못했는가?" 논리를 앞세워 분석하고 말재주로 시비를 가리려는 지식이야말로 바다가 있음을 알지 못하는 우물 안의 개구리 꼴임을 왜 모르느냐는 반문이리라. 장자의 말을 듣고 망연해졌다며 시비하려다 이처럼 공손룡은 모(牟)의 핀잔을 듣는다.

모(牟)가 용(龍)에게 던진 핀잔을 들어 보라. 이를 엄숙하다 할까 아니면 장엄하다 할까? 공손룡에게 모(牟)는 이렇게 대질러

준다. "도대체 시비의 경계도 모르는 지식이[且夫知不知是非之竟] 장자의 말을 살펴 알고자 하다니요[而猶欲觀於莊子之言]. 이는 마치 모기에게 산을 지우고 노래기더러 물 위를 달리라 하는 것과 같지요[是猶使蚊負山商蚷馳河也]." 모기가 산을 질 것인가. 마른 땅 위에서나 기는 노래기가 물 위를 달릴 것인가. 궤변으로 헷갈리게 하지 말라는 뜻이다.

모(牟)는 또한 공손룡에게 이렇게 오금을 박는다. "당신은 자질구레한 꼴을 하고[子乃規規然] (장자의 말을) 살펴서 구하려 들고[而求之以察], 변론 따위로 탐색하려 하는가[索之以辯]. 이는 대롱 구멍으로 하늘을 엿보는 짓이고[是直用管闚天] 송곳을 꽂아 땅 깊이를 재려는 짓일세[用錐指地也]. 어찌 자질구레한 짓이 아니겠나[不亦小乎]. 그만 돌아가게나[子往矣]." 작은 지식이 큰 지식을 알기 어려운 것을 모(牟)는 알고 공손룡(公孫龍)은 모른다. 논리와 변론(辯論) 따위를 앞세우며 잘난 척하지 말라. 이런 말을 새겨들을 수 있다면 시비로 겨루고 다투는 일이 얼마나 하찮은 것인지 알 것이다. 유식(有識)한 척 말라. 무식(無識)이란 것이 있으니 말이다. 무식은 모른다 함이 아니라 앎에 구속받지 않고 얽매이지 않는다 함이다.

그러나 시비(是非)를 걸어 무엇이 시(是)고 무엇이 비(非)인지 분석할 수 있다고 믿는 무리가 있다. 춘추전국시대(春秋戰國時代)의 그런 무리를 명가(名家)라고 부른다. 명가를 논리학파(論理學派)라고 불러도 무방하다. 이들은 대도(大道)를 어지럽힌다 하여 궤변(詭辯)을 일삼는 변자(辯者)로 불리기도 했지만, 사물의 이름과 실체의 개념을 논리적으로 추구하여 난세(亂世)를 질서의 사회로 바로잡으려 했던 의욕 있는 무리로 평가받기도 한다. 그러나 노장은 논리 따위를 멀리하라 한다. 논리가 사람을 작게 하기 때문이다.

　　아리스토텔레스(Aristoteles)만 논리학(論理學)을 했던 것은 아니다. 공손룡이 제기한 명제 중에 견백론(堅白論)이 있다. 인간의 지각(知覺)을 분석한 견백동이(堅白同異)를 알 것이다. 견백석(堅白石)이 견석(堅石)과 백석(白石)의 개념을 묶은 돌이라면, 둘이면서 하나가 된 돌이 논리(論理)다. 단단한 돌[堅石]은 촉각(觸覺)의 돌이고 흰 돌[白石]은 시각(視覺)의 돌이다. 견백석(堅白石)은 지각(知覺)으로 보면 두 개의 돌이고, 실체(實體)로 보면 하나의 돌이다. 이런데도 둘이라면 다르고[異] 하나라면 같다[同]고 주장하니 공손룡의 논리(論理)는 작다. 장자의 입장에서 보면 서양의 모순이든 동양의 역설이든 간에 작은 지식일 뿐이다.

　　그러니 시비(是非) 걸지 말라. 맞는 것[是] 따로 틀리는 것[非]이 따로 있다고 둘로 나누어 다투는 모순율(矛盾律)은 이기고 지는 일이 있다고 단언하는 논리에 불과하다. 이런 논리를 앞세워 시비를 걸지 말라. 무엇이 시(是)고 무엇이 비(非)란 말인가. 나는 시(是)고 너는 비(非)라는 속셈을 가지고 덤비는데 결말이 나겠는가. 시비(是非)는 나와 너를 갈라지게 할 뿐이다. 그래서 장자의 말을 빌려 모(牟)는 공손룡에게 시비를 걸지 말라 한다. 당신은 누구의 손을 잡겠는가? 모(牟)의 손을 잡으면 마음 쓸 일이 없을 것이요 공손룡의 손을 잡으면 하루도 마음 편할 날이 없으리라.

어록

드넓은 바다도 천지 틈새에 있음을 헤아린다면〔計四海之在天地之間也〕
작은 구멍 하나가 큰 못 속에 있는 것과 같지 않은가〔不似礨空之在大澤乎〕.
겨자씨 속에 우주가 있다는 말을 비웃지 말라.

사물의 수가 많음을 일러 만이라 하는데〔號物之數謂之萬〕
사람도 그 속의 하나일 뿐이다〔人處一焉〕.
천지는 사람의 것이 아니라는 말이다.

궁함에도 운명이 있음을 알고〔知窮之有命〕
통함에도 시운이 있음을 안다〔知通之有時〕.
큰 난리를 당해서도 두려워하지 않음이〔臨大亂而不懼者〕
성인의 용기다〔聖人之勇也〕.
나만 궁하다는 생각을 버리면 틈새가 보인다.

혜자가 말했다〔惠子曰〕.
"나는 당신이 아니니까〔我非子〕 물론 당신 속을 모르오〔固不知子矣〕.
당신은 물고기가 물론 아니오〔子固非魚也〕.
당신이 물고기의 즐거움을 모르는 것은〔子之不知魚之樂〕 틀림없지요〔全矣〕."
이에 장자가 말했다〔莊子曰〕.
"처음으로 돌아가 봅시다〔請循本矣〕.
당신이 나에게 어찌 물고기의 즐거움을 알겠느냐고 했지만
〔子曰汝安知魚樂云者〕
내가 물고기의 즐거움을 알고 있는 줄 알면서 나를 떠본 것이지요

〔旣已知吾知之而問我〕.

나는 물가에서 물고기의 즐거움을 알았단 말이오〔我知之濠上也〕."

혜자는 만물이 하나인 줄 모르고 장자는 만물이 하나인 줄 안다.

外篇 11

지락(至樂)

요 절 모순율(矛盾律)만 버리면 곧장 즐거워라.

입 문 나를 천방(天放)하라.

열지(說之)라는 말이 있다. 삶을 즐거워하라는 말이다. 어떤 삶이 즐겁고 어떤 삶이 그렇지 않을까? 우리가 즐거운 삶으로 여기는 삶이 정말로 열지의 삶인지 헤아려 보라. 그리고 삶이 즐겁기를 바라는 마음이 왜 편안하지 못한가를 헤아려 보라.

열지를 누리고 삶에 만족한다면 그것이 바로 지락(至樂)이다. 그러나 인간은 열지를 탐할 줄은 알아도 누릴 줄은 모른다. 지락(至樂)은 어렵지 않다. 그런데도 인간은 어려워 보이는 삶을 부나비처럼 좇으며, 시비를 걸고 탐욕의 종이 되기를 자처한다. 그러면 지락(至樂)은 멀고 어려워진다. 지락(至樂)은 어디쯤 스며 있을까? 무위(無爲)의 삶에 숨어 있다. 무위의 삶은 마음과 몸이 더불어 편한 삶이 아닌가. 그래서 무욕(無欲)하라느니 허심(虛心)하라느니 무기(無己)하라느니 좌망(坐忘)하라느니 망기(亡己)하라느니 한다.

「지락(至樂)」편의 우화들은 나를 묶어 두지 말라 한다. 나를 천방(天放)하라. 그러면 삶이 즐겁다. 걸림 없이 천하에 풀어 놓아라〔天放〕. 내가 나를 풀어 놓도록 하라. 세상이 나를 구속하고 온갖 법이 나를 구속한다 하지 말라. 시비(是非)가 나를 묶고 분별(分別)이 나를 묶을 뿐이다. 누가 시비하고 분별하는가? 바로 내가 하니 내가 나를 묶는 셈이다. 한번 시비로부터 벗어나 보라. 한번 분별 따위에서 벗어나 보라. 얼마나 홀가분해지는지 몸소 체험할 수 있으리라. 그러면 곧 지락을 누리진 못할지라도 그 지락의 문턱까지는 넘볼 수 있다.

지락(至樂)은 순응(順應)하면 누린다. 무엇에 순응(順應)한단 말인가? 자연에 순응한다. 어찌하면 자연에 순응할까? 내 중심으로 사물을 보지 않으려고만 하면 곧장 자연을 따라 산다. 이렇게 하기가 어렵다. 이 세상 어느 누가 스스로 자기를 버리려 하겠는가. 저마다 제 잘난 맛에 산다고 목에 힘주는데 어떻게 지락(至樂)을 누릴 수 있겠는가. 그래서 「지락(至樂)」편의 우화를 들은 척도 않으려 한다. 그 때문에 지락(至樂)하는 삶은 말만 있을 뿐 없어지고 만 것일까? 자문자답(自問自答)해 보라.

1. 몸뚱이만 있다면 산 것이 아니다

【우화(寓話)】

이 세상에 지극한 즐거움이란 것이〔天下有至樂〕 없는지 있는지
〔無有哉〕. 몸을 활발하게 할 수 있는 것이〔有可以活身者〕 없는지
있는지〔無有哉〕. 이제 무엇을 하고 무엇을 말아야 하는가〔今奚爲
奚據〕. 무엇을 피하고 무엇에 머물러야 하는가〔奚避奚處〕. 무엇을
따라가고 무엇을 버려야 하는가〔奚就奚去〕. 무엇을 즐기고 무엇
을 싫어하는가〔奚樂奚惡〕. 대체로 세상이 존경하는 것은〔夫天下之
所尊者〕 부와 귀, 장수와 명성이고〔富貴壽善也〕, 세상이 좋아하는
것은〔所樂者〕 몸 편한 것〔身安〕, 맛있는 먹을 거리〔厚味〕, 멋있는
옷〔美服〕, 예쁜 여자〔好色〕, 감미로운 음악〔音聲〕 등이다. 세상이
내려다보는 것은〔所下者〕 가난하고 천한 것〔貧賤〕, 요절과 흉한
소문〔夭惡〕 등이다. 괴로운 것은〔所苦者〕 몸이 편안치 못하고〔身
不得安逸〕, 입이 맛있는 것을 먹지 못하며〔口不得厚味〕, 몸이 멋
있는 옷을 입지 못하고〔形不得美服〕, 눈이 아름다움을 보지 못하
며〔目不得美色〕, 귀가 아름다운 음성을 듣지 못하는〔耳不得音聲〕
것 등이다. 만일 그런 것들을 얻지 못하면〔若不得者〕 크게 걱정하
고 두려워한다〔則大憂以懼〕. 몸뚱이 하나를 위하는 이런 짓들이
얼마나 어리석은가〔其爲形也亦愚哉〕.

活:살 활 奚:어찌 해. 여기서는 '무엇'을 뜻하는 하(何)와 같음
據:의거할 거. 여기서는 막을 거(拒)의 의미 避:피할 피 就:이룰 취
惡:싫어할 오 厚:두터울 후 逸:편안할 일 憂:근심할 우
懼:두려워할 구 愚:어리석을 우

【담소(談笑)】

　차별해서 달면 삼키고 쓰면 뱉는 짓을 한다면 지락(至樂)이란 멀 수밖에 없다. 어디 세상이 내 것이던가. 내 뜻대로 되는 것이란 하나도 없는 법. 이를 안다면 어찌 내 욕심대로 할 수 있겠는가. 지락(至樂)은 본래 나에게 있지만 나는 누릴 줄 모른다. 시비를 걸며 귀천(貴賤)과 상하(上下)를 구분하고 차별하려는 내 짓거리 탓에 내 스스로 지락(至樂)의 삶을 팽개친다.

　부귀와 명성을 바라고 좇는가? 그렇다면 몸을 망치고 마음을 썩힐 것이다. 오래 살기를 바라고 좇는가? 그렇다면 죽음을 무서워하는 악몽이 밤마다 찾아온다. 우리는 부귀·명성·장수 따위가 지락(至樂)을 멀리 쫓아버리는 악당인 줄 모르고 산다. 그러면서 어떻게 마음이 편안하기를 바랄 것이며 악몽에 시달린다고 하소연하겠는가. 찌들어 옹색하게 사는 것이 당연하다.

　몸단장하는 일에 매달려 마음을 편히 할 줄 모른다. 마음 고생쯤이야 아랑곳하지 않고, 얼굴을 꾸미고 비싼 옷을 걸치며 스스로를 과시하려는 나는, 삶을 즐기는 것이 아니라 인생을 광대의 노리개로 착각하는 바보에 불과하다. 남에게 보여 주려고 인생을 경영하는가? 그렇다면 당신도 나처럼 철이 나려면 아직 멀었다.

　당신이 행복이라고 여기는 것이 당신을 불행하게 하지는 않는지 살펴보라고 한다면 화를 내겠는가. 당신이 즐긴다는 삶이 당신을 괴롭히지는 않는지 살펴보라고 한다면 역정을 내겠는가. 그렇다면 「지락(至樂)」편의 우화들은 아무런 쓸모가 없다. 무위로 사는 삶이 지락(至樂)임을 잊지 말라는 게 이 편에 담긴 우화들의 한결같은 바람이기 때문이다. 이런 부탁은 이미 「대종사(大宗師)」편에서도 누누이 들었다. 청개구리 새끼보다 더한 것이 인간이어서 다만 메아리가 없을 뿐이다.

2. 지락(至樂)은 결코 관광(觀光) 거리가 아니다

【우화(寓話)】

지금 세상 사람들이 하는 짓이나〔今俗之所爲〕 즐기는 것들이〔與其所樂〕 과연 즐거움인지 나는 아직 모른다〔吾又未知樂之果樂邪〕. 내 보건대 세상 사람들이 즐기는 것은 떼지어 몰려가〔吾觀夫俗之所樂擧羣趣者〕 죽어도 그만둘 수 없어 어쩌지 못하는 지경이다〔誙誙然如將不得已〕. 모두 즐거움이라고 하는데〔而皆曰樂者〕 나는 그런 것이 즐거움이라고 여기지는 않지만〔吾未之樂也〕 그렇다고 즐거움이 아니라고 우기지도 않겠다〔亦未之不樂也〕. 과연 즐거움이란 있는가〔果有樂〕 없는가〔無有哉〕. 나는 무위로 진정한 즐거움을 삼는다〔吾以無爲誠樂矣〕. 이 무위의 즐거움은 세상 사람들이 가장 괴로워하는 것이다〔又俗之所大苦也〕. 그래서 지극한 즐거움에는 세속의 즐거움이 없고〔故曰至樂無樂〕, 지극한 명예에는 세속의 명예가 없다고 한다〔至譽無譽〕. 세상에 있는 시비는 결국 결정될 수 없는 것〔天下是非果未可定也〕. 그러나 무위라면 시비를 결정할 수 있다〔雖然無爲可以定是非〕. 지극한 즐거움과 몸을 건강하게 하는 것은〔至樂活身〕 오직 무위에 있다〔惟無爲幾存〕. 한번 말해 보기로 하자〔請嘗試言之〕. 하늘은 무위하여 맑고〔天無爲以淸〕 땅은 무위하여 평안하다〔地無爲以寧〕. 그래서 천지의 무위가 서로 합하고〔故兩無爲相合〕, 만물이 저마다 스스로 변화하여〔萬物皆化〕 황홀하다〔芒乎芴乎〕. 어디서 생겨나는지 모르니〔而無從出乎〕 황홀하여라〔芴乎芒乎〕. 움직이는 짓은 있다가 없다가 하는가〔而無有象乎〕. 만물은 줄줄이 이어〔萬物職職〕 저마다 무위를 따라 번식한다〔皆從無爲殖〕. 그래서 말한다〔故曰〕. "천지는 아무것도 하지 않으면서〔天地無爲也〕 하지 않는 것이 없다〔而無不爲也〕." 세상 사람 중에 어느 누가 무위를 누릴 수 있을까〔人也孰能得無爲哉〕.

擧:움직일 거 羣:무리 군 趣:향할 취 逕:죽어날 경 雖:비록 수
惟:생각할 유 芒:황홀할 망 笏:어두울 홀 職:맡을 직 殖:자랄 식

【담소(談笑)】

사람은 늙으면 쓴맛 단맛 다 보며 살았다고 말한다. 고락(苦樂)의 술래잡기로 삶을 소모했다고 뉘우치는 것인지도 모른다. 모두 낙(樂)이라고 생각했는데 결과는 쓰더라. 이런 뉘우침이 곧 세상 사람들이 목숨을 걸고 추구하는 쾌락(快樂)이다. 그러나 그렇게 누리려 애쓰는 쾌락은 지락(至樂)의 낙(樂)이 아니다. 낙(樂)은 바라는 바대로 결정되는 것이 아니기 때문이다. 바라는 바가 있는가? 그러면 욕(欲)이지 낙(樂)이 아니다. 부족해하면 욕(欲)이요 만족해하면 낙(樂)인 것을 우리는 모르고 산다. 그래서 나에게서 지락(至樂)의 삶이 멀어진다.

두고두고 쾌락하기를 바라지 말라. 그러면 아편쟁이처럼 된다. 쾌락이란 무엇인가? 계속 즐기려 해서는 안 되는 것이 쾌락이다. 성교(性交)보다 더한 절정의 쾌락은 없다. 그러나 날마다 성교를 일삼아서는 몸이 살아남지 못한다. 쾌락은 아편쟁이로 만들지만, 지락은 아편쟁이를 건강하게 바꾸어 놓는 약(藥)이리라. 그래서 지락활신(至樂活身)이라 했는데, 우리는 보신(補身)하려고 보약(補藥) 먹을 줄은 알면서도 염담(恬淡)할 줄은 모른다.

지락무락(至樂無樂). 지극한 즐거움[至樂]에는 낙이 없다[無樂]. 무락(無樂)의 낙(樂)은 무슨 낙(樂)인가? 욕(欲)이 만들어내는 쾌락들이다. 돈 펑펑 쓰면서 노름하고 거루고, 성교하고 마시고, 춤추고 질펀하게 놀고 싶은가. 그러면 그 놀자판이 인생을 죽이고 만다. 쾌락은 인생을 죽이고 지락은 인생을 살린다. 그래서 지락을 무위(無爲)라 한다. 본래 목숨을 소중히 하고 서로 더

불어 살게 하는 것이 지락(至樂)이요 활신(活身)이다. 지락활신
(至樂活身)을 한마디로 존신(存身)이라 해도 된다. 존신하려면 무
위를 따라 살라.

왜 천지의 무위(無爲)는 무불위(無不爲)로 통하는가? 천지는
욕(欲)이 없기 때문이다. 왜 인간은 무위를 터득해 행하기가 어려
운가? 인간은 간택(簡擇)하려는 욕(欲)이 사납기 때문이다. 시비
하고 분별하고 차별하는 짓거리가 모두 간택(揀擇)이다. 그래서
불가(佛家)에서도 간택하지 말라 한다.

하고 싶은 것과 하기 싫은 것 사이에 욕(欲)을 놓고 홍정하느라
꽉 묶여 버린 인간이 어찌 지락(至樂)을 누릴 수 있을까. 사납게
달려드는 욕(欲)을 무서워할 줄만 알아도 지락(至樂)의 햇살을 조
금이라도 쬘 수 있다. 소인은 그런 햇살이 비치는 줄도 모른다. 소
인은 쾌락(快樂)만 알지 지락(至樂)은 모르기 때문이다. 그러니
나 같은 소인이 어찌 무위의 즐거움〔至樂〕을 알 수 있겠나.

3. 열자(列子)가 디지털(digital) 사고(思考)를 엿보게 한다

【우화(寓話)】

열자가 여행중에 길가에서 밥을 먹다가〔列子行食於道從〕백 년
묵은 해골을 발견하고〔見百歲觸髏〕, 쑥대를 뽑아들고서 해골을 가
리키며 말한다〔攓蓬而指之曰〕. "오로지 나하고 자네하고만 알고
있을 거야〔唯予與女知〕죽음도 없고〔而未嘗死〕삶도 없음을〔未嘗
生也〕. 자네는 과연 근심하는가〔若果養(恙)乎〕나는 과연 기뻐하
는가〔予果歡乎〕. 변화해서 생기는 것에는 다 틀이 있다지〔種有
幾〕. 물이 있으면 물때가 생기고〔得水而爲繼〕, 물과 흙이 만나는
곳이면〔得水地之際〕갈파래가 생기고〔則爲鼃蠙之衣〕, 갈파래가 언

덕에서 살면〔生於陵屯〕 질경이풀이 되고〔則爲陵舃〕, 질경이풀이 거름더미에 있으면〔陵舃得鬱棲〕 부자(附子)가 된다네〔則爲烏足〕. 부자의 뿌리는 굼벵이가 되고〔烏足之根爲蠐螬〕, 부자의 잎은 나비가 되지〔其葉爲胡蝶〕. 나비를 서(胥)라고도 하지〔胡蝶胥也〕. 나비가 변해 벌레가 되고〔化而爲蟲〕, 그것이 부뚜막 밑에서 살면〔生於竈下〕 마치 그 모양이 탈바꿈하는 것 같다네〔其狀若脫〕. 그 이름을 귀뚜라미라 하지〔其名爲鴝掇〕. 귀뚜라미가 천 일이 되면 새가 된다네〔鴝掇千日爲鳥〕. 그 새 이름을 비둘기라고 하지〔其名爲乾餘骨〕. 비둘기의 침이 쌀벌레가 되고〔乾餘骨之沫爲斯彌〕, 그 놈이 눈에놀이 벌레가 된다네〔斯彌爲食醯〕. 이로라는 벌레는 눈에놀이에서 생기고〔頤輅生於食醯〕, 황황이라는 벌레는 구유에서 생기며〔黃軦生於九猷〕, 무예라는 벌레는 부권에서 생긴다네〔瞀芮生乎腐蠸〕. 양해라는 풀은 변해서 죽순이 되고〔羊奚比(化)乎不(筍)筍〕, 죽순이 자라 오래된 대는 청녕을 낳고〔久竹生青寧〕, 청녕은 정을 낳고〔青寧生程〕, 정은 마를 낳고〔程生馬〕, 마는 사람을 낳지〔馬生人〕. 사람은 다시 조화의 무로 되돌아간다네〔人又反入於機〕. 만물은 무(無)라는 틀에서 나와〔萬物皆出於機〕 모두 그 틀로 들어간다네〔皆入於機〕."

攫:취할 건 蓬:쑥 봉 繼:물때 계 䵷:개구리 와 蠙:섭조개 빈

蟲:벌레 충 竈:부엌 조 脫:벗을 탈 沫:거품 말 皆:모두 개 機:틀 기

髑髏(촉루):두개골 䵷蠙之衣(와빈지의):청태(青苔). 갈파래

陵屯(능둔):소부(小阜). 작은 언덕 陵舃(능석):질경이풀. 거전초(車前草)

烏足(오족):뿌리에 독이 있어서 마취세로 쓰이는 숙근초(宿根草).

　　　즉 부자(附子)

蠐螬(제조):굼벵이 胡蝶(호접):나비 鴝掇(구철):귀뚜라미

乾餘骨(건여골):산비둘기의 일종으로 미래를 안다고 함

斯彌(시미) : 검정 쌀벌레. 사(斯)를 시로 읽음

食醯(식혜) : 눈에놀이, 즉 술벌레. 식혜(蝕醯)

頤輅(이로) : 벌레 이름　黃軦(황황) : 벌레 이름　瞀芮(무예) : 벌레 이름

腐蠸(부권) : 벌레 이름　羊奚(양해) : 풀 이름

不筍(부순) : 죽순(竹筍). 여기서는 부(不)를 대껍질 부(箁)로 봄

青寧(청녕) : 청웅(青熊). 곰의 일종

程(정) : 벌레 이름. 뿔이 하나에 꼬리가 다섯 개나 달렸다는 쟁(猙)이란 주
　　　장도 있음

【담소(談笑)】

목숨을 조화(造化)라고 불러도 된다. 조화는 인간이 조작하거
나 조정할 수 없는 변화(變化). 목숨은 조화를 따를 뿐이니 내 목
숨도 내 것이라 주장할 수 없다. 목숨은 생사(生死)의 변화일 뿐
이다. 생(生)을 누렸던 해골이 사(死)를 누리는 것을 보고 생명의
유전(流轉)을 읊조리는 열자(列子)를 보라. 변화를 읽어 낼 수 있
는 마음이어야 열린 마음이다.

지금 세상을 주름잡고 있는 '디지털 사고(digital thinking)'가 바
로 열자가 읊고 있는 열린 마음이 아닐까 한다. 생명은 따로 없는
것. 주고받고 하는 것이 목숨 아닌가. 그래서 노자가 만물은 왕래
한다〔天下往〕고 하지 않았나. 물때가 흙을 만나 갈파래가 되고,
갈파래가 질경이가 되고, 질경이가 오족이란 풀이 되고, 그 뿌리
는 굼벵이가 되고, 잎은 나비가 된다는 생각은 닫힌 마음에서는
불가능하다. 이런 사고의 흐름을 서양의 모순율(矛盾律)로 검증
하려 들지 말라. 우리네 사고 습성은 이것이냐 저것이냐의 모순
이 아니라 이것이 저것이고 저것이 이것이라는 상통(相通)이니,
열자의 읊음을 두고 비과학적 사고라고 하지 말라. 열자는 지금
선(仙)타령을 하고 있다. 생사(生死)를 하나로 보는 경지를 선경

(仙境)이라 한다. 열자는 지금 길을 가다 선경에 들어 해골과 더불어 조화의 흐름을 타고 있다. 자신을 얽어매는 과학을 떠나 생사를 넘나드니 열자(列子)는 얼마나 즐거울까.

종유기(種有幾). 종(種)에는 기(幾)가 있다〔有〕. 종(種)은 생겨난 물(物)이다. 생겨나게 한 틀을 기(機)라 한다. 그러므로 기(幾)는 곧 기(機)다. 생겨난 근거, 즉 생기게 한 작용의 모습이 틀 아닌가. 기(機)는 무(無)의 모습으로도 본다. 무(無)는 곧 도의 모습이다. 그래서 노자는 유생어무(有生於無)라 했다. 장자의 종유기(種有幾)와 노자의 유생어무(有生於無)는 같은 말이다. 유생어무(有生於無)와 종유기(種有幾)를 요샛말로 역설(逆說)이라 하겠다. 우리에게 유무(有無)는 모순(矛盾)이 아니다. 유(有)와 무(無)를 이분화(二分化)하는 상극사고(相克思考)는 서양의 모순논리(矛盾論理)일 뿐이다. 우리는 유(有)와 무(無)를 하나로 보는 일원화(一元化)의 상생사고(相生思考)를 한다. 이를 위일논리(爲一論理)라고 불렀으면 한다. 물론 불가의 입장으로는 불이논리(不二論理)라고 말해도 되리라. 차라리 나는 선논리(仙論理)라고 부르고 싶다. 선(仙)은 취사선택(取捨選擇)을 하지 않는다. 모두를 포함(包含)하여 포용(包容)하는 경지가 선(仙) 아닌가. 우리네 홍익인간(弘益人間)의 풍류도(風流道)가 바로 선(仙)을 말하지 않았던가. 나는 「지락(至樂)」편의 우화에서 우리네 선미(仙味)를 맛본다.

정생마(程生馬) 마생인(馬生人). 정(程)과 쟁(猙)은 고음(古音)이 비슷하다 하여 뿔 하나와 꼬리 다섯 개 달린 짐승으로 보는 쪽도 있고, 그냥 벌레 이름으로 보는 쪽도 있다. 하여튼 정(程)이 마(馬)를 낳았고 마(馬)가 사람을 낳았다는 대목에 이르러 상상력(想像力)은 절조에 이르고 황홀해진다. 이 황홀함을 과학적으로 검증하려 하지 말라. 열린 마음으로 그저 자유롭게 상상해 보면 그만이다. 마(馬)·위(爲)·후(猴)에서 회의(會意)가 형성된다고 상상해 보라. 마(馬) 자(字)는 위(爲)를 닮았고, 위(爲) 자(字)는 원숭이가 흉내내는 모습을 감추고 있다고 회의(會意)해 보라. 회의(會意)란 생각을 이것저것 섞어서 새로운 것을 이루어 내는 짓〔形成〕이 아닌가. 그러면 마음이 싱싱해지고 풋풋해져 마음이 곧 우주요 조화의 현장임을 체험할 수 있다. 그래야 새싹이 돋아난다. 이런 사고를 이끌어 내는 힘을 창조력(創造力)이라 한다. 그러니 과학적인 사고에서 창조력이 나온다고 고집하지 말라. 창조력은 선경을 접해야 피어나는 조화(造化)의 꽃이요 열매다.

그러니 여기서 마(馬)는 말〔馬〕이 아니라고 생각해 보라. 그러면 즐거워진다. 마(馬)는 위(爲)의 와자(譌字)로 생각해 볼 수 있다. 위(爲)는 본래 모후(母猴) 즉 어미 원숭이로 통하니, 정(程)이 원숭이를 낳고〔程生馬〕 원숭이가 사람을 낳았다〔馬生人〕고 상상해 보라. 그러면 사람 따로, 원숭이 따로, 정(程)이란 짐승 따로 볼 일이 없다. 목숨은 유전(流轉)하는 것. 도(道)의 입장에서 목숨은 모두 같을 뿐이다.

모두 같다고 함은 둘〔二〕 사이가 아니라 하나〔一〕 사이라는 뜻이다. 열자(列子)는 너와 나는 둘이 아니라 하나라고 생각하는 것이 바로 선(仙)이라고 일러 준다. 이런 사고(思考)가 동양의 짓〔一元化〕 아니겠나. 하나가 아니라 둘이다. 이런 사고가 서양의 짓〔二分化〕 아닌가. 열자를 만나면 아리스토텔레스의 이분화(二分化) 논리도 헷갈리고 말 것이다. 서양의 모순논리(矛盾論理)로 우리네 위일논리(爲一論理)를 당할 수 없으리라.

여행길에 밥을 먹다 촉루(觸髏)를 마주하고서 만물의 목숨이 유전함을 즐기는 열자를 상상해 보라. 오고 가는〔出入〕 것이 종(種)이다. 생사(生死)·왕래(往來)·출입(出入)은 반자(反者)가 아닌가. 갔다가 되돌아옴〔反者〕은 바로 오고 가는 유전(流轉)을

말한다. 만물은 다 그렇게 틀〔道樞〕에서 나왔다가 틀로 되돌아간
다. 그러니 너나없이 하나로 어울려 삶을 누리는 것이야말로 지
락(至樂)이다. 지락(至樂)은 과학이 누리지 못하는 선경(仙境)이
다. 노자는 지락(至樂)을 황홀하다 하고 장자는 나비와 더불어 꿈
〔蝴蝶夢〕을 꾼다.

어록

살아 있다는 것은 잠깐 빌린 것일세〔生者假借也〕.

빌린 것이 삶일세〔借之而生〕.

삶이란 티끌이요 먼지일세〔生者塵垢〕.

생과 사는 낮과 밤이 있는 것과 같다네〔生死爲晝夜〕.

천지가 살라 하면 사는 것이고 죽으라 하면 죽는 것뿐.

** 골개숙(滑介叔)이 지리숙(支離叔)에게 해준 이야기로, 형체를 잊음〔忘形〕을 지리(支離)라 하고, 지혜를 잊음〔忘智〕을 골개(滑介)라 한다.

주머니가 작으면 큰 것을 넣을 수 없고〔褚小者不可以懷大〕

두레박 끈이 짧으면 깊은 물을 뜰 수 없다〔短者不可以汲深〕.

작다고 키우고 짧다고 늘려서 될 일은 하나도 없다.

外篇 12

달생(達生)

삶에 만족하는 길이 있다.

무심(無心)하라. 망기(亡己)하라. 그러면 달생(達生)이다.

마음을 자유롭게 하라. 그러면 무심(無心)이다. 나를 앞세워 주장하거나 고집하지 말라. 그러면 망기(亡己)다. 왜 무심하고 망기하는가? 삶에 만족(滿足)하기 위해서이다. 삶에 만족하는 것은 삶을 누리는 것. 삶을 누려라. 이는 삶을 욕심내지 않는다 함이다.

날마다 만족하고 누리는 삶을 달생(達生)이라 한다. 무엇에 만족하는가? 돈인가 명예인가 권력인가. 그러나 이런 것들로 만족할 수는 없다. 이런 것들은 욕(欲)이기 때문이다. 욕(欲)을 떠나는 것이 만족이요, 욕의 구속에서 풀려 나 마음이 편안하고 자유로운 경지가 만족이다. 삶에 만족하라. 그러면 그 순간 곧장 부자가 된다. 그래서 노자는 지족자부(知足者富)라고 했다.

만족할 줄 아는 사람은 부자이다[知足者富]. 노자가 바라는 부자는 달생(達生)의 주인공이다. 달생(達生)이란 삶에 만족하는 것이다. 만족은 자연(自然)에 순응하는 마음가짐이다. 그냥 그대로의 삶을 고마워하고 반가워하리. 그렇게 해야 자연에 순응해 살아갈 수 있다. 그러나 우리는 무엇이고 성취해 보겠다고 아등바등하기에 삶을 미래를 향하는 모험이라고만 여긴다. 요즘 우리는 인생은 벤처(venture)라고 호언한다. 그래서 남들과 경쟁하며 삶을 성취해야 한다는 압박감 속에서 살아간다.

그러나 내가 나하고 경쟁하면서 밤잠을 설쳐서는 안 되리라. 대
인은 남〔萬物〕과 더불어 달생(達生)의 길을 가지만, 나 같은 소인
배는 내 몸 하나도 달생(達生)의 길을 걷기 어려울 만큼 욕(欲)의
종살이를 한다. 그래도 어느 한 순간 홀로 있을 적에「달생(達生)」
편의 우화를 떠올려 보면 그 잠깐이라도 끓는 마음을 식힐 수 있으
리라 생각된다. 하지만 무심(無心)하기를 죽기보다 싫어하고, 망
아(忘我)를 생죽음으로만 아는 소인배가 어찌 달생(達生)의 신기
(神技)를 가까이할 수 있겠는가. 무심(無心)하라. 욕(欲)을 없애
라. 망아(忘我)하라. 내 고집〔我〕을 없애라. 소인배는 이러한 명령
을 제일 싫어한다. 그래서 한평생 애를 끓이며 옹색하게 살지 않는
가. 달생의 우화를 들어 보라. 그러면 얼마간 그 효험을 맛보리라
싶다.

1. 대인은 경생(更生)하고 소인은 고집한다

【우화(寓話)】

　삶의 참모습을 터득해 깨친 자[達生之情者]는 삶이 할 수 없는 짓을 애써 해보려고 하지 않으며[不務生之所無以爲], 천명의 참모습을 터득해 깨친 자[達命之情者]는 지식으로는 어떻게 해볼 수 없는 것을 애써 해보려 하지 않는다[不務知之所無奈何]. 몸을 보양하자면 반드시 물질을 앞세우지만[養形必先之物], 물질이 남아돌아도 몸을 보양하지 못하는 자가 있다[物有餘而形不養者有之矣]. 삶이 있으면 반드시 먼저 몸을 떠날 수 없지만[有生必先無離形], 몸은 있는데 목숨을 잃는 자가 있다[形不離而生亡者有之矣]. 목숨이 오는 것을 물리칠 수 없고[生之來不能卻] 목숨이 가는 것을 막을 수 없다[其去不能止].

　슬픈 일이도다[悲夫]. 세상 사람들은 몸만 챙기면 목숨을 잘 보존한다고 생각한다[世之人以爲養形足以存生]. 그러나 몸을 챙겨도 결국 목숨을 부지할 수 없다면[而養形果不足以存生] 세속의 일이 무슨 소용 있겠는가[則世奚足爲哉]. 부족하다고 하면서도[雖不足爲] 그런 짓을 하고야 마는 것은[而不可不爲者], 몸만 챙기는 짓을 면하지 못하기 때문이다[其爲不免矣]. 몸만 챙기려는 짓을 면하고 싶다면[夫欲免爲形者] 세속적인 일을 버리는 것만 못하다[莫如棄世]. 세속적인 일을 버리면 번거로움이 없고[棄世而無累] 번거로움이 없어지면 마음이 평안해진다[無累而正平]. 마음이 평안해지면 몸과 더불어 새로운 삶을 누린다[正平則與彼更生]. 새로운 삶을 누리면 도에 가깝다[更生則幾矣].

　세속적인 일을 어째서 버려야 하고[事奚足棄] 삶을 어째서 잊어야 하는가[生奚足遺]. 세속적인 일을 버리면 몸이 애쓰지 않아도 되고[棄事則形不勞], 삶을 잊으면 정신이 이지러지지 않기 때문이다〔遺生則精不虧〕. 몸이 온전하고 정신이 자연으로 되돌아가면〔夫形全精復〕 자연과 더불어 하나가 된다〔與天爲一〕. 천지라는 것은 만물의 부모이다〔天地者萬物之父母也〕. 자연의 기운이 합치면 사물의 형체가 이루어지고〔合則成體〕, 두 기운이 흩어지면 시초를 이룬다〔散則成始〕. 몸과 마음이 이지러지지 않는 것〔形精不虧〕을 일러 자연을 따라 옮겨가는 것이라 한다〔是謂能移〕. 정성을 다하면〔精而又精〕 오히려 자연을 돕는 일이 된다〔反以相天〕.

務:힘쓸 무 奈:어찌 나(내) 離:나눌 리 悲:슬플 비 卻:물리칠 각
免:면할 면 棄:버릴 기 累:묶을 루 更:고칠 경. 다시 갱
幾:가까울 기 遺:버릴 유 虧:이지러질 휴 相:도울 상

【담소(談笑)】

생(生)이 있다〔有生〕. 이는 살아 있다는 말이다. 살아 있음은 목숨이다. 유생(有生)하려면 불리형(不離形)이어야 한다. 몸〔形〕을 떠나지 못한다〔不離〕. 몸〔形〕은 목숨〔生〕의 집이다. 목숨에 집을 맞추어야지 집에다 목숨을 맞출 수는 없다. 목숨에 어울리도록 몸을 보양하라. 그러나 나 같은 소인배는 몸만 보양하면 된다고 믿고 잘 먹기만 하지, 마음을 편하게 하기는 아예 접어 버린다.

무루(無累)하라. 묶이지 말라〔無累〕. 이는 곧 번거롭게 살지 말라 함이다. 누(累)는 묶는 줄이다. 홀가분한 삶이라면 묶일 리 없지만, 내가 번거로우면 스스로 내 삶을 묶게 된다. 무엇이 나를 번거롭게 하는가? 이런저런 세상일들이 그렇게 한다. 그러니 될 수 있는 대로 간결하고 간명하게 살라. 그러면 나를 묶으려는 줄은 줄어들어 없어진다. 대인은 무루(無累)의 삶을 누리고 소인은 무루(無累)의 삶을 무서워한다.

정평(正平)하라. 이는 순응하라 함이다. 무엇을 따르고 응하란 말인가? 자연을 따라 응하라. 그러면 누구나 경생(更生)의 삶을 누린다. 날마다 새롭게 사는 삶이 경생(更生)이다. 물론 경생(更生)을 갱생(更生)이라 해도 된다. 그러나 다시 갱(更)보다 고칠 경(更)이 더 정평(正平)을 누리기에 적합하리라. 어제나 오늘이나 내일이나 다 똑같이 산다면 그런 삶은 몸만 산 것이지 마음은 죽은 것이다. 날마다 사는 일을 고마워하고 반가워해 보라. 그러면 삶이 새삼스럽게 느껴질 것이다. 이처럼 살자면 이런저런 일들로 정신을 잃어선 안 된다.

여천위일(與天爲一). 자연과 더불어〔與天〕 하나 되라〔爲一〕. 그냥 천일(天一)이라 해도 된다. 위일(爲一)은 노자(老子)의 말씀이기도 하다. 자연과 하나 된다. 만물과 하나 된다. 천지가 만물의 부모이니 만물 중에 형제 아닌 것이 없다. 이것을 위일논리라고 하자. 위일(爲一)에 무슨 창이 있고 방패가 있겠는가. 이른바 서양의 모순논리(矛盾論理)란 것은 철저한 인위(人爲)에 불과하다. 판관 같은 모순논리에 비하여 위일논리는 부모와 같다. 여러 자식을 골고루 사랑하는 것이 부모이다. 편애하는 부모는 못난 부모이다. 자연보다 나은 부모는 없다. 만물을 하나로 보는 자연이야말로 절대평등이요 절대자유이리라. 그래서 노자도 포일(抱一)하라 했다.

합즉성체(合則成體). 합하면〔合則〕 체(體)를 이룬다〔成體〕. 체(體)는 본바탕, 즉 목숨이다. 무엇이 합하는가? 기운(氣運)이다. 『주역(周易)』은 그 기운을 음양(陰陽)이라 한다. 목숨은 그 기운의 합(合)이다. 그 합을 일러 생(生)이라 한다.

산즉성시(散則成始). 흩어지면〔散則〕 시(始)를 이룬다〔成始〕. 시(始)는 처음이요 시원(始原)이요 고향 같은 것이다. 무엇이 흩어진단 말인가? 기운(氣運)이다. 죽음은 그 기운의 흩어짐〔散〕이

다. 그러므로 성시(成始)는 자연으로 돌아간다는 말이다. 죽음은
고향으로 돌아가는 것. 그래서 장자는 천지를 여관이라 했고, 인
생을 그 여관에 든 나그네라 했다. 출입(出入)·왕래(往來)·반자
(反者)·생사(生死) 등이 다 위일(爲一)을 설명한다.

능이(能移)하라. 자연을 따라 이동한다는 말이다. 몸[形]도 자
연이 준 것이고 정신[精]도 자연이 준 것. 내 몸이라 하지만 내 것
이 아니다. 빌린 몸이니 잘 간직했다가 되돌려 주어야 한다. 내 정
신이라고 하지만 그 정신 역시 빌린 것. 잘 활용하다 되돌려 주어
야 하는 기운이다. 따지고 보면 능이(能移)란 빌린 목숨을 주인에
게 되돌려 주는 일이다. 그 주인은 누구인가? 자연(自然)이다. 이
러한 능이(能移)가 곧 하늘을 돕는 일[相天]이다. 자연[天]을 돕
는다[相]. 여기서 상(相)은 돕는다는 조(助)이다. 자연을 따라 살
라[能移]. 능이(能移)는 곧 하늘을 돕는 삶[相天]이다. 이러한 삶
을 일러 달생(達生)이라 한다.

2. 싸움에서 이기고 싶다면 기성자(紀渻子)를 만나 보라

【우화(寓話)】

기성자(紀渻子)가 왕을 위하여 싸움닭을 키웠다[紀渻子爲王養
鬪鷄]. 그런 지 열흘이 지나니 왕이 물었다[十日而問]. "닭이 이제
싸울 수 있겠는가[鷄已乎]?" 기성자가 아뢰었다[曰]. "아직 안 됩
니다[未也]. 지금은 허세만 부리고 교만하며 제 힘만 믿습니다[方
虛憍而恃氣]." 열흘이 지나 다시 묻자[十日而又問] 여쭈었다[曰].
"아직 안 됩니다[未也]. 다른 닭의 울음소리를 듣거나 모습을 보
면 당장 덤벼들 것처럼 합니다[猶應嚮景]." 열흘이 지나 재차 문
자[十日而又問] 이렇게 고했다[曰]. "안 됩니다[未也]. 다른 닭을

보면 노려보면서 성난 듯이 합니다[猶疾視而盛氣]." 열흘이 지나
재삼 묻자[十日而又問] 기성자가 이렇게 아뢰었다[曰]. "거의 되
었습니다[幾矣]. 싸울 닭이 소리를 질러대도[鷄雖有鳴者] 아무런
내색을 않습니다[已無變矣]. 멀리서 바라보면 나무로 만든 닭 같
습니다[望之似木鷄矣]. 싸움닭으로서의 덕이 갖추어졌습니다[其
德全矣]. 감히 상대하지 못하는 상대방 닭이[異鷄無敢應者] 도망
가 버립니다[反走矣]."

紀:벼리 기　淆:줄일 성　鬪:싸울 투　鷄:닭 계　憍:교만할 교
恃:믿을 시　疾:괴로울 질　雖:비록 수　鳴:울 명　嚮:메아리 향
似:같을 사

【담소(談笑)】

싸움을 구경하고 싶어하는 왕(王)은 작고, 싸우는 법을 가르치
는 기성자(紀淆子)는 크다. 왕은 서로 붙어 힘으로 싸워서 이기는
것만 알았지, 싸우지 않고 덕(德)으로 이기는 것은 알지 못했다.
왕은 덕전(德全)을 몰랐다. 덕이 온전하다[德全]. 이는 만물을 하
나로 보는 힘이다. 만물을 하나로 본다 함은 만물을 싸울 상대로
보는 것이 아니라 함께 어울릴 벗으로 본다는 것이다. 덕은 모든
것을 껴안는다. 싸울 일이 없으니 싸울 필요가 없다. 이보다 더한
승리는 없다.

허교시기(虛憍恃氣). 허세(虛勢)를 부리고 교만(憍慢)하여 힘
만 믿는다[恃氣]. 이게 바로 소인배의 기질이다. 권세 · 명성 · 재
물을 왜 탐하는가? 이것들이 허세를 부릴 수 있게 하고 교만에 빠
지게 하는 힘을 제공하기 때문이다. 덕이 없는 힘이 허세요 교만
이다. 그리고 힘만 믿는 것 역시 덕이 없다. 왜 노자가 유약승강

강(柔弱勝强剛)이라 했겠는가. 굳고 강한 것이 지고 약하고 부드러운 것이 이긴다〔柔弱勝强剛〕. 이는 덕을 말한다. 덕은 어머니 품안 같다. 그 품안에서 무엇이 싸우겠는가?

왕은 승패(勝敗)의 늪이 수렁인 것을 몰라 자진해서 그 늪에 빠지려 하지만, 기성자는 그런 늪에서 왕을 구하려 한다. 왕이 끝내 기성자가 키운 투계를 모실 줄 몰랐다면 세상을 다 잃을 수밖에 없었으리라. 어찌 왕만 이러하겠는가. 아무리 경쟁력 시대라지만 남과 싸워 이겨야 하는 세상이라고 여기지 말라. 경쟁이 심한 세상일수록 기성자가 길러 낸 투계처럼 되라는 것이다. 싸우고 싶은가? 그렇다면 남과 싸울 것이 아니라 먼저 자신과 싸워라. 그러면 이 우화의 덕전(德全)을 조금이라도 새겨 볼 수 있으리라.

3. 중용(中庸)을 넘어 망적(忘適)하라

【우화(寓話)】

공수(工倕)가 도면을 그리면 그림쇠나 곱자보다 뛰어났다〔工倕旋而蓋規矩〕. 그리려는 것과 더불어 손가락이 변화하는데〔指與物化〕 욕심내는 마음이 섞여 들지 않았다〔而不以心稽〕. 그래서〔故〕 마음과 몸이 하나 되어 막히지가 않았다〔其靈臺一而不桎〕. 발을 잊는 것은 신발이 발에 딱 맞기 때문이고〔忘足履之適也〕, 허리를 잊는 것은 허리띠가 딱 맞기 때문이며〔忘要帶之適也〕, 시비를 잊는 것은 마음이 알맞기 때문이다〔忘是非心之適也〕. 안이 변덕스럽지 않고〔不內變〕 바깥을 따르지 않음은〔不外從〕 모든 일이 하나〔靈臺一〕로 가기 때문이다〔事會之適也〕. 처음부터 하나로 가〔始乎適〕 하나로 되지 않음이 없는 것은〔而未嘗不適者〕 하나 됨마저 잊어버린 하나 됨이다〔忘適之適也〕.

倕:사람 이름 수　旋:빙 돌리는 선　蓋:덮어씌울 개
規:원을 그리는 그림쇠 규　矩:방형을 그리는 곱자〔曲尺〕 구
稽:머무를 계　桎:속박할 질　忘:잊을 망　履:신발 이
適:이를 적. 하나의 경지에 이른다는 뜻
要:구할 요. 여기서는 허리 요(腰)의 의미　帶:띠 대
工倕(공수):요(堯)임금 때의 이름난 명장(名匠)

【담소(談笑)】

영대일(靈臺一)은 몸〔臺〕과 마음〔靈〕이 하나가 된다는 말이다. 이보다 더한 삶의 낙(樂)은 없다. 몸이 아프면 마음이 편할 리 없고, 마음이 아프면 몸이 편할 리 없다. 삶을 아프게 하는 것들이 셀 수 없이 많은 것 같지만, 따지고 보면 욕(欲)에서 온갖 병균이 생길 따름이다. 무욕(無欲)하면 절로 심신(心身)이 하나가 되어 삶이 즐겁다. 잘 해보겠노라고 탐하지 말라. 그러면 마음도 편하고 몸도 편하다.

지여물화(指與物化) 이불이심계(而不以心稽). 여기서 물(物)은 하려는 물건 즉 그림쇠 곱자 같은 것이고, 지(指)는 그 물(物)을 쥐고 있는 손가락이다. 손가락이 붓을 쥐고 원을 그리면 원이 되고, 네모를 그리면 네모꼴이 된다는 것이 화(化)이다. 이러한 변화는 손가락이 네모꼴인지, 네모꼴이 손가락인지 분간하지 않고 하나가 되어야 가능하다. 손가락이 컴퍼스〔規〕처럼 원을 그린다면 손가락과 원은 하나가 된 셈이다. 어떻게 하나가 되는가? 그 해답이 바로 불이심계(不以心稽)에 있다. 여기서 심(心)은 더 잘 그리겠다는 욕심이고, 계(稽)는 그런 욕심에 연연하는 것이다. 더 잘 그려야 한다는 욕심에 머물지 말라. 그러면 그 욕심으로부터 손가락이 자유롭다.

기영대일이부질(其靈臺一而不桎). 여기서 기(其)는 더 잘 그리

겠다는 욕심이 없는 경지고, 영(靈)은 정신이요, 대(臺)는 몸이다. 영대(靈臺)가 하나[一]라는 뜻은 심신(心身)의 왕래가 자유롭다는 말이다. 걸림 없는 자유가 곧 부질(不桎)이다. 질(桎)은 차꼬(족쇄)를 채워 구속하는 것이다. 부자유(不自由)가 낙(樂)일 수는 없다. 자유(自由)가 곧 지락(至樂)이다. 돈과 명성과 출세가 나를 묶는가? 그렇다면 그런 것들을 훌훌 털어 버려라. 그러면 족쇄를 찰 필요가 없어진다. 부질함은 내 스스로 하는 일이지 남이 해주는 것이 아니다. 참으로 나 같은 소인이 듣기 민망한 말이다.

불내변(不內變) 불외종(不外從). 여기서 내(內)는 마음 속을, 외(外)는 외물(外物), 즉 마음 속을 제외한 모든 것을 말한다. 내 몸마저도 나에게는 외물(外物)이 된다. 마음 속이 변하지 않는다[不內變] 함은 달면 삼키고 쓰면 뱉는 짓을 하지 않는다 함이요, 바깥 사정에 따라 흔들리지 않는다[不外從] 함은 손익(損益)에 따라 변덕을 부리지 않는다 함이다. 이런저런 시비나 차별에서 벗어나 있는 그대로 만족하면 이랬다 저랬다 변덕을 부릴 이유가 없다. 바라는 바가 없어 일마다 어긋날 것이 없음[事會]이야말로 하나에 도달함[適]이다.

망적지적야(忘適之適也). 하나 됨(알맞음)의 하나 됨[適之適]을 잊는다[忘]. 바라는 바가 하나도 없다는 말이다. 시호적(始乎適)은 알맞음에서 시작한다는 말이고, 미상부적(未嘗不適)은 아닌 것이 아니라[未嘗不] 알맞다는 말이다. 그러나 알맞게 시작했다 함에는 이미 알맞기를 바라는 마음이 있다. 그 마음은 나를 구속하기 마련이다. 바랄 것이 하나도 없다면 마음이 불편할 리 없다. 그냥 그대로의 마음이 곧 망적지적(忘適之適)이며 지락(至樂)의 현장인 셈이다. 지락(至樂)의 현장이 곧 달생(達生) 아닌가. 이 또한 나 같은 소인에게는 멀고먼 삶이다. 그래도 그리워하는 것이 멀리하는 것보다 낫다. 달생(達生)을 그리워하라.

4. 종이나 북을 쳐서 새를 즐겁게 해줄 수 있겠는가

【우화(寓話)】

손휴라는 사람이 있었는데〔有孫休者〕 그자가 편경자 댁에 찾아와 편 선생께 제 자랑삼아 말했다〔踵門而詫子扁慶子曰〕. "저는 고향에 머물러 살면서 버릇없다는 말을 듣지 않았고〔休居鄉不見謂不修〕, 어려운 일을 당해도 꽁무니를 뺀다는 말을 듣지 않았습니다〔臨難不見謂不勇〕. 그런데도 농사를 지으면 풍년을 만나지 못하고〔然而田原不遇歲〕, 임금을 섬겨도 대접을 받지 못하며〔事君不遇世〕, 고향 마을에서는 따돌림을 당하고〔賓於鄉里〕, 고을에서는 밀려납니다〔逐於主部〕. 대체 하늘에 무슨 잘못을 범했기에〔則胡罪乎天哉〕 이런 벌을 받아야 하는지 모르겠습니다〔休惡遇此命也〕."

이에 편경자가 대답했다〔扁慶子曰〕. "그대만 지인의 하루하루 삶을 못 들은 모양일세〔子獨不聞夫至人之日行邪〕. 간 쓸개도 잊고〔忘其肝膽〕, 눈과 귀도 저버리고〔遺其耳目〕, 더러운 것들을 떨쳐버리고 걸림 없이 돌아다니며〔芒然彷徨乎塵垢之外〕, 이런저런 일거리로 매달리지 않고 삶을 누린다네〔逍遙乎無事之業〕. 이를 두고 일을 해주되 과시하지 않고〔是謂爲而不恃〕 돌봐 주되 간섭하지 않는다 하는 걸세〔長而不宰〕. 그런데 지금 자네는 지식을 드러내 어리숙한 사람들을 놀라게 하고〔今汝飾知以驚愚〕, 자신을 닦는다면서 남의 허물을 들춰 내며〔修身以明汙〕, 해와 달을 내걸고 눈부시게 행세하네〔昭昭乎若揚日月而行也〕. 자네가 온몸을 제대로 얻어〔汝得全而形軀〕 아홉 구멍을 갖추고〔具而九竅〕, 살면서 귀머거리가 된다거나 장님이 된다거나 절뚝발이가 되는 재앙을 입지 않고〔無中道夭於聾盲跛蹇〕 남들처럼 사는 것은〔而此於人數〕 행운이 아니겠나〔亦幸矣〕. 그런데 어쩌자고 하늘이 원망할 잘못을 범한단 말인가〔又何暇乎天之怨哉〕. 그만 물러가게〔子往矣〕."

손휴가 집을 나가자〔孫子出〕 편경자가 방으로 들어와 앉아 얼마쯤 가만히 있다가〔扁慶子入坐有間〕 하늘을 우러러 탄식했다〔仰天而歎〕. 제자가 이를 보고 물었다〔弟子問曰〕. "선생께서는 왜 탄식하십니까〔先生何謂歎乎〕."

이에 편경자가 말했다〔扁子曰〕. "아까 손휴가 왔을 때〔向者休來〕 내가 그에게 지인의 덕을 말해 주었지〔吾告之以至人之德〕. 그자가 놀라서 어리벙벙해져 어찌할 바를 모를까 두렵다네〔吾恐其驚而逐至於惑也〕."

제자가 말했다〔弟子曰〕. "그렇지 않습니다〔不然〕. 손휴의 말이 옳고〔孫子之所言是邪〕 선생님의 말씀이 잘못이라면〔先生之所言非邪〕, 옳은 것을 모른다 하지는 않을 것입니다〔非固不能惑是〕. 손휴의 말이 틀리고〔孫子之所言非邪〕 선생께서 하신 말씀이 옳다면〔先生之所言是邪〕, 그분은 분명 헷갈려서 온 것이니〔彼固惑而來矣〕 어찌 잘못될 것이 있겠습니까〔又奚罪焉〕."

편경자가 말했다〔扁子曰〕. "그렇지가 않다네〔不然〕. 옛날에 새 한 마리가 있었어〔昔者有鳥〕. 그 새가 노나라 근교에 멈췄네〔止於魯郊〕. 노나라 임금이 그 새를 좋아해〔魯君說之〕 소고기 돼지고기 양고기를 두루 갖추어 먹이로 주고〔爲具太牢以養之〕, 구소를 연주하여 즐겁게 해주려고 했다지〔奏九韶以樂之〕. 그런데 새는 오히려 걱정하고 슬퍼하고 눈이 부시어〔鳥乃始憂悲眩視〕 먹거나 마시질 못했다네〔不敢飮食〕. 이런 일을 두고 자기를 보신하듯이 남을 보신한다고 하는 걸세〔此之謂以己養養鳥也〕. 만일 그 새가 스스로 먹고 살듯이 보살피려면〔若夫以鳥養養鳥者〕, 의당 깊은 숲 속에 머물게 하고〔宜棲之深林〕 강이나 호수 위에 노닐게 하며〔浮之江湖〕, 마음 편히 먹고〔食之以委蛇〕 뭍에서 평화롭게 살도록 해야 할 뿐이라네〔則平陸而已矣〕. 이제 마음가짐이 좁은 손휴에게〔今孫休款啓寡聞之民也〕 내가 지인의 덕을 말해 주었으니〔吾告以至人之

德), 이를 비유컨대〔譬之〕 말이 끄는 수레에다 생쥐를 실은 셈이고〔若載鼷以車馬〕, 종을 치고 북을 쳐 메추라기를 즐겁게 해주려는 꼴이지〔樂鷃以鐘鼓也〕. 그자가 어찌 놀라지 않았겠느냔 말일세〔彼又惡能無驚乎哉〕.

踵 : 이를 종　　訑 : 자랑할 타　　修 : 닦을 수　　臨 : 임할 임　　難 : 어려울 난
遇 : 만날 우　　歲 : 세월 세　　賓 : 손님 빈　　逐 : 내쫓을 축　　胡 : 어찌 호
邪 : 어조사 야. 야(耶)와 같음　　忘 : 잊을 망　　肝 : 간장 간　　膽 : 쓸개 담
遺 : 잃을 유　　彷 : 거닐 방　　徨 : 노닐 황　　塵 : 티끌 진　　垢 : 더럽혀질 구
逍 : 거닐 소　　遙 : 노닐 요　　恃 : 믿을 시　　宰 : 다스릴 재　　汝 : 너 여
飾 : 꾸밀 식　　驚 : 놀랄 경　　愚 : 어리석을 우　　汙 : 더러울 오　　昭 : 밝을 소
揚 : 위로 올릴 양　　軀 : 몸 구　　竅 : 구멍 규　　夭 : 재앙 요　　聾 : 귀머거리 롱
盲 : 눈먼 맹　　跛 : 절뚝발이 파　　蹇 : 절뚝발이 건　　瑕 : 목구멍 하
怨 : 원망할 원　　間 : 사이 한　　仰 : 우러러볼 앙　　歎 : 탄식할 탄　　恐 : 두려워할 공
惑 : 정신나갈 혹　　郊 : 성밖 교　　養 : 기를 양　　奏 : 연주할 주　　韶 : 풍류 이름 소
憂 : 근심할 우　　眩 : 아찔할 현　　樓 : 망루 루　　深 : 깊을 심　　浮 : 뜰 부
款 : 작은 구멍 관　　啓 : 열 계　　寡 : 적을 과　　譬 : 견줄 비　　載 : 실을 재
鼷 : 새앙쥐 혜　　鷃 : 메추라기 안　　鐘 : 쇠북 종　　鼓 : 북 고
孫休(손휴) : 노(魯)나라 사람
主部(주부) : 고을
具太牢(구태뢰) : 커다란 가축 우리
委蛇(위사) : 자연스러운 모습. 못〔澤〕 속의 귀신. 위이(逶池)로 읽어도 됨
款啓(관계) : 좁은 마음

【담소(談笑)】

대인은 소인을 존중하지만, 소인은 대인을 얕보고 비웃으며 흉본다. 소인은 오만하고 대인은 겸허하고 겸손하다. 대인은 하늘을 두려워하지만 소인은 하늘 따위는 아랑곳하지 않는다. 본래 강아

지가 범 무서운 줄 모른다. 편경자(扁慶子)는 대인이고 손휴(孫休)는 소인이다. 소인에게 지극한 대인의 삶을 이야기해 봐야 무슨 소용이 있겠느냐고 대인은 탄식한다. 지인(至人)은 지극한 대인(大人), 즉 성인(聖人)이다. 소인배에게 성인을 이야기하면 그는 성인을 시샘한 나머지 능멸하기까지 한다. 쇠귀에 경(經) 읽기란 속담이 왜 생겼겠는가.

휴거향불견위불수(休居鄕不見謂不修). 여기서 휴(休)는 손휴(孫休)를 말하며, 거향(居鄕)은 고향에서 머물러 산다는 말이다. 손휴가 고향에선 자기를 두고 수양이 안 되었다고 말하는 사람들을 본 적이 없다고 자랑하고 있다. 어느 누가 얼굴 맞대고서 수양이 덜 됐다고 지적할 것인가. 없는 데서 못된 놈이라고 욕하는 입들이 세상에 얼마나 많은지를 모르고 자기도취에 빠져 버린 손휴 같은 인간들을 우리는 보통 얼간이라고 흉본다. 나도 얼간이가 아닌지 오금이 저린다.

임난불견위불용(臨難不見謂不勇). 임난(臨難)이란 어려움을 피하지 않는다는 뜻이다. 손휴가 어려운 일을 만나도 피하지 않고 용감하게 덤벼들어 처리했다고 제 자랑을 늘어놓고 있다. 비겁하거나 비굴하지 않았다는 것이다. 그러나 어렵다는 것〔難〕이 무엇인가? 대인의 난(難)과 소인의 난(難)은 서로 다르다. 대인의 난(難)은 수유(守柔)하는 일이고, 대인의 용(勇)은 자(慈)를 뜻한다.

수유(守柔)는 부드러움〔柔〕을 지킨다 함이다. 무엇을 부드럽게 하는가? 내 자신을 부드럽게 한다. 이는 나를 비운다는 말도 되고, 나를 낮춘다는 말도 된다. 수유(守柔)하라. 이는 겸허(謙虛)하라는 말이다. 나를 낮추어 스스로 겸손하기란 쉬운 일이 아니다. 그래서 대인의 난(難)을 수유(守柔)라 한다.

자(慈)는 사랑한다는 말이다. 만물을 하나로 보고 사랑하는 마음이 대자(大慈)이다. 불가(佛家)에서의 대자대비(大慈大悲)도

자(慈)를 뜻한다. 예수가 원수를 사랑하라 한 것도 자(慈)이다. 자(慈)에는 대립(對立)도 없고, 상대(相對)도 없고, 모순(矛盾)도 없다. 모름지기 만물은 위일(爲一)로 통한다. 미워하고 시샘하고 시기하는 소인배는 자(慈)를 행하기 어렵지만, 지인(至人)은 서슴없이 행한다. 지인은 만물의 어머니로 살기 때문이다.

어미가 새끼를 사랑하는 마음과 행동이 곧 대인의 용(勇)이다. 그러나 소인의 난(難)은 욕(欲)을 충족하려는 짓이며, 소인의 용(勇)은 그 충족을 달성하려는 용맹(勇猛)이다. 부나비가 불 속으로 뛰어드는 짓이 곧 소인의 용(勇)이다. 소인의 난(難)과 용(勇)을 자랑하는 손휴를 보며 편경자가 한숨을 쉴 수밖에 없다.

전원불우세(田原不遇歲). 여기서 전원(田原)은 경작(耕作)을 뜻한다. 그리고 세(歲)는 풍년을 말한다. 손휴가 농사를 지어도〔田原〕곡식이 잘 되는 일이 없다〔不遇歲〕고 불평한다.

사군불우세(事君不遇世). 사군(事君)은 임금을 모신다는 뜻이고, 세(世)는 명성을 얻고 출세한다는 말이다. 임금을 섬겨도 총애를 받지 못한다〔不遇世〕고 손휴가 원망한다. 고향 마을에서는 딴 데서 온 사람〔賓〕취급을 받고 고을에서는 따돌린다며 원망한다. 수양도 쌓고 어려움을 용감하게 이기면서 사는데 어째서 운이 없느냐고 하늘을 향해 원망한다.

자기를 알아주지 않는다고 원망하는 손휴에게 편경자는 이렇게 되받는다. "자독불문부지인지일행야(子獨不聞夫至人之日行邪)." "자네만〔子獨〕덕이 지극한 사람〔至人〕의 삶〔日行〕을 듣지 못한 게로군〔不聞邪〕." 편경자는 지인(至人)을 들어 손휴를 꾸짖는다. 장자의 지인(至人)은 노자의 성인(聖人)에 버금간다. 하지만 손휴에게 지인을 이야기한다고 무엇이 달라지겠는가. 소인에게 지인을 아무리 말해 주어도 소인은 알아듣기 어렵고, 여전히 대인을 우습게 보기 때문이다. 그래서 편경자는 사정없이 손휴를 꾸짖는다. "지금 자네는 지식을 드러내 어리숙한 사람들을 놀라게 하고〔今汝飾知以驚愚〕, 자신을 닦는다며 남의 허물을 들추어 내며〔修身以明汙〕, 해와 달을 내걸고 눈부시게 행세하는 걸세〔昭昭乎若揭日月而行也〕." 이 말을 듣고 손휴는 그만 가 버렸다.

소인은 자시(自是)하고 대인은 부자시(不自是)한다. 소인은 자벌(自伐)하고 대인은 부자벌(不自伐)한다. 그리고 소인은 자긍(自矜)하고 대인은 부자긍(不自矜)한다. 소인은 자기만 옳다며 고집하고〔自是〕, 공치사를 일삼고〔自伐〕, 제 자랑을 일삼는다〔自矜〕. 그러나 지인은 자기가 옳다고 고집하지 않고〔不自是〕, 공치사를 결코 하지 않으며〔不自伐〕, 자기 자랑을 결코 하지 않는다〔不自矜〕. 그래서 편경자는 손휴에게 이렇게 말해 준다. "일해 주되 바라는 것이 없으며〔爲而不恃〕, 잘 돌봐 주되 간섭하지 않는다〔長而不宰〕." 대인과 소인은 이렇게 다르다. 그러니 소인의 눈에는 대인이 천하에 못난 바보로 보이는 게다.

말이 끄는 수레에다 생쥐를 실은 셈이고〔若載鼷以車馬〕, 종을 치고 북을 쳐 메추라기를 즐겁게 해주려는 꼴이다〔樂鷃以鐘鼓也〕. 소인에게 대인을 이야기해 본들 쓸데없는 일이라고 편경자가 실토하고 있다. 부처 눈에는 부처만 보이고 돼지 눈에는 돼지만 보인다는 말이 있다. 부처에게 부처를 말하면 알아듣지만, 돼지한테 부처를 말한들 쇠귀에 경 읽기밖에 더 되겠는가. 그래서 성현들이 아무리 말을 해도 사람들은 귀를 틀어막고 소인이 되려고 기를 쓴다. 이런 까닭에 편경자는 이렇게 안타까워한다. "그자가 어찌 놀라지 않았겠는가〔彼又惡能無驚乎哉〕." 분명 나를 두고 한 말 같다. 이처럼 「달생(達生)」편의 우화들은 나를 참으로 부끄럽게 한다. 그런데도 우화를 듣고 나면 옷깃을 여미고 성찰하게 되어 왜 부끄러운지를 깨닫게 된다. 그처럼 「달생(達生)」편의 우화들은 뉘우칠 수 있는 빌미를 준다.

그 천성을 온전히 지키고〔其天守全〕 그 정신에 틈새가 없으니〔其神無郤〕

어찌 사물이 끼어들 것인가〔物奚自入焉〕.

마음의 틈새를 무어라 하는가? 욕(欲)이라 한다.

사람의 마음을 펼치지 않고〔不開人之天〕

하늘의 마음을 펼친다〔開天之天〕.

하늘의 마음을 펼치면 덕이 생기고〔開天者德生〕

사람의 마음을 펼치면 도둑이 생긴다〔開人者賊生〕.

하늘의 마음을 꺼리지 않고〔不厭其天〕

사람의 마음에 있기를 삼가면〔不忽於人〕

백성이 참다운 삶을 멀리하지 않는다〔民幾乎其眞〕.

천(天)은 하늘이요, 하늘은 우주 만물을 낳은 마음이다. 그 마음을 일러 도덕이라 하고, 도덕을 일러 자연이라 한다.

인(人)은 인간이요, 인간은 욕심이라 차별하고 분별하여 겨루자고 한다.

마음이 가는 바를 한데 모아 흩어지지 않으면〔用志不分〕

곧 신과 다를 바 없다〔乃凝於神〕.

토끼 두 마리를 쫓지 말라. 본래 날아가 적중하는 살은 오직 하나일 뿐이다.

질그릇을 걸고 활쏘기를 하면 그 솜씨가 뛰어나다〔以瓦注者巧〕.

띠쇠를 걸고 활쏘기를 하면 그 솜씨가 좋다〔以鉤注者憚〕.

황금을 걸고 활쏘기를 하면 마음이 산란해 그 솜씨가 뭉개지고 만다
〔以黃金注者殙〕.

활 쏘는 재주야 같을 터이나〔其巧一也〕,

아끼는 마음이 생기면〔而有所矜〕 바깥 것을 소중히 하게 된다〔則重外也〕.

무릇 바깥 것을 소중히 하다 보면 안 것이 치졸해진다〔凡外重者內拙〕.

황금에 눈이 멀면 제 부모도 내리친다.

外篇 13

산목(山木)

요지 청허(淸虛)하다면 환난(患難)은 없다.

입문 누구나 공허(空虛)하다면 자연이다.

우리네 삶에는 웃음도 있고 눈물도 있다. 웃음은 길(吉)하고 눈물은 흉(凶)하다 하지 말라. 내가 웃는 것이 아니라 나를 웃기는 것이 있고, 내가 우는 것이 아니라 나를 울리는 것이 있기 때문이다. 웃음도 버리고 눈물도 버린다면 기쁜 삶도 없고 슬픈 삶도 없으리라. 돈을 많이 벌고 명성을 얻었다고 웃는가? 돈이나 명성이란 나를 찾아왔다 나를 떠나게 마련이다. 그런 것을 두고 울고불고 해서야 어찌 삶을 편하게 누릴 수 있겠는가?

차라리 걸림 없이 왕래하는 바람이 되어라. 무엇 하나 바라는 바가 없다면 누구나 이 천지에서 바람처럼 자유를 누리리라. 그러자면 자연(自然)에 순응(順應)하라. 누구나 공허(空虛)하다면 자연이다. 무욕(無欲)해도, 무사(無私)해도, 무친(無親)해도 자연이다.

자연(自然) · 공허(空虛) · 청허(淸虛) · 자유(自遊) · 무위(無爲)는 다 한길로 통한다. 이 하나를 망치는 것을 욕(欲)이라 하고, 사(私)라 하고, 친(親)이라 한다. 욕(欲)이 나를 얽매이게 한다. 청허(淸虛)가 나를 자유롭게 한다. 마음에 욕(欲)이 없어 맑고〔淸〕텅 빈〔虛〕마음이 천지천(天之天)이요, 욕(欲)이 있어 더럽고〔垢〕꽉 들어찬〔盈〕마음이 인지천(人之天)이다. 얼마나 인지천에 목매고 사는지 스스로 자문해 보라.

1. 쓸모가 없어서 쓸모가 있다네

【우화(寓話)】

장자가 산 속을 가다가〔莊子行於山中〕 가지와 잎이 무성한 커다란 나무를 보았다〔見大木枝葉盛茂〕. 나무꾼이 그 나무 옆에 있으면서도 나무를 잘라 볼 생각을 하지 않았다〔伐木者止其旁而不敢也〕. 그래서 장자가 그 까닭을 물었다〔問其故〕. 쓸모가 없어서 그런다고 목수가 대답하니〔曰無所可用〕, 이 나무는 재목감이 못 돼서 제 명을 다하는 것이라고 장자가 말했다〔莊子曰此木以不材得終其千年〕.

장자가 산을 나와〔夫子出於山〕 옛 친구 집에 머물게 되어〔舍於故人之家〕, 옛 친구가 매우 반가워하며〔故人喜〕 심부름하는 아이를 불러 거위를 잡아 요리를 하라고 일렀다〔命豎子殺雁而烹之〕. 한 놈은 잘 울고 한 놈은 울지 못하는데 어느 놈을 잡을 거냐고 아이가 물었다〔豎子請曰 其一能鳴 其一不能鳴 請奚殺〕. 울지 못하는 놈을 잡으라고 주인이 말했다〔主人曰殺不能鳴者〕.

다음 날〔明日〕 제자가 장자께 물었다〔弟子問於莊子曰〕. "어제는〔昨日〕 산 속의 나무는 쓸모가 없어서 제 명을 누린다 하셨는데〔山中之木以不材得終其千年〕, 이제 주인집 거위는 쓸모가 없어서 죽는군요〔今主人之雁以不材死〕. 선생께서는 어떤 입장이신지요〔先生將何處〕."

장자가 웃으며 말했다〔莊子笑曰〕. "나야 쓸모 없음과 쓸모 있음의 중간쯤에 머물고 싶네만〔周將處夫材與不材之間〕, 그런 중간쯤이란 도와 비슷한 것 같으면서도 그렇지가 않아서〔材與不材之間似之而非也〕 화를 완전히 면하는 것은 아닐세〔故未免乎累〕. 만일 쓸모 있고 없고를 떠난 도덕을 타고 유유히 노닌다면 그렇지 않겠지〔若夫乘道德而浮游則不然〕. 명예도 없고 비방도 없으며〔無譽

無訾〕 용이 됐다 뱀이 됐다〔一龍一蛇〕 때에 따라 하염없이 변화할 뿐〔與時俱化〕, 어느 하나에 매달리지 않아〔而不肯專爲〕. 한 번 올라가면 한 번 내려오며〔一上一下〕, 어울림으로써 마음의 도량을 삼아〔以和爲量〕 만물의 근원에서 노닐고〔浮游乎萬物之祖〕, 만물이 저마다 노닐되 어떤 것에도 얽매이지 않는다네〔物物而不物於物〕. 그러니 어찌 환난에 걸려들겠나〔則胡可得而累邪〕. 이런 경지를 일러 시비(是非)를 떠난 신농황제의 법칙이라 한다네〔此神農皇帝之法則也〕. 그러나 무릇 만물의 참모습이나 사람이 사람으로 되는 이치를 보면 그렇지가 않아〔若萬物之情人倫之傳則不然〕. 만나면 헤어지고〔合則離〕, 이루어지면 허물어지고〔成則毀〕, 모가 나면 깎이고〔廉則挫〕, 높아지면 입질에 오르고〔尊則議〕, 하기만 하면 이지러지며〔有爲則虧〕、현명하면 모함을 당하고〔賢則謀〕, 어리석으면 사기를 당하지〔不肖則欺〕. 어찌 화를 피할 수 있겠는가〔胡可得而必乎哉〕. 슬픈 일이야〔悲夫〕. 제자여 잊지 말게나〔弟子志之〕. 오로지 도덕의 품에 안기는 것만이 화를 면할 수 있다는 것을〔其唯道德之鄕乎〕."

枝:가지 지 葉:잎새 엽 茂:무성할 무 舍:머물 사 豎:아이 수
鴈:거위 안 烹:삶을 팽 間:사이 한 乘:탈 승 浮:뜰 부 游:놀 유
訾:헐뜯을 자 俱:함께 구 肯:옳게 여길 긍 專:오로지 전
傳:전할 전. 여기서는 변할 변(變)의 의미 毀:헐 훼 廉:날카로울 염
挫:깎을 좌 謀:꾀할 모 肖:닮을 초 欺:속일 기
夫子(부자):장자(莊子)를 가리킴 豎子(수자):심부름하는 아이

【담소(談笑)】

무소가용(無所可用). 쓸모가 없다〔無所可用〕. 사람들은 무엇이든 쓸모가 없는 것은 버리고, 쓸모가 있는 것은 시샘을 살까 두려

워 감춘다. 그러나 쓸모 있음과 쓸모 없음은 사람이 제멋대로 정해 놓은 것일 뿐 자연에는 그런 분별이 없다. 인간이 멋대로 정한 쓸모[所可用]가 바라는 바[所願]가 되어 욕(欲)으로 이어진다. 이 욕(欲)이 나를 묶는다. 욕(欲)에 묶이는 것을 누(累)라 한다. 그러니 누(累)는 곧 인위(人爲)요 유위(有爲)다. 반대로 나를 묶는 밧줄[累]을 끊어 버리고 스스로 풀려 남을 무위(無爲)니 자연(自然)이니 천방(天放)이라고 한다. 이런 천방(天放)을 버리고 꽁꽁 묶여 옴짝달싹 못하는 것보다 더한 화(禍)는 없다.

남이 나를 묶는 것이 아니다. 내가 스스로 나를 묶을 뿐이다. 내가 무엇인가에 집착(執着)하므로 그 무엇이 나를 묶는다. 그 무엇이란 남이 정해 준 것이 아니라 내 자신이 선택한 것이다. 그 무엇을 일반적으로 욕(欲)이라 한다. 그렇게 택한 그 무엇에 집착하다 내가 나를 묶는다. 무주(無住)하라. 집착해 고집하지 말라[無住]. 무상(無常)하다. 고집할 것 없다[無常]. 그러면 나를 묶고 있는 밧줄을 내 스스로 잘라 끊어 버릴 수 있다.

선악(善惡)이 없으면 집착은 없다. 시비(是非)가 없으면 집착은 없다. 귀천(貴賤)이 없으면 집착은 없다. 나는 선(善)이라는 집착, 나는 시(是)라는 집착, 나는 귀(貴)라는 집착이 나를 오만하게 하고 경솔하게 한다. 그래서 내가 나를 묶는다.

무릇 만물의 참모습이나 사람이 사람으로 되는 이치를 보면 그렇지가 못하다[若萬物之情人倫之傳則不然]. 만물지정(萬物之情)의 정(情)은 참모습을 뜻한다. 만물의 참모습을 도지동(道之動)이라고 한다. 도의 움직임[道之動]이 만물마다 드러나는 것을 참모습[情]이라 하는 셈인데, 그 모습은 무척 다양하다. 물물(物物)마다 나름대로 참모습을 드러내기 때문이다. 그래서 장자(莊子)는 불연(不然)이라고 타일렀다.

왜 그렇지 않다[不然]고 하는가? 오로지 도(道)만이 불사(不

死)하기 때문이다. 불사(不死)에는 생사(生死)가 없다. 이는 곧 변화가 없다는 말이다. 그러나 도를 제외한 우주 만물은 태어난 것이므로 모두 죽는다. 이를 만물지정(萬物之情) 혹은 도지동(道之動)이라 한다. 만물의 참모습〔情〕이야말로 생사(生死)이다. 이런 생사를 조화(造化)라고도 한다. 그 조화를 생즉사(生則死)라고 해도 된다. 인간이 인간으로서 그런 조화를 온전히 따르는 것을 인륜(人倫)이라 한다. 불사약(不死藥)을 찾으려 했던 진시황이 얼마나 꼴사나운가. 도는 불사(不死)요 만물은 생사(生死)이므로 그렇지 않다〔不然〕고 하는 것이다.

합즉리(合則離). 만나면 헤어진다〔合則離〕. 만남이 있으므로 헤어진다. 만남〔合〕과 헤어짐〔離〕을 별개로 보거나 상대로 보지 말라. 만남을 기뻐하고 헤어짐을 슬퍼할 것 없다. 합(合)과 이(離)는 하나이기 때문이다. 이런 하나가 곧 우리네 논리가 아닌가 한다. 이런 논리를 위일논리(爲一論理)라고 할 수 있겠다.

성즉훼(成則毀). 이루면 허물어진다〔成則毀〕. 이룸이 있으므로 허물어진다. 이룸〔成〕과 허물어짐〔毀〕을 별개로 보지 말라. 이룸을 좋아하고 허물어짐을 싫어할 것 없다. 성(成)과 훼(毀)는 하나이기 때문이다. 이 또한 위일논리(爲一論理)다.

염즉좌(廉則挫). 곧기만 하여 날카로운 염(廉)은 깎인다〔廉則挫〕. 모나면 정(釘)을 맞아 깎이게 마련임을 알라. 그러니 염(廉)과 좌(挫)를 하나로 보라.

존즉의(尊則議). 높아지면 입질에 오른다〔尊則議〕. 존경받기만을 좋아하지 말라. 그러면 반드시 입질에 오른다. 왜 그러한가? 존비(尊卑)를 하나로 보지 않기 때문이다.

유위즉휴(有爲則虧). 하기만 하면 이지러진다〔有爲則虧〕. 뜻대로 안 된다고 원망하지 말라. 되는 것과 안 되는 것이 따로 있다고 여기지 말라. 이는 유위(有爲)와 불위(不爲)를 별개로 보지 말라는 뜻이다.

현즉모(賢則謀). 현명하면 모함을 당한다〔賢則謀〕. 현명하다 해서 잘난 척하지 말라는 뜻이다. 현우(賢愚)를 하나로 보라. 불가의 말로는 진속(眞俗)을 하나로 보라는 말이다. 그렇지 않으면 시샘을 사 욕먹기 마련이다.

불초즉기(不肖則欺). 불초(不肖)란 부모님을 닮지 못함을 뜻한다. 부모란 천지요 도덕이 아닌가. 미련하면 사기를 당한다〔不肖則欺〕. 제 꾀에 제가 넘어가는 놈이 되지 말라는 뜻이다. 미련함과 영리함은 항상 함께한다. 동전의 앞뒤와 같다.

합즉리(合則離)·성즉훼(成則毀)·염즉좌(廉則挫)·존즉의(尊則議)·유위즉휴(有爲則虧)·현즉모(賢則謀)·불초즉기(不肖則欺) 등은 모두 인간사(人間事)에는 명암(明暗)이 있고, 길흉(吉凶)과 화복(禍福)이 있음을 말한다. 이런 길흉화복(吉凶禍福)을 떠나지 않고서는 묶임에서 풀려 날 수 없다. 길(吉)과 복(福)은 행운이고, 흉(凶)과 화(禍)는 불운(不運)이라 하여 울고 웃는 인간의 희로애락(喜怒哀樂)이 곧 묶임〔累〕이 아닌가. 그러면 천방(天放)은 없다.

행운(幸運)은 쓸모 있음〔有所可用〕에서 오고, 불운(不運)은 쓸모 없음〔無所可用〕에서 온다고 여기지 말라. 그러면 행운이란 것이 나를 묶고 불운이란 것이 나를 묶는다. 누가 나를 묶는가? 남이 나를 묶는 것이 아니다. 내가 나를 묶을 뿐이다. 행운이라고 집착하는 것도 내 짓이요, 불운이라고 단정하는 것 역시 내 짓이기 때문이다. 묶이면 부자유(不自由)요 풀리면 자유(自由)이다. 자유(自由)를 연(然)이라 하고 부자유(不自由)를 불연(不然)이라 한다.

자유를 누리며 명대로 편히 살고 싶은가? 그렇다면 만물의 근원에서 노닐어라〔浮游乎萬物之祖〕. 여기서 조(祖)는 도(道)를 말한다. 혹은 자연이어도 되고 무위여도 된다. 어떻게 하면 노닐 수 있나? 행(幸)과 불행(不幸)이 따로 나뉘어 별개로 있다고 고집하지 말 것이요, 쓸모가 있고 없음을 나누어 별개로 여기고 고집하지 말라는 것이다. 고집부리지 말라. 집착하지 말라. 마치 나를 두고 한 말 같아 또다시 오금이 저린다.

2. 열자(列子)가 말한 종북(終北)처럼 건덕(建德)도 천국이다

【우화(寓話)】

"남월에 한 읍이 있답니다[南越有邑焉]. 그 읍을 건덕의 나라라고 부른답니다[名爲建德之國]. 그 고을 사람들은 어리석고 수수하며[其民愚而朴], 제 몫을 적게 하여 욕심을 줄이며[少私而寡欲], 농사를 지어도 저장할 줄 모르고[知作而不知藏], 베풀되 되받기를 바라지 않으며[與而不求其報], 의가 알맞은가를 모르고[不知義之所適], 예가 지켜야 할 바임을 모르며[不知禮之所將], 바라는 바가 없어 흔적을 남기지 않고[猖狂妄行], 큰길을 걸림 없이 거닐면서[乃蹈乎大方], 살면서는 즐기고[其生可樂] 죽어서는 묻힌답니다[其死可葬]. 제가 바라건대[吾願] 임금께서는 속된 일을 그만두고 나라를 떠나시어[君去國捐俗], 도와 더불어 서로 손잡고 그 고을로 가셨으면 합니다[與道相輔而行]."

報:갚을 보   適:알맞을 적   猖:미칠 창   狂:미칠 광   妄:허망할 망
蹈:밟을 도   葬:장사지낼 장   願:바랄 원   捐:덜어낼 손   輔:도와줄 보
愚:어리석을 우   朴:소박할 박   寡:적을 과   藏:간직할 장
大方(대방):대도(大道)

【담소(談笑)】

「산목(山木)」편에는 이런저런 우화들이 많은데, 위 우화는 초(楚)나라 사람으로 알려져 있는 웅의료(熊宜僚)가 노나라 임금에게 해주었다는 이야기다. 웅의료가 임금에게 화(禍)를 면하는 방편을 말하고자 건덕(建德)의 나라를 들고 있다. 어떻게 하면 화(禍)를 면하고 편안히 살 수 있는가? 건덕(建德)의 나라 사람들처럼 살면 된다는 것이다.

우이박(愚而朴). 이는 화(禍)를 피하는 방편이다. 영리하고 똑똑해 영악하게 사는가? 그렇다면 이리저리 꾀를 내야 하니 마음이 쉴 틈이 없으리라. 머리를 굴리며 궁리하느라 밤잠을 설치는데 어찌 편히 살 수 있겠는가. 불안한 마음으로 사는 것보다 더한 화(禍)가 없음을 생각해 보았는가. 마음 편히 살고 싶다면 어리석기〔愚〕를 바라고 소박하기〔朴〕를 행하라. 나 같은 소인배는 어리석기를 한사코 마다하며 똑똑하고 영악하기만을 고집한다. 또 박(朴)하면 천대를 받는다며 세련미를 앞세운다. 소인배는 똑똑하기가 얼마나 약고 못난 짓인지 알지 못한다.

소사이과욕(少私而寡欲). 소사(少私)는 우이박(愚而朴)의 방편이다. 소사(少私)는 과욕(寡欲)의 방편이다. 제 몫〔私〕을 작게 하라〔少私〕. 그러면 저절로 욕심이 줄어든다〔寡欲〕. 욕심이 없어지면 이런저런 잔꾀를 낼 필요가 없다. 노자(老子)도 소사과욕(少私寡欲)하라 했다. 그러나 바라는 것이 있어 나는 나를 풍선처럼 부풀린다.

지작이부지장(知作而不知藏). (농사짓기를) 할 줄은 알아도〔知作〕 간직해 둘 줄 모른다〔不知藏〕. 이 또한 과욕(寡欲)의 방편이다. 새들을 보라. 먹을 만큼만 먹을 뿐 더 많이 먹으려고 먹이를 감추거나 숨기지 않는다. 필요한 만큼 먹는 것은 식욕(食欲)이지 과욕(過欲)이 아니다. 먹이를 거두어들일 줄 알되〔知作〕 저장해 둘 줄은 모른다[不知藏]. 이는 곧 욕심을 부리지 않음[寡欲]이다.

여이불구기보(與而不求其報). 이 역시 과욕(寡欲)의 방편이다. 보답을 바라지 않는다[不求其報]. 베풀어라[與]. 빌려주었다면 빌려준 것만큼만 받아라. 이자를 더하여 받지 말라. 이는 대가를 바라지 말라, 공치사하지 말라, 도와 준다고 과시하지 말라 함이다. 그래서 노자도 화기광(和其光)이라 했다. 빛나되 눈부시게 하지 말라[和其光]. 그러면 왼손이 하는 일을 오른손이 모른다.

의가 알맞는 것임을 모르고[不知義之所適], 예가 지켜야 할 바임을 모르며[不知禮之所將], 바라는 바 없어 흔적을 남기지 않고[猖狂妄行], 큰길을 걸림 없이 거닐면서[乃蹈乎大方], 살아서는 즐기고[其生可樂] 죽어서는 묻힌다[其死可葬]. 이렇게 사는 건덕의 사람들은 『도덕경(道德經)』 19장이 밝히는 대로 사는 셈이다. 그 내용은 이러하다. "인위의 성(聖)을 끊고 인위의 지(智)를 버린다면[絶聖棄智] 백성의 이로움이 백 배로 불어날 것이고[民利百倍], 인위의 인(仁)을 끊고 인위의 의(義)를 버리면[絶仁棄義] 백성은 다시 무위의 효자(孝慈)를 행할 것이며[民復孝慈], 인위의 교(巧)를 끊고 인위의 이(利)를 버리면[絶巧棄利] 도적이 없을 것이다[盜賊無有]. 이 세 가지로써[此三者] 삶의 문화[人爲]로 삼으니 부족해한다[以爲文而不足]. 그러므로 저마다 무리들로 하여금[故令有所屬] 수수함을 알게 하여 자연을 따르게 하고[見素抱朴], 사(私)를 줄여 욕심을 줄인다[少私寡欲]." 이런 내용을 소인배가 좋아할 리 없다. 소인배는 소사(少私)를 버리고 대사(大私)를 고집하고, 과욕(寡欲)을 버리고 과욕(過欲)을 고집한다.

3. 자기를 텅 비우고 세상을 거닐어 보라

【우화(寓話)】

"사람을 두고 부리는 자는 번거로움이 있고〔有人者累〕, 사람들을 위해 일하는 자는 괴로움을 빚어 낸답니다〔見有於人者憂〕. 그래서 요임금은 사람을 두고 부리지 않았으며〔故堯非有人〕, 사람들을 위해 일하지도 않았답니다〔非見有於人也〕. 저도 임금님께서 그런 번거로움을 거두시고〔吾願去君之累〕, 백성의 괴로움을 없애 주시며〔除君之憂〕, 홀로 도와 더불어 대막의 나라에서 노니시길 바랍니다〔而獨與遊於大莫之國〕. 배를 타고 강을 건널 때〔方舟而濟於河〕 빈 배가 와서 자기 배와 부딪친다면〔有虛舟來觸舟〕, 아무리 속이 좁은 자라도 화를 내지 않습니다〔雖有惼心之人不怒〕. 그런데 빈 배가 아니라 한 사람만 있어도〔有一人在其上〕 소리를 질러서 피하려고 합니다〔則呼張歙之〕. 한 번 소리쳐서 못 들으면〔一呼而不聞〕 다시 소리치고 그래도 못 들으면〔再呼而不聞〕, 세 번째 소리치게 되어서는〔於是三呼邪〕 반드시 욕설을 퍼붓는 짓거리가 따르고 맙니다〔則必以惡聲隨之〕. 아까는 화를 내지 않았지만 이번에는 화를 내는 것입니다〔向也不怒而今也怒〕. 아까는 배에 사람이 없었으나 이번에는 사람이 있기 때문입니다〔向也虛而今也實〕. 이처럼 사람도 자기를 텅 비우고 세상에 노닐 수만 있다면〔人能虛己以遊世〕 그 무엇이 해를 끼치겠습니까〔其孰能害之〕."

累:묶을 루 憂:근심 우 堯:요임금 요 願:바랄 원 除:지울 제
舟:배 주 濟:건널 제 河:물 하 觸:닿을 촉 雖:비록 수 惼:좁을 편
怒:성낼 노 呼:부를 호 張:베풀 장 歙:줄일 흡 聲:소리 성
隨:따를 수 遊:놀 유 孰:누구 숙

【담소(談笑)】

웅의료(熊宜僚)가 노나라 임금에게 번거로움〔累〕과 괴로움〔憂〕을 면하는 길을 이어서 이야기한다. 그 방편으로 유인자(有人者)와 견유어인자(見有於人者)의 처지에서 벗어나라고 권한다. 사람들을 두고 부리는 처지〔有人者〕를 그만두면 번거로움〔累〕을 면한다는 것이다. 높은 사람이 되고 싶은가? 그러면 번거로울 수밖에 없다. 권세, 명성, 인기가 있는 사람이 되고 싶은가? 그 또한 번거롭게 산다. 번거롭게 사는 사람은 자기를 밝히는 일〔明〕을 못한다. 그래서 겸허할 줄 모르고 오만불손하다.

겸허한 인간은 물러서고 오만한 인간은 앞장서 드러낸다. 좋은 일을 했다고 자처하고, 칭송받기를 바라는 짓〔見有於人者〕을 거리낌없이 행하는 인간은 오만하게 마련이다. 오만하면 세상을 얕본다. 세상을 얕보며 거만하게 사는 짓을 형거(形倨)라 한다. 이런 짓은 실명(失明)을 자초한다. 실명(失明)은 시력(視力)을 잃었다는 말이 아니라, 소사(少私)할 줄 모르는 것을 말한다. 견소(見小)가 곧 명(明)이다. 자신이 작음을 스스로 터득하는 것〔見小〕이곧 명(明)이다.

견소(見小)란 겸허(謙虛)함이요, 겸손(謙遜)함이요, 공손(恭遜)함이다. 나를 밝혀라〔明己〕. 그러면 허기(虛己)하여 망기(亡己)한다. 나를 비워라〔虛己〕. 그러면 나를 잊는다〔亡己〕. 그러면 노자의 자명(自明)을 절로 이룬다. 그러나 유인자(有人者)와 견유어인자(見有於人者)는 한사코 자기를 주장하려다 실명(失明)한다. 실족(失足)만 겁낼 것이 아니다. 오히려 실명(失明)을 더욱 겁내야 한다. 그러면 화(禍)는 저절로 없어진다. 그러나 지금 세상에 웅의료(熊宜僚)의 말을 들을 사람이 어디 있겠는가. 너나 나나 모두 화(禍)를 복(福)인 줄 알고 사는 세상이니 말이다.

어록

제 자랑을 일삼는 자는 성공할 수 없고〔自伐者無功〕,

공을 이루려고 연연하는 자는 몸을 망치며〔功成者墮〕,

명성을 얻자고 연연하는 자는 이지러진다(욕을 먹는다)〔名成者虧〕.

왜 공든 탑일수록 무너지는가를 알면 무엇 하나 연연할 것이 없다.

대체로 이익으로 맺어진 사이는〔夫以利合者〕

불행한 일을 당하면 서로를 버리고〔迫窮禍患害相棄也〕,

천륜으로 맺어진 사이는〔以天屬者〕

불행한 일을 당하면 서로 거두어들여 떨어지지 않는다〔迫窮禍患害相收也〕.

달면 삼키고 쓰면 뱉는 것을 일러 이(利)라 한다.

군자의 사귐은 물같이 담백하고〔君子之交淡若水〕

소인배의 사귐은 단술처럼 달다〔小人之交甘若醴〕.

물을 마셔야 살고 단맛을 즐기면 병을 얻는다.

옷이 해지고 신발에 구멍이 난 것은 가난한 것이지 병든 것이 아니다
〔衣弊履穿貧也非憊〕.

옷이 날개란 속담은 소인들이 지어 냈을 뿐이다.

나는 바깥 것들에 사로잡혀 내 몸을 버렸고〔吾守形而忘身〕

흙탕물에 눈이 팔려 맑은 연못을 잊었다〔觀於濁水而迷於清淵〕.

낚시에 달린 미끼만 보면 본래 목숨을 잃는 법이다.

外篇 14

전자방(田子方)

莊子 ● 外篇

요점 지미(至美)와 지락(至樂)의 경지를 아는가.

입문 풀꽃이면 풀꽃이 되고 구름이면 구름이 된다.

마음이 편해야 몸이 편하다. 물론 몸에 난 상처 때문에 아프고 죽기도 한다. 그러나 마음이 편치 못하면 아무리 몸이 건강해도 사는 일이 그저 괴로울 뿐이다. 마음을 편히 하려면 마음가짐을 충실하게 해야 하고 그러자면 겉을 잊어야 한다. 겉은 세상 만사를 말한다. 남의 눈치만 보고 사는 인간은 허수아비만도 못하다.

겉보기를 더하려고 꾸미는 사람은 마음을 편히 하지 못한다. 남의 눈치를 보며 세상이 어떻게 되나 용을 쓰는데 어찌 마음이 편하겠나. 왜 남의 눈치를 보려고 하는가? 이는 자기를 돋보이게 하여 귀한 존재가 되려는 바람 때문이다. 그런 바람을 버려라. 그러면 누구나 홀가분하게 살 수 있다. 그렇게 더없이 자유롭고 즐겁게 도(道)를 따라 삶을 누리는 사람을 지인(至人)이라 이른다.

지인(至人)은 스스로를 먼지나 티끌처럼 여기고, 마음을 오로지 만물의 근원에 맡기며, 지극한 아름다움의 경지에 노닌다. 똥이면 똥이 되고 풀꽃이면 풀꽃이 되고 구름이면 구름이 되는 그런 자유로움이야말로 지극한 아름다움[至美]이요 지극한 즐거움[至樂]이다. 지미(至美) · 지락(至樂) · 지선(至善)은 도(道)를 따라 산다는 말씀이다.

1. 안회(顔回)야, 흉내내는 짓을 하지 마라

【우화(寓話)】

안회가 공자께 묻기를 아뢰었다〔顔回問於仲尼曰〕. "선생님께서 걸으시면 저도 걷고〔夫子步亦步〕, 선생님께서 빨리빨리 걸으시면 저도 빨리빨리 걸으며〔夫子趨亦趨〕, 선생님께서 달리시면 저 또한 달립니다〔夫子馳亦馳〕. 선생님께서 말이 먼지를 일으키지 않고 하늘을 날듯이 질주하시면〔夫子奔逸絶塵〕 저는 그만 뒤에서 눈만 둥 그렇게 뜨고 놀라워할 뿐입니다〔而回瞠乎後矣〕."

이에 공자가 말했다〔夫子曰〕. "회야〔回〕. 무슨 말을 그렇게 하는가〔何謂邪〕?" 안회가 아뢰었다〔曰〕. "선생님께서 걸으시면 저도 걷는다 함은〔夫子步亦步也〕 선생님께서 말씀하시면 저도 말을 한다는 것입니다〔夫子言亦言也〕. 선생님께서 빨리 걸으시면 저도 빨리 걷는다 함은〔夫子趨亦趨也〕 선생님께서 사리를 따져 밝히시면 저도 그렇게 한다는 것입니다〔夫子辯亦辯也〕. 선생님께서 달리시면 저도 그렇게 한다 함은〔夫子馳亦馳也〕 선생님께서 도를 말하시면〔夫子言道〕 저 회(回)도 그렇게 한다는 것입니다〔回亦言道也〕. 그리고 말이 먼지를 일으키지 않고 하늘을 날듯이 질주하시면〔及奔逸絶盡〕 저는 그만 뒤에서 눈만 둥그렇게 뜨고 놀라워한다 함은〔而回瞠乎後者〕, 선생님께서 말 한마디 안 하셔도 사람들이 선생님을 믿고〔夫子不言而信〕, 사람들과 사귀려 하지 않으셔도 사람들이 모여들고〔不此而周〕, 권세나 명성도 없는데 사람들이 선생님 앞에 모여드는데〔無器而民蹈乎前〕, 왜 그렇게 되는지 까닭을 모른다는 것입니다〔而不知所以然而已矣〕."

공자가 대답했다〔仲尼曰〕. "어떻다고〔惡〕. 그런 일은 잘 살펴야겠네〔不可察歟〕. 슬픈 일 중에서 마음이 죽어 없어지는 것보다 더한 것이 없다네〔夫哀莫大於心死〕. 몸뚱이가 죽는 일은 그 다음일세〔而人死亦次之〕. 해는 동녘에서 떠서〔日出東方〕 서녘 끝으로 든다네〔而入於西極〕. 만물은 이에 따라 방향을 정하게 마련이지〔萬物莫不比方〕. 눈이 있고 발이 있는 인간은〔有目有趾者〕 해가 뜨고 짐에 따라 할 일을 한다네〔待是而後成功〕. 해가 뜨면 일하고〔是出則存〕 해가 지면 일을 잊는다네〔是入則亡〕. 사람이 아닌 만물도 다들 그렇다네〔萬物亦然〕. 자연의 조화를 기다리는 게 죽음이고〔有待也而死〕, 그 조화를 기다리는 게 삶일세〔有待也而生〕. 나도 도(道)로부터 한번 사람의 모습을 받았으니〔吾一受其成形〕, 어긋나지 않고 받은 목숨 다하며〔不化以待盡〕 만물을 본받아 산다네〔效物而動〕. 밤과 낮에는 틈이 없고〔日夜無隙〕 그 다함을 알지 못한다네〔而不知其所終〕. 자연의 조화에 따라 모습을 갖추었지만〔薰然其成形〕, 운명이란 미리 규명할 수 없음을 알아야지〔知命不能規乎其前〕. 나도 해가 오고 가듯이 한다네〔丘以是日徂〕. 내 한평생 너와 더불어〔吾終身與汝〕 서로 팔을 잡고 나눈다 해도 손을 놓고야 말겠지〔交一臂而失之〕. 그러니 슬픈 일이 아니겠나〔可不哀與〕. 너는 내가 겉으로 드러내는 것만을 밝히려 하는구나〔女殆著乎吾所以著也〕. 그런 것은 이미 지나간 것이야〔彼已盡矣〕. 그런데 너는 지금 지나간 것이 여전히 있기라도 한 듯 좇고 있구나〔而女求之以爲有〕. 이것은 빈 마구간에서 말을 찾는 짓이야〔是求馬於唐肆〕. 내가 너에게 가르쳐 주는 것은 찰나에 지나지 않아〔吾服女也甚忘〕. 그렇다고〔雖然〕 네가 괴로워할 것은 없어〔女奚患焉〕. 지나간 나를 잊는다 해도〔雖忘乎故吾〕 나에겐 새로 태어나는 내가 존재하니까 말이야〔吾有不忘者存〕."

步:걸을 보   趨:달릴 추   馳:달릴 치   奔:달릴 분   塵:티끌 진
逸:달아날 일. 여기서는 말이 달릴 일(駃)의 의미
瞠:놀란 눈으로 볼 당   蹈:따를 도   惡:어찌 오   察:살필 찰
歟:그런가 여   哀:슬플 애   趾:발 지   待:기다릴 대   盡:다할 진
效:본받을 효   隙:틈 극   終:끝날 종   薰:향기날 훈   規:규정할 규
徂:갈 조   臂:팔 비   女:계집 녀. 여기서는 너 여(汝)의 의미
殆:가까이할 태   著:드러날 저   彼:저것 피   已:이미 이   唐:빌 당
肆:마구간 사   甚:지나칠 심   忘:잊을 망
服:옷 복. 여기서는 익힐 습(習)의 의미   奚:어찌 해   患:아파할 환
雖:비록 수   故:옛 고   存:있을 존
仲尼(중니):공자(孔子)의 별칭
顔回(안회):공자의 제자로 그중 덕이 으뜸이었다 함
薰然(훈연):자연의 조화

【담소(談笑)】

위의 우화(寓話)에서 오(吾)는 중니(仲尼)고, 여(女)는 중니의
제자 안회(顔回)다. 중니는 공자를 얕보아 말하는 별칭이지만, 우
화(寓話)일 뿐이니 유가(儒家)에서 따질 일은 아니라고 본다. 우
화야말로 시비를 비켜가는 화술(話術)이 아닌가. 이 편은 공자와
안회를 빌려 과거의 것〔已盡〕에 얽매이지 않는 변화(變化) 즉 조
화(造化)를 말하고 있다. 변화(變化)는 과거에서 벗어나 미래로
가는 것이 아닌가. 미래로 가는 것이야말로 새롭다. 온고지신(溫
故知新)하라 하는 공자가 흉내내는 짓을 말라고 하니 이 얼마나
놀라운 변신인가.

걸어가기〔步〕를 말하기〔言〕에 비유하고, 빨리 가기〔趨〕를 밝히
기〔辯〕에 비유하며, 달리기〔馳〕를 언도(言道)에 비유하는 안회(顔
回)를 보라. 물론 언도(言道)의 도(道)는 무위자연(無爲自然)의
도가 아니라 인능홍도(人能弘道)의 도(道), 즉 인간이 도를 넓힐

수 있다[人能弘道]는 인의예지신(仁義禮智信)의 도(道)이리라. 그러나 분일절진(奔逸絶塵)의 모습을 보고 안회의 두 눈[目]은 당(瞠)하고 만다.

당(瞠)은 놀라서 눈을 휘둥그레 뜨고 바라보는 것이다. 분일절진(奔逸絶塵)을 보고 왜 놀라 휘둥그레지는가? 도를 말하는[言道] 경지까지는 인위(人爲)지만, 말이 쏜살같이 달려도 하늘을 나는 듯해[奔逸] 먼지 하나 일지 않는 모습[絶塵]은 걸림 없는 무위(無爲)의 경지기 때문이다. 이 우화는 공자는 인의예지신(仁義禮智信)의 인위(人爲)를 버리고 무위자연(無爲自然)의 경지에 들었지만, 안회는 아직도 인위의 경지에 머물고 있다고 빗대고 있다.

불언이신(不言而信). 말하지 않아도 믿고 따른다[不言而信]. 본래 불언(不言)은 공맹(孔孟)의 가르침[敎]이 아니다. 불언(不言)·부지(不知)·무지(無知) 등은 노장(老莊)이 자주 하는 말이다. 물론 불가(佛家)에서도 불언(不言)을 앞세운다. 그런데 이 우화 속의 공자는 입을 다문다[不言]. 공자가 무위자연(無爲自然)의 도(道)에 귀의했음을 안회의 입을 통하여 드러내는 우화의 솜씨가 능청스러울 만큼 뛰어나다.

불비이주(不比而周). 여기서 비(比)는 사리(私利)에 따라 이리저리 얽혀 패거리를 짓는다는 뜻이고, 주(周)는 공평무사(公平無私)하여 두루 통하고 어울린다는 뜻이다. 불비이주(不比而周)는 대인을 말하고 비이부주(比而不周)는 소인배를 말한다.『논어(論語)』「위정(爲政)」편에서 공자는 "군자주이불비(君子周而不比)하지만 소인비이부주(小人比而不周)한다"고 말했다. 그리고『논어(論語)』「자로(子路)」편에서는 "군자화이부동(君子和而不同)하지만 소인동이불화(小人同而不和)한다" 하였다. 즉 공자는 비(比)와 동(同)을 다 같이 패거리 짓는 일로 보았고, 주(周)와 화

(和)를 같이 두루 통하며 어울리는 일로 본 것이다. 그러나 장자(莊子)는 상동(尙同)과 동무(同務)라 하여 차별 없는 것〔同〕으로 보았다. 나는 나름대로 상동(尙同)을 이렇게 새긴다. '함께 살기〔同〕를 숭상하라〔尙〕. 그리고 모두 함께〔同〕 애쓴다〔務〕.' 그래서 나는 동고동락(同苦同樂)을 홍익인간(弘益人間)과 같이 보고, 이 것이 민주시민 사회의 근본 틀이라고 믿는다. 공자가 동(同)을 패거리 짓기로 보긴 했지만, 사리(私利)를 물리치고 무사(無私)하라 함에는 공맹(孔孟)과 노장(老莊)이 모두 한결같다.

무기이민도(無器而民蹈). 권세나 명성도 없는데 사람들이 모여든다〔無器而民蹈乎前〕. 군자불기(君子不器)라는 말이 『논어(論語)』 「위정(爲政)」편에 나온다. 여기서 기(器)는 전문적이거나 특수한 기(技)나 예(藝)를 말한다. 즉 한 가지 재주나 능력에 매달리는 짓을 기(器)라고 하는 것이다. 또한 직업을 뜻해서 작록(爵祿)이란 말로도 통한다. 그러나 군자는 봉급쟁이가 아니다. 불기(不器)나 무기(無器)는 군자를 나타낸다. 군자ㆍ대인ㆍ대장부 등은 무사(無私)하고 공평(公平)한 분이다. 그러니 백성〔民〕이 어찌 군자를 싫어하겠는가.

만물막불비방(萬物莫不比方). 만물은 이에 따라 방향을 정하게 마련이다〔萬物莫不比方〕. 비방(比方)의 비(比)는 따른다〔順〕 함이요, 방(方)은 가는 방향이니 길〔道〕을 말한다. 만물은 무슨 길을 따르는가? 해〔日〕라고 한다. 이 우화에서 공자가 말하는 해〔日〕란 곧 자연(自然)을 의미한다. 자연을 떠나 만물이 살 길은 없다는 게 곧 만물막불비방(萬物莫不比方)이다. 왜 공자가 안회에게 이런 말을 하는가? 아직 안회가 무위자연의 도를 깨치지 못했기 때문이다. 우화는 이처럼 유가를 비틀고 있다.

유대야(有待也). 기다릴 것이 있다〔有待也〕. 무엇이 기다린단 말인가? 만물이 기다린다. 만물이 무엇을 기다리는가? 자연의 조화(造化)를 기다린다. 자연의 조화를 일러 생사(生死)라 한다. 흥망(興亡)이니 성쇠(盛衰)니 왕래(往來)니 반자(反者)니 하는 것이 따지고 보면 모두 자연의 조화인 생사(生死)를 일컫지 않는가. 내가 태어났다고 여기지 말라. 자연이 태어나게 해서 태어난 것이 나의 생(生)이다. 내가 죽는다고 여기지 말라. 자연이 죽게 하여 죽는 것이 나의 사(死)이다. 그렇듯 목숨은 하늘에 있다〔人命在天〕는 것이 우리네 사생관(死生觀)이다. 만물은 천명(天命)을 어기고 떠날 수 없다는 것이다. 자연의 조화(造化)를 훈연(薰然)이라 한다. 그지없이 향기롭구나〔薰然〕. 하기야 노자도 자연의 조화 앞에 황홀(恍惚)하다며 넋을 잃었다.

일수기성형(一受其成形) 불화이대진(不化而待盡). 도(道)로부터 사람의 모습을 한번 받았으니〔一受其成形〕, 어긋나지 않고 받은 목숨을 다한다〔不化以待盡〕. 이미 「제물론(齊物論)」편에서 들어 본 말이다. 거기서는 불화(不化) 대신에 불망(不亡)이라 했는데 같은 뜻으로 보아도 된다. 불화와 불망은 목숨을 해치는 짓을 범하지 않는다는 말이다. 그리고 대진(待盡)은 받은 목숨이 다하기를 기다린다는 말이다. 억지로 더 살려고 발버둥치지 않고 일찍 죽을세라 두려워 떨지도 않는다 함이다. 그래서 사람의 목숨은 하늘에 있다〔人命在天〕고들 한다. 말은 그렇게 하면서도 목숨을 해치는 짓을 마다 않는 것이 소인이다.

훈연기성형(薰然其成形). 자연의 조화에 따라 모습을 갖추었지만〔薰然其成形〕, 운명이란 미리 규명할 수 없음을 알라〔知命不能規乎其前〕. 훈연(薰然)은 노자의 말로 현묘(玄妙)나 황홀(恍惚)이다. 향내가 난다〔薰〕. 인간이 만들어 낸 향수의 향기가 아니다. 절로 나는 향기다. 만물치고 냄새 없는 것은 없다. 꽃송이가 내는 냄새만 향기인가. 개똥의 구린내도 자연의 입장에서 보면 훈(薰)이다. 그래서 훈연(薰然)을 자동(自動), 즉 자연이 작용한다는 뜻

으로 보기도 한다. 훈(薰)이 휘(輝)를 대신한다 보고 빛으로 새겨
보자. 성형(成形)이 빛나는구나! 성형은 물려받은 생김새를 말한
다. 새는 새대로, 나비는 나비대로, 사람은 사람대로 제 모습을 드
러낸다는 게 곧 형(形)이다. 그 형을 이루는 것이 곧 성형(成形)이
리라. 내 모습을 내가 이뤘다고 여기지 말라. 부모를 통해서 자연
이 준 것을 물려받은 것이 바로 내 모습이라는 깊은 뜻이 훈연(薰
然)에 숨어 있다. 이를 터득하면 지명(知命)의 깊은 뜻을 헤아릴
수 있다. 내 모습을 물려받았듯, 그 모습을 유지하는 목숨 역시 물
려받은 생명임을 알라〔知命〕. 생사(生死)는 자연이 한다.

오소이저야(吾所以著也). 저(著)는 겉으로 드러남이다. 드러난
것은 보인다. 저(著)는 견(見)이다. 드러나는 것만을 따라 하지
말라. 드러난 것은 이미 다한 것〔已盡〕이기 때문이다. 이진(已盡)
은 과거요, 조화(造化)는 끊임없는 미래(未來)다. 이진(已盡)을
한마디로 한다면 궁(窮)이요, 조화를 한마디로 한다면 변(變)일레
라. 궁즉변(窮則變)이야말로 미래로 향하는 창조력(創造力)의 운
행이 아닌가. 이 우화에서 공자는 안회에게 창의력을 발휘하는 제
자가 되라 하며 자연의 작용〔自動〕을 설파하고 있다.

오복여야(吾服女也) 심망(甚忘). 복(服)은 옷을 입는다는 말이
다. 내가 너에게 옷을 입혀 주었다 함은 곧 내가 너에게 가르쳐 주
었다는 말이다. 복(服)을 익힐 습(習)으로 본 것이다. 심망(甚忘)
은 조금도 지체하지 말고 잊어버리라는 말이다. 가르쳐 준 것을
지체하지 말고 잊어버려라〔甚忘〕. 공자가 무엇을 가르쳐 주었단
말인가?『도덕경(道德經)』18〜19장의 내용을 보면 서슴없이 잊
어야 할 것〔甚忘〕이 무엇인지를 살필 수 있으리라.

『도덕경』18장의 내용은 이러하다. "대도(大道)가 버려져서 인
의(仁義)라는 것이 생겼고, 지혜(智慧)가 나타나자 대위(大僞)라
는 것이 생겼으며, 육친(六親)이 서로 어울리지 못하자 효자(孝

慈)라는 것이 생겼고, 국가가 혼란하자 충신(忠臣)이라는 것이 생겼다〔大道廢 有仁義 智慧出 有大僞 六親不和 有孝慈 國家昏亂 有忠臣〕." 공자가 제자에게 가르쳐 준 것〔吾服女〕은 곧 인의(仁義)요 지혜(智慧)요 효자(孝慈)요 충신(忠臣) 등이다. 바로 이것들이 빨리 잊어야 할 것〔甚忘〕이라고 공자 스스로 말하게 하는 우화(寓話)가 얼마나 능청스러운지.

『도덕경』 19장의 내용은 이미 앞에서 살펴보았다. 다시 그 내용을 이렇게 떠올려 보았으면 한다. "성(聖)을 끊어 버리고 지(智)를 버린다면 백성의 이로움이 백 배로 불어날 것이고, 인(仁)을 끊어 버리고 의(義)를 버리면 백성은 다시 무위의 효자(孝慈)를 행할 것이며, 교(巧)를 끊어 버리고 이(利)를 버리면 도적이 없을 것이다. 이 세 가지로써 삶의 문화를 삼으니 부족(不足)하다 한다. 그러므로 저마다 무리들로 하여금 수수함을 알게 하여 자연을 따르게 하고 사(私)를 줄여 욕심을 줄인다〔絶聖棄智 民利百倍 絶仁棄義 民復孝慈 絶巧棄利 盜賊無有 此三者 以爲文而不足 故 令有所屬 見素抱朴 少私寡欲〕."

공자의 성(聖)은 인의(仁義)를 뜻하고, 노자의 성(聖)은 자연(自然)을 뜻한다. 공자의 지(智)는 사물을 밝혀 학식(學識)의 바탕을 이룬다. 노자는 인의(仁義)의 성(聖)을 버리고 학식(學識)의 지(智)를 버리라고 한다. 이러니 우화 속에서 공자는 노자로 변신하는 셈이다. 그리하여 공자가 평생 동안 가르쳤던 성(聖)·지(智)·인(仁)·의(義)·교(巧)·이(利) 등을 버리자고 한다. 공자의 인위사상(人爲思想), 즉 위문(爲文)이 소멸하는 순간이다. 『장자(莊子)』의 우화(寓話)가 얼마나 대단한 입심을 지녔는지 알 만하다.

공자는 제자에게 과거의 공자〔故吾〕를 잊어버리라고 한다. 그리고 새로운 공자가 태어나므로 안타까워할 것 없다고 단언한다.

오유불망자존(吾有不忘者存). 나한테는 잊지 못할 것〔不忘者〕이 있다〔存〕고 단언하는 우화 속의 공자는 이미 『논어(論語)』에 등장하는 공자가 아니다. 위문(爲文)은 낡은 것〔已盡〕이니 버리라 하는 것에서 알 수 있다. 『논어』는 위문(爲文)의 경전이며, 위문(爲文)은 인위(人爲)와 같은 말이다. 『논어』에서 공자는 인도(人道)를 밝히려 평생을 바쳤다. 그러나 우화 속의 공자는 인도(人道)를 버리고 도덕(道德)을 따르자고 한다. 이렇게 『장자』의 우화는 공자를 맹공(猛攻)한다.

우화 속의 공자는 왜 인도(人道:爲文)를 버리라고 하는가? 인도(人道)가 자연의 작용인 위일(爲一)의 조화(造化)를 버렸기 때문이다. 인의(仁義)를 주장하며, 득일(得一)을 떠나 상하와 귀천을 따져 시비하고 차별하는 짓을 마다하지 않으므로 『장자』의 우화 속에서 『논어』의 공자는 소멸하고 마는 것이다.

자연은 만족(滿足)하고 인간은 항상 부족(不足)해 한다. 변화를 버리고 낡은 것〔已盡〕에 발목을 잡혀 살기 때문이다. 자연이 되라 함은 항상 조화(造化)를 따라 살라 함이다. 조화는 항상 미래다. 그 미래는 반자(反者)로 통한다. 반자는 왕래(往來)하는 것. 도(道)에서 나와 도(道)로 돌아가는 반자(反者). 그래서 노자가 도(道)의 작용을 탁약(槖籥)에 비유한 것이다. 도가 풀무〔槖籥〕질을 하듯 우주 만물을 출입(出入)시킨다. 이 출입에 따라 살면 잊을 것이 없다. 자연을 따라 살라. 우화 속의 공자는 어느새 노자가 되었다.

2. 공자(孔子)가 노자(老子)를 만나러 갔다

【우화(寓話)】

공자가 노담(노자)을 만나러 갔더니〔孔子見老聃〕, 노담은 머리를 새로 감고서〔老聃新沐〕 막 머리칼을 풀어헤쳐 햇볕에 말리고 있었다〔方將被髮而乾〕. 꼼짝 않는 모습이 사람 같지가 않았다〔慹然似非人〕. 공자가 비켜서서 기다렸다〔孔子便而待之〕 잠시 머물렀다가 노담께 말했다〔少焉見曰〕. "제가 어리둥절해서일까요〔丘也眩與〕. 아니면 본 그대로를 믿어야 하는 것인가요〔其信然與〕. 잠시 전 선생의 우뚝한 모습은 말라 죽은 나무 같았고〔向者先生形體掘若槁木〕, 사물을 떠나고 사람을 떠나 홀로 있는 것 같았습니다〔似遺物離人而立於獨也〕."

이에 노담이 말했다〔老聃曰〕. "저는 만물의 시초에서 마음을 노닐게 했지요〔吾遊心於物之初〕." 공자가 반문했다〔孔子曰〕. "그게 어인 말씀인지요〔何謂邪〕." 노담이 응했다〔曰〕. "알려고 하면 할수록 마음만 고단해지고 결국 알 길이 없지요〔心困而不能知〕. 입을 놀려 말하려 해도 결국 말할 수 없지요〔口辟焉而不能言〕. 허나 당신을 위해 시험삼아 그 대강을 말해 보려오〔嘗爲女議乎其將〕. 더없는 음기는 고요하고 차가우며〔至陰肅肅〕, 더없는 양기는 빛나고 뜨겁지요〔至陽赫赫〕. 음기는 땅에서 나오고〔肅肅出於地〕 양기는 하늘에서 생기지요〔赫赫發乎天〕. 그 두 기운이 서로 통해 어울림을 이루면 만물이 생겨나지요〔兩者交通成和而物行焉〕. 만물을 생기게 하는 벼리가 있는 듯하지만〔或爲之紀〕, 그 벼리의 드러남은 눈으로 볼 수가 없어요〔而莫見其形〕. 소멸과 소생(蘇生)이 있고 충만(充滿)과 공허(空虛)가 있으며〔消息滿虛〕, 한 번은 어둡고 한 번은 밝고〔一晦一明〕, 해와 달이 돌고 돌아〔日改月化〕 날마다 하는 바가 있으나〔日有所爲〕, 그 공을 눈으로 볼 수가 없지요

〔而莫見其功〕. 만물이 생기는 것은 없는 것에서 싹트고〔生有所乎萌〕, 만물이 죽는 것은 흩어지는 것으로 돌아가는 것이지요〔死有所乎歸〕. 만물의 처음과 끝이 되풀이되어 다함이 없으니〔始終相反乎無端〕 (사물이) 다하는 바를 알 수 없어요〔而莫知其所窮〕. 이런 벼리, 즉 도(道)가 아니라면〔非是也〕 어느 것이 만물의 마루가 되겠소〔且孰爲之宗〕."

공자가 물었다〔孔子曰〕. "도를 터득한 경지에서 노니는 것이 어떠한지를 알았으면 합니다〔請問遊是〕." 노담이 대답했다〔老聃曰〕. "무릇 그 경지에 들면 더없이 아름답고 더없이 즐겁지요〔夫得是至美至樂也〕. 더없는 아름다움을 얻어 더없는 즐거움에서 노닐지요〔得至美而遊乎至樂〕. 이를 누리는 자를 지인이라 이르지요〔謂之至人〕." 공자가 말했다〔孔子曰〕. "그 방편을 가르쳐 주시기 바랍니다〔願問其方〕." 노담이 말했다〔曰〕. "풀을 먹는 짐승은 수풀이 바뀌어도 꺼리지 않고〔草食之獸不疾易藪〕, 물에 사는 벌레는 물이 바뀌는 것을 싫어하지 않아요〔水生之蟲不疾易水〕. 작은 변화가 닥쳐도〔行小變〕, 늘상 사는 일을 잃지 않는 한〔不失其大常也〕 희로애락이 가슴 속으로 파고들지 않는다오〔喜怒哀樂不入於胸次〕. 무릇 천지란〔夫天地也者〕, 만물이 하나 되어〔萬物之所一也〕 그 하나를 얻어 만물이 같아지는 곳이지요〔得其所一而同焉〕."

沐:머리 감을 목 被:달할 피 髮:터럭 발 蟄:움직이지 않을 칩
便:편안할 편. 여기서는 가릴 병(屛)의 의미 似:같을 사
掘:우뚝 솟을 굴 眩:아찔할 현 槁:마를 고 遺:끼칠 유 困:괴로울 곤
辟:다물어지지 않을 벽 肅:엄숙할 숙 赫:빛날 혁 萌:싹틀 맹
疾:괴로워할 질 藪:덤불 수 蟲:벌레 충 胸:가슴 흉
老聃(노담):노자의 별칭

【담소(談笑)】

보이는 것만 있는 것이 아니라 보이지 않는 것도 있다. 이를 이 (夷)라 한다. 들리는 것만 있는 것이 아니라 들리지 않는 것도 있 다. 이를 희(希)라 한다. 잡히는 것만 있는 것이 아니라 잡히지 않는 것도 있다. 이를 미(微)라 한다. 노담(老聃)은 지금 공자(孔 子)에게 만물을 생사의 궤도에 올려놓는 도의 조화가 묘하다고 말한다. 그것을 이(夷)·희(希)·미(微)를 들어서 말한다.

위지기(爲之紀)의 기(紀)는 도기(道紀)를 생각하면 된다. 도는 만물의 벼리[紀]라는 말이다. 벼리는 근본이다. 기(紀)는 종(宗) 이란 말과 서로 통한다. 마루[宗]는 조상이란 말로 통하며, 조상 은 곧 근본을 뜻한다. 도(道)를 따라 사는 노담의 모습을 공자는 접연사비인(慹然似非人)이라고 표현하고 있다. 접연(慹然)은 꼼 짝 않고 가만히 있는 모습이다.

만물을 생사(生死)의 궤도에 올려놓은 도의 조화를 노담은 상 반(相反)이라 설명한다. 상반(相反)의 상(相)은 생사(生死)를 말 한다. 곧 생사가 따로 있는 것이 아니라, 생(生)이 사(死)가 되고 사가 생이 된다는 말이다. 도(道)의 눈으로 볼 때 생과 사는 따로 있지 않고 서로 왕래하는 단서일 뿐이다. 생사의 왕래에 대해 노 담이 공자에게 타일러 주는 광경을 상상해 보라. 그러면 생사일 여(生死一如)라는 말이 생각나리라.

물론 공자가 노자를 만나러 갔다는 기록이 있긴 하다. 그러나 무슨 대화를 나누었는지는 아무도 모르며, 또 노자가 공자에게 인의(仁義)를 말했을 리도 없다. 다만 자연(自然)을 말했으리라 상상해 본다. 도(道)·도덕(道德)·자연(自然)·무위(無爲)는 다 같은 말씀이다. 공자의 눈에 노담이 고목(槁木)처럼 보였다는 묘 사가 우리를 주목하게 한다. 물기 없이 우뚝 솟아 있는 고목처럼 비쳤다는 묘사가 눈길을 끈다. 도를 따라 사는 모습을 비유할 때

우뚝 솟은 고목이란 묘사가 제격이리라.

상위여의호기장(嘗爲女議乎其將). 시험삼아〔嘗〕 당신을 위하여〔爲女〕 그 대강(大綱)을 말해 보겠다는 노담의 말이 겸허하다. 여(女)는 여기서 여(汝)이고 공자를 말한다. 또 장(將)은 대강, 대략의 뜻으로 보면 무방하다. 장(將)은 앞으로 그러리라고 생각은 되지만 아직 그렇게 되지는 않았다는 뜻인데, 여기서는 문맥상 추(犓)로 보자는 설을 따르면 되지 않을까 한다. 추(犓)는 대략(大略)이란 뜻이다. 대강을 말해 보겠다는 노담의 겸손을 주목하기 바란다. 이렇다 저렇다 하는 것은 시비(是非)를 불러온다. 시비(是非)는 지식(知識)일 뿐 도덕(道德)이 아니다. 그래서 노담은 공자에게 대강 말해 보겠노라 한 것이다.

양자교통성화(兩者交通成和) 물생언(物生焉). 여기서 양자(兩者)는 숙숙(肅肅)과 혁혁(赫赫)을 말한다. 숙숙(肅肅)은 음기(陰氣)요 추움〔寒〕이다. 혁혁(赫赫)은 양기(陽氣)요 더움〔暑〕이다. 양자란 곧 음양(陰陽)의 기운이다. 두 기운이 서로 통하여〔交通〕 화합을 이루어〔成和〕 우주 만물이 생긴다〔物生焉〕. 이것이 곧 노담이 말해 보겠다는 대강(大綱：將)이리라. 물생언(物生焉)은 그 대강의 핵심이겠다. 이는 만물이 한 어머니〔道〕에게서 나왔다는 뜻이다. 이를 터득하면 사람은 귀하고 지렁이는 천하다고 말하지 않을 것이다. 만물을 한 형제로 보면 그 순간 도에서 노니는 삶을 누리게 된다고 노담이 공자에게 말해 주고 있다. 결국 만물은 하나라는 것이 도를 터득하는 대강이다.

본래 노자가 말하는 도(道)는 포일(抱一)의 어머니다. 도(道)는 우주 만물을 하나로 안는다〔抱一〕. 갓난애를 안고 젖을 먹이는 산모(産母)처럼, 우주 만물을 안고 있는 산모가 곧 도(道)인 셈이다. 열 손가락 깨물어 아프지 않은 손가락 없다는 속담을 생각해 보라. 엄지는 귀하고 검지는 천하다고 차별하고 시비하겠는가?

어미에게는 새끼가 아무리 많아도 하나일 뿐이다. 아무리 많아도 하나인 것을 소일(所一)이라 한다.

포일(抱一)하라. 위일(爲一)하라. 대일(大一)이요 소일(所一)이다. 이는 다 같은 뜻으로 통하는 노자의 말들이다. 하나로 껴안아라〔抱一〕. 하나가 되라〔爲一〕. 크나큰 하나이다〔大一〕. 『도덕경(道德經)』에서 노자가 말한 이 말들은 모두 장자의 소일(所一)을 의미한다. 너와 나 우리 모두가 도(道)의 후손임을 터득한다면, 하늘이 나를 미워하고 너를 예뻐한다고 시샘하거나 한탄할 일이 없을 것이다. 도를 터득한 이의 가슴 속에 희로애락(喜怒哀樂)이 따로따로 스며들어 울고 웃게 할 리가 없다는 것이다. 장자가 나비일레라 나비가 장자일레라. 이보다 더한 소일(所一)은 없으리라.

차별하지 말라는 게 아니다. 이미 차별이란 것이 없기 때문이다. 시비하지 말라는 게 아니다. 이미 시비란 것이 없기 때문이다. 귀천도 없고 생사도 없는 짓을 일러 대상(大象)이라 하지 않았던가. 도(道)를 터득하며 사는 지인(至人)에게는 모든 것이 다 대상(大象)일 뿐이다.

모든 것이 아름다울 뿐이요 모든 것이 즐거울 뿐이다. 인간만 아름답고 즐겁다는 것이 아니라, 우주 만물 모두가 한결같이 아름답고 즐겁다는 것을 노자는 대상(大象)이라 했다. 대상(大象)은 삼라만상에 도(道)가 두루 미치고 있다는 말이다. 도의 슬하에서 노니는 것이 곧 지미(至美)요 지락(至樂)이다. 이를 일러 소일(所一)의 삶이라 할까 도의 어루만짐이라고 할까. 지미(至美)·지락(至樂)·소일(所一)이 곧 「전자방(田子方)」편의 논지(論旨)리라.

3. 장자(莊子)가 노나라 애공(哀公)을 만나다

【우화(寓話)】

장자가 노나라 애공을 만났을 때〔莊子見魯哀公〕애공이 말했다〔哀公曰〕. "노나라에는 유자(儒者)가 많지만〔魯多儒士〕선생의 가르침을 따르는 자는 적지요〔少爲先生方者〕." 이에 장자가 말했다〔莊子曰〕. "노나라에는 유자가 적습니다〔魯少儒〕." 애공이 반문했다〔哀公曰〕. "온 노나라 사람들이 유복(儒服)을 입고 있는데〔擧魯國而儒服〕어째서 적다 합니까〔何謂少乎〕." 이에 장자가 말했다〔莊子曰〕. "제가 듣기로는〔周聞之〕, 둥근 갓을 쓰고 있는 유자는〔儒者冠圓冠者〕천문을 안다 함이고〔知天時〕, 모난 신을 신고 있는 유자는〔履句履者〕지리를 안다 함이며〔知地形〕, 패옥을 느슨하게 허리에 찬 유자는〔緩佩玦者〕일을 맞아 처리하는 데 결단성이 있음을 뜻한답니다〔事至而斷〕. 도를 터득한 군자가〔君子有其道者〕반드시 그런 복식을 갖추어야 하는 것은 아니며〔未必爲其服〕, 그런 복식을 한다 해서〔爲其服者〕반드시 도를 안다는 것은 아닙니다〔未必知其道也〕. 공께서 굳이 제 말이 틀렸다고 하신다면〔公固以爲不然〕어찌 온 나라에 포고령을 내려〔何不號於國中〕도를 모르면서 유복을 입는 자는 그 죄를 물어 사형에 처한다고 말하지 않으시는지요〔曰無此道而爲此服者其罪死〕." 그 말을 듣고 애공이 포고령을 내린 지 닷새가 지났다〔於是哀公號之五日〕. 그러자 노나라에는 감히 유복을 입는 자가 없었는데〔而魯國無敢儒服者〕, 오직 한 장부가 있어〔獨有一丈夫〕유복을 입고서 애공의 문전에 서 있었다〔儒服而立乎公門〕. 애공이 즉시 그를 불러 국사를 물었더니〔公卽召而問以國事〕이를 데 없이 막히는 데가 없었다〔千轉萬變而不窮〕. 장자가 말했다〔莊子曰〕. "이로써 노나라에는 유자가 단 하나밖에 없는데도〔以魯國而儒者一人耳〕많다고 하겠습니까〔可謂多乎〕."

魯:나라 이름 로 哀:슬플 애 儒:유교(선비) 유 少:적을 소 冠:갓 관
履:신발 리 句:굽을 구 緩:끈 완 佩:찰 패 玦:패옥 결
斷:끊을 단 固:굳을 고 號:호령할 호 敢:감히 감 召:부를 소
轉:바꿀 전 窮:궁할 궁

【담소(談笑)】

유자(儒者)는 공자의 도를 따르는 선비를 말한다. 유복(儒服)
이란 그 선비들이 입고 다녔던 복식이다. 천문(天文)을 안다는 표
시로 둥근 갓〔圓冠〕을 쓰고, 지리(地理)를 안다는 표시로 모가 난
신발〔句履〕을 신고, 일을 처리하며 단안을 내릴 수 있다는 표시로
패옥을 꿴 허리끈을 매고 다닌다고 해서 유자가 되는가. 노나라
애공(哀公)은 빛 좋은 개살구란 속담을 몰랐던 것이다.

물론 장자가 애공을 만났다는 것도 공자를 따르는 선비들이 얼
마나 허망한가를 이야기하기 위한 우화로 들으면 그만이다. 장자
는 애공에게 빛 좋은 개살구를 먹어 보라고 권한 셈이다. 말로는
인의(仁義)를 외치면서, 불인(不仁)을 범하고 불의(不義)를 범하
는 선비들이야말로 개살구나 마찬가지다. 그들이 항상 궁궐의 문
턱을 넘본다는 소문은 헛소문이 아니다. 그들은 권력의 주구(走
狗)이기를 마다하지 않는다. 그래서 장자는 권력을 썩은 고깃덩
어리 같다고 했다.

조선조 율곡(栗谷)에 대한 일화가 생각난다. 하루는 율곡이 왼
편 가슴을 빨간 헝겊으로 기운 도포를 입고 명륜관에 나왔다. 도
포에 불똥이 튀어 구멍이 났는데 지능이 모자랐던 사모(師母)님
께서 그 구멍을 빨간 불이 냈다 해서 빨간 헝겊으로 막았다는 것
이다. 율곡은 대인(大人)이라 구멍을 기웠으면 그만이다 생각하
고 그 도포를 입고 나왔던 것이다. 그런데 다음 날 서울 장인에

나다니는 모든 선비의 도포 왼쪽 가슴에 빨간 헝겊 딱지가 붙어 있게 됐다니, 조선시대에도 유복(儒服)만 걸친 돌팔이 선비들이 노나라처럼 많았던 모양이다.

열매를 맺자면 꽃을 버리고, 익자면 빛나는 솜털을 버린다. 속이 여무는 데 겉을 꾸며 뭘 하겠는가. 도를 터득한 군자는 익은 열매와 같은데 무슨 겉치장을 하겠는가? 겉만 보고 속을 볼 줄 모르는 애공을 장자가 혼내 주는 모양이 꼭 옛날에만 있었던 우스갯거리는 아닌 듯싶다. 원효를 흉내내는 돌팔이 중이나, 한복을 입고서 서양의 침이나 핥는 얼치기들이 지금 이 땅에도 많다. 노나라에는 호령할 애공이라도 있었지만, 지금 우리에게는 호령할 사람 하나 없어 장자가 온다 해도 별수 없으렷다. 장자와 애공이 들려 주는 우화가 가슴을 칠 따름이다.

4. 상동(尙同) · 동무(同務) · 무이심(無二心)이면 부패는 없다

【우화(寓話)】

삼 년이 지나 문왕이 나라를 돌아보았더니〔三年文王觀於國〕, 선비들은 당파를 해산해 버리고〔則列士壞植散羣〕, 벼슬 자리에서 으뜸가는 이는 공치사를 하지 않았으며〔長官者不成德〕, 곡물을 되는 도구는 다른 나라에서 전혀 수입되지 않았다〔斔斛不敢入於四境〕. 선비들이 당파를 해산한 것은〔列士植散羣〕 백성과 하나 되기를 숭상하기 때문이며〔則尙同也〕, 장관이 공치사를 하지 않는 것은〔長官不成德〕 백성과 더불어 일을 하기 때문이고〔則同務也〕, 곡물을 되는 도구가 수입되지 않은 것은〔斔斛不敢入於四境〕 제후에게 백성을 등치려는 딴마음이 없었기 때문이다〔則諸侯無二心也〕.

觀:살필 관　列:벌일 렬　壞:무너질 괴　植:심을 식　散:흩어질 산
羣:무리 군　鍐:말 유　斛:곡식을 되는 도구 곡　尙:높일 상　務:일 무

【담소(談笑)】

장(臧)이란 고장에 살았다는 장인(丈人)과 문왕(文王)을 빌어 무위(無爲)의 정치를 말하는 우화의 한 대목이다. 장인(丈人)·장부(丈夫)·대장부(大丈夫)는 다 같은 말이다. 본래 장부(丈夫)는 장(臧)에서 낚싯바늘 없는 낚시를 드리우고 산 여망(呂望)을 비유한 말이다. 낚싯바늘 없이 낚시질한다는 것은 무위를 비유한 말이다. 문왕이 장(臧)의 장인(丈人)에게 나랏일을 맡긴 뒤 삼 년이 지나자 나라의 모습이 위와 같이 달라졌다는 것이다. 여기서 장인(丈人)은 무위(無爲)로 다스리는 치자(治者)를 말한다.

장인(丈人)이 다스리자 선비들이 당파 싸움을 그만두었다는 것에서 인위(人爲)로 다스렸을 때에는 당파 싸움이 심했음을 알 수 있다. 장인(丈人)이 다스리자 장관들이 공 다툼을 그만두었다는 것에서 인위로 다스렸을 적에는 공치사로 서로 다툼이 많았다는 것을 알 수 있다. 그리고 장인(丈人)이 다스리자 도량형(度量衡)을 두고 제후들이 딴마음을 품지 않았다는 것에서 인위로 다스렸을 때에는 백성을 등치고 울리는 노략질이 이만저만이 아니었다는 것을 알 수 있다.

상동(尙同)·동무(同務)·무이심(無二心)이 무위의 정치가 어떤 것인지를 새기게 해준다. 동(同)을 숭상한다[尙] 함이 상동(尙同)이다. 동(同)은 대동(大同)을 말한다. 소일(所一)·위일(爲一)·득일(得一)·대일(大一)이 곧 동(同)이다. 공자는 동(同)을 패거리 짓기로 보고 소인의 짓이라 했지만, 장자는 동(同)을 화(和)와 같이 대인의 것으로 본다. 일을 무사(無私)로 하면 곧 동

무(同務)이다. 나만 이롭게 하려는 사(私)가 있다면 동무(同務)일 수 없다. 무이심(無二心)은 딴마음이 없는 것이다. 이욕(利慾)이 곧 이심(二心)이다. 닭 잡아먹고 오리발 내미는 인간들, 쓰면 뱉고 달면 삼키는 인간들을 보면 무엇이 이심(二心)인지 알 수 있다.

장자의 동(同)은 노자의 화기광(和其光) 동기진(同其塵)을 생각나게 한다. 빛나되 눈부시게 하지 않음이 화기광(和其光)이요, 차별이나 시비를 떠나 하나로 어울림이 동기진(同其塵)이다. 이는 곧 동고동락(同苦同樂)의 동(同)인 셈이다. 그러니 상동(尙同)·동무(同務)·무이심(無二心)은 삼라만상을 하나로 보는 대동(大同)이요, 동(同)은 곧 무위정치(無爲政治)의 모습인 셈이다.

어록

莊子 ◉ 外篇

내 어찌 남보다 낫겠는가〔吾何以過人哉〕.

나는 절로 찾아오는 것을 물리치지 못하고〔吾以其來不可卻〕,

절로 물러가는 것을 멈추지 못한다〔其去不可止也〕.

나는 얻기나 잃기를 내 마음대로 할 수 없다고 본다〔吾以爲得失之非我也〕.

얻었다고 웃지 말고 잃었다고 울지 말라.

外篇 15

지북유(知北遊)

요지 지(知)가 무위위(無爲謂)를 만났다.

입문 성인(聖人)은 아는 까닭에 불언(不言)한다.

　도(道)란 무엇인가? 이렇게 묻지 말라. 도(道)라는 것은 사람이 알 수 없기 때문이다. 사람으로서는 눈으로 보거나 귀로 듣거나 손으로 만져 보거나 해야 겨우 알 수 있을 정도이다. 인간이 안다 하는 것은 바늘구멍으로 천지를 내다보는 정도에도 미치지 못한다는 것이다. 그래서 인간이 아는 것을 소지(小知)라 한다. 무엇을 안다 하여 시비(是非)를 걸지 말라. 시비를 떠나라. 그러자면 앎에서 떠나야 한다. 그러면 무위(無爲)로 편안하다. 「지북유(知北遊)」편에 등장하는 지(知)는 좀 안다고 시비를 일삼는 인간을 떠올리게 한다.

　눈으로 볼 수 없는 것이 있다. 이를 이(夷)라 한다. 귀로는 들을 수 없는 것이 있다. 이를 희(希)라 한다. 손으로 만져 볼 수 없는 것이 있다. 이를 미(微)라 한다. 노자가 말하는 이(夷)·희(希)·미(微)는 인간에게 겸손하라는 충고일 수도 있다. 이를 천지 앞에 오만하지 말라는 말씀으로 들어도 무방하리라. 천지는 자연이 드러내는 모습인 셈이다. 만물이 있는 그대로 그냥 하염없이 자유로운 것 그 자체가 바로 자연이다. 그런 자연 앞에 겸손하라. 그러면 도가 무엇인지 다 알지 못해도 그것이 하는 일을 조금이라도 터득할 수 있으리라.

　성인은 도가 하는 일을 살펴 터득하되, 말로 드러내 이렇다 저

렇다 따지지 않는다. 성인은 도를 따라 살 뿐이다. 왜 성인은 그러
한 삶을 말하지 않을까? 말하게 되면 시비를 불러오기 때문이다.
말하는 그 순간 시비라는 것이 자유를 앗아가 버린다. 성인은 이
사실을 알기에 불언(不言)한다. 자유를 누리고 싶은가? 그렇다면
먼저 침묵하라.

莊子 ◉ 外篇

1. 왜 광굴(狂屈)이 지(知)를 놀려 준 꼴인가

【우화(寓話)】

지(知)가 북녘 현수 가에서 노닐다가〔知北遊於玄水之上〕, 은분의 언덕 위로 올라가〔登隱弅之丘〕 우연히 무위위를 만났다〔而適遭無爲謂〕. 지가 무위위에게 물었다〔知謂無爲謂曰〕. "제게 당신께 물어 보고 싶은 것이 있습니다〔予欲有問於若〕. 무엇을 생각해 보아야 도를 알 수 있습니까〔可思何慮則知道〕. 어떤 곳에서 어떤 몸가짐을 갖추어야 도에 편히 머무를 수 있습니까〔何處何服則安道〕. 무엇을 따르고 무슨 방편을 따라야 도를 터득할 수 있습니까〔何從何道則得道〕." 세 가지〔知道 · 安道 · 得道〕를 물어 보았지만 무위위는 어떻다는 답을 주지 않았다〔三問而無爲謂不答也〕. 답을 안 하려는 것이 아니라〔非不答〕 답을 알지 못해서였다〔不知答也〕.

지는 의문을 풀지 못하고〔知不得問〕 백수의 남쪽으로 돌아와〔反於白水之南〕, 호결의 언덕으로 올라갔다가〔登狐閼之上〕 광굴을 만났다〔而睹狂屈焉〕. 지가 전과 같이 말을 걸어〔知以之言也〕 광굴에게 물었다〔問乎狂屈〕. 그러자 광굴이 말했다〔狂屈曰〕. "그래요〔唉〕. 나는 그걸 알아요〔予知之〕. 내 당신에게 말해 주리다〔將語若〕." 말하고 싶은 중에〔中欲言〕 광굴은 말해 주고 싶었던 바를 잊어버리고 말았다〔而忘其所欲言〕.

지는 더 물을 수가 없어서〔知不得問〕 궁궐로 되돌아가 황제를 뵙고 물었다〔反於帝宮見黃帝而問焉〕. 황제가 말했다〔黃帝曰〕. "아무것도 생각하지 않아야 비로소 도를 알게 되오〔無思無慮始知道〕. 어디에도 머물지 않고(무엇이라 주장하지 않고) 아무런 일도 내지 않아야 비로소 도에 편히 머물게 되오〔無處無服始安道〕. 아무것도 따르지 않고 어떤 방편도 쓰지 않아야 비로소 도를 얻게 되오〔無從無道始得道〕."

　　지가 황제께 아뢰었다〔知問黃帝曰〕. "저도 그런 줄로 압니다만〔我與若知之〕 무위위와 더불어 광굴은 그런 줄을 모릅니다〔彼與彼不知也〕. 어느 쪽이 옳다 하겠습니까〔其孰是邪〕." 이에 황제가 말했다〔黃帝曰〕. "무위위란 자는 진정 알고 있고〔彼無爲謂眞是〕 광굴은 아는 것 같으나〔狂屈似之〕, 자네와 나는 아무래도 근처에도 못 가는 셈이야〔我與汝終不近也〕. 무릇 아는 자는 말하지 않고〔夫知者不言〕, 말하는 자는 알지 못해〔言者不知〕. 그래서 성인은 불언의 가르침을 행하는 것이지〔聖人行不言之敎〕. 도는 말로써 밝힐 수 없고〔道不可致〕, 덕도 말로써 밝힐 수 없지〔德不可至〕. 인은 행해져도 무방하겠지만〔仁可爲也〕, 의는 잘못될 수가 있고〔義可虧也〕, 예는 서로 속이지〔禮相僞也〕. 그래서 말하기를〔故曰〕 도를 잃은 뒤에 덕이 생겼고〔失道而後德〕, 덕을 잃은 뒤에 인이 생겼고〔失德而後仁〕, 인을 잃은 뒤에 의가 생겼고〔失仁而後義〕, 의를 잃은 뒤에 예가 생겼다고 하네〔失義而後禮〕. 예라는 것은 도의 껍데기고〔禮也者道之華〕 세상을 어지럽히는 우두머리라네〔而亂之首也〕. 이런 까닭에 말하기를〔故曰〕, 도를 닦는 사람은 날마다 덜어내고 덜어내〔爲道者日損損之又損之〕 급기야 무위에 이른다 하네〔以至於無爲〕. 무엇 하나 하는 것이 없는데도 하지 않는 것은 없다고 하네〔無爲而無不爲〕. 지금 이미 사물로 있게 되어〔今已爲物也〕 만물의 근원으로 되돌아가고자 하는데〔復歸根〕, 이 또한 알기가 어렵지 않은가〔不亦難乎〕. 그런 것을 쉽사리 하는 자는〔其易也〕 오직 대인뿐이겠지〔其唯大人乎〕. 삶이란 죽음의 동아리고〔生也死之徒〕, 죽음이란 삶의 시작이라네〔死也生之始〕. 어느 누가 생사를 관장하는 이를 알겠는가〔孰知其紀〕. 사람의 삶이란 기의 모임이라네〔人之生氣之聚〕. 모이면 삶이 되고〔聚則爲生〕 흩어지면 죽음이 된다네〔散則爲死〕. 생사가 한 동아리라면〔若生死爲徒〕 나라고 해서 어찌 괴로워하겠나〔吾又何患〕. 그러니 만물은 하나란 것일세〔故萬物一也〕. 이런데도 아름다운 것은 신기하다 하고〔是其所美者爲神奇〕, 추한 것은 썩어 냄새나는 것이라 한다네〔其所惡者爲臭腐〕. 썩은 냄새는 변하여 신기한 것이 되고〔臭腐化而爲神奇〕, 신기한 것 역시 변하여 썩은 냄새가 된다네〔神奇復化而爲臭腐〕. 그래서 말하기를〔故曰〕 천하를 두루 통하는 것은 하나의 기일 뿐이라 하네〔通天下一氣耳〕. 이런 까닭에 성인은 그 하나를 소중히 한다네〔聖人故貴一〕."

隱:숨을 은 岦:높은 언덕 분 狐:여우 호 闋:끝날 결 狂:미칠 광
屈:굽을 굴 唉:탄식할 애 虧:이지러질 휴 僞:거짓 위 損:덜어낼 손
紀:벼리 기 臭:구린내 취 腐:썩을 부

【담소(談笑)】

지(知), 무위위(無爲謂), 광굴(狂屈)은 모두 실제 인물이 아니라 우화(寓話) 속의 인물일 뿐이다. 이처럼 다양한 배우들이 나와 저마다 이야기판을 벌이며 우리를 우화 속으로 빠져들게 한다. 이치를 따지려 하면 꼭 시비(是非)가 따라붙게 마련이지만, 이 우화의 이야기판에서 시비를 걸어서는 하나도 얻을 것이 없다. 오히려 싱거운 놈이라고 욕을 먹기가 쉽다. 조금 아는 것을 드러내 시비하지 말고 그냥 이야기판에 들어가 보라. 그러면 우화 속 인물들이 사람을 철들게 하고 여물게 한다. 지(知)는 익자면 아직 멀었고, 무위위(無爲謂)는 익어 가는 편이며, 광굴(狂屈)은 아직 설익은 편이다. 나는 셋 중에서 누구와 같고 당신은 어느 쪽에 가까운가? 물론 나 같은 소인배는 지(知)의 무리에 들 것이다.

지(知)는 식(識)을 따르는 인간을 대신하고 있다. 더 좁혀 말해 시비를 좋아하는 소인배라 해도 무방하겠다. 아니면 열사(列士)

라고 보아도 된다. 열사(列士)는 지적 오만에 빠져 있는 무리들이
다. 요새는 열사(列士) 대신 엘리트(elite)라고도 하는데, 여기 우
화 속의 지(知)가 이른바 엘리트라고 자처하는 이들을 대신한다
고 보면 된다. 당신은 지(知)의 부류인가? 그렇다면 무위위(無爲
謂) 앞에 나서지 말라.

　무위위(無爲謂)는 무위(無爲)를 대신하는 인물로 보면 된다. 무
위는 자연이고 자연은 곧 도가 아닌가. 도는 자연을 따른다〔道法
自然〕는 말을 한마디로 무위라고 한다. 광굴(狂屈)은 유식한 인간
을 꼬집는 인물로 보면 된다. 광굴(狂屈)은 공자더러 부질없는 짓
을 말라고 했던 광접여(狂接輿)와 닮았다. 이런 인물들을 통해 이
우화는 좀 안다는 자들의 허를 찔러 정신차리게 한다. 차라리 무
식하여 어리석어라. 그러면 도에 가깝다〔愚故道〕.

　지도(知道)는 그냥 도를 안다는 의미만은 아니다. '인간이 도
(道)를 알 수 있다고 믿는다.' 이런 의미의 지도(知道)는 부질없
는 것이다. 그러나 '사람은 도를 알 수 없다는 것을 알고 있다.'
이런 의미의 지도(知道)는 황홀(恍惚)한 것이다. 황홀함은 도를
따라 삶을 누릴 때 얻게 되는 즐거움이다. 그런 즐거움을 노자는
득일(得一)이니 위일(爲一)이니 대일(大一)이라 했다. 여기서 하
나〔一〕란 도에서 비롯되는 일기(一氣)를 말한다. 도에서 만물이
비롯되었으니 다 같이 하나인 셈이다. 이러한 하나의 경지가 바
로 황홀(恍惚)이요, 황홀하게 하는 도를 아는 것이 노장(老莊)의
지도(知道)라고 여기면 되리라.

　황홀한 즐거움은 지식 따위로 얻어 누릴 수 없다. 그러니 도에
편히 머물고〔安道〕 도를 깨우친〔得道〕 황홀은, 무엇이든 다 알아
야 한다는 지(知)와 같은 부류에게는 항상 신기루처럼 느껴질 뿐
이다. 우화에서 광굴(狂屈)은 신기루를 좇는 지(知)를 곯려 주고
있다. 어떻게 곯려 주는가? 망기소욕언(忘其所欲言). 말로 재주부

리기를 잊어라. 이렇게 말꾼들을 곯려 주고 있다. 하기야 조주선사(趙州禪師)도 노랑 주둥이 함부로 놀리지 말라 했다. 그러나 지(知)는 잊어버렸다〔忘〕는 참뜻을 헤아리지 못하고 황제를 찾아가 다시 묻는다.

우화 속의 지(知)는 도를 알기〔知道〕를 알고자 하고, 도에 편히 머물기〔安道〕를 알고자 하며, 도를 깨우치기〔得道〕를 알고자 한다. 이러한 지(知)가 성망(誠忘)을 떠올리게 한다. 잊지 말아야 할 것은 잊어버리고, 잊어야 할 것은 잊지 못하는 짓이 성망(誠忘)이다. 지(知) 같은 무리는 무엇이든 알아내야 한다는 착각에서 벗어나지 못해 죽도록 성망(誠忘)의 병을 앓는다.

이런 지(知)에게 지도(知道)와 안도(安道) 그리고 득도(得道)를 왜 알 수 없는지 말하고 있는 황제(黃帝)도 안타깝다. 황제는 알면서도 행하지 못하는 인간형이다. 말로는 이러쿵저러쿵 지껄일 줄 알면서, 행하지 못하는 게 아니라 아예 행하지 않는 인간형이 세상에 그득하다. 그러니 도를 안다고 떠들지 말라. 도를 행하는 사람은 결코 도를 안다고 말하지 않는다. 성인이 그러하다. 성인이 누구인가? 도를 행하면서 말하지 않는 분이 성인(聖人)이다. 성인의 불언지교(不言之敎). 이는 말로 하지 않고 무위(無爲)를 행한다는 말이다.

무사무려(無思無慮). 마음에 생각하는 바가 없다 함이다. 이를 지도(知道)라 할 만하다. 마음 그대로란 말이다. 마음에 생각하는 바가 하나도 없어 시비(是非)를 떠났다. 시비를 떠났으니 분별에서도 떠나 버린다. 분별을 떠났으니 논리라는 구속에서 벗어난다. 이런 줄 알면서도 마음을 구속하고 무엇이든 알고자 하는 것이 인간의 마음이다. 불가(佛家)에서는 이런 마음을 번뇌(煩惱)라 한다. 말로만 번뇌를 떠나라 하지 실제로 행하는 이를 만나기는 참으로 어렵다.

무처무복(無處無服). 걸림 없는 모습이요 행동을 말한다. 이를 안도(安道)라 한다. 어디에도 머물지 않는 것이 무처(無處)이다. 말하자면 주의와 주장으로 마음을 구속하지 않음이 곧 무처(無處)인 셈이다. 무복(無服)은 시도하지 않음이다. 복(服)은 습(習)으로 통한다. 주장대로 시도해 보려는 마음이 없는 게 곧 무복(無服)이다. 걸림이 없으니 얼마나 자유롭겠는가. 그러나 이런 자유를 누리는 사람은 거의 없다.

무종무도(無從無道). 그냥 그대로의 모습이요 행동이다. 이를 득도(得道)라 한다. 무엇에고 종속되지 않는다. 스스로 존재할 뿐이다. 따라 할 것도 없고[無從] 따라 갈 길도 없다[無道]. 불가에서는 이를 자도(自度)라 한다. 따를 것도 없고 따라 갈 길도 없다는 무종무도(無從無道)는 스스로 다스리라는 자도(自度)와 같다. 그래서 불가에는 부처를 만나거든 부처를 죽이고, 조사(祖師)를 만나거든 조사를 죽이고, 부모를 만나거든 부모를 죽이라는 말이 있다. 석가모니의 유아독존(唯我獨尊)은 득도(得道)와 같은 말일 뿐, 결코 오만한 말이 아니라는 것을 알 수 있다.

지자불언(知者不言) 언자부지(言者不知). 노장(老莊)에서 지자(知者)는 도를 행하는 자일 뿐, 무엇인가를 많이 안다는 지식인을 말하는 게 아니다. 말하지 않고 행함이 곧 지자(知者)의 불언(不言)이다. 언자(言者)는 말로만 할 뿐 행할 줄 모른다. 노장(老莊)은 도를 행할 줄 모르는 자를 언자(言者)라 한다. 말만 앞서고 실천이 없는 자를 노장(老莊)이든 공맹(孔孟)이든 다 함께 소인배라 하여 몹쓸 놈으로 친다.

의가휴(義可虧). 의(義)를 앞세우지 말라. 휴(虧)는 이지러져 줄어든다는 말이다. 의(義)를 행하지 말라. 왜냐하면 의(義)는 분별을 앞세워 시비를 일삼기 때문이다. 도가(道家)가 왜 유가(儒家)가 떠받드는 의(義)를 거부하는지 알 만하다.

예상위(禮相僞). 예(禮)를 앞세우지 말라. 위(僞)는 겉과 속이 다르다 함이다. 즉 거짓이란 말이다. 거짓은 속마음을 숨기고 감추는 짓이다. 겉만 꾸미려는 예(禮)를 멀리하라. 노장(老莊)이 왜 유가의 예(禮)를 거부하는지 알 만하다. 『노자(老子)』38장을 보라. "실도이후덕(失道而後德) 실덕이후인(失德而後仁) 실인이후의(失仁而後義) 실의이후예(失義而後禮) 부예자충신지박(夫禮者忠信之薄) 이란지수(而亂之首)." "도를 잃은 뒤에 덕이 생겼고, 덕을 잃은 뒤에 인이 생겼으며, 인을 잃은 뒤에 의가 생겼고, 의를 잃은 뒤에 예가 생겼다. 예라는 것은 충(忠)과 신(信)이 두텁지 못해 혼란을 일으킨다. 난세의 우두머리가 곧 예(禮)다." 그래서 노장이 예(禮)를 빛 좋은 개살구쯤으로 여기는 것이다.

위도자일손(爲道者日損). 도를 닦는 자는 매일 줄인다. 무엇을 줄인다는 말인가. 이래 볼까 저래 볼까 속셈하는 사려(思慮)의 시비(是非) 따위를 줄인다. 그 사(思)를 줄이고 줄여 무사(無思)하라. 이것이 일손(日損)이다. 뜻대로 되지 않을까 걱정하는 짓〔慮〕을 줄이고 줄여 무려(無慮)하라. 이것이 일손(日損)이다. 주장하는 것〔處〕을 줄이고 줄여 무처(無處)하라. 이것이 일손(日損)이다. 따라 익히는 짓〔服〕을 줄이고 줄여 무복(無服)하라. 이것이 일손(日損)이다. 따라 흉내내는 것〔從〕을 줄이고 줄여 무종(無從)하라. 이것이 일손(日損)이다. 이런저런 방편〔道〕을 줄이고 줄여 무도(無道)하라. 이것이 일손(日損)이다. 일손(日損)하라 함은 매일매일 마음 속을 비우라는 말이다. 『노자』48장을 보라. "위학일익(爲學日益) 위도일손(爲道日損) 손지우손(損之又損) 이지어무위(以至於無爲) 무위이무불위(無爲而無不爲)." "학(學)을 닦으면 매일 불어나고 도(道)를 닦으면 매일 줄어든다. 줄이고 줄여서 무위(無爲)에 이르러 하는 것이라곤 하나 없는데도 안 하거나 못하는 것이 하나도 없다." 그러니 일손(日損)이란 지도(知道) · 안도

(安道)·득도(得道)에 이르는 실천인 셈이다. 불가(佛家)에서도 용맹정진(勇猛精進)하라 한다. 이 또한 일손(日損)으로 통한다.

노자(老子)는 일손(日損)하라 하고, 공자(孔子)는 일신(日新)하라 한다. 일신(日新)은 매일 사려(思慮)를 새롭게 하라 함이요, 처복(處服)을 새롭게 하라 함이며, 종도(從道)를 새롭게 하라 함이다. 이 일신(日新) 때문에 공자는 인능홍도(人能弘道)라는 말을 남겼다. 사람이 능히 도를 넓힐 수 있다〔人能弘道〕. 물론 여기서 말하는 도(道)는 인도(人道)를 말한다. 그러나 노자의 도(道)는 인도가 아니라 자연(自然)이다. 자연은 인간을 따로 인정하질 않는다. 사람이나 지렁이나 다를 바 없다는 게 곧 자연이다. 그래서 노자는 천지불인(天地不仁)이라 했다. 천지가 사람의 것이 아님을 깨우치려면 인지(人知)를 줄이고 줄여 자연이 되어야 한다. 이를 노자는 무위(無爲) 혹은 포박(抱樸)이라 한다. 무위(無爲)·자연(自然)·포박(抱樸)은 모두 같은 뜻으로 통한다. 만물일(萬物一). 그러므로 분별, 차별, 시비가 없다.

취즉위생(聚則爲生) 산즉위사(散則爲死). 모이면 생이 된다〔聚則爲生〕. 무엇이 모이는가? 기(氣)다. 흩어지면 사가 된다〔散則爲死〕. 무엇이 흩어지는가? 이 역시 기(氣)다. 천지에 기(氣) 아닌 것이 없다. 기(氣)는 도(道)의 것이다. 만물일(萬物一)의 일(一)은 곧 일기(一氣)를 말한다. 만물 모두 하나의 같은 기(氣)에서 나왔다는 게 만물일(萬物一)이다. 그러니 생사(生死)를 둘로 보지 말라. 생사(生死)란 만물의 왕래(往來)일 뿐이다. 이런 왕래를 노자는 탁약(橐籥)에 비유했다. 탁약(橐籥)은 풀무를 말한다. 도(道)가 만물을 풀무질한다는 것이다. 그러니 만물을 두고 차별할 것 없다. 만물은 다 그 일기(一氣)의 자손이기 때문이다.

그러므로 아름다운 것〔所美者〕은 신기(神奇)하고, 추한 것〔所惡者〕은 취부(臭腐)하다 말하지 말라. 좋아서 탐하고 싶은 것〔神奇〕

과 싫어서 멀리하고 싶은 것[臭腐]을 별개라고 우길수록 눈뜬 봉사가 되는 법이다. 만물은 모두 왕래(往來)한다. 만물은 모두 오고 가는 것[反者]이니 아름다운 것[所美者]이 추한 것[所惡者]이 되고, 추한 것이 아름다운 것이 된다. 그러니 아름다운 것은 항상 아름답고 추한 것은 항상 추하다고 단정하지 말라. 만물은 다 하나[萬物一]이니 이렇다 저렇다 울고불고 할 것 없다. 젊어 아름답던 양귀비도 늙어지면 추하다고 여기다가는 떨어진 꽃 역시도 꽃인 것을 모르게 된다.

2. 순(舜)은 위형(委形) · 위화(委和) · 위순(委順) · 위태(委蛻)를 몰랐다

【우화(寓話)】

순(舜)이 승(承)에게 물었다[舜聞承曰]. "도란 얻어서 가질 수 있는 것인가요[道可得而有乎]?" 승이 대답했다[曰]. "당신의 몸마저도 당신의 것이 아니지요[汝身非汝有也]. 그런데 어찌 당신이 도라는 것을 얻어 갖는단 말이오[汝何得有夫道]." 이에 순이 말했다[舜曰]. "내 몸이 내 것이 아니라면[吾身非吾有也] 누구의 것이란 말이오[孰有之哉]?" 승이 받았다[曰]. "그것은 천지가 맡겨 둔 모습이지요[是天地之委形]. 당신의 생명도 당신 것이 아니고[生非汝有] 천지가 맡겨 둔 기운의 화합이지요[是天地之和]. 당신의 본성도 당신의 것이 아니고[性命非汝有] 천지가 맡겨 둔 이치에 따르는 것이지요[是天地之委順也]. 자손도 당신 것이 아니고[孫子非汝有] 천지가 맡긴 허물을 벗는 것이지요[是天地之委蛻]. 그러니[故] 가면서도 어디로 가는지 모르고[行不知所往], 살면서도 어찌 사는지 모르고[處不知所待], 먹으면서도 어찌된 맛인지 모른다오

〔食不知所味〕. 모든 것이 다 천지가 활발하게 하는 기운이지요〔天地之彊陽氣〕. 어찌 천지의 어떤 것인들 가질 수가 있겠소〔又胡可得而有邪〕."

承:이을 승 孰:누구 숙 委:맡겨둘 위 蛻:허물 벗을 세(태)
彊:강할 강. 강(强)과 같음

【담소(談笑)】

승(承)은 순(舜)의 스승이란 설이 있다. 순(舜)은 유가(儒家)에서 성왕(聖王)으로 받드는 임금이다. 도(道)를 얻어 가질 수 있느냐고 묻는 순(舜)을 승(承)이 혼내고 있다. 어느 것 하나 가질 것이라곤 없는데, 하물며 도(道)를 소유하겠다고 생각하는 순(舜)은 소지(小知)의 인간에 불과하다. 소유(所有)의 욕(欲)은 사람을 오만하게 하는 소지(小知)의 터를 만들기 때문이다.

네 몸〔汝身〕도 네 것〔汝有〕이 아닌데 어찌 네가 무릇 도(道)를 얻어 갖겠다 하느냐고 반문하는 승(承)은 지인(至人)의 이웃은 된다. 내 몸이 내 것이 아니라 천지 것인 줄 알면 지인(至人)의 이웃으로 살 수 있기 때문이다. 노장(老莊)이 좋아하는 그 지인은 지락(至樂)을 누리는 주인이다. 만물이 서로 하나가 되어 누리는 즐거움이 지락(至樂)이다. 지락은 곧 무위(無爲)의 즐거움인 소일(所一)의 낙(樂)이다.

어찌하면 도(道)를 누릴 수 있는가? 승(承)의 말을 들으면 된다. 지락(至樂)을 누리며 살 수 있는 길을 승(承)이 순(舜)에게 간명하게 말한다. 천지지위형(天地之委形)·천지지위화(天地之委和)·천지지위순(天地之委順)·천지지위태(天地之委蛻). 득도(得道)하고 싶은가? 그렇다면 승(承)의 가르침을 행하면 된다. 내가 도를 얻는다〔吾得道〕 함은 내가 도를 소유한다〔吾有道〕는 말이 아니다. 득도(得道)란 오도(悟道)이다. 도(道)를 터득해 깨치는 것은 지인(至人)의 몫이다.

득도(得道)는 도(道)를 누린다 함이다. 본래 내 것〔吾有〕이란 없다. 물론 네 것〔汝有〕도 없다. 내 몸〔身〕도 천지의 것〔委形〕이요 내 목숨〔和〕도 기(氣)가 모인〔聚〕 천지의 것〔委和〕이요, 내 본성〔順〕도 천지의 것〔委順〕이다. 내 자식마저도 천지의 것〔委蛻〕이다. 새끼〔子女〕를 천지지위태(天地之委蛻)라고 말하는 승(承)의 뜻을 순(舜)은 모른다. 태(蛻)는 세(稅)로 읽어도 된다. 허물을 벗고 탈바꿈하는 게 곧 태(蛻)다. 성충이 허물을 벗고 새롭게 나비가 되어 허공을 나는 것을 보라. 나비가 절로 그렇게 하는 것이 아니라 천지가 시켜서 그렇게 한다는 것이 위태(委蛻)란 말이다.

내 자식 내 맘대로 못한다고 한탄할 것 없다. 내 자식은 내 것이 아니라 천지가 나한테 잠깐 맡겨 둔 것〔委蛻〕일 뿐이다. 위태(委蛻)의 태(蛻)는 천지가 나로 하여금 벗게 한 내 모습〔形〕이다. 내 허물을 벗어버린 것이 내 자식이니 어찌 내 자식이라도 내 것일 수 있겠는가 말이다. 소유(所有)란 없다. 하물며 소유욕(所有欲)이 어디 있을 것인가. 그러나 인간은 이를 모르고 한사코 소유(所有)를 향해 몸을 던지고 목숨을 바친다. 노장(老莊)의 무(無)는 소유(所有)할 것이 없다는 말이고, 여래(如來)의 공(空) 역시 소유할 것 없다는 말씀으로 통한다. 하물며 어찌 도를 얻어 갖겠다〔得有〕고 하는가? 소유욕(所有欲)에 걸려든 인간이 왜 건방질 수밖에 없는지 알 만하다.

3. 공자가 노자에게 지도(至道)를 묻는다

【우화(寓話)】

공자가 노담에게 물었다〔孔子問於老聃曰〕. "오늘은 한가하므로 지도에 관해 묻고자 합니다〔今日晏閒敢問至道〕." 노담이 대답했다〔老聃曰〕. "그대는 재계하여 마음을 깨끗이 하고〔汝齋戒疏瀹而心〕, 정신을 맑고 깨끗이 하며〔澡雪而精神〕, 지식 따위를 덜고 덜어 물리치시오〔掊擊而知〕. 무릇 도란 으슥하고 아득해 말하기 어렵지요〔夫道窅然難言哉〕. 그대를 위해 약간이나마 말해 볼까 하오〔將爲汝言其崖略〕. 무릇 분명하여 눈에 보이는 것은 어두워 눈에 보이지 않는 것에서 생기고〔夫昭昭生於冥冥〕, 모습이 있어 분별할 수 있는 것은 형체가 없는 것에서 생기며〔有倫生於無形〕, 정신은 도에서 생기고〔精神生於道〕, 몸은 기운이 모여 생긴다오〔形本生於精〕. 그리고 만물이란 몸을 따라 서로 생기는 것이오〔而萬物以形相生〕. …… 또한 도에 대한 해박한 지식이 반드시 필요한 지식은 아니며〔且夫博之不必知〕, 도에 관한 말을 잘하는 것이 반드시 필요한 지혜는 아니오〔辯之不必慧〕. 성인은 그 따위 것들을 다 끊어 버리오〔聖人以斷之矣〕. 더하고 더하려 하지 않으며〔若夫益之而不加益〕, 덜어내면서 덜어내려고 하지 않음〔損之而不加損〕이 성인이 지키는 바라오〔聖人之所保也〕. 깊고 깊어 성인이 지키는 바는 바다 같고〔淵淵兮其若海〕, 높고 높아 끝남이 곧 시작함이오〔巍巍乎其終則復始〕. 만물을 움직이면서도 다함이 없다면 군자가 가는 길이오〔運量萬物而不匱則君子之道〕. 그것이 밖에 있단 말일까요〔彼其外與〕? 만물이 모두 왕래하면서 기운을 얻어도 다함이 없다 하오〔萬物皆往資焉而不匱〕. 이런 것이 도라는 것이오〔此其道與〕."

晏:늦을 안　閒:사이 한　齋:엄숙할 재　戒:삼갈 계　疏:치울 소
瀹:씻을 약　澡:깨끗이 할 조　搟:덜 부　擊:부딪칠 격
眊:멀리 바라볼 요　崖:벼랑 애　略:다스릴 략　昭:밝을 소
冥:어두울 명　倫:무리 륜　博:넓을 박　辯:말 잘할 변　資:밑천 자
慧:사리에 밝을 혜　益:더할 익　損:덜어낼 손　淵:깊을 연　巍:높을 외
終:끝날 종　匱:다할 궤　彼:저 피　往:갈 왕

【담소(談笑)】

공자가 노자를 만나 지도(至道)를 묻는 광경을 이 우화(寓話)의 한 장면으로 상상해 보라. 극 중의 대사를 듣는 심정으로 두 성인의 이야기를 들어 보라. 역사적 사실이냐고 시비 걸지 말라. 그러면 우화가 주는 재미를 맛보지 못한다. 그냥 상상하며 두 분의 대화를 즐기면 된다.

지도(至道)란 도를 터득해 깨쳤다는 말이다. 불가(佛家)의 말로는 오도(悟道)라고 한다. 물론 불가의 도(道)는 번뇌를 벗는 길이고, 노장(老莊)의 도(道)는 만물과 하나 되는 길이다. 그런데 불가는 도를 깨칠 수 있다 하지만, 노자는 도에 이르기〔至道〕가 어렵다고 말한다. 왜 어려운가? 인간의 온갖 지(知)의 욕(欲)이 그 걸림돌이 되기 때문이다.

욕(欲) 중에서 지식욕(知識欲)이 지도(至道)를 가로막는다. 식욕(食欲)이나 성욕(性欲)이야 모든 목숨의 본성이지만, 지식욕은 사람의 욕(欲)으로 다른 것에 견줄 데 없이 사납다. 조금 아는 것을 갖고 천하를 다 아는 양 거드름을 피우는 인간이 왜 겸허할 수 없는가? 무엇이든지 다 알려는 지식욕 때문이다. 지식욕이 인간을 오만하고 건방지게 한다. 그 욕(欲)만 벗어나면 누구든 절로 순하고 겸허하고 수수하게 산다.

재계(齋戒)하라. 엄숙하게 하라〔齋〕. 몸과 마음을 엄하게 하라.

삼가라〔戒〕. 몸과 마음이 흐트러지지 않게 하라. 이처럼 재계(齋戒)는 스스로 겸손하게 하라는 뜻이다. 재계하라. 이는 오만하지 말라 함이다. 소약(疏瀹)하라. 세탁(洗濯)하라는 말이다. 막힘 없이 통하게 하라〔疏〕. 소통(疏通)하면 궁(窮)을 벗어나는 법. 그러자면 무엇보다 먼저 마음을 열라. 씻어 깨끗이 하라〔瀹〕. 아는 것이 힘이라 하지만 아는 것이 마음을 오만하게 하는 법. 힘만 믿고 거만하게 굴다가는 망하고 만다. 그러니 마음을 깨끗이 씻어 내라. 무엇을 씻어 내란 말인가? 지식욕(知識欲)을 씻어 내라. 지식욕만 씻어 내면 마음가짐은 정신을 맑고 깨끗하게 한다. 그런 정신의 모습을 조설(澡雪)로 묘사하는 노자여! 마음을 씻어 헹궈서 정신을 눈처럼 희게 하라〔澡雪〕는 말씀이 나를 몹시도 부끄럽게 한다.

지식을 습득하듯이 도를 알려고 하는가? 그러나 안 될 일이다. 인간으로서는 알 수 없는 것이 있기 때문이다. 알 수 없다고 해서 없다고 말하지 말라. 밝은 것〔昭昭〕이 어두운 것〔冥冥〕에서 나오는 것이 곧 지도(至道)요, 모든 모양새〔有倫〕가 무형(無形)에서 생기는 것이 지도(至道)요, 정신이 도(道)에서 생기는 것이 지도(至道)이며, 육체가 정(精)에서 생기는 것이 지도(至道)라고 노자는 공자에게 일러 준다. 노자는 유생어무(有生於無)라고 했다. 소소(昭昭)·유륜(有倫)·정신(精神)·형본(形本) 등은 유(有)이고, 명명(冥冥)·무형(無形)·도(道)·정(精)은 무(無)인 셈이다. 인간이 안다 하는 것도 유(有)의 한 부분일 뿐, 무(無)는 알려고 해도 알 수 없는 것이라고 노자는 말한다.

소소(昭昭)는 밝고 분명히 드러나 눈으로 볼 수 있는 것이고, 명명(冥冥)은 어둡고 아득해 눈으로 볼 수 없는 것이다. 유(有)는 볼 수 있지만 무(無)는 볼 수 없다. 유륜(有倫)의 윤(倫)은 이런저런 무리를 뜻하는 유(類)이며, 유(類)는 드러나므로 형(形)이라고 보아도 된다. 정신(精神)은 도(道)의 기운(氣運)으로 보고, 정

(精) 또한 도의 기운으로 볼 수 있다. 몸은 온갖 영양소로 움직인
다. 그 영양소란 기운이 아닌가. 도가 그 기운을 만물에게 준다.
정(精)을 기운의 근원으로 보아도 된다.

　도에 이르는 것에 지식은 필요 없다. 오히려 인간의 유식이 도
를 능멸하려 한다. 알아서 탈이고 모르면 약이다. 왜 이런 속담이
생겼겠는가. 좀 안다고 오만한 인간을 보라. 왜 노자가 일손(日
損)하라 했는지 알 만하다. 날마다 덜어내 버려라〔日損〕. 무엇을
일손(日損)하라 할까? 아마도 지식욕(知識欲)일 것이다. 날마다
지식욕을 덜어내 줄이는 삶이 성인이 지키는 것〔所保〕이리라. 무
엇 때문에 그렇게 한단 말인가? 지도(至道) 때문이다. 그러니 지
도(至道)는 견소포박(見素抱樸)의 삶을 누리는 길이다. 검소하고
수수하라〔見素抱樸〕. 그러면 지도(至道)를 누린다. 그러므로 도를
말하려고 하지 말라. 그래서 노자는 이렇게 말했다. 도를 아는 사
람은 도를 말하지 않고〔知者不言〕, 도를 말하는 자는 도를 모른다
〔言者不知〕.

4. 광요(光耀)가 무유(無有)에게 유(有)·무(無)를 묻는다

【우화(寓話)】

　광요가 무유에게 물었다〔光耀問乎無有曰〕. "그대는 있는 것이
요〔夫子有乎〕 없는 것이요〔其無有乎〕?" 광요는 더 물을 수 없어서
〔光耀不得問〕 무유의 생김새를 꼼꼼히 살펴보았다〔而孰視其狀貌〕.
아득하고 텅 비어〔眢然空然〕 온종일 눈으로 보려고 해도 보이지
않았고〔終日視之而不見〕, 귀로 들으려 해도 들리지 않았으며〔聽之
而不聞〕, 손으로 잡아 보려 해도 잡히지 않았다〔搏之而不得也〕.
광요가 말했다〔光耀曰〕. "지극하구나〔至乎〕. 어느 누가 이런 경지

에 이르겠는가[其孰能至此乎]. 나는 무(無)가 있는 줄 알았지만
[予能有無矣] 무가 없는 줄 미처 몰랐던 셈이오[而未能無無也].
무도 없는 경지에 이르는구나[及爲無無矣]. (유(有)와 무(無)를 구
별하는 자가) 어떻게 무마저 없는[無無] 경지에 이른단 말이오[何
從至此哉]."

耀:빛날 요　孰:누구 숙　窅:멀고 으슥할 요　搏:잡을 박　從:따를 종

【담소(談笑)】

광요(光耀)는 빛나는 것, 즉 빛이다. 빛은 흐른다. 흐름을 일러
광음(光陰)이라 하지 않는가. 광음(光陰)은 시간을 비유하는 말
이다. 이 광요(光耀)를 시간을 연기하는 배우로 상상해 보라. 그
러면 광요는 빛살이 되고 세월이 되고 시간이 되는 묘한 맛을 낸
다. 물론 여기서의 광요(光耀)는 우화 속의 등장인물이다.

무유(無有)의 뜻은 있음[有]의 없음[無]이다. 있음[有]의 없음
[無]을 노자의 말로 치허극(致虛極)의 허극(虛極)이라 한다. 그
허극을 노자는 천망(天網)으로 비유하였다. 천망(天網)은 도가
쳐 놓은 그물이다. 이런 무유(無有)를 그저 그냥 소박하게 허공을
나타내는 배우라고 상상해 보라. 알래야 알 수 없는 것과 친하고
싶다면 걸림 없이 상상하라. 그러면 지식의 늪에서 허우적거리지
않는다. 무유(無有)를 허(虛)나 공(空)으로 체험해 보라. 그러면
망망한 허(虛)에 우주가 떠 있음을 알 수 있고, 좁쌀 속에 우주가
있다는 말을 알게 된다. 그래서 두보(杜甫)는 해와 달을 조롱 속
에 갇힌 새라며 허공 앞에서 황홀해했구나. 물론 여기서 무유(無
有)는 우화 속의 등장인물이다.

우화 속의 광요(光耀)와 무유(無有)가 우주 삼라만상 앞에 앉

아 있다고 상상해 보라. 그 순간 어느 누구인들 황홀하지 않을 것인가. 커서[大] 멀고[遠] 멀어서 돌아가[逝] 되돌아오니[返] 황홀하다고 했던 노자여! 어느 누가 지도(至道)가 곧 무무(無無)의 경지임을 알겠느냐고 반문하는 노자여! 그저 그냥 광요(光耀)를 만나고 무유(無有)를 만나, 만물을 일구어 낸다는 도의 탁약(橐籥)을 상상하면 절로 황홀해지리라. 상상하다 황홀해져 숨소리마저 잠기는 찰나, 생사를 풀무질하는 풀무[橐籥]가 곧 내가 아닌가 싶어 마냥 아득해질 뿐이다.

무엇이든지 알지 않으면 안 된다고 고집하는 사람들에게 노자는 들어도 들리지 않고[聽之而不聞], 보아도 보이지 않으며[視之而不見], 잡으려 해도 잡히지 않는다[搏之而不得]고 말해 준다. 노자는 청지이불문(聽之而不聞)을 한마디로 이(夷)라 하였고, 시지이불견(視之而不見)을 한마디로 희(希)라 했으며, 박지이부득(搏之而不得)을 한마디로 미(微)라 하였다. 식자(識者)들은 노자의 이(夷)·희(希)·미(微)를 한사코 비웃으면서 도(道)나 신(神)을 찾을 수 있는 방정식을 만들자고 아우성이다. 식자여! 생사의 중간에서 조금 알다가 말아야 하는 인지(人智)의 한계를 노장(老莊)은 알고 있다. 그래서 노자는 인간을 일러 추구(芻狗)라고 했다. 스스로를 길가에 버려진 풀강아지[芻狗]로 생각하면 살면서 불편할 게 없겠지만, 그렇지 못하니 우리는 성망(誠忘)에 걸려 한평생을 보내는 셈이다. 잊어선 안 될 것은 잊어버리고, 정작 잊어야 할 것은 잊지 않는 병[誠忘]을 앓으면서 어찌 노자가 말하는 무무(無無)를 알 수 있겠는가? 그냥 무무(無無)를 상상하고 즐기며 황홀함을 느끼는 것만으로도 족하리라.

어 록

성인은 말하지 않는 가르침을 행한다〔聖人行不言之教〕.

도는 말〔人爲〕로써 이를 수 없고〔道不可致〕,

덕은 말로써 이를 수 없으나〔德不可至〕 인은 그렇게 할 수 있다〔仁可爲也〕.

의는 분별해야 하므로 이지러지고〔義可虧〕 예는 서로를 속인다〔禮相僞也〕.

성인의 불언지교(不言之教)와 세존의 염화시중(拈花示衆)은 같다.

만물은 가라앉고 뜨고 하면서〔天下莫不沈浮〕 한평생 새롭고〔終身不故〕,

만물은 길러지면서도 그런 줄을 모른다〔萬物畜而不知〕.

이게 우주 삼라만상의 근본이다〔此之謂本根〕.

죽고 태어나고 하는 것보다 더 새로운 것〔不故〕은 없다.

설결이 피의께 도를 묻자〔齧缺問道乎被衣〕 피의가 말하기를〔被衣曰〕,

자네가 자네 모습을 단정히 하고〔若正汝形〕

자네의 시선을 한곳으로 집중하면〔一汝視〕

자연의 화기가 자네에게 이르고〔天和將至〕,

자네의 앎을 버리고〔攝汝知〕

자네의 태도를 하나로 하면〔一汝度〕

정신이 자네 몸으로 찾아들어〔神將來舍〕 덕이 자네의 아름다움이 되고〔德爲汝美〕,

도가 바야흐로 자네와 함께할 걸세〔道將爲汝居〕.

그러면 자네는 마치 갓 태어난 송아지처럼 될 것이고〔汝瞳焉如新生之犢〕

이런저런 까닭을 따지지 않겠지〔而無求其故〕.

어미가 자장가를 부르면 젖먹이는 잔다.

   ** 설결은 피의가 말하는 사이에 잠을 잤다.

시비를 걸어 따지면 이르지 못하고〔論則不至〕,

뚜렷이 보려 하면 보고자 하는 것이 없으며〔明見無値〕,

따지기는 침묵만 못하다〔辯不若默〕.

도는 들을 수 없으니〔道不可聞〕

귀를 틀어막는 것만 못하다〔聞不若塞〕.

이게 큰 이치를 터득하는 것이다〔此之謂大得〕.

제 귀만 틀어막으면 되는 줄 알고 요령을 단 소를 훔치려 든다
[塞耳偸鈴].

만물을 낳는 자〔物物者〕는 만물과 사이를 두지 않는다〔與物無際〕.

그런데 사물끼리 사이가 있는 것〔而物有際者〕을 일러

사물의 분별이라 한다〔所謂物際〕.

사람과 벌레는 다르다고 주장하는 것은 사람이 하는 짓일 뿐이다.

모른다는 쪽은 깊다〔不知深矣〕. 안다는 쪽은 얕다〔知之淺矣〕.

모른다 함은 안〔自得〕이다〔弗知內矣〕. 안다 함은 밖〔認識〕이다〔知之外矣〕.

불가(佛家)의 조주선사도 노랑 주둥아리 닥치라고 했다.

지극한 말은 침묵하고〔至言去言〕 지극한 짓은 짓거리를 버린다〔至爲去爲〕.

오죽하면 빛 좋은 개살구라 하겠는가.

雜篇 1

경상초(庚桑楚)

요점 사려(思慮)와 시비(是非)를 버리면 무(無)이다.

입문 이렇다 저렇다 말로 드러내지 말라.

이 편에서 경상초(庚桑楚)는 노자의 제자로 등장한다. 그 이름을 따 이 편의 이름을 달았을 뿐 다른 뜻은 없다. 전반적으로 이 편은 노자의 무위자연(無爲自然)을 체험하게 하는 우화들로 채워져 있다. 무위자연을 그냥 무(無)라 해도 되리라. 사람의 짓을 떠난 경지를 체험하게 하므로 이 편의 우화을 들어 보면 아주 홀가분한 생각이 든다. 특히 노자(老子)를 찾아간 남영주(南榮趎)에게 노자가 네 가지 육자(六者)를 들어 인위(人爲)와 무위(無爲)를 해명하는 끝 부분을 잘 살펴보아야 한다.

『장자(莊子)』는 첫편인 「소요유(逍遙遊)」 편에서부터 마지막 편 「천하(天下)」 편까지 총 33편으로 보는 것이 일반적이다. 「소요유(逍遙遊)」 편에서 「응제왕(應帝王)」 편까지 7편을 내편(內篇), 「변무(騈拇)」 편에서 「지북유(知北遊)」 편까지 15편을 외편(外篇), 「경상초(庚桑楚)」 편에서 「천하(天下)」 편까지 11편을 잡편(雜篇)으로 분류한다. 이중 내편이 가장 우수하고, 외편은 그 다음이며, 잡편은 급이 낮다고 말하는데, 이런 말들은 그냥 흘려들어도 무방할 것이다. 오랜 세월에 걸쳐 노장의 무위자연이 잡편의 여러 우화들에 스며들었다는 것을 알면 그만이다.

「경상초(庚桑楚)」 편의 무(無)는 선(禪)을 떠올리게 한다. 무

(無)나 선(禪)은 드러내는 것이 아니다. 노장(老莊)의 무(無)는 숨지만, 유(有)는 드러난다. 불가(佛家)의 선(禪)은 숨지만, 교(敎)는 드러난다. 그러니 노장의 무(無)도 불언(不言)의 도(道)요, 불가(佛家)의 선(禪)도 불언(不言)의 법(法)인 셈이다. 이렇다 저렇다 말로 드러내지 말라. 「경상초」편의 우화들은 이처럼 체험하게 한다. 그래서 「경상초」편의 우화를 체험하면 제 자랑을 일삼다 이골이 난 소인배들도 철들어 입이 좀 무거워질 것이다. 입을 다물어 보라. 그러면 누구나 불언(不言)의 첫발을 내딛는다. 말하지 않는 자는 안다〔不言者知〕. 그러나 말하는 자는 모른다〔言者不知〕. 무엇을 알고 무엇을 모른다는 것인가? 바로 나〔吾〕이다. 자신을 아는 자는 침묵(沈默)하여 자기를 드러내지 않을 줄 안다. 그래서 「경상초(庚桑楚)」편의 우화들은 무위자연(無爲自然)을 누리고 사는 즐거움이 어떤지를 터득하게 한다.

1. 요순(堯舜)이 대란(大亂)의 바탕을 세웠다

【우화(寓話)】

"그네들[堯舜]이 변설로 한 것이란[是其於辯也], 담장이나 무너지게 하고 잡초나 무성하게 하거나[將妄鑿垣墻而殖蓬蒿也], 머리칼을 한 올씩 빗게 하거나[簡髮而櫛], 쌀을 한 톨씩 세어서 밥을 짓게 하며[數米而炊] 깐깐하게만 군 것이 아닌가[竊竊乎]. 그런데 얼마나 세상을 도왔단 말이냐[又何足以濟也哉]. (요순(堯舜)이 한 것처럼) 현자를 등용해 쓰면 백성이 서로 삐걱거리고[擧賢而民相軋], 지식을 따져 일을 맡기면 백성은 서로 속이려 들지[任知則民想盜]. 이런 짓거리로는[之數物者] 세상 사람을 행복하게 할 수가 없어[不足以厚民]. 백성을 이익에만 쏠리게 하는 것은[民之於利甚勤] 자식이 제 아비를 죽이는 일을 생기게 하고[子有殺父], 신하가 제 임금을 죽이는 일을 생기게 하며[臣有殺君], 밝은 대낮에 도둑질하고[正晝爲盜] 한낮에 남의 집 뒷담을 뚫고 들어가는 일이 생기게 만들어[日中穴坏]. 내 너에게 말하지만 대란의 바탕은 필연코 요순 시대에 생긴 거야[吾語汝大亂之本必生於堯舜之間]. 천대를 지난 후에도 그런 짓거리는 없어지지 않아[其未存乎千代之後]. 분명 사람이 사람을 잡아먹는 일이 생길 거야[其必有人與人相食者也]."

鑿:뚫을 착　垣:담 원　墻:담장 장　殖:자랄 식　簡:가릴 간　櫛:빗 즐
炊:불땔 취　濟:건질 제　軋:삐걱거릴 알　勤:힘쓸 근　坏:뒷담 배
蓬蒿(봉호):잡초

【담소(談笑)】

경상초(庚桑楚)는 노자(老子)의 제자라고 한다. 초(楚)는 이름이고 경상(庚桑)은 성씨다. 위의 우화에서 경상초는 요순(堯舜)을 예찬하는 제자를 나무라고 있다. 즉 경상초는 유가의 물이 든 제자를 혼내고 있는 것이다.

경상초는 노자의 도를 조금 터득하고 난 뒤, 외루(畏壘)라는 산에서 살았다. 지혜가 돋보이는 자를 내보내고 어진 척하는 여자를 멀리하며, 못생긴 사람들과 어울리며 열심히 일하는 사람들하고만 살았다. 그래서 외루 고을이 잘 살게 되자 사람들은 그를 성인에 가깝다 하여 고을의 수령으로 모시려고 하였다. 이를 알게 된 경상초가 언짢은 얼굴을 하고 남쪽을 향해 앉아 있으니 제자들이 이상하게 여겼다. 아마도 제자들은 스승이 고을 사람들의 간청을 거절하지 말기를 바랐던 모양이다.

고을에 풍년이 든 것은 봄기운으로 온갖 풀을 무성하게 하고 열매를 맺게 하며, 가을이 되어 익도록 해준 자연의 덕이다. 경상초는 "자연이 풍성하게 해준 것을 두고 내가 한 것인 양 고을 사람들이 수군거리며 나를 현인(賢人)의 부류에 넣고 있다니 내 언짢을 수밖에 없다"고 제자들에게 실토한다.

제자들이 선생에게 요순을 들먹이며 외루 사람들의 청을 거두지 말라고 간청하는 대목은 이러하다. "대체로 현명한 사람을 높이고, 능력이 있는 분에게 벼슬을 주며〔夫尊賢授能〕, 착하고 이로운 일을 앞세우는 것은〔先善與利〕 요순 이후로 당연한 일입니다〔自古堯舜以然〕." 이렇게 외루 사람들의 청을 받아들이기를 간청하는 제자들에게 경상초는 위와 같이 요순을 질타한 것이다.

법 없이 사는 세상이 곧 무위의 세상이다. 공맹(孔孟)의 후예들은 요순이 문물제도를 만들어 세상을 열었다 찬양하지만, 노장(老莊)의 후예들은 요순 탓에 인간이 천방을 잃어버리고 묶여 살게 되었다고 비판한다. 경상초 역시 절절호(竊竊乎)라며 요순을 질타한다.

절절호(竊竊乎) 대신에 찰찰호(察察乎)로 되어 있는『장자(莊子)』본(本)도 있다. 절(竊)을 찰(察)로 보는 셈이다. 꼼꼼하고 깐깐한 것이 찰(察)이다. 절(竊)이란 훔쳐본다는 말이다. 남몰래 살펴본다 함은 작은 일에 신경을 써서 불편하게 한다 함이다. 머리칼을 한 올씩 세어서 빗게 하고 쌀을 한 톨씩 세어서 밥을 짓게 한다면 얼마나 살기가 힘들겠는가. 일일이 감시를 받으면서 사는 것은 고역이다.

거현이민상알(擧賢而民相軋). 거현(擧賢)은 현명한 사람을 등용한다는 말이다. 그러나 유가(儒家)의 현명(賢明)과 도가(道家)의 현명(賢明)은 서로 다르다. 유가는 유식(有識)을 현명하다 하고, 도가는 무식(無識)을 현명하다 한다. 유식한 사람을 앞세워 등용하다 보면 백성이 서로 유식해지려고 다투기〔軋〕를 마다 않아 살벌해진다는 것이다. 어린것들이 목숨을 걸고 수능시험을 치러야 하는 지금 세상을 경상초가 본다면 요순의 거현(擧賢) 탓이라고 하리라.

임지이민상도(任知而民相盜). 임지(任知)는 유식한 사람에게 임무를 맡긴다는 말이다. 유식한 사람을 골라 관리자로 삼다가는 백성들이 너나없이 관리자가 되려고 서로 속이게 된다는 것이다. 도(盜)는 훔치는 짓이니 결국 남에게 들킬세라 감추고 숨기게 된다는 것이다. 남보다 유식한 체하다 사기를 치는 꼴이다. 무식하다는 평을 들으면 망신이라는 두려움 때문에 저마다 잘났다며 고개를 쳐들고 오두방정을 떤다. 지금 세상을 본다면 경상초는 요순의 임지(任知) 탓에 경망스러워졌다고 평하리라.

경상초는 요순의 거현(擧賢)과 임지(任知)를 대란(大亂)의 근본이라고 단언한다. 대란이란 자식이 제 아비를 죽이는 일〔子有

殺父]이나, 신하가 제 임금을 죽이는 일〔臣有殺君〕이 생기는 세상
이다. 낳아 준 부모를 죽이는 세상은 결국 사람이 사람을 잡아먹
는 세상과 다를 바 없다. 눈 뜨고 코 베이는 세상이란 말을 들어
보았을 것이다. 지금 세상은 사람이 사람을 잡아먹는 일〔人與人相
食者〕이 도처에서 날마다 일어나고 있다.

살인(殺人), 강도(强盜), 사기(詐欺), 부정부패(不正腐敗) 등이
곧 사람 잡아먹는 짓거리인 셈이다. 이런 짓들이 빈번한 세상을
식인(食人)의 세상이라 한다. 식인(食人)의 세상이 밀림의 오지
(奧地)에만 있다고 여기지 말라. 오히려 지금 같은 문명 세상에서
더욱 치열하게 전개되는 판이다. 이런 문명 세상에서 경상초(庚
桑楚) 같다가는 단번에 먹히고 말 것이라고 단언하지 말라. 경상
초 같은 이는 식인(食人)의 난장판에 모습을 드러낼 리 없으니 잡
아먹힐 일이란 결코 없으리라. 서로 잡아먹자고 덤비다가 저 먼
저 잡아먹히는 꼴을 유식(有識)하다는 놈일수록 알지 못한다. 오
죽하면 제 손의 도끼로 제 발등을 찍는다 하겠는가.

2. 당신은 왜 노자(老子)를 만나 보지 않는가

【우화(寓話)】

남영주가 놀라 몸가짐을 바로 하고 물었다〔南榮趎蹴然正坐曰〕.
"저 같은 사람은 이미 나이가 들었습니다〔若趎之年者已長矣〕. 앞
으로 어찌 배우는 일을 하면 그 말씀을 따라 해내겠습니까〔將惡
乎託業以及此言邪〕." 경상자가 말해 주었다〔庚桑子曰〕. "당신의
몸을 온전히 하고〔全汝形〕, 당신의 목숨을 잘 간수하며〔抱汝生〕,
이것저것 바쁘게 생각하지 말아야지요〔無使汝思慮營營〕. 이렇게
삼 년이 지나면〔若此三年〕 내가 한 말을 따라 할 수 있겠지요〔則

可以及此言也〕."

　남영주가 다시 말했다〔南榮趎曰〕. "눈의 모양새는 다 같은데〔目之與形〕, 저는 그 다름을 모르겠습니다만〔吾不知其異也〕 장님의 눈은 스스로 볼 수 없습니다〔而盲者不能自見〕. 귀의 모양새는 다 같은데〔耳之與形〕, 저는 그 다름을 모르겠습니다만〔吾不知其異也〕 귀머거리는 스스로 들을 수 없습니다〔而聾者不能自聽〕. 심장의 모양도 다 같은데〔心之與形〕, 저는 그 다름을 모르겠습니다만〔吾不知其異也〕 미치광이는 스스로 무엇을 알 수 없습니다〔而狂者不能自得〕. 몸은 서로들 같고〔形之與形〕 또한 열려 드러나 있습니다〔亦辟矣〕. 그런데 무엇이 가로막고 있단 말입니까〔而物或間之邪〕. 서로 (도를) 구하고자 하나〔欲相求〕 (도를) 터득하지 못합니다〔不能相得〕. 방금 저〔趎〕에게 말씀하시길〔今謂趎曰〕, 네 몸을 온전히 하고〔全汝形〕 네 목숨을 온전히 하여〔抱汝生〕, 너로 하여금 이것저것 생각하게 하지 말라〔勿使汝思慮營營〕 하셨습니다. 저〔趎〕대로 열심히 말씀을 들었습니다만〔趎勉聞道〕 (깨우치질 못하고) 귓전에만 울리고 맙니다〔達耳矣〕."

　경상자가 말했다〔庚桑子曰〕. "할 말은 다 했어요〔辭盡矣〕. 말하건대〔曰〕, 땅벌은 콩잎벌레의 알을 부화시킬 수 없고〔奔蜂不能化藿蠋〕 당닭은 고니의 알을 품을 수 없으나〔越雞不能伏鵠卵〕, 촉닭은 품을 수가 있지요〔魯雞固能矣〕. 다 같은 닭인데〔雞之與雞〕 닭의 품성이 달라 그런 건 아니지요〔其德非不同也〕. 능력이 있고 없음은〔有能與不能者〕 능력을 낼 재주가 크냐 작냐에 달린 것이지요〔其才有巨小也〕. 지금은 내 재주가 작아서〔今吾才小〕 당신을 깨우치게 할 수 없어요〔不足以化子〕. 당신은 어찌 남쪽으로 가 노자를 만나 보지 않는 것이오〔自胡不南見老子〕."

閒：사이 한　託：맡길 탁　營：바빠하는 모양 영　藿：콩잎 곽
蠋：나비애벌레 촉　鵠：고니 곡
奔蜂(분봉)：땅벌　藿蠋(곽촉)：콩잎애벌레　越雞(월계)：당닭
魯雞(노계)：촉닭(큰 닭)

【담소(談笑)】

　남영주(南榮趎)는 경상초(庚桑楚)의 제자로, 주(趎)는 이름이고 남영(南榮)은 성씨라고 한다. 이렇게 주(註)가 되어 있지만, 경상 초와 남영주를 우화(寓話) 속에 등장하는 이야기꾼으로 여기면 그만이다. 우화란 어떤 뜻을 두고 만들어 낸 이야기이지 사실(事 實)에 근거한 이야기는 아니다. 그러나 거짓말 또한 아니니 가장 참 말다운 효력을 내는 것이 바로 우화의 힘이라 하겠다.

　이 편에서는 나이가 들었는데도 도(道)를 터득할 수 없다며 자 신 앞에 조아리는 남영주에게, 경상초가 무위로 사는 방편을 말해 주고 있다. 무위로 사는 방편이 곧 전여형(全汝形)이요, 포여생 (抱汝生)이며, 무사여사려영영(無使汝思慮營營)이다. 그러나 남영 주는 선생의 말씀이 귓전에만 맴돌 뿐 터득할 길이 없다 한다. 그 러자 경상초 역시 할 말을 다했다며 자신의 능력이 미치지 못함을 실토하고, 왜 남쪽에 있는 노자를 찾아가지 않느냐고 반문한다. 선생인 경상초와 제자인 남영주는 서로 속을 다 드러내 숨기는 것 이 없다. 이 또한 무위가 아닌가. 경상초가 좀 안답시고 떵떵거리 는 인간들을 부끄럽게 하는구나.

　전여형(全汝形). 전(全)은 온전하게 하라 함이다. 여형(汝形)은 너의 드러남이니 곧 너의 몸을 말한다. 네 몸을 온전히 하라〔全汝 形〕. 내 몸은 내 것이 아니다. 도(道)로부터 물려받았을 뿐이다. 도(道)를 그냥 천지라고 한들 어떠랴. 그러니 나는 빌린 것이고

나는 내 것이 아니다. 도(道)의 것이니 잘 보전했다가 돌려줘야한다. 이는 곧 생사(生死)를 잘 살펴 두라는 말이다. 도(道)로부터 빌리는 것을 생(生)이라 하고 돌려주는 것을 사(死)라고 하면 어떠랴. 그러니 전여형(全汝形)은 온전히 살다가 온전히 죽는다는 뜻이다. 하늘을 우러러 한 점 부끄럼 없이 산다면 곧 전여형(全汝形)이다.

포여생(抱汝生). 포(抱)는 품에 안긴다는 말이다. 이는 곧 잘간수하라는 말이다. 더할 것도 없고 덜 것도 없이 있는 그대로 여생(汝生)을 잘 간수하라. 여생(汝生)은 너의 삶이니 곧 너의 목숨을 말한다. 어떻게 하면 물려받은 목숨을 잘 간수할까? 견소포박(見素抱樸)하라. 여기서 소(素)와 박(樸)은 같은 뜻이다. 꾸밈없이 수수하게 있는 그대로가 바로 소(素)이며 박(樸)이다. 이러한소박(素樸)을 살피고[見] 껴안아라[抱]. 그러면 무위로 살아 절로목숨이 잘 간수되리라. 그러자면 무엇보다 검소(儉素)하라.

전여형(全汝形)하고 포여생(抱汝生)하려면 먼저 사려영영(思慮營營)에서 벗어나야 한다. 사려영영(思慮營營)을 불가(佛家)에서는 번뇌망상(煩惱妄想)이라 한다. 사려(思慮)란 생각하고 염려함이다. 왜 생각하고 염려하는가? 바라는 바[欲]가 있기 때문이다. 그러니 바라는 바를 없애라. 경상초(庚桑楚)의 말대로 노자(老子)의 말을 들으면 바라는 바를 없앨 수 있다. 『노자(老子)』 24장을들어 보면 조금은 터득할 수 있으리라.

『노자』 24장은 이러하다. "발뒤축을 들고 발가락으로 서 있는사람은 오래 서 있을 수 없고[企者不立], 발걸음을 성큼성큼 내밀어 걷는 사람은 멀리 가지 못한다[跨者不行]. 자기를 내세우면 밝지 못하고[自見者不明], 자기만 옳다고 고집하면 따돌림을 당하며[自是者不彰], 제 자랑을 일삼는 사람은 공을 잃어버리고[自伐者無功], 자기를 과시하는 사람은 오래가지 못한다[自矜者不長].

도(道)와 함께하는 사람은〔其在道也〕 이런 짓들을 먹다 남긴 밥이나 얼굴에 난 혹같이 여긴다〔曰餘食贅行〕. 그런 짓들은 남들이 좋아하지 않는다〔物或惡之〕. 그래서 도와 함께하는 사람은 그런 짓들로부터 멀리 떨어져 가까이하지 않는다〔故有道者不處〕."

3. 편히 살고 싶다면 네 갈래의 육자(六者)를 살펴보라

【우화(寓話)】

거리에서 남의 발을 밟으면〔蹍市人之足〕 죄송하다는 말을 해야 한다〔則辭以放鰲〕. 형의 발을 밟았다면 웃으면 그만이다〔兄則以嫗〕. 어버이의 발을 밟았다면 아무것 하지 않아도 된다〔大親則已矣〕. 그래서 다음같이 말한다〔故曰〕. "지예(至禮)에는 사람을 차별함이 없다〔至禮有不人〕. 지의(至義)에는 사물을 차별함이 없다〔至義有不物〕. 지지(至知)는 도모하지 않는다〔至知不謀〕. 지인(至仁)은 친근하게 하지 않는다〔至仁不親〕. 지신(至信)은 담보를 잡지 않는다〔至信辟金〕. 뜻의 흔들림을 뿌리쳐라〔徹志之勃〕. 마음의 그릇됨을 풀라〔解心之謬〕. 덕을 동여매지 말라〔去德之累〕. 도의 막힘을 터라〔達道之塞〕. 귀(貴)·부(富)·현(顯)·엄(嚴)·명(名)·이(利)라는 여섯은 뜻을 흔들어 놓는다〔貴富顯嚴名利六者勃志也〕. 용(容)·동(動)·색(色)·이(理)·기(氣)·의(意)라는 여섯은 마음을 홀려 그릇되게 한다〔容動色理氣意六者謬心〕. 오(惡)·욕(欲)·희(喜)·노(怒)·애(哀)·낙(樂)이라는 여섯은 덕을 동여맨다〔惡欲喜怒哀樂六者德之累也〕. 거(去)·취(就)·취(取)·여(與)·지(知)·능(能)이라는 여섯은 도를 틀어막는다〔去就取與知能六者塞道也〕. 이 스물네 가지가 마음 속을 흔들어 놓지 않으면 정(正)하다〔此四六者不盪胸中而正〕. 정(正)하면 정(靜)하다[正則靜]. 정(靜)하면 명(明)하다[靜則明]. 명(明)하면 허(虛)하다[明則虛]. 허(虛)하면 할 것도 없고 하지 못할 것도 없다[虛則無爲而無不爲也]. 도란 덕이 받드는 것이고[道者德之欽也], 삶이란 덕이 빛나는 것이며[生者德之光也], 본성이란 삶의 본질이다[性者生之質也]. 본성의 움직임을 위(爲)라고 하고[性之動謂之爲], 그 위(爲)가 사람만을 위하는 짓[僞]이면 실(失)이라 한다[爲之僞謂之失]. 지자(知者)는 사귄다[知者接也]. 지자는 이것저것 꾀하려 한다[知者謨也]. 지자가 알지 못하는 바는[知者之所不知] 사물의 겉만 노려보는 짓과 같다[猶睨也]. 자연스러운 움직임이 덕이고[動以不得已之謂德] 본성대로의 동(動)이면 치(治)이다[動無非我之謂治]. 명(名)은 서로 어긋나지만 실(實)은 서로 따른다[名相反而實相順]."

蹍:밟을 전　驁:오만할 오　嫗:따스할 구　謀:꾀할 모　辟:물리칠 벽
徹:뚫을 철　勃:일어날 발　謬:그릇될 류　累:묶을 루　塞:막힐 색
顯:유명할 현　嚴:높일 엄　盪:흔들어댈 탕　胸:가슴 흉　欽:공경할 흠
睨:흘겨볼 예

【담소(談笑)】

남영주(南榮趎)가 경상초(庚桑楚) 선생의 말을 듣고 남쪽으로 가서 노자를 만났는데, 노자가 남영주에게 여러 가지 이야기를 들려 주고 있다고 여기고 이 우화를 들어 보라. 듣는 재미가 있을 것이다. 이 우화 역시 유가(儒家)가 소중히 여기는 것들을 가소롭다 여기게 한다. 아직 유가의 틀을 다 벗지 못한 남영주가 노자의 말을 경청한다고 상상해 보라. 또 말하지 않고 가르치는 일[不言之敎]을 행하는 노자가 일일이 말로 설명하고 있다고 상상해 보

라. 그 때문에 이 우화를 시비(是非)거리로 삼을 수는 없을 것이다. 유가의 때를 다 벗지 못한 남영주를 보고 노자가 마지못해 입을 열었다고 상상해 보면 어떨까. 우리 모두 남영주가 되어 노자를 우리네 선생으로 모실 수도 있지 않겠는가.

인(仁)·의(義)·예(禮)·지(知)·신(信)은 유가(儒家)의 오상(五常)이다. 이 우화의 시작은 소위 다섯 가지 변함 없는 진실[常]이란 게 얼마나 허망한 것인지를 새기게 한다. 남의 발을 밟았을 때를 비유해 예(禮)를 설명하는 대목이 얼마나 진술한가. 남의 발을 밟았을 때는 사이방오(辭以放驁)하지만, 아우가 형의 발을 밟았을 때는 이구(以嫗)한다는 노자의 말을 들어 보라. 얼마나 쉽고 구수하게 예(禮)를 말하고 있는가. 아마도 이런 비유가 곧 불언지교(不言之教)가 아닐까 싶다.

사이방오(辭以放驁). 겸손하게 말한다는 뜻이다. 방오(放驁)의 오(驁)는 준마가 잘 달린다며 과시하는 모습이니 오만불손하다는 뜻이고, 방(放)은 버린다는 뜻이다. 결국 사이방오(辭以放驁)란 공손하고 얌전하게 죄송하다고 말한다는 뜻이다. 남에게는 이렇게 예(禮)를 갖추는데, 그런 예(禮)는 겉으로 드러낸 예절에 불과하다. 그러나 동생이 형의 발을 밟을 적에는 미소를 지으면 그만이다. 이구(以嫗)란 할머니가 손자를 바라보고 웃듯이 한다는 뜻으로 새기면 된다. 어디 그뿐인가. 어버이의 발을 밟을 적에는 아무 일 없었던 듯이 해도 탈이 나지 않는다. 마음이 서로 통하면 유별나게 예를 따질 일이 없기 때문이다. 이렇게 지극한 예[至禮]는 겉으로 드러나지 않지만, 유가(儒家)의 예(禮)는 드러낸다. 겉으로는 공손하면서 속에다 괘씸한 심술을 숨겨 둔다면 겉보기만 예(禮)일 뿐, 마음 속은 무례(無禮)하기 짝이 없다.

지례불인(至禮不人). 지극한 예(禮)는 불인(不人)한다[至禮不人]. 사람을 가리지 않는다[不人]. 귀천을 따져 귀하면 예를 갖추고 천하면 무례하게 대하는 짓을 범하지 말라. 고하를 따져 예를 가리지 말라. 자식들도 물려받을 재산이 있으면 부모에게 공손하고 그렇지 못하면 불손하게 구는 일이 빈번하다. 자기한테 이득이 되면 공손하고 그렇지 못하면 불손한 것은 거짓 예(禮)이다. 노자가 말하는 지례불인(至禮不人)이 참으로 우리를 낯뜨겁게 한다.

지의불물(至義不物). 지극한 의(義)는 불물(不物)한다〔至義不物〕. 사물을 차별하지 않는다〔不物〕. 불물(不物)은 망기(亡己)로 새겨도 된다. 내가 나를 잊는 것〔亡己〕이 곧 불물(不物)이다. 불물이면 차별은 없어진다. 사물의 귀천을 따지는 짓은 오직 사람만 범할 뿐이다. 사금(砂金)을 생각해 보라. 모래〔砂〕는 흔하니 천해서 싸고, 금(金)은 흔치 않으니 귀해서 비싸다 하는 것은 인간의 짓일 뿐이다. 여기서 물(物)은 인간의 그런 짓을 암시하니, 불물(不物)은 삼라만상을 차별하지 않는다는 뜻이 된다. 그래서 노자는 만물을 추구로 삼는다〔以萬物爲芻狗〕고 했다. 사람도 만물의 하나일 뿐 유별난 존재가 아니다. 이것이 노장의 인간관(人間觀)이다. 추구(芻狗)는 길가에 버려진 풀강아지를 말한다. 추구(芻狗)는 귀하다면 귀하고 천하다면 천하다는 뜻을 담고 있다. 사람 · 돼지 · 벌레 · 풀잎 등의 만물은 천지의 입장에서 보면 다 같다는 게 불물(不物)이다. 인간을 두고 만물의 영장이라 하는데, 이것은 단지 인간의 자화자찬일 뿐이다. 그러니 지의(至義)는 요샛말로 절대평등인 셈이다. 절대평등으로 통하는 지의(至義)는 노장의 위일(爲一)로도 통하고, 소일(所一) · 대일(大一)로도 통한다.

지지불모(至知不謀). 지지(至知)는 도모하지 않는다〔至知不謀〕. 지극한 앎〔至知〕이란 알 수 없음〔知所不知〕을 아는 것이다. 무엇이든 다 알 수 있다고 생각하는가? 그렇다면 착각하는 게다. 이러한 착각 때문에 인간은 무엇인가를 알아내려고 꾀를 부린다. 그런 꾀를 부리지 않음〔不謀〕이 곧 지극한 앎이다. 지지(知止)하라. 도에 멈출 줄 알라〔知止〕. 인간이 아무리 알려 해도 알 수 없는 경지가 있다는 것을 알라. 그러면 꾀하지 않을 것 아닌가. 노자는 이런 경지를 현묘(玄妙)하다 했다. 현묘(玄妙)는 인간으로서는 알 수 없는 경지에 대한 노자의 감탄(感歎)이다. 그런 경지를 도(道)라고 보아도 되리라. 도(道)를 알 수 있다고 하지 말라. 차라리 도(道)에 대해 황홀(恍惚)해하라. 그러면 만물이 왜 황홀한 존재인지 터득할 수 있으리라. 이런 황홀함을 장자는 좌망(坐忘)이라 했다. 알 것도 없고 잊어버릴 것도 없는 지경〔坐忘〕이니 황홀하고 현묘하다.

지인불친(至仁不親). 지인(至仁)은 친근하게 하지 않는다〔至仁不親〕. 지극히 어짊〔至仁〕은 친할 것도 없고 친하지 않을 것도 없다. 만물과 다 친한데 친(親)과 불친(不親)을 가려 따질 일이 왜 있겠나. 미운 놈 고운 놈 가리는 속셈이 있는 짓은 결코 어질다고 할 수 없다. 지인(至仁)은 불가(佛家)의 대자대비(大慈大悲)를 떠올리게 한다. 삼라만상을 하나같이 사랑하라 함이 지인(至仁)이겠다. 그러니 함부로 어진 사람〔仁者〕이라고 말할 수는 없다. 노자는 자신이 말한 천지불인(天地不仁)을 이 우화에서 지인불친(至仁不親)이라고 달리 말한 셈이다.

지신벽금(至信辟金). 지신(至信)은 담보를 잡지 않는다〔至信辟金〕. 지극한 믿음〔至信〕은 아무것도 의심하지 않는다. 여기서 금(金)은 못 미더워 보증금을 걸게 한다는 뜻으로 새기면 된다. 벽(辟)은 허물어 버린다는 뜻이다. 믿는다면 보증금이나 담보나 인감증명이나 주민등록번호란 다 쓸데없는 것들이 아닌가. 불가(佛家)의 말로 하면 만물이란 다 공수래(空手來) 공수거(空手去)가 아닌가. 불가의 공수(空手)나 노자의 벽금(辟金)이나 같은 뜻으로 들어도 무방하리라. 지신(至信)은 벗〔朋友〕으로 비유해도 된다. 그러면 공자가 왜『논어』의 첫머리에서 "유붕(有朋) 자원방래(自遠方來) 불역락호(不亦樂乎)"라 했는지 알 만하다. "벗이 있어〔有朋〕 멀리서 찾아오면〔自遠方來〕 그 또한 즐겁지 않겠는가〔不亦樂乎〕?" 동료(同僚)는 많아도 벗은 없는 것이 우리네 지금 세상이 아닌가. 서로 불신(不信)하면서도 유익하리라 싶어 사귀는 사이〔同僚〕라면 벗이 아니다. 불신(不信)은 인간의 짓〔人爲〕이고 지신(至信)은 자연의 짓〔無爲〕이다.

철지지발(徹志之勃). 뜻의 흔들림을 뿌리쳐라〔徹志之勃〕. 무엇이 뜻을 흔들어 요동치게 하는가? 네 가지의 육자(六者)를 살펴보라. 그러면 무엇이 마음 가는 바〔志〕를 흔들어 헷갈리게 하는지 알 수 있으리라. 그 육자(六者)들을 뿌리쳐라.

해심지류(解心之謬). 마음의 그릇됨을 풀어라〔解心之謬〕. 무엇이 마음을 그릇되게 하는가? 네 가지의 육자(六者)를 살펴보면 무엇이 마음을 그릇되게 하는지 알 수 있으리라. 그 육자(六者)들을 풀어헤쳐라.

거덕지루(去德之累). 덕을 동여매지 말라〔去德之累〕. 덕이란 삶의 절대긍정이다. 살도록 하면 덕이요 못 살게 굴면 부덕(不德)이다. 초목에 내리는 봄비는 덕이요 초목에 내리는 산성비는 부덕이다. 그런 덕을 꽁꽁 묶어 두는 짓〔累〕을 하지 말라〔去〕. 이는 곧 무한히 후덕(厚德)하라는 말이다. 인간은 부덕(不德)하고 자연은 상덕(常德)이다. 무엇이 덕을 묶어 놓는가? 네 가지의 육자(六者)를 살펴보면 왜 부덕한지 알 수 있으리라.

달도지색(達道之塞). 도의 막힘을 터라〔達道之塞〕. 무엇이 도를 막는가? 네 가지 육자(六者)를 살펴보라. 그러면 무엇이 도를 가로막고 있는지 알 수 있으리라. 색(塞)은 막는 짓이고 달(達)은 꿰뚫는 짓이다. 인간은 막고〔塞之〕 하늘은 뚫는다〔穿之〕고 장자가 말했다. 무엇이 도를 막는가? 그런 짓을 하는 존재는 인간밖에 없다. 그런 인간이 되지 말라는 것이 노장(老莊)의 자연이요 무위(無爲)다. 네 가지 육자(六者)를 인간에게서 모조리 쓸어 내면 인간도 절로 자연이 되고 무위가 된다. 그러나 인간은 죽어도 이 육자를 버릴 수 없다고 하니 노장도 어쩔 수 없는 노릇이리라.

부귀현엄명리(富貴顯嚴名利). 부(富)·귀(貴)·현(顯)·엄(嚴)·명(名)·이(利)라는 여섯은 마음이 가는 바[志]를 흔들어 놓는다[貴富顯嚴名利六者勃志也]. 귀천(貴賤)을 따지면, 나는 귀해져야지 천하면 안 되므로 내 뜻이 흔들리고 요동친다. 빈부(貧富)를 따지면, 나는 부유해야지 가난하면 안 되므로 내 뜻이 흔들린다. 나는 우뚝 드러나야 하고[顯] 대접을 받아야 하므로[嚴] 내 뜻이 흔들린다. 나는 명성을 얻어야 하고[名] 이익을 챙겨야 하므로[利] 내 뜻이 흔들린다. 그렇다면 무엇이 내 마음 가는 바를 흔들어대는[勃志] 것인가? 그 발지(勃志)의 원인은 바로 다음과 같다. 귀(貴)·부(富)·현(顯)·엄(嚴)·명(名)·이(利). 그러나 인간은 죽어도 이 육자(六者)를 버릴 수 없다 하므로 그 뜻이 변덕스럽고 영악스러워진다. 그래서 불가(佛家)에서도 평상심(平常心)을 잃지 말라 한다.

용동색리기의(容動色理氣意). 용(容)·동(動)·색(色)·이(理)·기(氣)·의(意)라는 여섯은 마음을 홀려 그릇되게 한다[容動色理氣意六者謬心]. 용(容)은 용모(容貌)를 말한다. 아름답기를 바라고 추하기를 싫어하기 때문에 마음이 산란해져 그르치고 만다. 동(動)은 동작(動作)이다. 무릅쓰고 하는 짓, 마지못해 하는 짓, 하고 싶어하는 짓, 엇나가는 짓 같은 온갖 짓들이 마음을 산란하게 하여 그르치게 한다. 색(色)은 안색(顏色)이다. 표정을 어떻게 지을까 망설이고, 갈피를 잡지 못하고 거짓을 범하는 마음은 산란하여 그르친다. 이(理)는 정리(情理)다. 정(情)은 본래 참모습을 뜻한다. 참모습이란 성(性)의 드러남이다. 본성을 이래라 저

래라 간섭하려는 이치[理]가 마음을 산란하게 하여 그르치게 한
다. 기(氣)는 사기(辭氣)다. 우리는 말싸움에서 이기려면 기를 살
려야 하다며 기세를 올린다. 그렇게 악을 쓰고 아우성을 치다 그
만 마음이 산란해져 그르치게 된다. 의(意)는 의사(意思)다. 이
생각 저 생각이 마음을 흔들어 그르치게 한다. 그래서 불가(佛家)
에서도 평상심(平常心)을 잘 간직하라 한다.

오욕희로애락(惡欲喜怒哀樂). 오(惡) · 욕(欲) · 희(喜) · 노
(怒) · 애(哀) · 낙(樂)이라는 여섯은 덕을 동여매는 것들이다[惡
欲喜怒哀樂六者德之累也]. 오(惡)는 증오(憎惡)이다. 무엇을 사랑
하고 무엇을 미워하는가? 사랑하기는 덕이고 미워하기는 덕이 아
니다. 덕이 있다가 없다가 변덕을 부리니 덕이 꽁꽁 묶인다. 동여
매는 짓이 누(累)이다. 덕을 묶는 밧줄이 바로 누(累)인 것이다.
욕(欲)은 사욕(私欲)이다. 나만 좋기를 바라는 욕심이 곧 사욕(私
欲)이다. 그런 욕심보다 더 덕을 꽁꽁 묶어 놓는 밧줄은 없을 것
이다. 증오(憎惡)와 사욕(私欲)이 희로애락(喜怒哀樂)을 좌지우
지한다면 기쁨[喜]도 덕을 묶고, 노여움[怒]도 덕을 묶고, 슬픔
[哀]도 덕을 묶고, 즐거움[樂]도 덕을 묶을 것이다. 그래서 불가
(佛家)에서도 평상심(平常心)을 간직하라 한다.

거취취여지능(去就取與知能). 거(去) · 취(就) · 취(取) · 여
(與) · 지(知) · 능(能)이라는 여섯은 도를 틀어막는다[去就取與知
能六者塞道也]. 거(去)는 자리를 떠나는 것이고 취(就)는 자리를
차지하는 것이다. 거취(去就)가 분명치 않아 거치적거리는 것들
이 세상을 어지럽힌다. 색도(塞道)는 난세(亂世)를 말한다. 인위
(人爲)가 설치는 세상이 난세이다. 여기서 취(取)는 갖는 짓이고
여(與)는 주는 짓이다. 많이 가질수록 좋고 적게 줄수록 좋다는
짓이 세상을 더럽혀 어지럽게 한다. 부정, 부패, 탐욕, 사기, 횡령
등 취여(取與)의 혼란들이 세상을 어지럽힌다. 여기서 지(知)는

지식이요 능(能)은 능력이다. 유식(有識)하고 유능(有能)하다는 사람들이 등치고 간 빼먹는 짓으로 세상을 시끄럽고 혼란스럽게 한다. 오죽하면 노자가 공축신퇴(功逐身退)가 곧 천지도(天地道)라고 했겠는가. 공이 이루어졌으면 하염없이 물러가라〔功逐身退〕. 거취(去就)만 분명해도 난세의 죄인은 면할 수 있다.

마음 속을 부글부글 끓고 달아오르게 하는 네 가지 육자(六者 : 富·貴·顯·嚴·名·利, 容·動·色·理·氣·意, 惡·欲·喜·怒·哀·樂, 去·就·取·與·知·能)가 마음 속을 흔들어 놓지만 않으면 누구나 정(正)하다고 노자(老子)가 남영주(南榮趎)에게 일러 주는 대목을 보라. 정(正)은 바를 직(直), 바로잡을 평(平), 반드시 할 정(定), 마땅할 상(常), 길 장(長)으로 통한다. 본래 정이란 하나〔一〕에 멈춘다는 뜻이다. 그 하나를 노장의 입장에서는 도(道)라 한다. 도를 떠나지 말고 도에 따라 살라. 이러한 삶을 노자는 견소포박(見素抱樸)이라 했다. 지극히 검소하게 살라〔見素抱樸〕. 그래서 노자도 제일의 보배를 검(儉)이라고 했던가.

정즉정(正則靜). 도(道)에 머물면, 즉 정(正)하면 고요하다〔靜〕. 이는 네 가지 육자(六者)를 떠나는 것이다. 정즉명(靜則明). 정(靜)하면 밝다〔明〕. 명(明)은 자명(自明)의 명으로 새기면 된다. 내가 나를 밝혀라〔自明〕. 그러면 나는 텅 빈 것〔虛〕이 된다. 그러므로 명즉허(明則虛)라 한다.

허즉무위이무불위(虛則無爲而無不爲). 허(虛)는 도를 풀이하는 말이다. 도(道)는 빈 것〔虛〕이라고 이해하면 된다. 그것〔虛〕을 우주 삼라만상이 깃들어 있는 품안으로 보아도 무방하리라. 내가 자명(自明)하다면 내가 곧 도(道)가 머물러 있는 곳〔居處〕이 된다고 하지 않는가. 이는 내가 네 가지 육자(六者)를 떠났다 함이니, 그렇게만 된다면 나는 성인이 될 것이다. 왜냐하면 그것을 떠나면 나는 자연이 되기 때문이다.

무위이무불위(無爲而無不爲). 하는 것이 없으면서〔無爲〕하지 않는 것〔不爲〕이란 없다〔無〕. 이를 한마디로 하면 허(虛)요, 두 마디로 하면 자연(自然)이리라. 그러자면 네 가지 육자(六者)를 떠나야 한다. 그러나 만물 중에서 오로지 인간만이 그것을 따라 생각하고 행동하려다 뜻을 가누질 못하고〔勃志〕, 속이 타고 끓는 다〔盪胸中〕. 이 네 가지 육자(六者) 때문에 인간은 발지(勃志)하고 탕흉중(盪胸中)한다. 이것들이 범하는 짓을 일러 인위(人爲)라고 하는 셈이다.

도(道)란 무엇인가? 덕(德)이 공경하는 것이다〔德之欽〕. 흠(欽)은 공경(恭敬)함이다. 공경(恭敬)은 경을 섬긴다〔恭〕는 말이고, 경(敬)은 천지를 모시고 받드는 것이다. 덕은 도(道)가 드러난 모습을 말한다. 만물치고 덕 아닌 것은 없다. 왜냐하면 모든 것은 도가 머물러 있는 것〔道之居處〕이기 때문이다.

생(生)이란 무엇인가? 덕이 빛나는 것이다〔德之光〕. 이미 봄비는 덕이고 산성비는 부덕(不德)이라 말한 바 있다. 살게 하는 것이 덕이요 못 살게 하는 것은 부덕이다. 그러니 여기서 광(光)은 삶의 절대긍정을 묘사하는 것으로 보면 된다.

성(性)이란 무엇인가? 삶의 본질이다〔生之質〕. 질(質)은 꾸밈이 없는 것이요 물려받은 것이다. 물려받은 생을 단장해 보려고 네 가지 육자(六者)를 동원하지 말라. 물려받은 삶 그냥 그대로에 감사하라. 그러나 만물 중에 유독 인간만은 물려받은 눈에 만족하지 못하고, 성형외과에 가서 많은 돈을 내고 쌍꺼풀을 만들어 예쁘지 않느냐고 두 눈을 껌벅거린다.

성(性)은 천지가 나에게 물려준 것이다. 그러니 이를 목숨이라고 새겨도 되리라. 그러나 내 목숨이라고 하지 말라. 내 목숨은 빌린 것이다. 이것이 노장(老莊)의 생명관(生命觀)이다. 유가(儒家)는 목숨을 부모가 물려준 것이라고 한다. 따지고 보면 같은 생각이다. 부모가 곧 천지이니 말이다.

성지동위지위(性之動謂之爲). 본성이란 삶의 본질이다〔性者生之質也〕. 본성의 움직임을 위(爲)라고 한다〔性之動謂之爲〕. 배고프면 먹고 싶다. 그러면 먹는다. 먹은 찌꺼기는 싸야 한다. 그러면 똥오줌을 눈다. 숨을 들이쉬고 내쉬며 산다. 먹고 자고 싸고 느끼고 생각하는 등 만물과 하나가 되려는 이 모든 동작들이 곧 목숨의 본성이 하는 짓〔性之動〕이다. 본성이 하는 작용〔性之動〕을 그냥 덕이라고 해도 되리라. 그러니 위지위(謂之爲)의 위(爲)는 덕을 행하는 것이고, 무위(無爲)의 준말이라고 새겨도 된다.

위지위위지실(爲之僞謂之失). 그 위(爲)가 사람만을 위하는 짓〔僞〕이면 실(失)이라 한다〔爲之僞謂之失〕. 만물은 저마다 존재하는 작용을 한다. 그런 작용에 대해 『주역(周易)』은 변하는 것〔易〕이라고 잘라 말한다. 그 역(易)을 "궁하면 변하고〔窮則變〕 변하면 통하고〔變則通〕 통하면 오래간다〔通則久〕"고 풀이한다. 흥망성쇠(興亡盛衰) 생로병사(生老病死)란 말이 바로 역(易)을 말하고, 그 역(易)이 성지동(性之動)의 위(爲)를 말하는 게 아닌가. 불가(佛家)에서 말하는 무상(無常)도 위(爲)를 의미하는 셈이다. 살다가 명이 다해 죽는 생사(生死)는 위(爲)이다. 보약을 먹고 오래 살겠다고 하는 짓은 위(僞)이다. 그렇게 유독 사람만은 무엇이든 제 뜻대로 하려 한다. 말하자면 네 가지 육자(六者)를 동원해 위(爲)를 위(僞)로 바꾸어 행하려고 하는 유일한 존재가 인간이다. 여기서 위(僞)는 자연의 위(爲)를 거부하는 인간의 작용이요, 인간의 뜻대로 하려는 짓이다. 왜 위(僞)를 거짓 또는 속임수라고 하는가? 조작하려는 짓〔作爲〕이기 때문이다. 조작하지 않으면 그 것이 바로 자연이요 무위가 아닌가. 그러므로 위(僞)는 인위(人爲)다. 이제 왜 위(僞)를 실(失)이라 하는지 알 수 있으리라. 실(失)은 상실(喪失), 즉 잃어버림이다. 무엇을 잃었다는 말인가?

도(道)를 잃었음이요, 덕(德)을 잃었음이요, 성(性)을 잃었음이요, 자연(自然)을 잃었음이요, 무위(無爲)를 잃었음이다. 노자는 이러한 상실을 일러 허물이라고 남영주에게 밝힌다.

　지자접야(知者接也) 지자모야(知者謨也). 지자(知者)는 사귄다〔知者接也〕. 그리고 지자는 이것저것을 꾀하려 한다〔知者謨也〕. 접(接)은 사귀고 흘레한다는 말이다. 접(接)은 암수가 붙어서 성교하는 것이다. 지자(知者)가 무엇을 만나 그렇게 한단 말인가? 사물(事物)을 만나 사귀고 흘레하는 지경을 이루어 앎을 더하고 쌓으려고 한다. 이런 지경을 노자는 지인자지(知人者智)라고 풀이했다. 남〔人〕을 아는 것〔知人者〕을 지(智)라 하고, 내가 나를 아는 것을 명(明)이라 한다. 지인자(知人者)의 인(人)은 나 이외의 모든 것이니 곧 삼라만상의 이미지로 보면 된다. 오늘날 우리가 말하는 지식(知識 : knowledge)은 한마디로 지(智)이다. 그러므로 여기서의 지자(知者)는 자신을 밝히려는 자명(自明)의 지자(知者)가 아니라, 자신의 바깥 것〔人 : 事物〕들을 밝히려는 지자(智者)이다. 이런 지자(智者)가 꾀하는 것을 모(謨)라고 한다. 어떻게 꾀를 부린다〔謨〕는 말인가? 네 가지 육자(六者)를 이리저리 이용하여 인간의 뜻대로 해본다는 것〔僞〕이다. 그러므로 모(謨)는 자연과 어긋나기를 꾀하는 짓이다. 이렇게 도모(圖謨)하는 지자(知者), 즉 지자(智者)를 노자가 질타한다. "지자가 (사물을 안다고 하지만) 알지 못하는 것은〔知者之所不知〕 사물의 겉만 노려보는 짓과 같다〔猶睨也〕." 예(睨)란 흘겨보는 것이니 곧 치우쳐 보는 짓이다. 그러니 겉만 보고 속은 모른다. 겉이란 말단이요, 속이 본질이다. 그러므로 자명(自明)하려면 네 가지 육자(六者)를 버려야 하고, 지인(知人)하려면 그것과 사귀어 한통속이 되어야 하는 것이다. 네 가지 육자(六者)와 한통속이 되려고 하는 모(謨)는 위(僞)요, 위(僞)는 곧 실덕(失德)으로 이어진다. 왜 실덕(失德)

하는가? 출이불반(出而不反)하기 때문이다. 사물과 접하려고 감정과 의식이 바깥 것[事物]에 홀려, 밖으로 나아가[出] 되돌아오지 않음은[不反] 자명(自明)하지 않음을 말한다. 사물만 알려고 말고 먼저 자신을 알라는 게 자명(自明)이다. 그러므로 지인(知人)을 멀리하고 자명(自明)하는 것이 정(正)·정(靜)·명(明)·허(虛)의 위(爲)인 셈이다.

덕이란 무엇인가? 노자는 이렇게 말한다. "하지 않으면 안 되는 움직임이 덕이다[動以不得已之謂德]." 사자가 돼지를 잡아먹는 짓은 덕이지만, 사람이 돼지를 잡아 삼겹살만 먹으려는 짓은 부덕이란 말이다.

치(治)란 무엇인가? 노자는 이렇게 말한다. "본성대로의 동(動)이면 치(治)이다[動無非我之謂治]." 무비아(無非我)는 네 가지 육자(六者)를 버린 그대로의 나를 말한다. 바른[正] 나[我]이기에 고요하여[靜], 밝고[明] 밝아, 텅 빈[虛] 나[我]이다. 그러니 무비아(無非我)는 불가(佛家)의 말로 하면 자오(自悟)의 나인 셈이다. 말하자면 무비아(無非我)는 네 가지 육자(六者)를 서슴없이 버린 나[我]이다.

명상반(名相反) 실상순(實相順). 명(名)은 서로 어긋나지만 실(實)은 서로 따른다[名相反而實相順]. 명(名)은 명성(名聲)이다. 명성을 얻으려면 네 가지 육자(六者)를 잘 도모해야 한다. 나만 유명해져야 한다는 명예욕을 생각해 보면 왜 명성이 상반(相反)인지를 알 수 있을 것이다. 시샘하고 샘내는 요지경 속에서 어찌 정(正)·정(靜)·명(明)·허(虛)를 누릴 수 있겠는가. 그러니 상반(相反)은 네 가지 육자(六者)와 접(接)하려는 것이고, 상순(相順)은 그 네 가지 육자(六者)를 서슴없이 버리는 것을 뜻한다. 나아가 명(名)을 인위(人爲)로 보고 실(實)을 무위(無爲)로 보아도 된다.

덕이 지극한 사람은 한 칸 방안에서 죽은 듯이 살므로〔至人尸居環堵之失〕

백성은 제멋대로 설치면서도 지인(至人)이 사는 줄을 모른다

〔而百姓猖狂 不知所如住〕.

**공자(孔子)도 군자(君子)는 남이 알아주지 않아도 성내지 않는다
했다.**

개울에서는〔夫尋常之溝〕 큰 고기가 제 몸을 꿈쩍 못하지만〔巨魚無所還其體〕

미꾸라지 같은 작은 물고기는 몸을 마음대로 놀릴 수 있다〔而鯢鰌爲之制〕.

까마귀 싸우는 골에 백로야 가지 마라.

당닭은 고니의 알을 품을 수 없지만〔越鷄不能伏鵠卵〕

촉닭은 품을 수 있다〔魯鷄固能矣〕.

이는 본성이 달라서가 아니다〔其德非不同也〕.

능력이 있고 없음은〔有能與不能者〕

재주가 크고 작음에 있다〔其才固有巨小也〕.

올라가지 못할 나무는 쳐다보지 말라는 것이다.

어린애가 움직여도 무엇을 하는지 모르고〔兒自動不知所爲〕

걸어도 가는 바를 모른다〔行不知所之〕.

**어린것에게는 네 가지 육자(六者:富·貴·顯·嚴·名·利, 容·
動·色·理·氣·意, 惡·欲·喜·怒·哀·樂, 去·就·取·與·
知·能)가 없다.**

배우는 자는 배울 수 없는 것을 배우려 하고〔學者學其所不能學也〕,

행동하는 자는 행할 수 없는 것을 행하려 하며〔行者行其所不能行也〕,

말하는 자는 말할 수 없는 것을 말하려 한다〔辯者辯其所不能辯也〕.

강아지는 범이 무서운 줄 몰라서 덤벼드는 것이다.

참된 자기를 살펴보지 않고 바깥만 밝히면〔不見誠己而發〕

그럴 때마다 어긋나게 마련이다〔每發而不當〕.

엉덩이에 뿔 난 송아지란 속담도 있다.

남을 받아들일 수 없는 사람은 남과 친할 수 없고〔不能容人者無親〕,

남과 친할 수 없는 사람은 결국 남이 된다〔無親盡人〕.

후덕한 사람이 외톨이가 되었다는 소문은 없었다.

도는 만물 하나하나를 통하게 하여 하나 되게 한다〔道通其分也〕.

왜 도를 대일(大一)이라 하는지 알겠다.

분명히 있지만 어디 있는지 모르는 게 우(宇)이고〔有實而無乎處者宇也〕

길고 길지만 그 끝을 모르는 게 주(宙)이다〔有長而無本剽(標)者宙也〕.

집이란 시간과 공간을 하나로 묶은 말임을 알겠다.

옳다 함은 자기를 위주로 해서 생기고〔是以生爲本〕,

아는 것이 상대보다 낫다는 생각이다〔以知爲師〕.

이런 까닭에 시비가 붙는다〔因以乘是非〕.

나만 옳다고 고집하는 사람보다 못난 자는 없다.

雜篇 2

서무귀(徐無鬼)

요점 자연은 마음의 안정을 얻게 하는 길이다.

입문 인간이 자연과 하나가 되면 상덕(上德)이다.

이 편의 맨 앞이 서무귀(徐無鬼)로 시작하므로 편명(篇名)을 「서무귀(徐無鬼)」라고 하였다. 분량이 길고, 각각 개별적인 이야기들로 이루어져 있어 잡다하다는 평을 듣기도 한다. 그러나 이런저런 우화들을 들어 보는 즐거움을 맛볼 수 있어서 좋다. 『장자(莊子)』를 철학서로 읽을 것이 아니라 성현들을 체험하게 해주는 우화로 여겨도 안 될 것은 없다고 생각한다. 본래 우화란 잡다한 이야기를 마다하지 않는다.

서무귀(徐無鬼)는 성(姓)이 서(徐)이고 이름이 무귀(無鬼)다. 위(魏)나라 민산(緡山)에서 은거했다고 알려져 있다. 이 무귀가 여상(女商)의 소개로 위나라 무후(武候)를 만나 그를 기뻐 웃게 했다는 이야기로 우화는 시작한다. 성(姓)이 여(女)이고 이름이 상(商)인 여상은 위나라의 재상(宰相)으로, 그가 임금을 기쁘게 하려고 시서예락(詩書禮樂)과 『금판육도(金板六弢)』를 이야기했어도 임금은 기뻐서 웃는 일이 없었다. 그러던 것이 무귀의 이야기에 임금이 큰 소리로 웃었으니 도대체 무슨 이야기를 했는지 궁금할 수밖에. 시서예락(詩書禮樂)은 유가(儒家)를, 『금판육도(金板六弢)』는 병서(兵書)를 말하니 여상은 병가(兵家)를 이야기했던 모양이다. 이렇듯 임금께 문무(文武)를 이야기해도 즐겁게 하지 못했는데 선생은 어떻게 우리 군주를 기쁘게 할 수 있었느냐〔先生獨何以說吾君乎〕고 물었다. 이에 서무귀는 무후에게 개를 감정하는 이야기를 해주었다고 대답한다. 서무귀의 이야기를 한번 들어보자.

"임금께 제가 개를 감정하는 이야기를 해드렸으면 합니다〔嘗語君吾相狗也〕. 하치의 개는 양이 차서 더는 먹지 못할 지경이 되어야 그만둡니다〔下之質執飽而止〕. 이는 고양이의 성질을 닮아서입니다〔是猫德也〕. 중간치의 개는 (체면을 차리느라) 해를 바라보듯 (밥통을 멀리) 합니다〔中之質若視日〕. 상질의 개는 (밥통은커녕) 자신마저 잊은 듯이 합니다〔上之質若亡其一〕. 저는 개도 감정하지만〔吾相狗〕 그에 못지 않게 말도 감정합니다〔又不若吾相馬也〕. 제가 말을 감정해 보니〔吾相馬〕 앞니가 먹줄을 놓은 듯이 고르고〔直者中繩〕, 목덜미는 그림쇠처럼 둥글며〔曲者中鉤〕, 머리는 곱자를 닮고〔方者中矩〕, 두 눈은 그림쇠로 그린 듯이 둥근〔圓者中規〕 것이 이 나라에서 상품의 말이라 하겠습니다〔是國馬也〕. 그러나 그렇다고 천하의 명마는 아닙니다〔而未若天下馬也〕. 천하의 명마에게는 천성적인 재질이 있고〔天下馬有成才〕, 안정되고 편안해 보여〔若卹若佚〕 자신마저 잃어버린 듯합니다〔若喪其一〕. 이와 같은 말이라면〔若是者〕 뭇 말들을 앞질러 달려도 먼지 하나 일으키지 않고〔超軼絶塵〕 끝없이 달린답니다〔不知其所〕." 이런 서무귀의 이야기를 듣고 무후(武候)는 크게 기뻐하며 웃었다〔武候大說而笑〕는 것이다.

이 우화가 암시하는 것은 무엇일까?「추수(秋水)」편에서 북해 약(北海若)이 하백(河伯)에게 해준 말을 떠올리면 되리라 싶다. "소나 말의 네 발은〔牛馬四足〕 하늘(자연)이요〔是謂天〕, 말머리를 동여맨 고삐와〔絡馬首〕 쇠코를 꿴 코뚜레는〔穿牛鼻〕 인간(문화)이다〔是謂人〕." 여상은 인간을 이야기해 무후의 골치를 아프게 했지만, 서무귀는 자연을 이야기해 무후의 마음을 편하게 한 것이다. 이런 우화(寓話)들이 이 편을 채우고 있다.

「서무귀(徐無鬼)」편은『노자(老子)』의 '상덕부덕(上德不德)'을 연상케 한다는 말도 있다. 상덕(上德)의 덕(德)은 자연 즉 무위의 덕이고, 부덕(不德)의 덕은 인위의 덕을 말한다. 무위의 덕인 상덕(上德)은 인위의 덕이 아니므로 바로 인덕(人德)이 아니란 그 점에서 부덕(不德)이라는 것이다. 상덕(上德)은 자연의 모습이다. 인간이 자연과 하나 되면 상덕(上德)이고, 그렇지 못하면 인덕(人德)이다. 상덕을 대(大)라 하고 인덕(人德)을 소(小)라 해도 된다. 그래서 대지(大知)는 상덕을 아는 것이요 소지(小知)는 인덕만 아는 것이다.「서무귀」편의 우화들은 줄곧 소지(小知)를 버리고 자연과 하나가 되라 한다. 서무귀가 말하는 망기일(亡其一)이 곧 상덕(上德)이 아닌가. 기일(其一)의 일(一)은 바로 일신(一身)의 일(一)이다. 불가(佛家)에서도 자상기망(自尙己亡)이라 한다. 나〔己〕마저도〔自尙〕 잊는다〔亡〕. 무위(자연)란 무엇인가? 나를 잊는 것〔亡己〕이다. 이와 반대로 인위(문화)란 나를 고집하는 것이다〔執己〕. 집기(執己)하지 말라. 망기(亡己)하라. 그러면 세상만사가 다 편하다. 이같이「서무귀(徐無鬼)」편의 우화들을 체험해 보라 한다.

1. 동자는 해(日)가 끄는 수레를 타고 황제는 말이 끄는 수레를 탔다

【우화(寓話)】

황제가 대외를 만나려고 구자산으로 가고 있었다〔黃帝將見大隗
於具茨之山〕. 방명이 수레의 왼쪽〔御〕에, 창우가 오른쪽〔驂〕에 타
고〔方明爲御昌寓驂乘〕, 장약과 습붕은 말을 끌었다〔張若諧朋前
馬〕. 곤혼과 골계는 수레 뒤를 따랐다〔昆閽滑稽後車〕. 양성의 들
판에 이르러〔至於襄城之野〕 일곱 성인은 길을 잃었다〔七聖皆迷〕.
길을 물을 곳이 없었는데〔無所問塗〕 말을 먹이는 동자를 우연히
만나게 되었다〔適遇牧馬童子〕. 동자에게 길을 물었다〔問塗焉曰〕.
"자네는 구자산을 아는가〔若知具茨之山乎〕?" 동자가 말했다〔曰〕.
"네, 압니다〔然〕." 다시 물었다〔曰〕. "자네는 대외가 있는 곳도 아
는가〔若知大隗之所存乎〕?" 동자가 응했다〔曰〕. "네, 압니다〔然〕."
황제가 말했다〔黃帝曰〕. "모르는 것이 없는 동자로다〔畢哉童子〕.
구자산을 알고 있을 뿐 아니라〔非徒知九茨之山〕 대외가 있는 곳까
지 안다니 말이다〔又知大隗之所存〕. 천하를 다스리는 것도 물어보
고 싶구나〔請問爲天下〕." 동자가 말했다〔小童曰〕. "무릇 천하를 다
스리는 일은〔夫爲天下者〕 지금처럼만 하면 되는 것입니다〔亦若此
而已矣〕. 더 무슨 일을 하겠습니까〔又奚事焉〕. 저는 어려서 천지
안에서 놀다가〔予少而自遊於六合之內〕 우연히 눈이 멀어 가는 병
에 걸렸답니다〔予適有眚病〕. 한 늙은이가 저에게 가르쳐 주기를
〔有長者教予曰〕 '너는 해가 뜨면 나가 놀고 해가 지면 들어와 쉬
면서 양성의 들에서 놀면 되는 거야〔若乘日之車〕.' 하였습니다.
그래서 지금은 제 안질이 점점 나아 가고 있답니다〔今予病少痊〕.
저는 그래서 천지 밖에서 논답니다〔予又且復遊於六合之外〕. 무릇
천하를 다스리는 일이 이와 같을 뿐인데〔夫爲天下亦若此而已〕, 어

찌 제가 달리 말하겠습니까[予又奚事焉]." 황제가 말했다[黃帝曰]. "무릇 천하를 다스린다는 것이[夫爲天下者] 정녕코 자네의 일은 아니겠지만[則誠非吾子之事], 그래도 천하를 다스리는 일을 묻고 싶다네[雖然請問爲天下]." 동자가 사양했지만[小童辭] 황제는 거듭하여 물었다[黃帝又問]. 동자가 말했다[小童曰]. "무릇 천하를 다스리는 일은[夫爲天下者] 역시 말을 키우는 일과 다를 바 없다고 봅니다[亦奚以異乎牧馬者哉]. 그저 말을 해치는 짓들을 없애기만 하면 됩니다[亦去其害馬者而已矣]." 황제가 두 번 절하고 머리를 조아리며[黃帝再拜稽首] 천사(天師)라 칭하고서 물러갔다[稱天師而退].

隗: 오르기 힘들 외   茨: 가시나무 자   御: 마부 어   寓: 집 우   驂: 곁말 참
稽: 머무를 계   乘: 탈 승   襄: 도울 양   塗: 진흙길 도   畢: 죄다 필
適: 갈 적   瞀: 눈이 흐릴 무   痊: 나을 전
方明(방명) · 昌寓(창우) · 張若(장약) · 諧朋(습붕) · 昆閽(곤혼) · 滑稽(골계):
은자(隱者)의 이름

【담소(談笑)】

구자산(具茨山)이 중국 형양(滎陽) 밀현(密縣) 언저리의 태외산(泰隗山)을 말한다는 설(說)이 있지만, 굳이 확인할 필요는 없다고 본다. 구자산을 그냥 무위(無爲)의 비유로 보면 되기 때문이다. 온갖 가시나무[茨]가 다 있다는 그 산을 어느 누가 쉽게 오르겠는가. 노장(老莊)은 무위를 쉽게 행한다 하지만, 우리 범인에게 제일 행하기 어려운 것이 바로 무위 아닌가. 구자산(具茨山)이나 태외산(泰隗山)이나 다 오르기 힘든 것을 비유한다. 무위를 행하자면 무엇보다 먼저 무욕(無欲)해야 하니, 온갖 가시나무를 동원해 마음 근처에 감히 욕심이 접근하지 못하게 할 수 있는 사람이

라면 구자산에 쉽게 올라 대외(大隗)를 만나리라.

대외(大隗)를 만나려고 네 마리 말이 끄는 수레를 타고 구자산에 가는 황제를 상상해 보라. 대외는 대도(大道)를 말한다. 대도는 높이 저 홀로 있다. 그 대도에 이른 이를 성인·지인·진인·신인이라고 부른다. 아무리 천하를 쥐고 흔드는 황제일지라도 수레를 타고서 구자산을 오르지는 못할 것이다. 그러니 황제는 대외를 만날 수 없다. 말하자면 인위는 무위를 만날 수 없다는 것이다. 구자산에는 말이 끄는 수레는 올라갈 길이 없기 때문이다.

「추수(秋水)」편에서 인위(人爲)를 낙마수(絡馬首)에 비유한 적이 있다. 말에게 수레를 끌게 하려면 말을 길들여 말머리를 고삐로 묶어야 한다. 황제의 수레를 끌 말들을 모는 방명(方明)·창우(昌寓)·장약(張若)·습붕(諿朋)·곤혼(昆閽)·골계(滑稽) 같은 은자들도 역시 인위로 사는 사람들이 아닌가. 말이 끄는 수레를 모는 짓이 곧 인위를 행하는 짓과 통하지 않는가.

여러 마리의 말이 황제의 수레를 끌고 있다. 어(御)와 참(驂) 그리고 전마(前馬)와 후거(後車)라는 표현이 수레의 모양새가 얼마나 엄청난지를 말해 준다. 어(御)는 왼편에 앉아 말을 모는 마부를 뜻하고, 참(驂)은 바깥쪽 말을 다스리는 마부를 뜻하며, 전마(前馬)는 수레 앞에서 길을 인도하는 마부를 뜻하고, 후거(後車)는 황제의 수레 뒤에서 호위하는 마부를 뜻한다. 아무리 황제가 타고 가는 수레라지만 그 모양새가 너무도 거창하다. 인위가 이토록 거창하니 천하가 얼마나 시달리겠는가. 아무리 서울 교통이 혼잡하다 해도 대통령이 행차할 때보다는 나을 것이다. 대통령이 한번 행차하면 달리던 차들이 오도 가도 못하고 멈춰 있어야 하지 않는가. 그런데 구자산에는 아예 수레가 달릴 길이 없다한다. 무위자연에는 황제가 탈 수레를 위한 길이란 없다.

구자산 발치에서 나아갈 길을 잃고 허둥대는 황제 일행을 상상해 보라. 마치 이리저리 설치고 쏘다니는 인위(人爲)의 군상과 같은 모습이리라. 또 말 먹이는 동자(童子)를 만나 길을 묻는 광경을 떠올려 보라. 그러면 이 우화(寓話)가 얼마나 재미나는지 체험할 수 있으리라. 황제는 말을 묶어 수레를 끌게 하고, 동자는 구자산에 말을 풀어 놓고 먹인다. 황제는 말의 천방(天放)을 유린하고, 동자는 말로 하여금 천방을 누리게 한다. 여기서 황제는 인위의 인물이요 동자는 자연의 인물이다.

유어육합지내(遊於六合之內) 여정유무병(予適有瞀病). 육합(六合)은 사방(四方)과 상하(上下), 즉 천지를 말한다. 그러니 육합지내(六合之內)는 천지의 안〔內〕이요 자연 속이다. 자연 속은 곧 만물을 암시한다. 그러니 자연 속에서 노닐었다 함은 만물과 노닐었다는 말이 된다. 그러다가 눈병을 얻어 앓게 되었다고 동자는 실토한다. 동자는 자연의 삼라만상에 홀려 그만 눈이 휘둥그래져 눈길이 희미해지는 눈병〔瞀病〕에 걸리고 만 것이다. 욕심에 눈이 가려 앞을 내다보지 못한다는 말이 있다. 이 말이 동자가 자연 속에서 지(智)에 놀아나다 그만 명(明)을 잃고 만 것을 되새기게 한다. 내 자신과 달리 사물(事物)을 아는 것이 지(智)요, 내 자신과 사물을 하나로〔爲一〕 아는 것이 명(明) 아닌가. 지(智)에 홀리면 무병(瞀病)에 걸리고 만다는 것을 구자산 자락의 동자가 실토하는 우화 속 장면을 상상해 보라. 인위(人爲)를 조장하는 지(智)에 놀아나다 나를 망치는 병〔瞀病〕을 얻었다고 새겨 볼수록 이 우화가 내 자신을 살펴보게 한다.

약승일지거(若乘日之車) 이유어양성지야(而遊於襄城之野). 약(若)은 너 여(汝)와 같으니 곧 동자를 말한다. 동자에게 해의 수레〔日之車〕를 타고 양성의 들〔襄城之野〕로 나가 놀라고 했다는 어른이 곧 황제가 뵙고자 했던 대외(大隗)라는 지인(至人)이 아닐까. 양성지야(襄城之野)는 어디일까? 삼라만상이 하나가 되는 자연으로 보면 되리라. 동자로 하여금 만물과 더불어 하나 되어 노닐게 했다는 그 어른이 바로 대외(大隗)요 지인(至人)이요 대도(大道)이겠다.

해가 끄는 수레를 타라〔乘日之車〕. 이는 해가 뜨면 일어나고 해가 지면 누워 자라는 말이다. 곧 자연을 따라 살라, 무위의 삶을 누리라는 말이다. 이렇게 살았더니 눈이 희미해져 가던 병〔瞀病〕이 조금씩 나아졌다고 하는 동자(童子)의 말뜻을 생각해 보라. 억지로, 어긋나게 살지 말아야 한다. 그렇게 새기다 보면 이 우화 속의 동자가 곧 대외(大隗)라는 지인(至人)이 아닌지 생각하게 된다. 대외가 동자로 변신해 황제 앞에 나타난 것은 아닌가 싶기 때문이다. 나아가 말수레를 타고 대외를 만나러 왔으니, 황제가 그만 눈병에 걸려 눈앞에 대외가 있는데도 못 알아보는 꼴은 아닌가 하여 더욱 흥미롭다. 욕심에 눈이 가리면 눈뜨고도 못 보는 일이 허다해진다. 황제여, 말이 끄는 수레에서 내려 해가 끄는 수레를 타라. 그러면 황제도 눈병이 나아 동자를 대외의 현신(現身)으로 볼 것이다. 구자산 자락까지 대외를 찾아온 황제는 결국 눈병을 고치고 돌아갔으리라. 황제가 동자를 천사(天師)라고 칭한 뒤 절하고서 물러났다는 것에서 그렇게 생각해 본다. 천사(天師)란 지인(至人)을 말하니 황제가 동자를 대외(大隗)로 알아본 게 아닐까.

2. 제 자식의 발보다 술병의 목이 더 소중하단 말인가

【우화(寓話)】

장자가 말했다〔莊子曰〕. "활을 쏘는 사람이 명중하리라 바라지도 않았는데 명중되었을 때〔射者非前期而中〕, 이를 두고 활을 잘

쏜다고 한다면〔謂之善射〕 천하 모든 사람이 명궁이었던 예(羿)가 되는 셈이지요〔天下皆羿也〕. 그렇다고 해도 될까요〔可乎〕?” 혜자 가 말했다〔惠子曰〕. “되지요〔可〕.”

장자가 말했다〔莊子曰〕. “천하에는 모든 사람들이 다 같이 인정 하는 시(是)는 없지요〔天下非有公是也〕. 그런데 저마다 제가 옳다 고 하는 것을 옳은 것이라고 한다면〔而各是其所是〕, 천하 모든 사 람이 다 요(堯)가 되는 셈이지요〔天下皆堯也〕. 그렇다고 해도 될 까요〔可乎〕?” 혜자가 말했다〔惠子曰〕. “되지요〔可〕.”

장자가 말했다〔莊子曰〕. “그렇다면 유(儒) · 묵(墨) · 양(楊) · 병(秉) 네 파에 당신을 더해 오가가 되는 셈이오〔儒墨楊秉與夫子 爲五〕. 과연 이 다섯 중에서 어느 게 옳은 쪽일까요〔果孰是邪〕? 아니라면 노거(魯遽)의 다음 이야기와 같은 것인지요〔或者若魯遽 者邪〕? 노거의 제자가 이렇게 말했다지요〔其弟子曰〕. ‘저는 선생 의 도를 터득했습니다〔我得夫子之道也〕. 저는 겨울이면 쉽게 솥에 불을 땔 수 있고〔吾能冬爨鼎〕, 여름에는 얼음을 만들 수 있습니다 〔而夏造氷矣〕.’ 이에 노거가 말하기를〔魯遽曰〕 ‘그런 일은 바로 (겨울이면) 양기로써 양기를 불러들이는 것이고〔是直以陽召陽〕 (여름이면) 음기로써 음기를 불러들이는 것이지〔以陰召陰〕, 이른 바 나의 도는 아니라네〔非吾所謂道也〕. 내 자네에게 내 도가 어떤 지를 보여 주겠네〔吾示子乎吾道〕.’ 그런 다음 거문고를 조율하고 서〔於是乎爲之調瑟〕, 하나는 바깥채에 놓아 두고〔廢一於堂〕 다른 하나는 안채에 놓아 두어〔廢一於室〕, 한쪽 거문고로 궁 가락을 뜯 으면 다른 쪽 거문고도 궁 소리를 내고〔鼓宮宮動〕, 각 가락을 뜯 으면 각 소리를 내〔鼓角角動〕 두 거문고의 음률이 같았다 하오〔音 律同矣〕. 그런데 줄 하나를 다르게 조율하여〔夫或改調一弦〕 오음 과 맞지 않게 하고서 뜯었다지요〔五音無當也〕. 그랬더니 거문고 스물다섯 줄이 모두 울렸다는 것이오〔鼓之二十五弦皆動〕. 소리는 처음과 다르지 않았지만〔未始異於聲〕, 음률이 그렇게 다스릴 뿐이라오〔而音之君已〕. 당신도 이 노거와 같지 않은지〔且若是者邪〕."

혜자가 말했다〔惠子曰〕. "지금 유(儒)·묵(墨)·양(楊)·병(秉)이〔今夫儒墨楊秉〕 죄다 나에게 시비를 걸어〔且方與我以辨〕, 말로써 나를 배척하고〔相拂以辭〕 나를 진압하려 아우성이지만〔相鎭以聲〕, 처음부터 내가 틀렸다고는 말하지 않지요〔未始吾非也〕. 이런 건 어찌 생각하시오〔則奚若矣〕."

장자가 대답했다〔莊子曰〕. "제나라에 제 아들을 절름발이로 만들어 송나라로 보낸 사람이 있었다 하오〔齊人蹢子於宋者〕. 문지기를 시키려고〔其命閽也〕 불구자로 만들었다는 것이오〔不以完〕. 그런 자가 목이 긴 술병을 구하면〔其求銒鐘也〕 깨질세라 잘 싸서 묶어 둔다오〔以束縛〕. 또 자식을 찾는데〔其求唐子也〕 처음부터 널리 찾지 않아〔未始出域〕 결국 두루 찾지 못한 곳에 있게 된다오〔有遺類矣〕. 발을 절어 문지기 노릇을 하던 초나라 사람이〔楚人寄而蹢閽也〕 주인이 없는 밤중에 도망을 치려다〔夜半於無人之時〕, 뱃사공과 싸움질하는 바람에〔而與舟人鬪〕 물가를 벗어나기도 전에〔未始離於岑〕 뱃사공을 뒤틀리게 했으니 될 일이겠소〔而足以造於怨也〕."

射:궁술 사   羿:사람 이름 예   遽:갑자기 거   堯:요임금 요   孰:누구 숙
邪:그런가 야   爨:불땔 찬   鼎:솥 정   氷:얼음 빙   瑟:큰 거문고 슬
廢:그만둘 폐   鼓:두드릴 고   弦:줄 현   堂:바깥채 당   室:안채 실
君:다스릴 군   蹢:던질 척   閽:문지기 혼   拂:떨 불   鎭:억누를 진
銒:목이 긴 술병 형   束:묶을 속   縛:묶을 박   唐:클 당   遺:버릴 류
舟:배 주   鬪:싸움 투   離:떠날 리   岑:언덕 잠

【담소(談笑)】

춘추전국시대를 백가쟁명(百家爭鳴)의 시대라고도 한다. 그 백가쟁명이 전(前) 시대를 뛰어넘는 인간의 사고(思考)와 사유(思惟)를 촉발시켰으니, 쟁명(爭鳴)이란 게 경이로운 일이지 결코 비난할 바는 아니다. 쟁명의 흐름을 무난하게 가르쳐 주는 분류로 『한서(漢書)』「예문지(藝文志)」에 제자구류(諸子九流)가 있다. 유가(儒家)·도가(道家)·묵가(墨家)·법가(法家)·명가(名家)·음양가(陰陽家)·종횡가(縱橫家)·잡가(雜家)·농가(農家)의 9가지로 나누어 놓은 것이 구류(九流)이다. 당시 음양가는 사람들 사이에 여러 가지 금기를 퍼뜨려 천벌을 두려워하게 만들었고, 종횡가는 복잡하게 얽힌 그 당시의 국제질서에 대해 시비를 벌이며 합종(合縱) 연횡(連橫)이라는 정치용어를 만들어 내기도 했다. 이 우화에는 그 쟁명(爭鳴)의 바닥에서 말깨나 했던 유(儒)·묵(墨)·양(楊)·병(秉) 등 넷을 놓고 장자가 혜자에게 당신은 어느 부류냐고 묻는 장면이 나오는데, 이를 통해 소위 명가(名家)가 일삼는 시비가 얼마나 부질없는 것인지를 생각하게 된다.

천문(天文)을 연구하고 역법(曆法)을 만들며 음양(陰陽) 오행설(五行說)을 폈던 음양가(陰陽家), 서쪽의 강대국 진(秦)과 동에서 남북으로 걸쳐 있던 육국[六國:연(燕)·조(趙)·한(韓)·위(魏)·제(齊)·초(楚)] 사이의 외교관계를 논쟁했던 종횡가(縱橫家), 농사의 시조를 후직(后稷)이 아닌 신농(神農)으로 보고 숭배하면서 군신상하의 차별 없는 평등을 주장했던 농가(農家), 그리고 유(儒)·도(道)·묵(墨)·법(法)·명(名) 중 어디에도 속하지 않았던 잡가(雜家) 등은 제자쟁명(諸子爭鳴)의 지류였다. 이 우화에서 장자는 지류들을 제외한 유(儒)·묵(墨)·양(楊)·병(秉) 등의 명가(名家)를 대표한다는 혜자(惠子)를 은근히 비꼬고 있는 셈이다.

　장자와 같은 시대에 살았던 혜자(惠子)는 혜시(惠施)라고도 불린다. 전국시대 명가(名家)의 일원으로, 백마는 말이 아니고〔白馬非馬〕굳고 하얀 돌은 돌이 아니라는〔堅白論〕궤변으로 유명한 공손룡(公孫龍)보다는 조금 앞선 시대에 살았으며, 매우 박식하여 지은 서책이 다섯 수레에 이른다 한다. 혜자는 형식과 실제의 관계를 분명히 하여 이상적으로 치세(治世)하기를 바랐을 뿐, 궤변을 위한 궤변을 하려던 것은 아니었다고 한다. 그런 까닭에 이 우화에서처럼 장자도 혜자와 더불어 담론하기를 좋아했던 모양이다. 혜자보다 더 오래 살았던 장자가 혜자의 무덤을 지나면서 더 이상 같이 담론할 사람이 없다면서 눈물지었다는 이야기도 전해지고 있으니 말이다.

　유묵양병사여부자위오(儒墨楊秉四與夫子爲五). 유(儒)·묵(墨)·양(楊)·병(秉)은 혜자와 같이 서로 시비를 주고받던 당시의 논객들로 보면 된다. 그래서 여기서의 유(儒)는 유가(儒家)가 아니라 유가에 속하는 정완(鄭緩)을, 묵(墨)은 묵적(墨翟)을, 양(楊)은 양주(楊朱)를 말한다고 보기도 한다. 그리고 병(秉)은 공손룡(公損龍)의 자(字)라는 설이 있다. 장자가 혜자에게 "당신도 저 넷과 다를 바 없는 무리가 아니냐?"고 꼬집는 이 우화를 보며 웃지 않을 사람은 없으리라.

　동찬정(冬爨鼎) 하조빙(夏造氷). 이 부분을 두고는 해석의 차이가 심하다. 게다가 '동사정(冬舍鼎)'으로 되어 있는 이본도 있어서 더욱 말들이 많다. 그러나 많은 『장자(莊子)』 본들이 '동찬정(冬爨鼎)'을 따르고 있으니, 『장자』를 전문적으로 연구하지 않는 우리 같은 사람들은 그저 의견이 많은 쪽을 따라 나름대로 뜻을 새기면 그만이리라. 그래서 내 나름대로 위에서 이렇게 새겨 본 것이다. "겨울이면 쉽게 솥에 불을 땔 수 있고〔吾能冬爨鼎〕여름에는 얼음을 만들 수 있습니다〔而夏造氷矣〕." 이렇게 노거(魯遽)

의 제자란 사람이 기세 좋게 말한다. 찬(爨)은 불을 땐다는 말이고 정(鼎)은 솥을 말한다. 겨울이면 솥에 불을 지펴 냉기를 몰아 내 음양의 조화를 부릴 수 있다는 말로 동찬정(冬爨鼎)을 이해해도 될 것이고, 여름이면 더운 기운을 몰아 내고 차가운 기운을 불러와 역시 음양의 조화를 부릴 수 있다는 말로 하조빙(夏造氷)을 이해해도 되리라. 이렇게 장담하는 노거의 제자가 마치 호랑이 무서운 줄 모르는 하룻강아지 같다. 한편 성씨가 노(魯)이고 이름이 거(遽)라는 노거는 주나라 초기의 사람이다. 제자의 말을 듣고 그에 질세라 큰 거문고를 갖고 음향을 마음대로 할 수 있다고 뽐내는 스승을 보라. 그 제자에 그 스승이라는 말이 있다. 이런 고사(故事)를 빗대 혜자 당신도 그런 부류가 아니냐며 넌지시 비꼬는 장자를 보면, 옛날이나 지금이나 뽐내기를 일삼는 인간들은 변한 사실이 없는 것을 알게 되리라.

우화 마지막에 나오는 제나라 사람〔齊人〕을 보라. 문지기〔閽〕를 시키려고 제 자식의 발뒤꿈치를 도려내 절름발이 병신을 만들면서도, 주둥이가 긴 술병은 그 목이 부러질세라 잘 간수해 둔다는 제인(齊人). 자식의 발이 더 소중한가 술병의 목이 더 소중한가? 게다가 그 제인(齊人)의 자식은 문지기 노릇이 싫었던지 야반도주를 하려다 그만 뱃사공과 논쟁을 벌이는 통에 사공이 속상해 배를 띄우지 않았다 한다. 이 이야기를 곰곰이 생각해 보라. 무엇이 소중한 지도 모르고 부질없는 짓거리를 범해 목적을 이루지 못하는 부류가 시비를 일삼는 유가(儒家)요 묵가(墨家)요 법가(法家)요 명가(名家) 등이 아닌가. "혜자여 다 집어치우고 무위자연으로 살게나." 장자는 이렇게 혜자를 빈정거리고 있는 것이다.

어 록

지사는 지략을 써먹을 변란이 없으면 즐겁지 못하고〔知士無思慮之變則不樂〕,

변사는 제 입담을 보일 기회를 얻지 못하면 즐겁지 못하며

〔辯士無談說之序則不樂〕,

꼼꼼히 살피는 자는 말다툼을 벌여 이길 일이 없으면 즐겁지 못하다

〔察士無夌誶之事則不樂〕.

방죽 물을 흐리는 미꾸라지가 세 마리 있다.

덕은 도가 만물을 하나 되게 하는 곳으로 합치고〔德總乎道之所一〕,

말은 알래야 알 수 없는 곳에서 머무는 것이〔而言休乎知之所不知〕

으뜸이다〔至矣〕.

입만 다물고 있어도 인생에 바람 잘 날이 많아진다.

크게 갖추어진 것을 아는 사람은〔知大備者〕

구하는 것도 없고 잃는 것도 없으며 버리는 것도 없어〔無求無失無棄〕

제 본성을 물질과 바꾸지 않는다〔不以物易己也〕.

천지에는 호주머니가 없다는 말을 이제야 알아듣겠다.

양고기는 개미를 그리워하지 않지만〔羊肉不慕蟻〕,

개미는 양고기가 그리워 모여든다〔蟻慕羊肉〕.

본래부터 권력이나 명성은 개들이 물고늘어지는 썩은 고깃덩이라
고 하였다.

눈이 밝혀도 위태롭고〔目之於明也殆〕

귀가 밝혀도 위태로우며〔耳之於聰也殆〕

마음이 밝혀도 위태롭다〔心之於殉也殆〕.

눈 밝고 귀 밝아 약은 생쥐가 쥐덫 속의 미끼를 맨 먼저 가로챈다.

사람의 지식이 다하는 거기에 하늘이 있고〔盡有天〕,

하늘을 따라 좇다 보면 밝아지며〔循有照〕,

그윽하고 아득한 어둠에 만물을 주관하는 작용이 있고〔冥有樞〕,

처음부터 피아(彼我)가 있다〔始有彼〕.

하늘은 믿는다고 해야지 안다고 하면 탈이 난다.

雜篇 3

즉양(則陽)

요점 무위자연(無爲自然)은 사람을 없애 버린다.

입문 대도(大道)는 본래 아무것도 편애(偏愛)하지 않는다.

　이 편 맨 앞의 우화가 즉양(則陽)이란 말로 시작되기 때문에 이름을 「즉양(則陽)」편으로 붙이게 되었다. 『노자(老子)』의 천지불인(天地不仁)을 떠올리게 하는 편(篇)이다. 그 뜻은 대도(大道)는 본래 아무것도 편애(偏愛)하지 않는다, 그래서 대도는 사람을 추구(芻狗)로 취급한다는 것이다. 사람을 길가에 버려진 풀강아지〔芻狗〕처럼 여긴다 하니 이는 천지의 입장에서 보면 인간도 길가에 버려진 헌신짝과 같다는 말이다. 그러니 인간이여 건방지게 굴지 말라.

　비언비묵(非言非默)이란 말이 마치 불가(佛家)의 불립문자(不立文字)처럼 들린다. 알 수 없는 것을 두고 알려고 하지 말라. 어리석음만 더할 뿐 얻는 것은 하나도 없다. 그러니 불가에서든 도가에서든 깨우침도 알고 보면 무(無)라고 했던 것이다. 무유(無有)의 무(無), 즉 절대의 무(無)를 알려고 애쓰지 말라는 것이 이 편의 핵심이다. 이 무(無)는 유(有)의 상대적인 개념으로서의 무(無)를 의미하는 게 아니다. 조주선사(趙州禪師)가 무(無)를 화두(話頭)로 삼았다더니, 그보다 먼저 노자(老子)가 무(無)를 화두로 삼았던 모양이다. 다만 무를 불가는 깨우치라 하고, 「즉양(則陽)」편은 멀리서 그윽하게 바라보라 한다〔非言非默〕.

「즉양(則陽)」편은 「제물론(齊物論)」편을 떠올리게 하는 부분이 많다. 앞부분의 이야기들은 분량은 비교적 짧지만 내용이 산만한 편이다. 이에 비해 뒷부분의 우화들은 합리적으로 사고(思考)하는 버릇이 과연 올바른 것인지를 다시금 생각하게 한다. 우리는 합리적 사고의 노예생활을 한 지 이미 오래되었다. 사실이냐? 진실이냐? 증명되느냐? 검증했느냐? 이런 단서를 붙여서 알고 있음을 다시 확인하려는 습성은 이치에 맞는 것〔合理〕을 결정할 수 있다는 인간의 자신감에서 비롯되었다. 이러한 자신감이 인간의 작은 지식〔小知〕이 빚어 낸 오만은 아닌지 「즉양(則陽)」의 우화들이 되새겨 보게 한다.

1. 은자는 임금을 모르니 궁궐을 기웃거릴 줄 모른다

【우화(寓話)】

즉양이 초나라에 머물자〔則陽遊於楚〕 이절이 임금에게 이를 알렸는데〔夷節言之於王〕, 임금이 즉양을 만나려 하지 않으니〔王未之見〕 이절이 돌아가 버렸다〔夷節歸〕. 그러자 팽양(즉양)이 왕과를 만나 이렇게 말했다〔彭陽見王果曰〕. "선생께선 왜 임금에게 나를 천거해 주지 않습니까〔夫子何不譚我於王〕?" 이에 왕과가 말했다〔王果曰〕. "나는 공열휴만 못하오〔我不若公閱休〕." 팽양이 물었다〔彭陽曰〕. "공열휴란 분이 누구신데요〔公閱休奚爲者邪〕?" "겨울이면 강에서 자라를 찔러서 잡고〔冬則擉鼈於江〕, 여름이면 산그늘에서 쉰다 하오〔夏則休乎山樊〕. 지나가던 어떤 사람이〔有過而問者〕 물으면〔曰〕 내가 사는 집〔此予宅也〕이라고 한다오. 무릇 이절의 청도 들어주지 않았는데〔夫夷節已不能〕, 하물며 내가 어찌겠소〔而況我乎〕. 나는 또 이절만도 못하단 말이오〔吾又不若夷節〕. 대체로 이절의 사람됨은〔夫夷節之爲人也〕 덕은 없으나 지식은 있는 편이지만〔無德而有知〕, 그런 지식으로는 자연과 스스로 어울릴 수 없으니〔不自許以之神其交〕 어찌 신명스럽다고 여길 수 있겠소〔固顚冥乎〕. 부귀의 땅에서〔富貴之地〕 덕(德)과 지(知)가 서로 어긋난 셈이라〔非相助以德〕 덕을 사라지게 하는 게지요〔相助消也〕."

遊:머물 유 楚:나라 이름 초 譚:이야기할 담 邪:어조사 야
擉:찌를 착 鼈:자라 별 樊:울타리 번 顚:뒤집힐 전
冥:어두울 명 消:사라질 소

【담소(談笑)】

영화를 누리려는 사람이 백에 백이라면, 영화를 멀리하려는 사람은 하나도 없다. 이렇게 말하는 것은 맞다. 영화를 누리려는 사람은 많고, 영화를 멀리하려는 사람은 아주 적다. 이렇게 말하는 것은 진실이 아니다. 이 우화는 부귀영화를 누리려고 속으로 셈하는 자를 골려 주는 이야기이다. 즉양(則陽)과 이절(夷節)은 임금의 그늘에서 맴돌고자 하는 인물이고, 왕과(王果)는 임금의 그늘에서 벗어난 인물로 보면 되겠다.

즉양의 성씨는 팽(彭)이고 이름은 양(陽)이다. 즉양(則陽)은 자(字)이다. 본래 노(魯)나라의 제후(諸侯)로, 초(楚)나라 문왕(文王) 밑에서 종사하려던 사람이다. 노나라에서 부귀영화를 누리다 그것이 다하니 초나라로 옮겨와 다시 부귀영화를 누리려고 이 사람 저 사람한테 손을 내미는데, 이로 보아 즉양은 정승집 강아지가 죽으면 문상을 가도 정승이 죽으면 문전에도 얼씬 안 할 권력을 좇는 부나비 같은 부류이다.

성(姓)이 이(夷)이고 이름이 절(節)인 이절(夷節)은 초(楚)나라의 신하이다. 자신이 섬기는 임금에게 즉양을 천거했지만 임금이 들어주지 않으니 어쩔 수 없었던 것이다. 아마도 부귀영화에 놀아났던 모양이다. 청렴하고 현명한 신하의 청을 어느 임금이 거절하겠는가. 이절로는 안 되니, 임금의 그늘을 벗어나 있는 왕과를 찾아가 왜 임금에게 자기를 천거해 주지 않느냐고 말을 거는 즉양의 꼴〔夫子何不譚我於王〕로 미루어 이미 왕과에게도 여러 번에 걸쳐 청탁했던 모양이다.

왕과(王果)는 초나라의 현대부(賢大夫)라고 한다. 현명한 대부란 말에서 그가 임금의 총애에 빌붙어 부귀영화에 놀아나는 신하가 아님을 짐작할 수 있다. 청렴하고 현명한 신하가 청탁하면 임금이 허락하리란 속셈이 즉양을 동하게 한 것이다. 권력이란 썩은 고깃덩이 같아 한번 물면 놓지 못하는 법. 물불을 가릴 것 없이 덤벼들어 한입 먹지 않고서는 절대 물러서지 않는, 부귀영화를 좇는 인물로 즉양을 이해하면 될 것이다.

저돌적인 즉양에게 왕과는 공열휴(公閱休)를 찾아가 부탁해 보라 한다. 이 우화 속의 공열휴는 은자(隱者)로 여기면 된다. 은자는 궁궐에서 멀리 떨어져 산다. 그러니 임금과 아무런 관련이 없다. 이런 은자를 즉양이 알 리가 있겠는가. 그래서 얼른 왕과에게 그 공열휴가 누구냐고 묻는다. 그러자 왕과가 이렇게 대답한다. "겨울이면 강에서 자라를 찔러서 잡고〔冬則擉鼈於江〕 여름이면 산그늘에서 쉰다 하오〔夏則休乎山樊〕. 지나가던 어떤 사람이〔有過而問者〕 물으면〔曰〕 내가 사는 집이라〔此予宅也〕고 대답한다 하오." 부귀영화를 누리려는 야심에 사로잡힌 즉양의 속셈을 알아채고, 왕과는 은자 공열휴를 빌어 즉양을 자연스럽게 물리치려고 한다. 면전에 삿대질을 하면서 너는 나쁜 놈이라고 혼내면 먹살잡이를 하자고 덤벼들 즉양이겠지만, 둘러치는 왕과는 어떻게 해볼 수 없었으리라.

공열휴를 빗댄 다음 이절의 됨됨이를 꼬집는 왕과를 보라. 이를 보며 누구나 뜨끔하게 걸리는 데가 있을 것이다. 말로는 지덕(知德)을 겸비한다고 하면서도, 실제로는 덕을 버리고 지(知)만을 앞세우며 온갖 지략을 부리고 수작을 하다 밤낮을 보내는 우리들이기 때문이다. 어찌 이절만 "부귀의 땅에서〔富貴之地〕 덕(德)과 지(知)가 서로 어긋난 셈이라〔非相助以德〕 덕을 사라지게 하는 셈이다〔相助消也〕"란 말을 들어야 하는가. 따지고 보면 왕과는 우리 모두를 향하여 면박을 주고 있는 셈이다.

이 우화 속의 공열휴는 분명 견소포박(見素抱樸)을 아는 은자이리라. 공열휴는 산번(山樊)을 사는 집으로 여기며, 자연에 안겨 살라는 견소포박(見素抱樸)을 실천하고 있다. 산자락 그늘이 곧 산번이니 궁궐하고는 아무런 관계가 없다. 즉양 같은 부류가 산번에 산다는 공열휴 같은 사람을 결코 찾아갈 리 없다. 공열휴에게 풋풋한 산나물은 풍성하겠지만, 썩은 고깃덩이는 한 조각도 없을 것이기 때문이다.

莊子 ● 雜篇

2. 성인(聖人)은 어째서 걸림 없이 살 수 있는가

【우화(寓話)】

대저 성인에게는 처음부터 하늘도 없고[夫聖人未始有天], 처음부터 인간도 없으며[未始有人], 처음부터 시작도 없고[未始有始], 처음부터 사물도 없다[未始有物]. 세상과 더불어 함께 가면서 버리지 않고[與世偕行而不替], 하는 일마다 갖추어지므로 넘쳐서 비워 낼 것이 없다[所行之備而不洫]. 이는 도와 하나가 되는 것이다[其合之也]. 그러니 어쩌겠는가[若之何]! 탕임금은 등항이란 자를 얻어 사어문윤(司御門尹)으로 받들어[湯得其司御門尹登恒], 그를 모시고 스승으로 삼으며[爲之傅之] 스승을 따라 얽매이지 않았으므로[從師而不囿], 그 스승의 음덕을 얻어[得其隨成] 그 이름을 누릴 수 있었고[爲之司其名], 그 이름은 무심하여 그 둘[兩]이 다 함께 세상에 드러나게 되었다[之名贏法(然)得其兩見]. 공자도 이런저런 마음 쓰기를 없애고[仲尼之盡處] 무심을 선생으로 삼았으니[爲之傅之], 용성씨는 이렇게 말했다[容成氏曰]. "하루하루를 제하면 세월이란 없고[除日無歲], 안이 없으면 바깥도 없다[無內無外]."

偕:함께 해　替:버릴 체　備:갖출 비　洫:넘쳐 빌 혁　傅:스승 부
囿:얽매일 유　隨:따를 수　贏:가득할 영　見:드러날 현　盡:다할 진
除:버릴 제　歲:세월 세

【담소(談笑)】

　성인(聖人)이란 누구인가? 이 우화는 '미시유(未始有) 천(天), 미시유(未始有) 인(人), 미시유(未始有) 시(始), 미시유(未始有) 물(物)'의 삶을 누리는 분이라고 답하고 있다. 미시유(未始有)는 처음부터 없었다는 뜻이다. 아무런 까닭이 없었다는 말로 들어도 무방하다.

　미시유천(未始有天). 처음부터 하늘이 없다〔未始有天〕. 무슨 말일까? 처음부터 정해 놓은 하늘〔天〕이 없다는 말이다. 성인에게는 정해진 종교도 없고 정해 놓은 이념도 없다고 이해하면 된다. 나는 부처를 믿고, 너는 예수를 믿고, 너는 알라를 믿고, 이처럼 가름하는 것은 성인이 아닌 우리들이 하는 짓이다. 성인은 시비할 리가 없다.

　미시유인(未始有人). 처음부터 사람이 없다〔未始有人〕. 무슨 말일까? 미운 놈 고운 놈 따로 없고, 내 사람 네 사람 편을 가르지 않는다는 말이다. 군자(君子)는 화이부동(和而不同)이라고 공자는 밝혔다. 화이부동(和而不同)의 화(和)는 편을 가르지 않고 서로 함께 어울리는 것이요, 동(同)은 끼리끼리 편을 나눠 이해(利害)에 따라 친소(親疎)를 저울질하는 패거리를 말한다. 이롭다면 친하고〔親〕, 이로울 게 없으면 등을 돌리는〔疎〕 화이부동(和而不同)의 동(同)은 나 같은 소인배나 범하는 짓이다. 성인은 편애할 리가 없다.

　미시유시(未始有始). 처음부터 시작이 없다〔未始有始〕. 무슨 말일까? 해야 하거나 정해진 일이 따로 없다는 말이다. 일하는 데는

반드시 처음과 끝이 있게 마련이다. 천릿길을 가자면 한 걸음부터 시작해야 한다. 천릿길을 가야 할 일을 만들지 않으면 한 걸음을 첫걸음으로 삼아야 할 까닭이 없다. 성인은 무사(無事)하고 소인은 분주하다. 그러니 성인은 하염없이 산다.

미시유물(未始有物). 처음부터 사물이 없다〔未始有物〕. 무슨 말일까? 금이나 모래나 다를 바 없다는 말이다. 금은 귀하고 모래는 흔하니까, 금은 비싼 값을 받고 모래알은 싼 값을 받는다고 하는 것은 소인의 호오(好惡)일 뿐이다. 노자가 왜 사람을 추구(芻狗)라고 했는지를 알 것이다. 제사 후에 쓰고 버리는 풀강아지〔芻狗〕같다 함은 사람이나 지렁이나 밥이나 똥이나 다 같다는 뜻이다. 이를 노자는 대일(大一)이라 하였다. 하기야 불가(佛家)에서도 불이(不二)라 하지 않는가. 성인은 차별할 리가 없다.

여세해행이불체(與世偕行而不替). 세상과 함께 더불어 가면서 버리지 않는다〔與世偕行而不替〕. 성인에게는 엘리트 의식이란 게 없다. 그러니 대중을 업신여길 리 없다. 만물과 더불어 동고동락(同苦同樂)하는 분이 성인이다. 그래서 해행(偕行)이라 하였다. 함께〔偕〕 행한다〔行〕 함은 곧 울어도 같이 울고 웃어도 같이 웃는 것이니, 어찌 취할 것과 버릴 것〔替〕이 따로 나누어져 있겠는가? 성인은 유별나게 갖는 것이 없으므로 버리는 것이 없다〔不替〕.

소행지비이불혁(所行之備而不洫). 하는 일마다 갖추어져 넘쳐 비워 낼 것이 없다〔所行之備而不洫〕. 여기서 소행(所行)은 성인이 하는 일이다. 그 일을 비(備)라고 하는 것은 도를 닮았다는 말이다. 알맞게 두루 갖추어진 것〔備〕이 천지이고, 천지만물은 다 도의 모습이 아닌가. 그러니 성인은 덜어내 비우기〔洫〕를 하지 않는다. 그래서 성인의 일은 도(道)와 하나가 된다〔其合之也〕고 한다.

위지부지(爲之傅之). 그를 모시고 스승으로 삼았다〔爲之傅之〕. 위지(爲之)의 지(之)는 등항(登恒)을 가리킨다. 결국 위지(爲之)

는 탕왕이 등항을 대신한다는 말로 이해하면 된다. 부지(傅之)의 지(之) 역시 등항을 받는다. 즉 등항을 선생으로 삼았다[傅之]는 말이다. 우화의 이야기로 미루어 아마도 등항(登恒)은 성인을 닮았던 모양이다. 왜냐하면 등항 덕에 탕왕은 불유(不囿)할 수 있었기 때문이다. 얽매이지 않는다[不囿] 함은 자유(自遊)요, 불가의 말로는 걸림이 없다는 무애(無碍)다.

지명영법득기양현(之名嬴法得其兩見). 그 이름[名聲]이란 무심하여 그 둘[兩]이 다 함께 세상에 드러나게 되었다[之名嬴法(然)得其兩見]. 여기서 지명(之名)의 지(之)는 시(是)와 같으니, 곧 탕왕과 등항이 함께 누리는 명성을 말한다. 그 명성이란 부귀영화의 명성이 아니라 영법(嬴法)의 명성이다. 영법(嬴法)이란 무심(無心)의 다른 말이다. 무심(無心)은 허심(虛心)이요, 허심은 무욕(無欲)이요, 무욕은 무친(無親)이요, 무친은 몰신(沒身)이요, 몰신은 무사(無私)가 아닌가. 그리고 양현(兩見)의 양(兩)은 탕왕(湯王)과 등항(登恒)을 말하고, 현(見)은 현(顯)과 같다. 현(顯)은 나타나고 드러난다는 뜻이다. 무심한 명성에 의해 세상에 드러난 두 인물은 곧 성인을 닮았다. 그래서 탕왕은 세상을 다스렸고, 등항은 탕왕을 무심(無心)한 치자(治者)로 인도했다는 말이다. 우리네 대통령도 등항 같은 가신(家臣)을 둔다면 끝이 험하지 않을 것이다.

중니지진처(仲尼之盡處). 공자도 이런저런 마음 쓰기를 없앴다[仲尼之盡處]. 진처(盡處)는 영법(嬴法)과 같이 무심(無心)을 말한다. 무심을 공자는 사무사(思無邪)라고 하였다. 그 진처를 공자도 스승으로 삼았다[爲之傅之]. 여기서 위지부지(爲之傅之)의 지(之)는 진처(盡處)를 대신한다. 그러니 공자도 성인(聖人)에 속하는 것이다.

용성씨는 이렇게 말했다[容成氏曰]. "하루하루를 제하면 세월이란 없고[除日無歲], 안이 없으면 바깥도 없다[無內無外]." 용성씨(容成氏)는 누구일까? 아주 옛날의 성왕(聖王)이란 설도 있고, 황제(黃帝)와 황제의 신하 그리고 노자의 스승을 모두 용성씨(容成氏)라고 한다는 설도 있다. 누구인들 어떠랴. 노자(老子)도 용성씨와 같은 말을 했으니, 그냥 성인의 반열을 일컬어 용성씨라 한다고 새겨도 안 될 것은 없으리라.

제일무세(除日無歲)는 노자의 일손위도(日損爲道)를 생각나게 한다. 도를 닦으면 매일매일 줄어든다[日損爲道]. 무엇이 줄어든단 말인가? 마음 속의 것들, 즉 정의(情意)가 줄어든다. 이는 곧 도를 향해 가려면 정의(情意)를 제해야 한다는 말이다. 불가(佛家)에서도 정(情)을 끊으라고 하지 않는가. 물론 천지지정(天地之情)의 정(情)이 아니라 욕정(欲情)의 정(情)을 말한다. 이를 날마다 제하면 위도(爲道)를 이룬다. 하늘과 땅의 정(情)이 곧 만물이 드러내는 참모습이다. 그러니 욕정의 정을 제하여 천지의 정으로 돌아가면 흥망성쇠의 세월이 부질없게 된다는 말이다.

무내무외(無內無外)는 노자가 말한 치허극(致虛極)의 극(極)과, 지상용(知常容)의 상용(常容)을 떠올리게 한다. 내외(內外)가 없음이 곧 허(虛)요 공(空)이며, 무(無)가 곧 상용(常容)이 아닌가. 이는 곧 물아일체(物我一體)라는 말이다. 피아(彼我)가 하나란 말이다. 무내무외(無內無外)의 내(內)는 나[我]요, 외(外)는 너[物]를 뜻한다. 피아(彼我)를 구별하지 않고 하나[一]로 안는 마음이 곧 위일(爲一)의 마음이다. 만물을 하나로 안는 품안의 모습을 상용(常容)으로 새겨도 되리라. 그래서 노자는 그런 상용의 마음을 일러 용내공(容乃公)이라 하였다. 노자의 용내공을 들으면 원효선사(元曉禪師)의 '무파이무불파(無破而無不破)'라는 말이 뒤이어 생각날 것이다. 부술 것도 없고[無破], 부수지 않을 것도 없다[無不破]는 원효선사의 말씀도 용내공(容乃公)과 통하는 길이 아닌가. 이처럼 용성씨의 말로 끝을 맺는 이 우화가 우리를 성인에게 이끌어 준다.

더 가까이 가서 성인을 만나고 싶다면 『노자(老子)』16장을 새겨 보면 좋겠다. "허의 지극함에 이르고〔致虛極〕고요함의 도타움을 지켜〔守靜篤〕만물이 서로 아울러 일어나지만〔萬物竝作〕, 나는 그 만물로써 도(道)로 되돌아감을 살필 수 있다〔吾以觀其復〕. 무릇 만물이 복잡하고 다양하다 해도〔夫物芸芸〕, 어느 것이든 그 근원으로 돌아간다〔各歸其根〕. 근원으로 돌아감〔歸根〕을 일러 정(靜)이라 하고〔歸根曰靜〕, 정(靜)을 일러 명령을 따른다〔復命〕하고〔靜曰復命〕, 그 따름을 일러 변함 없음〔常〕이라 한다〔復命曰常〕. 변함 없음을 아는 것〔知常〕을 일러 밝음〔明〕이라 한다〔知常曰明〕. 상(常)을 알지 못하면 욕심을 따르다〔不知常〕허망해지고 더러운 꼴을 당한다〔妄作凶〕. 지상(知常)은 모든 것을 끌어안는 것이다〔知常容〕. 모두를 하나로 끌어안음은 공평함이고〔容乃公〕, 공평함은 두루 통함이고〔公乃王〕, 두루 통함은 하늘이요〔王乃天〕, 하늘은 도(道)이고〔天乃道〕, 도는 불사(不死)이다〔道乃久〕. 몸을 다해 도를 본받아 행하면 위태로울 것이란 하나도 없다〔沒身不殆〕."

어록

무릇 언 사람은 봄에 옷을 빌리고〔夫凍者假衣於春〕

더위를 먹어 본 사람은 겨울에 바람을 맞는다〔暍者反冬乎冷風〕.

뒷북치는 사람이 마을 개들을 깨워 짖게 한다.

태어날 때부터 아름다운 자에게〔生而美者〕

거울을 준다 한들〔人與之鑑〕,

남들이 예쁘다는 말을 하지 않으면 자신이 아름다운 줄 모른다

〔不告則不知其美於人也〕.

본래 얼굴값, 콧대 높은 것은 세상 탓이다.

대체로 하늘을 스승으로 삼겠다고 말하면서

그렇게 못하는 것은〔師天而不得師天〕

물질에 사로잡히기 때문이다〔與物皆殉〕.

오죽하면 돈벼락 맞는다고 하겠나.

달팽이 왼쪽 뿔에 촉씨라는 나라가 있고〔有國於蝸之左角者曰觸氏〕

오른쪽 뿔에 만씨라는 나라가 있는데〔有國於蝸之右角者曰蠻氏〕,

한번은 서로 땅을 두고 전쟁을 하다〔時相爭地而戰〕

수없이 죽어 주검이 즐비하였다〔伏尸數萬〕.

소인배는 큰 것은 버리고 작은 것 때문에 싸운다.

** 이 고사(故事)는 대진인(戴晉人)이란 현자(賢者)가 호전적인 혜왕(惠王)에게 던진 비웃음의 고사인
와우각상(蝸牛角上)이다.

피리를 불면 청아한 소리가 나지만〔夫吹管者猶有嗃也〕,

칼자루를 불면 휙 소리만 날 뿐이다〔吹劍首者映而已矣〕.

난인(亂人)은 칼자루를 불고 성인(聖人)은 피리를 분다.

대체로 힘이 모자라도 속이고〔夫力不足則僞〕

지식이 모자라도 속이다가〔知不足則欺〕,

재물이 모자라면 훔친다〔財不足則盜〕.

남의 집 담을 넘는 좀도둑이 가장 정직하게 도둑질한다.

인간은 제가 알고 있는 것은 존경하고〔人皆尊其知之所知〕,

제가 알 수 없는 것에 의지해 왜 그런지 알아보려고도 않으니 어리석다
〔而莫知恃其知之所不知而後知〕.

왜 인간이 우리에 갇혀 말뚝에 매인 꼴인지 알겠다.

저마다 제 생각만 좇아 구한다면〔自殉殊面〕,

한쪽에서 옳다는 것을 다른 쪽에선 글렀다고 한다〔有所正者有所差〕.

나만 옳고 너는 틀렸다고 하는 자를 멀리하면 복을 받는다.

다하면 돌아오고〔窮則反〕 끝나면 시작이다〔終則始〕.

이것이 사물이 지닌 도리이다〔此物之所有〕.

다하면 변한다는 궁즉변(窮則變)과 변하면 통한다는 변즉통(變則通)을 잊지 말라.

닭이 울고 개가 짓는다고 하며〔鷄鳴狗吠〕

이를 인간이 다 안다고 하지만〔是人之所知〕,

아무리 지혜가 있는 자라도〔雖有大知〕

닭과 개의 속사정(자연의 작용)을 말로 풀이할 수는 없다〔不能以言讀其所自化〕.

무엇을 안다고 하지 말고 무엇을 다 알지 못한다고 하라.

雜篇 4

외물(外物)

요점 대지(大知)·무용(無用)·천유(天遊)를 누려라.

입문 더할 바 없는 자유(自遊)를 천유(天遊)라 한다.

　이 편 맨 앞의 우화가 외물(外物)이란 말로 시작되기 때문에 「외물(外物)」편이라고 이름을 붙였다. 『노자(老子)』의 '일손위도(日損爲道)'나 『장자(莊子)』「변무(騈拇)」편의 '자득(自得)'을 떠올리게 하는 편(篇)이다. 내가 나를 찾는 일〔自得〕을 하라는 것이 이 「외물」편의 우화들이 말하는 바이다.

　외물(外物)이란 내 밖에 있는 온갖 이해상관(利害相關)이다. 외물에 사로잡혀 무엇을 안다고 함을 소지(小知)라 하고, 이 외물에서 벗어나 내가 자유로운 나를 누리는 것을 대지(大知)라고 한다. 외물이 나를 사로잡아 내가 내 자신을 묶는 것을 욕망(欲望)이라 한다. 결국 욕망이란, 외물로 밧줄을 만들어 내가 나를 묶는 것이다. 그래서 우리는 무욕(無欲)을 지극한 자유(自由)라고 한다.

　더할 바 없는 자유가 곧 천유(天遊)이다. 좌망(坐忘)·무기(無己)·망기(亡己)·몰신(沒身)·천방(天放) 등이 곧 천유(天遊)의 모습이다. 무심(無心)·무욕(無欲)·무친(無親)·무사(無私) 역시도 천유(天遊)를 누리는 모습이다. 날마다 덜어내 도를 깨치는 것이〔日損爲道〕 곧 천유를 누리는 경지를 향해 가는 첫걸음이리라. 제일무세(除日無歲)도 같은 말씀이다. 하루하루를 제하면 세월이 없다〔除日無歲〕. 왜 나는 날마다 꿀을 못 찾은 꿀벌처럼 허덕이는가? 온갖 외물(外物)이 나를 묶어 끌고 다니기 때문이다. 그러니 나를 잊는다〔坐忘·無己·亡己·沒身·天放〕함은 외물에 묶인 나를 버린다는 뜻으로 헤아리면 된다. 이제야 얻고 싶다면 버리라는 말을 알아듣겠다. 자유로운 나를 누리고 싶은가? 그렇다면 외물의 밧줄에 묶인 나를 훌훌 풀어 버려라. 요새는 주체성이란 말을 많이 한다. 내 주체성이란 무엇인가? 무엇에 의지하지 않는 내가 바로 나라는 주체성이 아닌가. 돈, 명성, 권력 따위에 나는 얽매여 있다. 어디 그뿐이랴. 언어와 지식이 나를 얽매기도 한다. 돈, 명성, 권력 등의 하인 노릇을 하고 언어와 지식에 의지하느라 내 스스로 내 자신을 팔아 버린 꼴이 아닌가? 이를 「외물」편의 우화들이 자문해 보라 한다. 그리고 모름지기 이해상관으로부터 벗어나라 한다.

1. 선은 선이고 악은 악이라고 하지 말라

【우화(寓話)】

밖에서 나에게 밀어닥치는 이해가 얽힌 일이 꼭 필연적인 것은 아니다〔外物不可必〕. 그래서 용봉은 주살을 당했고〔故龍逢誅〕, 비간은 살육을 당했으며〔比干戮〕, 기자는 미친 척했고〔箕子狂〕, 오래도 죽었고〔惡來死〕, 걸과 주도 망했다〔桀紂亡〕. 임금은 자기 신하들이 모두 충성을 바치기를 바라지만〔人主莫不欲其臣之忠〕, 충성을 다하는 신하가 임금의 신임을 받는 것은 아니다〔而忠未必信〕. 그래서 오운은 강물에 띄워졌고〔故伍員流於江〕, 장홍은 촉에서 죽어〔萇弘死於蜀〕 뱃속에 고였던 피가 삼 년이 지나자〔藏其血三年〕 변하여 옥이 되었다 한다〔而化爲碧〕. 부모는 제 자식이 효도하기를 바라지만〔人親莫不欲其子之孝〕, 효도를 다하는 자식이 부모의 사랑을 받는 것은 아니다〔而孝未必愛〕. 그래서 효기는 괴로워했고〔故孝己憂〕 증삼은 슬퍼했던 것이다〔而曾參悲〕.

誅:벨 주　戮:죽일 육　狂:미칠 광　蜀:나라 이름 촉　藏:저장할 장
血:피 혈　碧:푸른 옥돌 벽　憂:근심할 우

【담소(談笑)】

콩 심은 데 콩 나고 팥 심은 데 팥 난다는 속담이 있다. 아무리 콩은 콩이고 팥은 팥이라 해도 콩을 심자던 일이 팥 심은 일이 되고, 팥을 심자던 일이 콩 심은 일이 되어 버리는 경우가 허다하다. 세상일이 아무에게나 제 뜻대로 되는 것은 아니다. 그래서 노자는 천지불인(天地不仁)이라 하지 않았는가. 세상은 사람이라고 해서 편애하지 않는다〔天地不仁〕는 것이다. 그러니 세상이 제 것

인 줄 알고 오두방정 떨다가는 낭패를 보게 마련이다.

외물불가필(外物不可必). 밖에서 나한테 밀어닥치는 이해가 얽힌 일이 필연적인 것만은 아니다[外物不可必]. 외물(外物)은 나 이외의 모든 것을 말한다. 내 아내와 자식마저도 외물에 속한다. 하물며 세상만사야 두말 할 나위 없다. 불가필(不可必)은 뜻대로 안 된다는 말이다. 소망하는 것이 있는가? 그렇다면 마음이 조마조마하리라. 소망하는 것이 없는가? 그렇다면 외물에 상관하지 않으니 마음이 편하리라. 걸릴 게 없어 편안한 마음이 곧 천유(天遊)가 아닌가.

용봉주(龍逢誅) 비간륙(比干戮) 기자광(箕子狂). 용봉은 주살을 당했고[故龍逢誅], 비간은 살육되었으며[比干戮], 기자는 미친 척하였다[箕子狂].『논어(論語)』「미자(微子)」편을 보면 은유삼인(殷有三仁)이란 공자의 말이 있다. 삼인(三仁)은 통상 은(殷)나라라고 하는 상(商)나라의 마지막 왕인 주(紂)에게 간(諫)했던 미자·기자·비간을 일컫는다. 주(紂)는 포악한 폭군의 대명사이다. 미자·기자·비간은 모두 주(紂)의 난세를 걱정하고 백성을 편안히 하려고 했기에 공자가 삼인(三仁)이라 일컬었다.

미자(微子)는 주(紂)의 서형(庶兄)이고, 기자는 주(紂)의 백부(伯父)이며, 비간은 주의 숙부(叔父)라고 한다. 미자(微子)의 미(微)는 지역 이름이고, 자(子)는 벼슬[爵]을 말하며, 이름은 계(啓)라 한다. 기자(箕子)의 기(箕) 역시 지역 이름이고, 자(子)는 벼슬이며, 이름은 서여(胥餘)라고 한다.『서경(書經)』에도「미자(微子)」편이 있다. 기자가 미자에게 상(商)나라를 떠나라고 권하면서 자기는 상나라의 멸망을 지켜보겠다는 내용이다. 기자는 미친 척하며 노예들 속에 숨어 살았고, 비간은 주(紂)에게 간하다 육신을 찢기고 강물에 던져졌다. 백성을 편안케 하려던 소망 때문에 결국 물고기 밥이 되고 말았으니 이 얼마나 뜻대로 안 되는 세상인가[外物不可必].

오래사(惡來死) 걸주망(桀紂亡). 오래도 죽었고[惡來死] 걸과
주도 망했다[桀紂亡]. 오래(惡來)는 폭군 주(紂)의 영신(佞臣)이
다. 폭군의 혓바닥처럼 굴며 주(紂)의 간신 노릇을 했던 오래(惡
來)는 주(紂)가 불길 속으로 뛰어들 때 따라 죽어야 했다. 오래처
럼 폭군에 빌붙는 간신 때문에 걸견폐요(桀犬吠堯)라는 말이 생
겼다. 폭군 밑에 붙어 만세까지 영화를 누리고 싶었을 오래에게
도 세상이란 제 뜻대로 안 되는 외물의 장(場)이었다.

걸(桀)은 성은 사(似)이고 이름은 이계(履癸)로, 하(夏)나라의
마지막 왕이다. 걸은 걸견폐요(桀犬吠堯)라는 말을 남기게 한 이
름난 폭군이다. 유가(儒家)에서 요순(堯舜)은 성군의 대명사요
걸주(桀紂)는 폭군의 대명사가 아닌가. 그런데 도가(道家)에서는
이든 저든 다 치세(治世)의 무리라 하여 그들 모두를 백성의 짐으
로 친다.

걸(桀)의 개가 요(堯)를 보고 캉캉 짖는다[桀犬吠堯]. 도둑놈의
개가 요(堯)를 보고 캉캉 짖는다는 척견폐요(跖犬吠堯)와 같은
말이다. 척(跖)은 대도(大盜) 도척(盜跖)을 말한다. 폭군이 주는
밥을 먹는 개는 폭군을 주인으로 섬긴다. 개가 무슨 선악을 알겠
는가. 이런 뜻에서 개 같은 인간이 있다고 한다. 공맹(孔孟)의 후
예들은 요순(堯舜)을 선(善)으로 보고 걸주(桀紂)를 악(惡)으로
분간하지만, 노장(老莊)의 후예들은 이들 모두를 번거롭게 여긴다.
노장은 인간을 자연 그대로 그냥 내버려 두라고 하기 때문이다.

오운류어강(伍員流於江). 오운은 강물에 띄워졌다[故伍員流於
江]. 오운은 오(吳)나라 임금 부차(夫差)에게 충간(忠諫)했으나
받아들여지지 않았고, 오히려 모함을 받자 자살하고 말았다. 이
를 안 부차는 오운의 주검을 가죽 부대에 넣어 강에 띄워 보냈다.
오운이여! 폭군에게 바른 말[忠諫]을 하여 세상을 바로잡을 수 있

으리라 여기지 말라. 폭군 부차에게도 요(堯)를 보고 짖는 개들이 많았을 것이니 모함을 받을 수밖에 없지 않았겠는가. 걸견폐요 (桀犬吠堯)의 폐요(吠堯)는 간신의 모습을 말한다. 세상이란 외물 (外物)이 오운의 뜻대로 될 리 없다.

장홍사어촉(萇弘死於蜀). 장홍은 촉나라에서 죽어[萇弘死於蜀] 뱃속에 고였던 피가 삼 년이 지나자[藏其血三年] 변하여 옥이 되었다[而化爲碧]. 장홍도 충간(忠諫)했으나, 모함을 받고 촉(蜀)나라로 추방당했다. 충성을 다했는데도 모함을 받으니 하도 원통해 스스로 배를 갈라 죽고 말았다는 장홍(萇弘). 그러나 아무리 억울하다 하소연한들 부질없는 일이다. 폭군의 눈에 장홍의 충간은 가시처럼 느껴지기 때문이다. 촉나라 사람들이 감동해 장홍의 피를 받아 궤에 잘 담아 보관했더니, 삼 년이 지나자 피가 보석이 되었다 한다. 그러나 죽어서 보석이 된들 무슨 소용이겠는가. 폭군한테 충성을 바치다가 모함을 받아 쫓겨났다면 폐요(吠堯)의 개들한테 물린 꼴이 아니겠는가.

효기(孝己)는 은(殷)나라 고종(高宗)의 아들이다. 계모를 극진히 받들었지만 결국 계모의 박대로 괴로워하다 죽었다. 외물인 계모가 어찌 효기의 뜻대로 되겠는가. 효성이 지극했으나 부모에게 미움을 받아 늘 매를 맞고 살다가 죽을 고비를 맞아 슬피 울었다는 증삼(曾參)에게도 그 부모는 제 뜻대로 안 되는 외물(外物)이었다. 그러니 세상을 향해 왜 뜻대로 안 되느냐고 삿대질하거나 원통해하지 말라. 이 우화를 듣고 나면 땅을 치고 통곡하는 것이 얼마나 부질없는 일인지를 알게 될 것이다.

2. 왜 이리 모질게 유가(儒家)를 꼬집는 것일까

【우화(寓話)】

유가는 『시경(詩經)』과 『예기(禮記)』로 무덤을 파헤친다〔儒以詩禮發冢〕. 대유가 아랫사람에게 말했다〔大儒臚傳曰〕. "막 동이 트려 하네〔東方作矣〕. 일이 어찌 되어 가는가〔事之何若〕?" 소유가 말했다〔小儒曰〕. "아직 속옷가지를 못 헤쳤습니다〔未解裙襦〕. 입 속에 구슬이 있습니다〔口中有珠〕. 『시경』에 있는 말씀처럼〔詩固有之〕 말해 보겠습니다〔曰〕. 짙푸른 보리는 무덤가 비탈에 무성하고〔靑靑之麥生於陵陂〕, 살아서 베푼 적이라곤 없는데〔生不布施〕 죽어 어찌 구슬을 물고 있는가〔死何含珠〕!" 송장의 머리채를 움켜쥐고〔爲接其鬢〕 아래턱수염을 눌러〔擪其顪〕, 쇠몽치로 송장의 턱뼈를 부수고〔儒(而)以金椎控其頤〕, 천천히 송장의 두 뺨을 벌려〔徐別其頰〕 상하지 않게 입 안의 구슬을 끄집어냈다〔無傷口中珠〕.

冢:무덤 총　臚:전할 려　裙:속옷 군　襦:속옷 유　珠:구슬 주
麥:보리 맥　陵:무덤 릉　陂:비탈 피　施:베풀 시　含:머금을 함
鬢:귀밑털 빈　擪:손가락으로 누를 엽　顪:아래턱수염 훼　椎:몽치 추
控:칠 강　頤:턱 이　頰:뺨 협　傷:상처 상

【담소(談笑)】

이 이야기는 유가(儒家)를 비난하는 우화(寓話)로, 그 정도가 너무 심하여 천박하다는 느낌마저 든다. 아마도 시대를 거듭하면서 유가에 대한 노장(老莊)의 후예들의 반감이 이렇듯 폭발한 게 아닌가 싶다. 오죽하면 이렇게까지 유가를 비꼬아야 했겠나 싶은 심정이 없는 것도 아니다.

이 우화에 등장하는 대유(大儒)와 소유(小儒)는 공자의 뜻을 저버리고 있다. 공자는 온고이지신(溫故而知新)하라고 했지 온고(溫故)만 하라고는 결코 당부하지 않았다. 온고(溫故)가 과거만 고집하다가는 결국 궁(窮)하고 말 것이라는 사실을 공자가 모를 리 없었다. 그것은 공자가 『주역(周易)』에 십익(十翼)을 붙이고 '궁즉변(窮則變) 변즉통(變則通) 통즉구(通則久)'라고 하여 미래 지향의 궤도를 밝혀 둔 것에서도 알 수 있다.

무덤을 파서 이미 송장이 된 사람의 것에 매달리는 짓이야말로 고집불통의 온고(溫故)가 아닌가. 어찌 『시경(詩經)』이나 『예기(禮記)』가 인간을 과거로 끌고 가는 무덤이겠는가 말이다. 오히려 과거를 거울로 삼아 현재를 잘 다듬어 미래로 가는 뜻을 찾으라는 게 곧 공자의 지신(知新) 아닌가. 이러한 지신(知新)을 버리고 온고(溫故)만 고집하는 유가(儒家)의 무리를 이 우화는 난타하고 있다. 유가여! 왜 날마다 새롭게 살라는 공자의 일신(日新)을 모르는가. 온고지신(溫故知新)만 잘 헤아려 치세(治世)의 거울로 삼았더라면 이렇게 듣기 부끄러운 비아냥을 듣지는 않았을 것이다. 조선조(朝鮮朝)의 꽉 막혔던 유가들도 소유와 다를 바 없다고 욕을 먹을지 모른다.

3. 혜자(惠子)는 하나만 알지 둘을 몰랐다

【우화(寓話)】

혜자가 장자에게 말했다〔惠子謂莊子曰〕. "당신의 말은 쓸데가 없어요〔予言無用〕." 장자가 말했다〔莊子曰〕. "쓸모 없는 줄 알고 나서야〔知無用〕 쓸 것이 있다는 것을 말할 수 있어요〔而始可與言用矣〕. 이 땅은 한없이 넓고 크지요〔夫地非不廣且大也〕. 인간이 발로 밟고 걷는 데는 발바닥만큼이면 족합니다〔人之所用容足耳〕. 그렇다고 발바닥 크기만큼만 재어 두고 파고 내려가〔然則厠足而墊之〕 황천에 다다른다면〔致黃泉〕, 그래도 과연 사람에게 땅이 쓸모가 있겠소〔人尙有用乎?〕?" 혜자가 말했다〔惠子曰〕. "쓸모가 없지요〔無用〕." 장자가 말했다〔莊子曰〕. "그러니 쓸모 없는 것의 쓸모 있음이 분명한 게요〔然則無用之爲用也亦明矣〕."

厠:버금갈 측 墊:팔 점

【담소(談笑)】

말로 한몫 보는 명가(名家)의 혜자(惠子)가 똑똑한 척하다가 결국 장자에게 면박을 당하고 마는 우화를 자주 본다. 이 우화에서도 쓸모 있는 것만 알고, 쓸모 없다고 생각하는 것이 오히려 더 쓸모 있음을 몰랐던 혜자가 한 수 배우고 있다. 사람의 입장만으로 쓸모 있고 없고를 따지는 혜자가 옹색해 보인다. 어디 혜자만 그렇겠나. 콩알만 한 지식을 갖고 아는 척하는 우리 모두가 옹색할 뿐이다.

쓸모가 없어서 천수를 다하는 「산목(山木)」편의 우화를 기억할 것이다. 재목감이 된다고 목수의 톱날에 등걸이 잘려 생죽음이 되는 나무를 생각해 보면 장자가 말하는 무용(無用)을 헤아릴 수 있을 것이다. 나무가 재목감이 된다 함은 사람의 입장에서 본 쓸모일 뿐, 나무의 입장에서는 그 쓸모가 오히려 해가 된다는 사실을 인간은 헤아리지 못한다. 밥은 쓸모가 있고 똥은 쓸모가 없다고 하려는가. 먹기만 하고 싸지 못하면 죽는 것이다.

인간의 뜻대로 쓸모 있고 없고를 함부로 단정하고서 귀천(貴賤)을 따지지 말라. 천하에 쓸모 없는 것은 없다. 그래서 노자는 검(儉)을 삶의 첫째 보배라고 자랑했던 것이다. 소중하지 않은 것이란 없음을 아는 마음가짐이어야 아껴 쓰는 삶〔儉〕으로 이어진다. 검(儉)하면 쓰레기는 없다. 쓰레기를 버리면서 쓸데없다고 지껄이는 것은 인간밖에 없다. 장자는 지금 이 우화에서 혜자를 빗대어 인간의 인위(人爲)를 꼬집고 있다.

4. 하늘은 구멍을 뚫고 사람은 구멍을 막으려 한다

【우화(寓話)】

눈이 잘 트인 것을 눈이 밝다 하고〔目徹爲明〕, 귀가 잘 트인 것을 귀가 밝다 하며〔耳徹爲聰〕, 코가 잘 트인 것을 코가 냄새를 잘 맡는다고 하고〔鼻徹爲顫〕, 입이 잘 트인 것을 맛을 잘 본다고 한다〔口徹爲甘〕. 마음이 트인 것을 지라 하고〔心徹爲知〕 지가 트인 것을 덕이라 하는데〔知徹爲德〕, 무릇 도란 막히기를 바라지 않는다〔凡道不欲壅〕. 막히는 것은 목이 메는 것과 같다〔壅則哽〕. 목이 메어 막힌 것을 거두지 못하면 발버둥치고〔哽而不止則跈〕, 목이 메어 발버둥치면 목숨이 많이 상한다〔跈則衆害傷〕. 만물 중에서 지력을 간직한 것(생물)은〔物之有知者〕 숨을 쉬어야 한다〔恃息〕. 그렇지 않으면 목숨을 잘 간수하지 못한다〔其不殷非天地之罪〕. 하늘은 (숨구멍을) 뚫는 데〔天之穿之〕 밤낮을 가리지 않는다〔日夜無降〕. 그런데 사람이 하늘을 어기고 구멍을 막으려 한다〔人則顧塞其竇〕. 뱃속에는 텅 빈 곳이 있고〔胞有重閬〕, 마음에도 텅 빈 곳이 있다〔心有天遊〕. 방에 빈 곳이 없으면〔室無虛空〕 며느리와 시어미가 다투듯이〔則婦姑勃豀〕, 마음에 텅 빈 곳이 없으면〔心無天遊〕 온갖 욕망이 서로 거역하며 다툰다〔則六鑿相攘〕. 그러니 깊은 산중을 좋아하는 사람들이 있는 것은〔林丘山之善於人〕 마음이 (막힌 구멍을) 견디지 못하기 때문이다[亦神不勝].

徹:통할 철　聰:귀밝을 총　鼻:코 비　顚:냄새 잘 맡을 전　壅:막힐 옹
甘:맛을 즐길 감　哽:목이 멜 경　跈:밟을 전　恃:믿을 시　息:숨쉴 식
殷:성할 은　穿:뚫을 천　降:항복할 항　顧:응시할 고　塞:막을 색
竇:구멍 두　胞:배 포　閬:텅 빈 랑　姑:시어미 고　勃:다툴 발
豀:서로 덤벼들 혜　鑿:뚫을 착　攘:물리칠 양　勝:이길 승

【담소(談笑)】

　목철(目徹)·이철(耳徹)·비철(鼻徹)·구철(口徹)·심철(心徹)·지철(知徹)의 철(徹)은 통(通)과 같다. 통(通)이란 트여 있음이다. 트여 있으면 걸림이 없다. 걸림이 없으면 장애물이 없다. 그러니 철(徹)은 통(通)이므로 무궁(無窮)이요 무애(無碍)하다. 걸림 없이 통하는 것을 천유(天遊)라 하고, 천유를 누리고 즐기는 것을 천락(天樂)이라 하는데, 천락이 곧 무위(無爲)의 삶이 아닌가.

　철(徹). 막지 말고 터라. 두루 통하게 터라[徹]. 눈을 터라[目徹]. 그러면 밝다[明]. 귀를 터라[耳徹]. 그러면 밝다[聰]. 코를 터라[鼻徹]. 그러면 상쾌하다[顚]. 입을 터라[口徹]. 그러면 상큼하다[甘]. 마음을 터라[心徹]. 그러면 두루두루 안다[知]. 앎을 터라[知徹]. 그러면 두루두루 통한다[德]. 지철(知徹)은 시비(是非)에 걸려 막혀 버린 소지(小知)가 아니다. 목철(目徹)·이철(耳徹)·비철(鼻徹)·구철(口徹)·심철(心徹)·지철(知徹)은 모두 한마디로 대지(大知)이다. 대지(大知)는 어떠한가? 이에 노자(老子)가 대답했다. 포일(抱一). 포일(抱一)하라. 하나로 보고 안아라[抱一].

　이미 장자도 덕을 일러 통윤리(通倫理)라 하였다. 이 통윤리(通

倫理)가 곧 노자의 포일(抱一)인 셈이다. 윤리(倫理)란 만물이 저마다 갖추고 있는 이치다. 만물이 갖추고 있는 온갖 이치에 두루 통하는 것이 곧 덕(德)이다. 불가의 무애(無碍) 역시 덕을 말한다. 걸림 없다[無碍] 함은 곧 덕이다. 그러니 덕은 곧 도(道)의 드러남이다. 어떻게 드러나는가? 불욕옹(不欲壅)이 곧 그 드러남을 말해 준다. 막고자 하지 말라[不欲壅].

옹즉경(壅則哽). 구멍을 막게 한다[壅]. 목이 멘다[哽]. 목구멍을 막으면 숨이 막힌다. 숨구멍을 막게 하면 발버둥치다 죽는다. 목숨을 간직한 것 모두 숨쉬는 숨구멍이 막히면 살아남지 못한다. 이보다 더한 상해(傷害)는 없다. 그러므로 만물 중에서 지력을 간직한 것(생물)은[物之有知者] 숨을 쉬어야 한다[恃息]. 그렇지 않으면 목숨을 잘 간수하지 못한다[其不殷非天地之罪]. 숨통을 막는 짓을 인위(人爲)라 한다.

천지천지(天之穿之). 하늘은 (구멍을) 뚫는 데[天之穿之] 밤낮을 가리지 않는다[日夜無降]. 해가 빛나는 것도 하늘이 뚫는 일이고, 바람이 불다 멈추고 비가 오다 그치는 것 또한 하늘이 숨구멍을 뚫는 일이다. 이렇게 보면 자연(自然)이란 곧 하늘이 숨구멍을 뚫는 일이다.

인즉고색기두(人則顧塞其竇). 여기서 고(顧)는 하늘이 하는 일을 돌이켜보려고 하지 않는다는 뜻이다. 곧 인간이 제 위주로 일을 저질러 버린다는 말이다. 그래서 고(顧)를 반(反)으로 보고 하늘을 어긴다는 뜻으로 새긴다. 사람이 하늘을 어기고 구멍을 막으려 한다[人則顧塞其竇]. 두(竇)는 공(孔)이다. 색두(塞竇). 구멍을 막는다[塞竇]. 무슨 구멍인가? 숨구멍이다. 그러니 인간이 잘한다는 짓도 결국 숨구멍을 막는 짓으로 드러난다는 게 곧 인즉고색기두(人則顧塞其竇)인 셈이다.

양껏 배불리 꾸역꾸역 먹어 보라. 그러면 숨이 차 괴롭다. 그러나 양껏 먹지 않고 알맞게 먹으면 속이 낙낙해 살맛이 난다. 왜 낙낙할까? 양, 즉 밥통[胃]이 덜 찼기 때문이다. 덜 차면 빈 데[虛]가 있고 꽉 차면 빈 데가 없다. 꽉 찬 것은 영(盈)이다. 여기서 하늘이 뚫는다[天之穿之]는 참뜻을 헤아릴 수 있으리라. 하늘은 비게 한다. 구멍이란 빈 곳[虛]이 아닌가. 이제 인간은 하늘을 어기고 하늘이 뚫어 놓은 구멍을 막는다[人則顧塞其竇]는 말의 참뜻을 헤아릴 수 있으리라. '마음 속을 꽉 채운다.'

천유(天遊)·천락(天樂)·천방(天放)은 다 같은 말이다. 더할 바 없이 자유로운 게 곧 허(虛)요 무(無)이니 말이다. 심유천유(心有天遊)란 곧 허심(虛心)이요 무심(無心)이다. 육착상양(六鑿相攘)은 그 허심을 버린다는 말이다. 육착(六鑿)은 육근(六根), 즉 이(耳)·목(目)·구(口)·비(鼻)·심(心)·지(知)를 말하는데, 이 육착이 서로 물리치고 어지럽힌다[六鑿相攘] 함은 트이지 못하여[不徹] 숨구멍이 막혀[塞竇] 자유를 잃었다는 뜻이다. 그래서 자유를 잃고 사는 것이 싫은 사람은 산에 살기를 좋아한다는 것이다. 여기서 산은 허심(虛心)의 이미지로 보면 되리라.

莊子 ● 雜篇

몹시 번민하다 깊은 혼란에 빠져 이해가 서로 마찰하면〔慰暋沈屯利害相摩〕
불길이 치솟아〔生火甚多〕 소인은 평정을 잃어버린다〔衆人焚和〕.
마음 속에 있는 불쏘시개를 일러 번뇌라고 한다.

명성 때문에 서로 끌어들이고〔相引以名〕
잇속 때문에 서로 결탁하니〔相結以隱〕,
요임금을 들어 칭찬할 것도 없고 폭군 걸을 비난할 것도 없이〔與其譽堯而非桀〕
둘 다 잊어버리고 칭찬하지 않는 것만 못하다〔不如兩忘而閉其所譽〕.
아첨하는 주둥이가 제일 더럽다.

지인(至人)은 행적을 남기지 않는다〔至人不留行焉〕.
소인배의 입은 공치사를 일삼는다.

통발은 물고기를 잡기 위한 것이니〔筌者所以在魚〕
물고기를 잡았거든 통발을 잊어라〔得魚而忘筌〕.
미래를 열려면 과거에 연연하지 말라.

말이란 마음 속의 것을 담아 둔 것이니〔言者所以在意〕
그 속을 알았거든 말을 잊어라〔得意而忘言〕.
나도 정말 말을 잊은 자를 만나 그와 더불어 말을 나누고 싶다
〔吾安得夫忘言之人而與之言哉〕.
말꼬리를 물고늘어지는 놈이 침묵을 제일 무서워하느니.

雜篇 5

우언(寓言)

요지 왜 치언(巵言)이 천균(天均)과 천예(天倪)로 통하는가?

입문 인간의 입장을 떠나 자연의 입장에서 말하라.

이 편 맨 앞이 우언(寓言)으로 시작하므로 편명(篇名)이 「우언 (寓言)」편이 되었다. 분량은 짧지만, 『장자(莊子)』의 자서(自序) 와도 같아 책의 전편(全篇)이 무엇을 말하는지를 다음 세 마디를 통해 짚어 볼 수 있다. '우언(寓言)·중언(重言)·치언(巵言).' 『장자(莊子)』를 우화(寓話)로 체험할수록 장자의 뜻을 더욱 가까 이할 수 있음을 이 편이 말해 주고 있는 셈이다.

「우언(寓言)」편은 인지(人知)에서 벗어나 보라 한다. 인지는 시비의 말[是非之言]을 일삼기 때문이다. 물론 이런 '벗어나기'는 『장자』 전편에 걸쳐서 체험할 수 있다. 인간은 알량한 제 지식을 믿고 시(是)냐 비(非)냐 편을 가른다. 이런 오만과 자만 때문에 하 늘 무서운 줄 모르고 스스로 만물의 영장이라고 자화자찬하면서, 만물을 분별하고 차별하며, 귀천(貴賤)과 상하(上下)를 따지며 못 할 짓을 마다 않는다.

인간의 입장을 떠나 자연의 입장에서 말하는 것이 곧 치언(巵 言)이다. 치언(巵言)은 시비(是非)를 초월한 말이다. 이는 무언 (無言)이요 불언(不言)이니 결국 치언(巵言)은 무심(無心)의 말이 다. 이편도 없고 저편도 없는 무친(無親)의 말씀이 곧 치언(巵言) 이다. 공자의 이순(耳順)도 치언(巵言)의 이웃은 되리라. 장자는 치언(巵言)으로 덕을 말하려고 『장자(莊子)』에서 우언(寓言)을 택한 셈이다.

인간의 시비란 다만 인간의 잔소리요 잔말일 뿐이다. 옳다고 여기는 것〔有自也而可〕과 옳지 않다고 여기는 것〔有自也而不可〕이 부딪쳐 싸우고, 그렇다고 여기는 것〔有自也而然〕과 그렇지 않다고 여기는 것〔有自也而不然〕이 부딪쳐 갈등한다. 만물을 하나로 보면 시(是)도 없고 비(非)도 없을 터인데, 인간은 무엇이든 둘〔二〕로 보려고 하므로 시비가 생긴다. 시비란 내가 항상 옳고〔是〕 네가 항상 틀렸다〔非〕는 오기(傲氣)에서 비롯되므로 본래 쉽게 끝날 싸움이 아니다.

무엇이 그런가〔惡乎然〕? 그러니 그렇다는 말이다〔然於然〕. 무엇이 그렇지 않단 말인가〔惡乎不然〕? 그렇지 않으니 그렇지 않단 말이다〔不然於不然〕. 무엇이 옳은가〔惡乎可〕? 옳으니 옳다 한다〔可於可〕. 무엇이 옳지 않은가〔惡乎不可〕? 옳지 않으니 옳지 않다 한다〔不可於不可〕. 이렇게 따지는 인간의 고집을 생각해 보라. 내가 그렇다〔然〕 함이 너에게는 그렇지 않다〔不然〕는 것이 되고, 내가 옳다〔可〕 함은 너에겐 옳지 않다〔不可〕는 것이 되는 시비의 꼴이란 인간의 입장일 뿐 자연의 입장은 아니다. 여기서 인간은 말하고 자연은 침묵한다는 뜻을 알 수 있지 않을까.

자연(自然)이란 그냥 그대로 있는 것이다. 그렇게 있는 것을 한마디로 물(物)이라 한다. 만물치고 자연 아닌 게 없다 함을 하나〔一〕라 이르지 않는가. 도덕(道德) · 자연(自然) · 무위(無爲)를 그냥 하나〔一〕로 쳐도 안 될 것은 없다. 만물을 하나라고 여기는 것이 곧 도덕이요 자연이요 무위기 때문이다. 옳다〔可〕 그르다〔不可〕의 시비(是非), 그렇다〔然〕 안 그렇다〔不然〕의 시비는 하나〔一〕가 아니라 둘〔二〕이기 때문에 자연의 것이 아니라 인간의 것이다. 자연의 하나를 말하는 것이 곧 치언(巵言)이리라.

만물에는 그렇다고 할 만한 것이 있고〔物固有所然〕, 만물에는 옳다고 할 만한 것이 있다〔物固有所可〕. 그렇지 않다고 할 만한 만물은 없고〔無物不然〕, 옳지 않다고 할 만한 만물은 없다〔無物不可〕. 온갖 병균이 없었으면 하는 것은 인간의 바람일 뿐이다. 사람이 있듯이 병균도 있고 사슴도 있고 사자도 있다. 이를 일러 천균

(天均)이라 한다. 하늘의 조화가 곧 천균(天均)이다. 천균은 만물이 자연으로 하나 되는 것을 말한다. 그러한 하나를 천예(天倪)라 한다. 왜 장자는 우화(寓話)로 말하는가? 시비(是非)를 피하기 위해서다. 그래서 인간에게 천균(天均)을 통해 천예(天倪)를 체험하게 하고, 치언(巵言)을 듣게 하려는 것이지 싶다.

1. 우언(寓言)·중언(重言)·치언(巵言)

【우화(寓話)】

　우언은 열 가운데 아홉이고[寓言十九], 중언은 열 가운데 일곱이며[重言十七], 치언이 날마다 생겨나[巵言日出] 만물은 하나 되어 서로 어울린다[和以天倪].

　우언이 열 가운데 아홉이라 했는데[寓言十九], 다른 것을 빌려서 (도를) 밝히려는 것이다[藉外論之]. 아버지가 제 자식의 중매 노릇을 안 하는 것은[親父不爲其子媒], 제 자식을 자찬하는 짓은[親父譽之] 남이 제 자식을 칭찬하는 것만 못하기 때문이다[不若非其父者也]. (우언을 활용하는 것은) 내 죄가 아니라[非吾罪也] 사람들의 죄다[人之罪也]. 자기 뜻과 같다면 응하고[與己同則應], 자기 뜻과 같지 않으면 반대한다[不與己同則反]. 자기 뜻과 같으면 옳다 하고[同於己爲是之], 자기 뜻과 다르면 틀렸다 한다[異於己爲非之].

　중언이 열 가운데 일곱이라 했는데[重言十七], 언쟁을 그치기 위함이고[所以已言也] 늙은이의 말을 옳다 하기 때문이다[是爲耆艾]. 나이만 앞세우면서[年先矣] 본말의 이치를 헤아리지 못하면[而無經緯本末], 나이만 먹어 늙은이일 뿐[以期年耆者] 앞을 내다볼 줄 아는 어른이 아니다[是非先也]. 나이든 어른이면서 남을 덕으로 이끌지 못하면[人而無以先人] 사람의 도리를 못하는 것이다[無人道也]. 나이든 어른이면서도 사람의 도리를 못하면[人而無人道也] 그런 자를 진인(陳人)이라 한다[是謂陳人].

　치언이 날마다 생겨나[巵言日出] 만물이 하나 되어 서로 어울린다 했는데[和以天倪], 그런 까닭에 걸림 없이 자유롭게 노닐며[因以曼衍] 천수를 누린다 한다[所以窮年]. 시비를 걸지 않으면 만물은 하나가 된다[不言則齊]. 하나 되기와 시비 걸기는 같지 않

다〔齊與言不齊〕. 그래서 말하기를〔故曰〕 시비(是非) 걸기를 말라
한다〔無言〕.

寓:청탁할 우　重:중히 여길 중　巵:술잔 치　倪:나눌 예　藉:빌릴 자
媒:중매 매　譽:기릴 예　應:응할 응　已:그칠 이　耆:늙은이 기
艾:늙은이 애　經:날실 경　緯:씨줄 위　先:먼저 선　陳:묵을 진
曼:아름다울 만　衍:순행할 연　窮:다할 궁　齊:같을 제

【담소(談笑)】

우언십구(寓言十九). 우언은 열 가운데 아홉이다〔寓言十九〕. 이
는 『장자(莊子)』의 90퍼센트가 우화(寓話)로 채워졌음을 말하며,
『장자』를 우화로 체험해야 할 근거가 된다. 우언(寓言)이란 무엇
인가? 그것은 자외논지(藉外論之)다. 자외(藉外)의 자(藉)는 차
(借)처럼 빌린다는 말이고, 외(外)는 피아(彼我) 즉 상대관계를
벗어난 것을 의미한다. 빌려서 말하는 기법이 곧 소설 속의 인물
(人物:character)을 만들지 않았는가. 등장인물을 빌려서 살펴 말
하기〔論之〕가 곧 우언이다. 우언의 이야기가 곧 우화(寓話)인 셈이
다. 이제 『장자』를 왜 우화로 체험해야 하는지가 더욱 분명해진다.

중언십칠(重言十七). 중언은 열 가운데 일곱이다〔重言十七〕. 이
는 우언(寓言)의 내용 중 70퍼센트가 중언(重言)으로 되어 있다는
말이다. 이로써 장자가 우언을 지어 낸 것이 아니라 어른들의 말
씀〔重言〕으로 만들어 낸 것임을 알 수 있다. 중언(重言)은 귀중한
말씀이므로 귀담아 들어야 한다는 뜻이다. 물론 여기서의 어른은
나이만 먹은, 주위에 흔한 연장자를 뜻하는 것이 아니다. 몇천 년
이 지나야 겨우 날까 말까 한 성인들의 말씀을 귀담아 들을 줄 아
는 이들의 말씀이 곧 중언(重言)이다. 그러니 중언이란 성인들의

말씀을 귀담아 듣게 하는 말이다.

중언(重言)의 참뜻을 살필 때 「외물(外物)」편의 한 대목을 상기하면 좋겠다. "성인이 세상을 놀라게 하여 정신차리게 해도〔聖人之所以驗天下〕신인은 따져 묻지 않고〔神人未嘗過而問焉〕, 현인이 세상을 놀라게 하여 정신차리게 해도〔賢人之所以驗天下〕성인은 따져 묻지 않으며〔聖人未嘗過而問焉〕, 군자가 나라를 놀라게 하여 정신차리게 해도〔君子之所以驗國〕현인은 따져 묻지 않고〔賢人未嘗過而問焉〕, 소인이 시류에 따라 야합해도〔小人所以合時〕군자는 따져 묻지 않는다〔君子未嘗過而問焉〕." 그러니 중언은 성인(聖人)·현인(賢人)·군자(君子)께서 남긴 말씀이라 새겨도 될 것이다. 해(驗)는 멍한 말에게 채찍을 휘둘러 정신이 번쩍 들도록 놀라게 한다는 뜻이다. '네 자신을 알라'고 외쳤던 희랍의 소크라테스도 정신나간 아테네 시민에게 등에가 되겠다고 말했다 한다. 사람들을 정신차리게 할 쇠파리가 되겠다고 한 소크라테스의 '네 자신을 알라'는 말도 중언(重言)인 셈이다.

치언일출(巵言日出) 화이천예(和以天倪). 치언이 날마다 생겨나〔巵言日出〕만물은 하나 되어 서로 어울린다〔和以天倪〕. 치언(巵言)의 치(巵)는 술을 담고 비우는 그릇〔酒器〕이다. 술이 가득 차면 기울고 비면 곧바로 서 버리는 잔을 치(巵)라고 한다. 기울기도 술 때문이고 세워짐도 술 때문이니 남〔外物〕을 따라 응한다는 뜻으로 치(巵)를 새길 수 있다. 이제야 왜 치언(巵言)이 무심(無心)의 말씀인지 알 수 있겠다. 무심(無心)은 무사(無私)요 무친(無親)이니, 나를 지우고 남의 말을 그대로 들어 주는 게 곧 치언(巵言)인 셈이다. 그러니 치언이란 무언(無言)이요 불언(不言)인 셈이다. 따지고 보면 무언(無言)·불언(不言)은 나를 지워 버리는 말이니 무심이요 무사요 무친이다. 공자가 육십이 되어 깨달았다는 이순(耳順)도 이러한 치언의 이웃이 아닌가 싶다.

날마다 떠오른다〔日出〕. 이는 날마다 생긴다는 말이요 날마다 새롭다는 말이다. 우언(寓言)과 중언(重言)이 날마다 치언(巵言)으로 떠올라 새롭다. 이렇게 치언일출(巵言日出)을 새길 수 있다. 나아가 나를 지우면 만물이 모두 나인 것을 깨우치게 하는 말씀이 치언(巵言)인 셈이다. 따지고 보면 노자의 포일(抱一)도 치언이다. 만물이 모두 나와 하나란 말씀으로 통하기 때문이다.

화이천예(和以天倪)는 치언(巵言)을 풀이한 말이다. 화(和)는 차별하지 말라, 시비하지 말라 함이니 절로 만물이 하나 되는 어울림이다. 천예(天倪)의 천(天)은 자연을, 예(倪)는 어린것을 뜻하니 천예(天倪)는 곧 자연의 품에 안긴 만물을 말한다. 자연의 입장에서 만물은 다 하나이다. 여기서 하나〔一〕는 같다〔同〕는 말이다. 그러니 천예(天倪)를 대일(大一)이나 대동(大同)이라 해도 틀리지 않을 것이다. 본래 대(大)는 천(天)으로 통하고 자연을 비유한다. 물론 천예(天倪)를 천균(天均)이라고도 한다. 만물을 차별하지 말라. 왜냐하면 만물에는 다 그럴 만한 데가 있고〔物固有所然〕 만물에는 다 옳은 데가 있어〔物固有所可〕, 그렇지 않은 만물도 없고〔無物不然〕 옳지 않은 만물도 없다〔無物不可〕고 보기 때문이다. 그러니 화이천예(和以天倪)는 노장(老莊)의 만물관(萬物觀)인 셈이다. 이제 왜 장자가 『장자』의 내용 중 90퍼센트를 우언(寓言)으로 채웠는지 알 만하다. 장자는 시비를 없애려고 자외논지(籍外論之)의 우언(寓言)을 택한 것이다.

왜 시비(是非)를 피해야 하는가? 화(和)를 누리기 위해서다. 무위자연(無爲自然)을 한마디로 화(和)라 해도 된다. 「제물론(齊物論)」편에 그 화(和)가 파괴되는 이유가 밝혀져 있다. "아침저녁으로 이런 것들이 일어남은〔旦暮得此〕 그 까닭이 있어 생기는 것일까〔其所由以生乎〕? 그런 것들이 없으면 나도 없고〔非彼無我〕, 내가 없으면 그런 것들이 생길 데가 없다〔非我無所取〕." 여기서 차(此)와 피(彼)는 '희로애락(喜怒哀樂) 여탄변집(慮嘆變慹) 요일계태(姚佚啓態)'를 말한다. 기쁨〔喜〕·노여움〔怒〕·슬픔〔哀〕·즐거움〔樂〕·걱정〔慮〕·한탄〔嘆〕·변덕〔變〕·고집〔慹〕·아첨〔姚〕·방자〔佚〕·드러냄〔啓〕·꾸밈〔態〕 같은 감정이 상대를 만들기 때문에 화(和)가 깨진다는 것이다. 그래서 예로부터 감정을 벗어나면 무아(無我)라고 하였다. 그러므로 화(和)는 곧 무아(無我)를 말한다.

불언즉제(不言則齊) 제여언부제(齊與言不齊). 시비를 걸지 않으면 만물은 하나가 된다〔不言則齊〕. 하나 되기와 시비 걸기는 같지 않다〔齊與言不齊〕. 그래서 말하기를〔故曰〕 시비 걸기를 말라 한다〔無言〕. 노자가 왜 불언(不言)을 앞세우는지 알 만하다. 불언(不言)은 말하지 말라는 게 아니라 시비를 걸어 겨루려는 말을 말라는 것이다.

시비가 없으면 절로 침묵이다. 침묵하라. 이는 또한 모든 감정에서 벗어나라는 것이다. 모든 감정을 벗어난 경지가 곧 비피무아(非彼無我)이다. 본래 무아(無我)는 감정에서 벗어나기〔非彼〕가 전제되어야 한다. 불가(佛家)의 선정(禪定)도 감정을 끊어 버리라〔非彼〕 한다. 이제 왜 성인(聖人)·현인(賢人)·군자(君子)의 말은 치언(卮言)이고 소인(小人)의 말은 진언(陳言)인지 알겠다. 아전인수(我田引水) 따위의 말버릇을 진언(陳言)이라 한다. 이는 시비를 일삼는 소인(小人)의 입질이다. 세상에 하루도 바람 잘 날이 없는 것은 소인의 무리가 세상을 부리기 때문이다. 시비로 날이 새고 날이 지는 이 난세(亂世)를 어이하리.

어록

말해도 시비를 걸지 않으면〔言不言〕
평생 말한다 해도〔終身言〕 말하지 않는 꼴이다〔未嘗不言〕.
(마음에 시비를 감춰 두고서 말로 하지 않는다면)
평생 말하지 않는다 해도 말하는 꼴이다〔終身不言未嘗不言〕.
오죽하면 말로써 말 많으니 말을 말까 한다 하겠나.

정말로 깨끗한 것은 더러워 보이고〔太白若辱〕
참으로 후덕한 분은 덕이 모자라 보인다〔盛德若不足〕.
빛 좋은 개살구란 속담이 왜 생겼는지 알 수 있다.

莊子 ● 雜篇

양왕(讓王)

요점 임금 자리를 거절했던 허유(許由)가 대통령이 되면 좋겠다.

입문 난세를 견디자면 자기와의 대화가 필요하다.

이 편(篇)은 요(堯)와 순(舜)이 허유(許由)에게 임금 자리를 물려주려는 우화로 시작한다. 그래서 이름이 「양왕(讓王)」 편이 된 셈이다. 구성이 비교적 엉성한 편이다. 오죽하면 소동파(蘇東坡)가 「양왕(讓王)」·「도척(盜跖)」·「설검(說劍)」·「어부(漁夫)」이 네 편을 장자의 것이 아니라고 했을까. 사실 잡편(雜篇)은 장자를 따르는 후학들이 지었다는 견해가 지배적이다. 하지만 잡편 역시 우언(寓言)과 중언(重言)으로 이루어진 치언(卮言)들이 많으므로 성현·현인·군자를 할아버지처럼 모시고 편안하게 이야기를 들으면 그만이다.

나는 훈고학(訓詁學)에 매달려 『장자(莊子)』를 연구할 능력도 없고, 고증학(考證學)에 매달려 내용의 사실 여부를 따져 볼 능력도 없다. 다만 『장자』의 우화를 여시아문(如是我聞)의 마음으로 체험해 보고 싶을 따름이다. 누구든 나와 같이 느낀다면 홀가분한 심심풀이로 『장자』를 들으면 마냥 즐거우리라. 요순이 허유에게 임금 자리를 물려주겠다고 애걸복걸하는 것을 상상해 보라. 마치 판타지 소설을 읽는 듯 재미있지 않을까. 너나없이 잘났다고, 대통령감은 바로 자기라고 웅변하는 위인들에 휩싸여 살아야 하는 난세(亂世)를 견디자면 무엇보다 자기와의 대화가 필요할 것이다. 이 때 요순과 허유의 우화(寓話)를 체험해 보는 것만으로도 족하리라. 그러면 삶이 얼마나 홀가분해지는지 모른다. 그러니 소동파 등의 비판이나 여타의 다른 평가절하에 휘둘려「양왕(讓王)」편을 얕보아서는 안 될 것이다.

1. 월(越)나라 사람들은 왜 임금을 세 번이나 죽였나

【우화(寓話)】

월나라 사람들은 삼대에 걸쳐 그 임금을 죽였다〔越人三世弑其君〕. 왕자 수는 이를 염려해〔王子搜患之〕 단혈로 도망쳤다〔逃乎丹穴〕. 월나라에 임금이 없었으므로〔越國無君〕 왕자 수를 찾으려 했으나 찾지 못했다〔求王子搜不得〕. 이윽고 단혈을 찾아냈으나〔從之丹穴〕 왕자 수는 한사코 단혈에서 나오려 하지 않았다〔王子搜不肯出〕. 월나라 사람들은 쑥을 태워 연기를 불어넣어〔越人薰之以艾〕 (왕자를 나오게 하여) 임금의 수레에 태웠다〔乘以王輿〕. 왕자 수가 손잡이끈을 잡고 수레에 올라〔王子搜援綏登車〕 하늘을 우러러 한탄하며 말했다〔仰天而呼曰〕 "임금이 되는 것인가 임금이 되는 것인가〔君乎君乎〕? 어찌하여 나를 홀로 버려 둘 수 없단 말인가〔獨不可以舍我乎〕?" 왕자 수는 임금이 되는 것을 싫어한 것이 아니라〔往者搜非惡爲君也〕, 임금이 겪는 재난을 싫어했던 것이다〔惡爲君之患也〕. 왕자 수와 같은 자는〔若王子搜也〕 나라를 위해 목숨을 상하게 할 자가 아니라고 할 수 있다〔可謂不以國傷生矣〕. 이런 연유로 월나라 사람들은 수를 찾아 임금으로 모시려고 했던 것이다〔此固越人之所欲得爲君也〕.

弑:죽일 시　逃:달아날 도　丹:붉을 단　穴:구멍 혈　搜:찾을 수
肯:옳게 여길 긍　薰:태울 훈　艾:쑥 애　乘:탈 승　輿:수레 여
援:잡을 원　綏:손잡이줄 수　登:오를 등　車:수레 거　仰:우러를 앙
呼:부를 호　舍:버릴 사　惡:싫어할 오　患:염려할 환

【담소(談笑)】

역사적으로 중국에 무수한 왕조가 출몰했지만 백 년을 넘긴 왕조는 다섯 손가락으로 꼽을 정도밖에 안 된다. 짧게는 십여 년, 길어야 오십 년으로 명을 다한 수많은 왕조들이 항상 골육상쟁(骨肉相爭)의 살육(殺戮)으로 끝을 맺곤 했다. 권력이란 것이 아비는 자식을 죽이고, 자식은 아비를 죽이게 하면서 사람 목숨을 파리 목숨보다도 못하게 여기도록 만들었다. 권력을 잡고 부리던 임금도 그 권력이란 칼날에 죽임을 당하곤 하였다. 수(搜)라는 월(越)나라 왕자는 그런 죽임이 두려워 궁궐을 빠져 나와 도망쳤던 모양이다.

목숨을 걸고 권좌를 지키려고 버티는 임금과 단혈(丹穴)로 도망가 숨은 왕자 수(搜) 중에, 누가 살생을 일삼는 폭군이 될 가능성이 더 적은가? 두말 할 나위 없이 왕자 수(搜)이리라. 그것을 알기에 월나라 사람들이 수를 찾으려 한 것이다. 죽이는 짓을 범하다가는 자신도 죽임을 당하고 말리라는 사실을 염려한 수(搜)였을 자이다. 그를 임금으로 모셔도 괜찮으리란 희망으로 단혈에 쑥불을 피웠을 월나라 사람들이여! 목숨을 소중히 하는 임금을 모시려는 마음으로 성군을 바랐으리라. 그러나 아무리 백성이 성군(聖君)을 바란다 해도 임금들이란 죄다 권력의 앞잡이 노릇을 범하고 말지 않던가? 이미 장자가 권력이란 썩은 고깃덩이 같아 개들이 모여들기 쉽다고 했다. 싱싱한 것을 죽여 썩게 하는 독이 바로 권력일지 모른다. 수(搜) 역시 그런 독침(毒針)에 당하지 않는다고 어느 누가 장담할 수 있는가.

2. 도(道)를 터득한 사람이 어떤지 알 만하다

【우화(寓話)】

노(魯)나라 임금이 안합이란 자가 도를 터득한 인물이란 소문을 들었다〔魯君聞顔闔得道之人也〕. 그래서 사람을 시켜 예물을 갖추어서 먼저 만나 보게 하였다〔使人以弊先焉〕. 안합은 누추한 골목집에서 살며〔顔闔守陋閭〕, 거친 삼베옷을 걸치고〔苴布之衣〕 손수 쇠죽을 먹이고 있었다〔自飯牛〕. 임금이 보낸 심부름꾼이 안합의 집에 이르렀다〔魯君之使至〕. 안합이 직접 그를 맞자〔顔闔自對之〕 심부름꾼이 묻기를〔使者曰〕, "여기가 안합의 집인가요〔此顔闔之家與〕?" 안합이 대답하기를〔顔闔對曰〕, "여기가 안합의 집입니다〔此闔之家也〕." 심부름꾼이 예물을 내놓자〔使者致幣〕 안합이 말하기를〔顔闔對曰〕, "임금의 말을 듣고 전한 사람의 착오가 있으면〔恐聽者謬〕 그 죄가 심부름한 이에게 떨어지지요〔遺使者罪〕. 그러니 틀림없는지 다시 알아보는 게 좋겠군요〔不若審之〕." 그 말에 심부름꾼은 예물을 다시 챙겨 되돌아가 확인하였다〔使者還反審之〕. 심부름꾼이 다시 안합의 집으로 돌아가 찾았지만〔復來求之〕 만날 수 없었다〔則不得已〕. 왜냐하면 안합과 같은 사람은〔故若顔闔者〕 부귀 따위를 정말로 싫어하기 때문이다〔眞惡富貴也〕.

顔:얼굴 안 闔:하늘 문 합 陋:좁고 지저분할 루 閭:마을 려
苴:삼 저 飯:먹일 반 致:바칠 치 幣:예물 폐 恐:두려울 공
聽:들을 청 謬:그릇될 류 審:살필 심

【담소(談笑)】

누가 임금이나 대통령이 내린 하사품을 마다할까? 한 사람도

없을 거라고 단언하지 말라. 안합과 같은 사람이 있으니 말이다. 노나라 임금은 아마도 안합이 절하며 하사품을 받으리라 생각했을 것이다. 그러나 안합은 아주 자연스럽게 임금이 보낸 하사품을 물리쳤다. 그런 안합을 두고 청렴하다 할까 청빈하다 할까? 그렇지만 안합은 아예 청렴이나 청빈이란 말을 모르지 않았나 싶다. 안합 같은 사람은 그저 자연스럽게 살 뿐, 청렴하고 청빈하게 살자는 뜻을 세우지 않기 때문이다.

청빈하고 청렴하다고 자랑하는 사람의 마음 속에는 사실 그 반대의 속셈이 숨어 있기 쉽다. 우리의 역대 대통령들이 자주 입에 올렸던 말을 떠올리면 된다. 마음을 비웠다고 호언장담했던 대통령들을 상기해 보면, 듣기 좋은 말일수록 속임수로 둔갑하는 경우가 대부분이었다. 아마 안합 같은 사람은 이 세상에 없을 것이다. 물론 그것을 잘 알지만, 안합의 우화를 체험하면서 내가 나를 되돌아보는 무서운 순간을 마주하게 된다. 왜 무서운 순간이라 하는가. 부끄러워하는 방법을 터득할 수 있기 때문이다. 떳떳하고 당당하고 싶은가? 그러하다면 내 자신을 내가 돌이켜보고 부끄러워하는 버릇부터 들이기 바란다.

삼베옷을 걸치고 누추한 집에 사는 안합을 아마도 소인배들은 못난이라고 손가락질하리라. 주변머리 없어 고생한다고 흉보고, 어쩌면 미친놈이라고 욕할지도 모른다. 거드름을 피우며 제 잘난 척을 하는 소인배들은 온갖 술수를 부리며 놀아나느라 정신 없이 산다. 이런 소인배에게는 자신을 돌이켜보는 일이 끔찍할 수밖에 없다. 아무리 호사스럽게 몸치장을 해도 자신이 살덩어리에 불과하다는 사실을 인정하기가 어디 쉬운 일이겠는가. 안합의 우화를 듣고 반성만 해도 괜찮은 인간으로 거듭날 수 있으니 얼마나 다행한 일인가.

도로써만 몸을 다스리고〔道之眞以治身〕

그 나머지로 집과 나라를 돌보며〔其緖餘以爲國家〕

그 찌꺼기로 천하를 다스린다〔其土苴以治天下〕.

권좌를 두엄더미로 보는 사람이 없다고 하지 말라.

배워 알면서도 행하지 않음을 병이라 이른다〔學而不能行謂之病〕.

오죽하면 몰라서 약이고 알아서 탈이라 하겠는가.

만족할 줄 아는 자는 이윤 따위로 자신을 번거롭게 하지 않는다

〔知足者不以利自累也〕.

세상에 만족할 줄 아는 자가 하나라도 있다면 다행이다.

큰 추위가 닥쳐〔大寒旣至〕 눈서리가 내려서야〔霜雪旣降〕

나는 소나무와 잣나무가 무성한 것을 알겠다〔吾是以知松柏之茂也〕.

하기야 태평성대라면 청렴이니 정의니 부르짖지 않아도 된다.

옛날에 도를 터득한 이는〔古之得道者〕

궁해도 즐겼고〔窮亦樂〕 통해도 즐겼으니〔通亦樂〕

즐거움을 누리는 데는 궁도 통도 없다〔所樂非窮通也〕.

달다고 삼키고 쓰다고 뱉는 놈은 즐거움을 모른다.

雜篇 7

도척(盜跖)

요지 막다른 골목으로 몰아세우면 사나워질 뿐이다.

입문 사람의 간을 회 쳐 먹는 놈이 있다.

　도척(盜跖)과 공자(孔子)의 우화(寓話), 자장(子張)과 만구득(滿苟得)의 우화, 그리고 무족(無足)과 지화(知和)의 우화 등 세 우화가 이 편(篇)을 이루고 있다. 그러나 이 세 우화가 서로 연관되어 있지는 않다. 유가(儒家)를 헐뜯는 내용이 줄기를 이루는데, 그 정도가 너무 지나쳐 장자의 후세 사람들이 지어 낸 우화가 아닐까 생각된다. 그 중에서도 공자가 도척을 만났다는 우화가 특히 천박한데, 여기서 세상을 비웃는 그들의 분노가 여간 아님을 짐작할 수 있다.

　천하에 이름난 도둑을 등장시켜 공자와 맞대결을 하게 한 우화의 구성이 지나치게 작위적이다. 아무리 유가를 헐뜯는다지만 도척이 공자를 깔아뭉개는 꼴을 보고 환호한다면 그 또한 못난 짓이다. 그래서 사마천(司馬遷)도 『사기(史記)』에서 그 정도가 심하다고 꼬집은 바 있다. 그렇지만 도척의 강변(强辯)을 듣다 보면 처녀가 애를 낳아도 할 말이 있다는 속담이 떠오른다. 도둑놈이 도둑질했다고 부끄러워하는 것은 예로부터 좀도둑일 뿐, 큰 도둑은 나라를 훔치고서도 저는 도둑이 아니라며 뻔뻔스럽게 군다. 도둑질에도 도가 있다고 떠벌리는 도척이 부정부패로 쇠고랑을 차고도 고개를 바짝 들고 항변하는 위인(爲人)들의 꼬락서니 같다.

1. 사람의 간을 내 회 쳐 먹는 도척(盜跖)

【우화(寓話)】

공자는 유하계의 벗이었다〔孔子與柳下季〕. 유하계의 동생으로〔柳下季之弟〕 이름이 도척이란 자가 있었다〔名曰盜跖〕. 도척은 무리를 구천이나 이끌고서〔盜跖從卒九千人〕 천하를 주름잡으며〔橫行天下〕, 제후의 땅에 쳐들어가 포악한 짓을 범하고〔侵暴諸侯〕, 남의 집 벽을 허물거나 문짝의 지도리를 부수고 쳐들어가〔穴室樞戶〕 사람과 가축을 몰아내면서〔驅人牛馬〕, 남의 부녀자들을 겁탈하고〔取人婦女〕 재물을 탐하느라 부모형제마저 잊었다〔貪得忘親〕. 유하계가 말했다〔柳下季曰〕. "또한 도척의 사람됨이란〔且盜跖之爲人也〕 성질머리가 소용돌이치는 샘물 같고〔心如涌泉〕, 속내는 돌개바람 같으며〔意如飄風〕, 발길질 한 번이면 아무리 센 놈이라도 당해 내지 못하고〔强足以拒敵〕, 말주변도 대단해 제 비행을 꾸며 내고도 남으며〔辯足以飾非〕, 제 마음에 맞으면 좋아라 하고〔順其心則喜〕 제 마음과 어긋나면 성질을 부리면서〔逆其心則怒〕 누구한테나 서슴없이 욕질을 해댑니다〔易辱人以言〕. 선생께선 부디 찾아가지 마시지요〔先生必無往〕."

공자는 유하계의 말을 듣지 않고〔孔子不聽〕, 안회로 하여금 수레를 몰게 하고〔顔回爲馭〕 자공을 오른편에 태우고서〔子貢爲右〕 도척을 만나러 갔다〔往見盜跖〕. 그 때 도척은 대산의 남쪽에서 졸개들을 거느리고 쉬면서〔盜跖乃方休大山之陽〕, 사람의 간을 회 쳐서 새참으로 먹고 있었다〔膾人肝而鋪之〕. 공자가 수레에서 내려 앞으로 나가〔孔子下車而前〕 (도척의) 비서를 만나 말했다〔見謁者曰〕. "노나라 공구가 장군의 높은 뜻을 듣고〔魯人孔丘聞將軍高義〕 경의를 표하며 삼가 뵙고자 합니다〔敬再拜謁者〕."

비서가 들어와 알리자〔謁者入通〕 도척이 이를 듣고 버럭 성질을 부리며〔盜跖聞之大怒〕, 눈알을 번득이고〔目如明星〕 머리끝을 곤두세우며〔髮上指冠〕 말했다〔曰〕. "노나라에서 사람들을 잘 속여 먹는다는 그 공구가 왔단 말이냐〔此夫魯國之巧僞人孔丘非也〕. 나를 대신해 이렇게 전하거라〔爲我告之〕. 너는 이리저리 말을 지어내〔爾作言造語〕 문왕이나 무왕을 함부로 칭송하고〔妄稱文武〕, 치렁치렁 장식한 관을 쓰고서〔冠枝木之冠〕 쇠가죽 허리띠를 두르고〔帶死牛之脅〕, 허풍이나 치면서〔多辭繆說〕 놀고 처먹으며〔不耕而食〕, 길쌈도 안 하면서 옷을 해 입고〔不織而衣〕, 입술을 놀리고 혓바닥을 굴려〔搖脣鼓舌〕 제멋대로 시비를 지어 내〔擅生是非〕 임금을 홀리고〔迷天下之主〕 천하의 식자들로 하여금 제 정신을 못 차리게 하며〔使天下學士不反其本〕, 함부로 효가 어떻고 제가 어떻다 하면서〔妄作孝弟〕 요행히 제후의 눈에 들어 출세를 노리는 속셈일 것이다〔而徼倖於封侯富貴者也〕. 네 죄가 크니 벌도 무겁게 받아야 한다〔子之罪大極重〕. 빨리 여기서 꺼져 버려라〔疾走歸〕. 그렇지 않으면 네 간을 끄집어내 점심 찬거리로 삼겠다〔我將以子肝益晝餔之膳〕."

비서를 통해 전해들은 공자가 다시 말했다〔孔子復通曰〕. "저 구는 장군의 형인 유하계와 친히 지냅니다〔丘得幸於季〕. 부디 장군의 신발이라도 볼 수 있게 해주시지요〔願望履幕下〕."

비서가 들어와 다시 아뢰자〔謁者復通〕 도척이 말했다〔盜跖曰〕. "내 앞으로 데려오라〔使來前〕." 공자가 종종걸음으로 나아가〔孔子趨而進〕 정면을 피해 뒤로 물러나〔避席反走〕 도척에게 두 번 절을 올렸다〔再拜盜跖〕. 화가 치밀 대로 치민 도척이〔盜跖大怒〕 두 발을 쭉 벌리고서〔兩展其足〕, 칼자루를 매만지고 눈알을 부라리며〔案劍瞋目〕, 새끼를 둔 어미 호랑이 같은 앙칼진 소리로〔聲如乳虎〕 말했다〔曰〕. "구야, 앞으로 나와 보라〔丘來前〕. 만일 네 말이〔若所言〕 내 뜻과 같다면 살 것이고〔順吾意而生〕, 내 마음과 어긋나면 죽을 것이다[逆吾心而死]."

공자가 말했다[孔子曰]. "제가 들은 바로는[丘聞之] 무릇 천하에는 세 가지 덕이 있다 합니다[凡天下有三德]. 태어나면서 몸매가 크고 비할 바 없이 아름다워[生而長大美好無雙] 젊은이든 늙은이든 귀한 사람이든 천한 사람이든 보기만 해도 즐거운 것이[少長貴賤見而皆說之] 첫째 덕이고[此上德也], 아는 힘이 천지를 뒤엎고[知維天地] 모든 사물의 이치를 꿰뚫어 보는 게[能辯諸物] 둘째 덕이며[此中德也], 용맹스러워 거침없이[勇悍果敢] 무리를 이끌고 병졸을 통솔함이[聚衆率兵] 셋째 덕이랍니다[此下德也]. 누구든 이 셋 가운데 한 가지 덕만 갖추는 것으로도[凡人有此一德者] 족히 임금이 될 수 있다 합니다[足以南面稱孤矣]. 이제 뵈오니 장군께서는 위의 세 덕을 다 갖춘 셈이니[今將軍兼此三者], 키가 여덟 자 두 치나 되시고[身長八尺二寸], 빛나는 면목[面目有光], 눈부시게 붉은 입술[脣如激丹], 조개처럼 고른 치아[齒如齊貝], 육률(六律)에 맞는 음성을 지니셨습니다[音中黃鍾]. 그럼에도 도척이라 불리시니[名曰盜跖] 저는 남몰래 장군을 위해 부끄럽게 여기며 안타까워하고 있답니다[丘竊爲將軍恥不取焉]. 장군께서 제 말씀을 들어 주기만 하신다면[將軍有意聽臣] 청하고자 합니다[臣請]. 장군을 받들어 임금으로 삼아[尊將軍爲諸侯] 천하와 더불어 난세를 개혁하고[與天下更始], 전쟁을 파하고 병졸을 쉬게 하며[罷兵休卒], 흩어진 형제를 모아 서로 더불어 살고[牧養昆弟], 두루 다 조상께 제사를 올리게 하면[共祭先祖], 이는 곧 성인 재사의 행동일 것이므로[此聖人才士之行] 천하가 바라는 바이겠습니다[而天下之願也]."

도척이 화를 버럭 내며 소리쳤다[盜跖大怒曰]. "구야! 이 앞으로 나오거라[丘來前]. 대체로 이득에 매달리거나[夫可規以利] 남의 말에 솔깃해하는 짓이란[而可諫以言者] 어리석고 너절한 놈들의 짓거리일 뿐이야〔皆愚陋恒民之謂耳〕. 지금 내 몸이 장대하고 잘 생겨〔今長大美好〕 보는 놈들마다 나를 좋아하는 것은〔人見而悅之者〕 내 부모가 물려준 덕이야〔此吾父母之遺德也〕. 네놈이 나를 칭찬하지 않아도〔丘雖不吾譽〕 내 이미 잘 알고 있단 말이다〔吾獨不自知邪〕. 그런데 내 듣기로는〔且吾聞之〕, 면전에서 치켜세우기를 좋아하는 놈은〔好而譽人者〕 뒤에 가선 흉보기 좋아한다는 거야〔亦好背而毁之〕. 지금 네놈이 큰 성을 쌓아 백성을 모아 준다고 하는데〔今丘告我以大城衆民〕, 나를 솔깃하게 꾀어서〔是欲規我以利〕 나를 세상의 평범한 사람쯤으로 다루어 보고 싶은 게지〔而恒民畜我也〕. 그런 짓거리가 얼마나 오래가겠느냐〔安可長久也〕. 성이 크다 해도〔城之大者〕 천하보다 더 클 리 없어〔莫大乎天下矣〕. 요순한테 천하가 있었다지만〔堯舜有天下〕 그 자손한테는 송곳 하나 꽂을 곳이 없고〔子孫無置錐之地〕, 탕과 무를 데려다 천자로 삼았다지만〔湯武立爲天子〕 후세에 남아난 것은 하나도 없어〔而後世絕滅〕. 이는 이득이 너무 컸기 때문이었어〔非以其利大故邪〕.

또 나는 이런 말도 들었다〔且吾聞之〕. 옛날에는 새와 짐승이 많았고 사람 무리는 적었지〔古者禽獸多而人民少〕. 그래서 사람들은 모두 짐승을 피해 나무 위에 집을 짓고 살면서〔於是民皆巢居以避之〕, 낮이면 도토리와 밤을 주워 먹고〔晝拾橡栗〕 밤이면 나무 위에서 잤대〔暮栖木上〕. 그런 까닭에 그들을 유소씨의 백성이라 부른다는 거야〔故命之曰有巢氏之民〕. 옛 사람들은 옷을 입을 줄 몰라〔古者民不知衣服〕, 여름이면 땔감을 많이 마련했다가〔夏多積薪〕 겨울이면 불을 지폈기에〔冬則煬之〕, 이름하여 지생의 백성이라 했다는 거야〔故命之曰知生之民〕. 신농씨의 세상이 되면서〔神農之世〕 사람들은 누우면 편안했고〔臥則居居〕 일어서면 얻을 바를 절로 얻어 편안했으며〔起則于于〕, 제 어머니는 알았으나〔民知其母〕 아버지는 몰랐고〔不知其父〕, 사슴과 더불어 함께 살면서〔與麋鹿共處〕

농사를 지어먹었고〔耕而食〕, 길쌈을 해 옷을 지어 입고 살았지만
〔織而衣〕 서로 해칠 마음은 없었다는 거야〔無有相害之心〕. 이 때
까지는 덕이 융성했던 세상이었어〔此之德之隆也〕. 그런데 황제가
덕을 완전히 실현할 수 없게 되고〔然而黃帝不能致德〕, 치우와 탁
록의 벌에서 전쟁을 벌여〔與蚩尤戰於涿鹿之野〕 피비린내가 백리
를 덮었다는 거야〔流血百里〕. 요와 순이 천자가 되자〔堯舜作〕 많
은 신하를 거느렸고〔立羣臣〕, 탕왕은 제 주인을 몰아냈으며〔湯放
其主〕, 무왕은 주를 죽였어〔武王殺紂〕. 이런 뒤로는〔自是之後〕 강
자가 약자를 억누르고〔以强陵弱〕 큰 무리가 작은 무리를 짓밟았
으니〔以衆暴寡〕, 탕왕과 무왕 이래〔湯武以來〕 모든 제왕이란 것들
은 세상을 어지럽히는 무리일 뿐이야〔皆亂人之徒也〕. 그런데 지금
너는 문왕과 무왕의 도를 닦고〔今子修文武之道〕, 천하의 논변을
들어쥐고〔掌天下之辯〕 후세 사람들을 가르친다고 떠들어대는구나
〔以敎後世〕. 헐렁한 옷을 걸치고 가는 띠를 헐겁게 매고서〔縫衣而
淺帶〕, 달콤한 말로 사기를 치면서〔矯言僞行〕 천하의 임금이란 자
들을 홀려 놓고〔以迷惑天下之主〕 부귀영화를 노리는 게야〔而欲求
富貴焉〕. 네 놈보다 더 큰 도둑은 없단 말이다〔盜莫大於子〕. 어찌
하여 세상이 저 놈을 도둑질하는 구라고 부르지 않는가 말이다
〔天下何故不謂子爲盜丘〕. 나를 두고 도척이라 하는지 모를 일이다
〔而乃謂我爲盜跖〕.

　　세상이 현사라 하는 자들은 어떠냐〔世之所謂賢士〕. 백이와 숙
제는 고죽의 임금 자리를 마다하고〔伯夷叔弟辭孤竹之君〕 수양산
에서 굶어죽었지만〔而餓死於首陽之山〕 시신이 묻히지도 못했다지
〔骨肉不葬〕. 포초는 행동을 가려 하며 세상을 비난하다〔飽焦飾行
非世〕 나무를 끌어안고 죽었다지〔抱木而死〕. 신도적은 충언을 올
렸지만 들어주지 않으니〔申徒狄諫而不聽〕, 돌을 매달고 강물에 투
신해〔負石自投於河〕 물고기 밥이 되었다지〔爲魚鼈所食〕. 개자추는

충성이 지극해〔介子推至忠也〕 제 허벅지의 살점을 잘라 내 문공에게 바쳤지만〔自割其股以食文公〕, 문공이 뒷날 그를 배반하자〔文公後背之〕 자추는 분노하여 떠나서〔子推怒而去〕 나무를 껴안고 타죽었다지〔抱木而燔死〕. 미생은 여자와 다리 밑에서 만나기로 약속했으나〔尾生與女子期於梁下〕, 여자가 오지 않자〔女子不來〕 물이 불어나도 떠나지 않고〔水至而不去〕 다리 기둥을 붙들고 죽었다지〔抱梁柱而死〕. 이 넷은 찢긴 개와 홍수에 떠내려가는 돼지와 다를 게 없거나〔此四者無異於磔犬流豕〕, 쪽박을 든 거지나 다를 게 없어〔操瓢而乞者〕. 이것들은 모두 명성에 붙어 죽음을 가벼이 하고〔皆離名輕死〕, 본성으로 돌아가 수명을 보존하려 하지 않았어〔不念本養壽命者也〕.

세상이 일컫는 충신으로는〔世之所謂忠臣者也〕 왕자 비간과 오자서를 따를 수 없지〔莫若王子比干伍子胥〕. 자서는 양자강에 던져졌고〔子胥沈江〕 비간은 심장이 찢겨졌어〔比干割心〕. 이 둘을 세상은 충신이라 하지만〔此二者世謂忠臣也〕, 결국 천하의 웃음거리가 된 거야〔然卒爲天下笑〕. 황제에서부터 자서와 비간에 이르기까지 살펴볼 때〔自上觀之至于子胥比干〕, 어느 하나도 존경할 만한 자가 없어〔皆不足貴也〕. 그런데 네가 나를 설득하는데〔丘之所以說我者〕, 나에게 귀신의 일을 알려 준다면〔若告我以鬼事〕 내가 모를 수도 있겠지만〔則我不能知也〕, 사람에 관한 이야기를 한다면〔若告我以人事者〕 지금껏 내가 말한 것에 불과할 것이다〔不過此矣〕. 모두 내가 들어 알고 있는 것뿐이야〔皆吾所聞知也〕.

이제 내가 너에게 사람의 성정에 관해 말해 주마〔今吾告子以人之情也〕. 눈은 아름다운 것을 보고자 하고〔目欲視色〕, 귀는 좋은 소리를 듣고자 하며〔耳欲聽聲〕, 입은 맛있는 것을 살피려 하고〔口欲察味〕, 마음 속은 가득 차기를 바라지〔志氣欲盈〕. 병들어 여위어 죽음을 슬퍼하고 근심걱정을 제하며〔除病瘦死喪憂患〕, 입을 있는 대로 벌려 웃기란〔其中開口而笑者〕 한 달에 불과 사오일이고작일 뿐이야〔一月之中不過四五日而已矣〕. 하늘과 땅은 무궁하지만〔天與地無窮〕 사람의 죽음은 때가 있어〔人死者有時〕. 때가 되면 죽을 몸을〔操有時之具〕 무궁한 천지에 맡겨 두기란〔而託於無窮之間〕, 준마가 문 틈새를 휙 달려 지나가 버리는 것과 같아〔忽然無異騏驥之馳過隙也〕. 제 마음을 즐겁게 못하고〔不能說其志意〕 제 목숨을 잘 보존하지 못하는 놈은〔養其壽命者〕 도를 통할 수 없는 자들이야〔皆非通道者也〕. 네놈의 말은〔丘之所言〕 모두 내가 버린 것들이다〔皆吾之所棄也〕. 당장 물러가라〔亟去走歸〕. 두 번 다시 입을 놀리지 마라〔無復言之〕. 네 놈이 말하는 도란〔子之道〕 미쳐 부족한데다 속임수에 거짓부렁이니〔狂狂汲汲詐巧虛僞事矣〕 사람의 본성을 온전히 할 수 없어〔非可以全眞也〕. 어찌 말거리가 된단 말이냐〔奚足論哉〕."

공자는 두 번 절을 올리고〔孔子再拜〕, 잰걸음으로 문을 나와〔趨走出門〕 수레에 올라 고삐를 잡으려다 세 번이나 놓쳤고〔上車執轡三失〕, 눈이 아찔해져 앞이 안 보였으며〔目芒然無見〕, 질려서 얼굴은 잿빛이 된 채〔色若死灰〕 수레 앞 가로를 두른 나무 턱에 고개를 떨구고〔據軾低頭〕 숨도 제대로 쉬질 못했다〔不能出氣〕. 노나라 동문 밖에 돌아와〔歸到魯東門外〕 유하계와 마주치게 되었다〔適遇柳下季〕.

유하계가 말했다〔柳下季曰〕. "요새〔今者〕 며칠을 뵙지 못했습니다〔闋然數日不見〕. 수레의 행색으로 보아〔車馬有行色〕 도척을 만나러 갔다 온 것이 아닌지요〔得微往見跖邪〕." 공자가 하늘을 우러러 탄식하며 말했다〔孔子仰天而歎曰〕. "그렇습니다〔然〕." 유하계가 말했다〔柳下季曰〕. "전에 말씀드렸듯이 도척이 당신의 뜻에 거슬리지 않았는지요〔跖得無逆汝意若前乎〕?" 공자가 말했다〔孔子曰〕. "그래요〔然〕. 나 구는 아프지도 않은데 스스로 뜸을 뜨고 만

셈이오〔丘所謂無病而自炙也〕. 무턱대고 달려가 호랑이 머리를 잡
아당겨〔疾走料虎頭〕 수염을 뽑으려다〔編虎須〕 호랑이 밥이 될 뻔
했소〔幾不免虎口哉〕."

跖 : 발바닥 척　橫 : 가로 횡　暴 : 사나울 포　樞 : 지도리 추　驅 : 몰 구
詔 : 알릴 조　竊 : 몰래 절　羞 : 부끄러워할 수　飄 : 회오리바람 표
馭 : 부릴 어　膾 : 회칠 회　涌 : 샘솟을 용　鋪 : 새참 포　謁 : 아뢸 알
脅 : 겨드랑이 협　繆 : 속일 무　擅 : 멋대로할 천　徼 : 구할 교
倖 : 요행 행　膳 : 반찬 선　趨 : 달릴 추　展 : 펼 전　案 : 어루만질 안
瞋 : 부릅뜰 진　悍 : 사나울 한　孤 : 나 고　脣 : 입술 순　畜 : 기를 축
錐 : 송곳 추　橡 : 상수리 상　栖 : 깃들일 서　煬 : 땔 양　麋 : 순록 미
蚩 : 어리석을 치　尤 : 더욱 우　涿 : 칠 탁　陵 : 짓밟을 릉　掌 : 맡을 장
矯 : 속일 교　食 : 먹일 사　燔 : 사를 번　股 : 허벅지 고　梁 : 나무다리 량
磔 : 찢을 책　豕 : 돼지 시　操 : 잡을 조　瓢 : 바가지 표　離 : 떼어놓을 리
盈 : 찰 영　瘦 : 파리할 수　驥 : 준마 기　隙 : 틈 극　亟 : 빠를 극
汲 : 길을 급　詐 : 속일 사　轡 : 고삐 비　軾 : 수레 앞턱 가로나무 식
炙 : 뜸질할 구　料 : 잡아당길 료　須 : 수염 수

【담소(談笑)】

성은 전(展), 이름은 금(禽), 자는 계(季)였고, 다스렸던 고을
이름이 유하(柳下)여서 전금을 유하계(柳下季)라고 한다. 노(魯)
나라 장공(莊公) 때 사람이라고 하니 공자와는 백 년의 사이가 있
다. 사실이 이런데, 우화 속에서는 친구로 등장시켜 놓았다. 도척
(盜跖)은 진(秦)나라의 대도(大盜)라는 설이 있지만, 어느 때 사람
인지는 알 수 없다. 공자·유하계·도척이 이 우화 속의 등장인물
이다. 장자가 우화(寓話)를 일러 자외논지(藉外論之)라 했듯이 이
우화에서 세 사람은 자외논지(藉外論之)의 외(外)인 셈이다. 시비
를 걸어 볼 수 없는 것〔外〕을 빌려 이 우화는 공자를 맹렬하게 공격

하고 있다.

사람의 간을 내 회 처 먹는 도척이 공자를 혼내면서 문자를 쓰고 있는 우화 속 장면은 듣는 사람들로 하여금 고소를 금치 못하게 한다. 도둑질하는 주제에 유소씨의 백성을 들먹이고 지생의 백성을 들먹이며 신농씨의 백성을 들먹이면서, 덕이 융성하던 시절이 있었노라고 거들먹이는 도척의 꼬락서니가 우리를 메스껍게 하는 까닭은 무엇인가? 도둑인 주제에 성덕(盛德)의 시대를 열거해서일까? 하기야 악마도 저를 두고 천사라고 한다더라. 도척의 말버릇이 역겨울 뿐이다.

도척을 찾아가 사람답게 고쳐 놓겠다고 장담했던 공자가 우화 속에서 추한 꼴만 당한다. 도척 앞에서 아첨만 떨었지 말 한마디 못하고 개망신을 당하는 공자의 모습에서 유가를 모독하려는 의도가 뚜렷하다. 그런데 이것이 오히려 천하게 보인다. 조선조에서 왜 『장자(莊子)』를 금서(禁書)로 취급했는지 알 만한 대목이다. 도척의 사나운 입을 빌려 공자의 인도(人道)가 얼마나 쓸데없는 것인가를 빗대고 있으니, 조선조 사대부들은 혹시 이 책이 읽힐까 전전긍긍했을 것이다.

공자가 성인(聖人)으로 모시는 요(堯)와 순(舜), 그리고 성왕(聖王)으로 받드는 문(文)과 무(武)도 도척의 입에서 난도질을 당한다. 이어서 도척은 요(堯)는 부자(不慈)했고 순(舜)은 불효(不孝)했다며 빈정거리고, 우(禹)는 치수(治水)를 한답시고 반신불수가 되었고, 탕(湯)은 제 임금을 추방했으며 무왕(武王)은 주(紂)를 죽였다고 이죽거린다. 요순(堯舜)·문무(文武)·우탕(禹湯) 이 여섯을 싸잡아 부끄러운 것들이라고 내뱉는 도척의 입질이 사납다. 그래서 『도척』 편을 너무 지나치기 때문에 격이 떨어진다고 하는 모양이다.

어록

부끄러움을 모르는 자가 부자가 되고〔無恥者富〕

말 많은 자가 출세한다〔多言者顯〕.

오죽하면 열 길 물 속은 알아도 한 길 사람 속은 모른다고 하겠는가.

좀도둑은 잡혀가도〔小盜者拘〕 큰 도둑은 제후가 되어〔大盜者爲諸侯〕

그 문하에 재사들이 모인다〔諸侯之門義士存焉〕.

왜 법을 거미줄이라고 하겠는가?

소인은 재물에 목숨을 걸고〔小人殉財〕

군자는 명예에 목숨을 건다〔君子殉名〕.

소인이나 군자나 탐욕스럽기가 다를 바 없는 까닭이 있다.

청렴한가 탐욕스러운가의 실정은〔廉貪之實〕

탐하는 외물로 결정되는 것이 아니라〔非以迫外也〕

탐하는 마음의 정도에 있다〔反監之度〕.

탐욕이란 사람 속에 숨어 있지 황금 속에 있지 않다.

雜篇 8

설검(說劍)

요점 칼을 쓰지 않아도 칼싸움에서 이긴다.

입문 천자(天子)의 검, 제후(諸侯)의 검, 서인(庶人)의 검이 있다.

「설검(說劍)」편은 장자(莊子)가 조왕(趙王)을 설득하는 우화로 이루어져 있다. 장자와 조왕은, 이런 일이 실제로 있었나 따지지 말고 그저 우화 속의 등장인물로 만나면 그만이다. 우화 속의 대화가 미적거리고 졸렬하다는 느낌이 드는데, 그래서인지 「설검(說劍)」편 역시 장자가 지은 것이 아니란 주장이 통설로 받아들여진다.

칼싸움 구경에만 정신이 팔려 나라를 돌보지 않는 조(趙)나라 문왕(文王)을 설득해 달라며 태자가 장자(莊子)에게 청하는 것으로 「설검(說劍)」편의 우화는 시작된다. 천금을 주며 도와 달라는 태자의 청을 거절한 장자는 아무런 대가 없이 그냥 왕을 설득해 보겠다고 약속한다. 결국 장자는 삼검(三劍)에 대한 이야기로 문왕(文王)을 설득한다.

1. 장자(莊子)가 삼검(三劍)을 풀이한다

【우화(寓話)】

드디어 왕이 장자를 불러 말했다〔乃召莊子曰〕. "오늘은 검사들로 하여금 칼 다루기를 배우게 해주오〔今日試使劍士敦劍〕." 장자가 말했다〔莊子曰〕. "오랫동안 기다렸던 바입니다〔望之久矣〕." 왕이 말했다〔王曰〕. "선생이 쓸 검은 긴 것과 짧은 것 중 어느 것이오〔夫子所御杖長短如何〕?" 장자가 말했다〔曰〕. "저는 어느 것이든 좋습니다〔臣之所奉皆可〕. 그러하오나 저에게는 세 가지 검이 있습니다〔然臣有三劍〕. 왕께서 바라시는 대로 쓰겠습니다〔唯王所用〕. 청컨대 먼저 검에 대해 설명을 아뢴 다음 시험해 보았으면 합니다〔請先言而後試〕."

왕이 말했다〔王曰〕. "삼검에 관한 이야기를 듣고 싶구나〔願聞三劍〕." 장자가 아뢰었다〔曰〕. "천자의 검이 있고〔有天子劍〕, 제후의 검이 있으며〔有諸侯劍〕, 서인의 검이 있습니다〔有庶人劍〕."

왕이 말했다〔王曰〕. "천자의 검이라니 어떤 것인가〔天子之劍如何〕?" 장자가 대답했다〔曰〕. "천자의 칼은〔天子之劍〕 연나라의 시내와 색외산(塞外山)에 있는 석성(石城)을 칼끝으로 삼고〔以燕谿石城爲鋒〕, 제나라의 대산(岱山)을 칼날로 삼으며〔齊岱爲鍔〕, 진과 위(衛)나라를 칼등으로 삼고〔晉衛爲背〕, 주와 송나라를 칼자루의 테로 삼으며〔周宋爲鐔〕, 한과 위(魏)나라를 칼자루로 삼아〔韓魏爲夾〕 사방의 오랑캐로 씌우고〔包以四夷〕, 사계절로 감싸〔裹以四時〕 발해로 두르고〔繞以渤海〕, 상산으로 띠를 둘러〔帶以常山〕 오행으로 제도를 만들고〔制以五行〕, 형벌과 은덕으로 논하며〔論以刑德〕 음양으로 작용하고〔開以陰陽〕, 봄 여름의 부드러움을 유지하며〔持以春夏〕 가을 겨울의 엄함으로 행동합니다〔行以秋冬〕. 이 칼을 뻗으면 앞에서 당해 낼 것이 없고〔此劍直之無前〕, 이 칼을 들

면 위에서 당해 낼 것이 없으며〔擧之無上〕, 누르면 아래서 당해
낼 것이 없고〔案之無下〕, 휘두르면 사방에서 당할 것이 없어〔運之
無旁〕, 위로 휘두르면 뜬구름을 끊고〔上決浮雲〕 아래로 휘두르면
땅을 붙들어 맨 밧줄을 잘라 버립니다〔下絶地紀〕. 이 검을 한번
쓰면〔此劍一用〕 제후를 바로잡아〔匡諸侯〕 천하가 복종합니다〔天
下服矣〕. 이런 것이 천자의 검입니다〔此天子之劍〕.”

어리둥절해진 문왕이 말했다〔文王茫然自失曰〕. “제후의 검이란
어떤 것인가〔諸侯之劍如何〕?” 장자가 대답했다〔曰〕. “제후의 칼은
지식과 용기를 갖춘 선비를 칼끝으로 삼고〔諸侯之劍以知勇士爲
鋒〕, 청렴한 선비를 칼날로 삼으며〔以淸廉士爲鍔〕, 현명하고 선한
선비를 칼등으로 삼고〔以賢良爲背〕, 충성심이 깊은 선비를 칼자루
의 테로 삼으며〔以忠勝爲鐔〕, 호쾌하여 걸출한 선비를 칼자루로
삼습니다〔以豪傑士爲夾〕. 이런 검을 뻗으면 그 앞에 당할 것이 없
고〔此劍直之亦無前〕, 그 검을 들면 역시 위에서 당할 것이 없으며
〔擧之亦無上〕, 누르면 역시 아래에 당할 것이 없고〔案之亦無下〕,
휘두르면 역시 사방에 당할 것이 없습니다〔運之亦無旁〕. 위로는
둥근 하늘을 본받아〔上法圓天〕 삼광을 따르고〔以順三光〕, 아래로
는 반듯한 땅을 본받아〔下法方地〕 네 계절을 따라〔以順四時〕 백성
의 마음을 모으고 어울리게 하며〔中和民意〕, 온 사방을 평안하게
할 수 있습니다〔以安四鄕〕. 이 칼을 한번 쓰면〔此劍一用〕 천둥 소
리가 진동하는 듯하여〔如雷霆之震〕 온 나라 안에〔四封之內〕 임금
의 명을 불복하여 따르지 않는 신하가 없습니다〔無不賓服而聽從君
命者矣〕. 이러한 검이 제후의 검입니다〔此諸侯之劍也〕.”

왕이 물었다〔王曰〕. “서인의 검은 어떤 것인가〔庶人之劍如何〕?”
장자가 답했다〔曰〕. “서인의 검은〔庶人之劍〕 머리칼이 쑥밭처럼
헝클어진 채〔蓬頭〕 귀밑털은 불쑥불쑥 치솟고〔突鬢〕, 머리에 납작
없은 모자에다〔垂冠〕 끄나풀로 턱밑 살을 묶고〔曼胡之纓〕, 소매가

짧은 잠방이를 입고〔短後之衣〕, 눈알을 부라리며 말을 험하게 뱉으며〔瞋目而語難〕, 임금의 어전에서 서로 겨루어서〔相擊於前〕 위로는 머리를 베고〔上斬頭領〕 아래로는 간이나 폐를 찔러댑니다〔下決肝肺〕. 이런 따위가 서인의 검이니〔此庶人之劍〕 싸움닭과 다를 바가 없답니다〔無異於鬪鷄〕. 칼싸움을 벌이다 일단 목숨을 잃으면〔一旦命已絶矣〕 나랏일에 아무런 쓸 바가 없어집니다〔無所用於國事〕. 지금 대왕께서는 천자의 자리에 계시면서도 서인의 검을 좋아하십니다〔今大王有天子之位而好庶人之劍〕. 그래서 저는 몰래몰래 대왕님을 경멸하는 짓을 범하고 있습니다〔臣竊爲大王薄之〕."

이에 왕은 장자의 손을 이끌고 편전으로 올라갔다〔王乃牽而上殿〕. 수라를 지어 올리는 자가 수라상을 올렸으나〔宰人上食〕 임금은 세 번이나 상 주변만 맴돌았다〔王三環之〕. 이를 지켜본 장자가 입을 열었다〔莊子曰〕. "대왕님, 편안히 앉으셔서 마음을 안정하시기 바랍니다〔大王安坐定氣〕. 검에 대한 이야기는 이미 다 아뢰었습니다〔劍事已畢奏矣〕." 이런 뒤로 문왕은 석 달 동안이나 궁궐에 나타나질 않았고〔於是文王不出宮三月〕, 검사들은 옛날 같은 대접을 받지 못하자 노여워하다 모두 자살하고 말았다〔劍士皆服斃其處也〕.

敦 : 다스릴 퇴   御 : 다스려 쓸 어   杖 : 무기(지팡이) 장   奉 : 받들 봉
谿 : 시내 계   鋒 : 칼끝 봉   岱 : 터 대   鍔 : 칼날 악   背 : 등 배
鐔 : 날밑(칼자루 끝) 심   夾 : 칼자루 협   裏 : 안쪽 리   繞 : 둘러쌀 요
持 : 보존할 지   擧 : 들 거   案 : 아래로 누를 안   旁 : 두루 방
決 : 터놓을 결   浮 : 뜰 부   紀 : 벼리 기   匡 : 바로잡을 광   茫 : 아득할 망
法 : 본받을 법   棄 : 폐할 기   雷 : 천둥 뢰   霆 : 천둥소리 정
震 : 벼락칠 진   賓 : 손 빈   蓬 : 흐트러질 봉
鬢 : 살쩍(귀밑털) 빈   曼 : 길게 끌 만   胡 : 턱밑살 호   纓 : 갓끈 영

瞋:부릅뜰 진　擊:부딪칠 격　頸:목 경　領:목 령　鬪:싸움 투
鷄:닭 계　竊:몰래 절　薄:가벼이 여길 박　牽:끌 견　環:두를 환
宰:맡아 할 재　奏:아뢸 주　斃:넘어질 폐

【담소(談笑)】

　칼을 좋아하는 이는 칼로 망한다. 하물며 나라를 다스리는 자가 칼을 좋아한다면 그런 나라는 결국 망하고 만다. 사람 하나 때문에 나라가 망하고 그 나라의 온 백성이 못살 지경이 된다면 억울하기 짝이 없다. 만일 임금이나 대통령이 무력행사를 좋아한다면 어찌되겠는가? 아마도 이 우화 속의 장자처럼 할 수 있는 인간은 없으리라.

　칼을 믿는 자는 힘을 믿는 자이며 그런 힘은 사람의 목숨을 하찮게 여긴다. 그래서 걸핏하면 싸움을 걸어 아까운 목숨을 죽게 만든다. 이른바 전쟁이란 미명 아래 얼마나 많은 목숨들이 역사 속에서 죽어 갔는가. 이런 생각을 하면서 「설검(說劍)」편의 이 우화를 듣다 보면 장자의 설득력에 감탄하기 이전에 우선 조나라 문왕이 대견하다는 생각이 든다. 아무런 저의가 없는 사람의 말을 그대로 듣고 자신을 부끄러워하며 뉘우쳐 새롭게 태어나는 인간이 있다면, 그는 어리석음을 버리고 현명한 삶을 선택한 것이다. 이 우화 속의 문왕(文王)이 바로 그런 사람이리라.

　이 우화를 듣다 보면 문득 조주선사(趙州禪師)의 화두(話頭)가 떠오른다. 한 스님이 조주에게 선사(禪師)의 본분(本分)이 무엇이냐고 물었다. 그러자 조주는 '소 잡는 칼을 쓰지 않는다〔不用牛刀〕'고 한마디로 잘라 말했다. 이 화두를 어떻게 해석해야 할까? 조주의 칼은 어떤 칼이라고 결코 해명할 수 없다. 그러나 내게 조주의 칼은 장자의 「설검(說劍)」편을 생각나게 한다.

이 우화는 천자(天子)의 검(劍), 제후(諸侯)의 검, 서인(庶人)의 검을 분류해야 한다고 주장하지 않는다. 그러니 그 세 가지 검이 따로 있다고 여길 것도 없다. 천자의 손에 들린 칼이 목숨을 해치는 칼이라면 그 검은 곧 서인의 검이 되고 말 것이고, 비록 서인의 손에 들린 칼이라 하더라도 목숨을 해치는 것이 아니라 소중히 여기는 칼이라면 그 검이 곧 천자의 검이요 제후의 검이기 때문이다. 남의 집 담을 넘는 강도의 칼이 서인의 검이라면, 부엌에서 먹거리를 장만하는 어머니의 손에 들린 칼은 천자의 검이란 말이다. 「설검(說劍)」편의 이 우화를 이렇게 받아들인다면 이야기의 격이 낮다고 혹평할 것까지야 없다는 생각이 든다.

장자의 설검(說劍)을 들어 주고, 자신을 경멸한다는 장자의 직언마저 듣고, 편안히 앉아 마음을 안정하라〔安坐而定氣〕는 충고까지 다 받아들이고서 장자를 편전으로 안내하는 조(趙)나라 문왕(文王)의 모습에서 소인배(小人輩)가 대인(大人)으로 변모하는 모습을 체험하게 된다. 공자(孔子)가 이순(耳順)이라 했는데, 바로 이 대목에서 이순(耳順)에 담긴 뜻을 터득할 수 있다고 생각된다. 남의 말을 그냥 그대로 들어 주고 믿어 주는 것〔耳順〕이 소인배가 대인으로 거듭 태어난다는 말씀으로 들리기 때문이다.

왜 문왕은 석 달 동안이나 신하들 앞에 나서질 않았을까? 이렇게 문제를 제기하며 상상해 보라. 그러면 저절로 나는 천자의 검을 든 자인가, 제후의 칼을 든 자인가, 아니면 서인의 칼을 든 자인가 자문(自問)하게 될 것이다. 아마도 왕은 자신을 부끄러워했던 것 같다. 그리고 뉘우쳤던 것 같다. 그러는 사이, 임금 앞에서 상대의 목을 베어야 살아남는 칼싸움을 보여 주며 그걸로 술밥이나 얻어먹었던 검사들이 모두 분노하여 자살했다는 대목에 이르러선 공포를 느끼게 된다. 소인배로 산다는 것 자체가 바로 매일 자살하며 산다는 뜻임을 깨우치게 되기 때문이다. 그러니 「설검(說劍)」편을 욕할 것은 없다.

어록

500

莊子 ◉ 雜篇

무릇 칼을 쓴다는 것은〔夫爲劍者〕
먼저 허점을 보여〔示之以虛〕 상대가 걸려들게 하며〔開之以利〕,
칼을 먼저 뽑지 않지만〔後之以發〕
상대의 몸에 이르기는 먼저 한다〔先之以至〕.
옆구리에 칼끝이 닿아 있다면 칼싸움은 일어나지 않는다.

雜篇 9

어부(漁父)

요지 어부가 공자(孔子)에게 대도(大道)를 가르친다.

입문 애를 끓이면서 몸을 상하게 하지 말라.

「어부(漁父)」편에서는 어부와 공자(孔子), 그리고 공자의 제자인 자공(子貢)과 자로(子路)가 등장하여 희곡 같은 우화를 들려 준다. 주로 어부와 공자의 이야기가 대부분을 차지하는데, 그 내용은 유가(儒家)를 흠내는 데 기울어져 있다. 앞 편들과 마찬가지로 유가의 인위(仁爲)를 힐난하는 데 초점을 맞추고 있는 셈이다.

장면을 묘사하면서 우화는 시작된다. 울창한 숲 속을 지나던 공자는 살구나무가 있는 언덕에 올라앉아 거문고에 실어 노래를 부르고, 자공과 자로는 독서를 하며 쉰다. 그 때 한 어부가 배에서 내린다. 눈썹과 수염이 하얗고 머리칼은 바람에 흐트러졌으며 입은 옷이 초라한 그 어부는 거문고를 타며 노래하는 이가 누구냐고 묻는다. 그러자 공자의 제자인 자공이 이렇게 알려 준다〔子貢對曰〕. "공씨는〔孔氏者〕 본성이 충과 신을 따르게 하시고〔性服忠信〕, 몸은 인과 의를 행하게 하시며〔身行仁義〕, 예와 악을 돋보이게 하시고〔飾禮樂〕, 인간인 바를 밝히시며〔選人倫〕, 위로는 임금에게 충성하고〔上以忠於世主〕 아래로는 백성을 평등하게 교화하시어〔下以化於齊民〕, 천하를 이롭게 하려고 하십니다〔將以利天下〕. 이것이 공씨의 치세입니다〔此孔氏治世也〕."

자공의 말을 들은 어부는 공씨가 임금이냐고 물었다. 자공이 아니라고 대답하자 다시 어부는 공씨가 임금의 신하냐고 물었다. 다시 아니라고 하니까 어부는 얼굴에 웃음을 띠면서 돌아가며 이렇게 중얼거린다〔容乃笑而還行言曰〕. "인이라면 인이겠지만〔仁則仁矣〕, 그 몸은 화를 면치 못하리라〔恐不免其身〕. 애를 끓이며 몸을 지치게 하면서도〔苦心勞形〕 제 본성을 위태롭게 하고 마는 게지〔以危其眞〕. 안타깝지만 멀구나〔嗚呼遠哉〕. 참된 도에서 너무나 멀리 떨어졌다〔其分於道也〕."

자공이 돌아가 공자께 알리자, 그 어부가 성인일지도 모른다며 공자가 달려간다. 공자는 어부에게 두 번 절하고 일어나 이렇게 말한다〔孔子再拜而起曰〕. "저는 어려서부터 학문을 닦아 왔습니다〔丘少而修學〕. 그러나 예순아홉 살이 되어서도〔而至于今六十九歲矣〕 지극한 가르침을 듣질 못했습니다〔無所得聞至敎〕. 그러니 어찌 마음을 비워 두지 않겠습니까〔敢不虛心〕.

위와 같이 「어부(漁父)」편의 우화는 시작된다. 어부가 말하는 대도(大道)는 자연을 따라 사는 일이다. 그런데 어부는 공자가 경영하려는 일은 인간의 일이라 한다. 인간이 한사코 어긋나는 짓을 범하므로 만물이 상처를 입고, 제후들은 싸움을 일삼으며 백성을 살생하니, 어찌 천자와 제후들이 안녕하길 바라겠느냐고 반문한다. 「어부(漁父)」편의 우화를 듣다 보면 왜 '밤새 안녕하셨습니까?' 라는 인사를 주고받으며 살아야 하는지 따져 보게 된다. 나아가 자연이 마련해 주는 세상 탓이 아니라 인간이 탐하려는 세상 탓에 인생이 궁해진다고 곰곰이 생각해 보게 된다. 따라서 「어부(漁父)」편 역시 격이 낮다고 헐뜯을 수 없다.

1. 어부(漁父)가 공자(孔子)에게 팔자(八疵)와 사환(四患)을 말한다

【우화(寓話)】

어부가 말해 준다〔客曰〕. "지금 당신은 이미 위로는 임금이나 제후가 누리는 권세가 없고〔今子旣上無君侯有司之勢〕 아래로는 대신이 처리할 수 있는 관직이 없으면서도〔而下無大臣職事之官〕, 멋대로 예락을 꾸미고〔而擅飾禮樂〕 인륜을 오륜이라고 정하며〔選人倫〕 그런 것들로 백성을 가르친다고 하니〔以化齊民〕, 쉴새없이 바쁠 수밖에 없지요〔不泰多事乎〕. 또 사람에게는 여덟 가지 허물이 있고〔且人有八疵〕, 일에는 네 가지 걱정거리가 있어요〔事有四患〕. 잘 살펴 두지 않으면 안 되지요〔不可不察也〕.

제가 할 일도 아닌데 하겠다고 하는 짓을〔非其事而事之〕 총(摠)이라 하고〔謂之摠〕, 살피지도 않는데 굳이 아뢰는 짓을〔莫之顧而進之〕 영(佞)이라 하며〔謂之佞〕, 속없이 남의 뜻에 따라 말하는 짓을〔希意道言〕 첨(諂)이라 하고〔謂之諂〕, 넘어가도 될 것에 시비거는 짓을〔不擇是非而言〕 유(諛)라 하며〔謂之諛〕, 남의 잘못을 헤집기 좋아하는 짓을〔好言人之惡〕 참(讒)이라 하고〔謂之讒〕, 이간질하여 친한 사이를 갈라놓는 짓을〔析交離親〕 적(賊)이라 하고〔謂之賊〕, 칭찬하고 속여 못 되게 하는 짓을〔稱譽詐僞以敗惡人〕 특(慝)이라 하며〔謂之慝〕, 선악을 가리지 않고 좋다면서 남의 눈치나 살피고〔不擇善否兩容〕 상대방이 좋아하게 비위나 맞추는 짓을〔煩適偸拔其所欲〕 험(險)이라 하오〔謂之險〕. 이 여덟 가지 허물은〔此八疵者〕 밖으로는 남을 어지럽히고〔外以亂人〕, 안으로는 바로 자신을 상하게 하지요〔內以傷身〕. 군자는 이 여덟을 벗삼지 않고〔君子不友〕, 현명한 군주는 이 여덟을 신하로 부리지 않지요〔明君不臣〕.

또한 네 가지 걱정거리란〔所謂四患者〕, 즐겨 큰 일을 도모하려 하고〔好經大事〕 범상한 것을 낯설게 고쳐〔變更易常〕 유명해지려고 하는 짓을〔以挂功名〕 도라 하고〔謂之叨〕, 지식을 앞세워 일을 마음대로 휘둘러〔專知擅事〕 남의 것을 침범하여 제 것으로 쓰는 짓을〔侵人自用〕 탐이라 하며〔謂之貪〕, 제 잘못을 알면서도 고치질 않고〔見過不更〕 충고를 듣고서도 더욱 못되게 구는 짓을〔聞諫愈甚〕 흔이라 하고〔謂之很〕, 남의 의견이 제 것과 같으면 좋아하고〔同人於己則可〕 자기와 다르면〔不同於己〕 좋은 일임에도 좋지 않다고 하는 짓을〔雖善不善〕 긍이라 하지요〔謂之矜〕. 이것들이 네 가지 걱정거리들이지요〔此四患者〕. 여덟 가지 허물을 지울 수 있고〔能去八疵〕 네 가지 걱정거리를 행하지 말아야〔無行四患〕, 비로소 배울 수 있는 것입니다〔而始可教已〕."

공자가 수심에 잠겨 한탄하며〔孔子愀然而歎〕 두 번 절하고 일어나 말했다〔再拜而起曰〕. "저는 노나라에서 두 번이나 쫓겨났으며〔丘再逐於魯〕, 위나라에선 발자국을 깎였고〔削迹於衛〕 송나라에선 나무를 잘랐습니다〔伐樹於宋〕. 또 진나라와 채나라 국경에서는 포위를 당했습니다〔圍於陳蔡〕. 과실을 알 수 없습니다만〔丘不知所失〕, 이렇게 네 번이나 남의 미움을 산 것은 어째서입니까〔而離此四謗者何也〕?"

어부가 서글퍼 안색을 바꾸어 말했다〔客悽然變容曰〕. "참 고집스럽군요〔甚矣〕. 당신은 말귀를 알아듣지 못하는지요〔子之難悟也〕. 제 그림자가 두렵고 발자국이 싫어 그것들을 떼어 내려고 달리고 달렸다는 사람이 있었소〔人有畏影惡迹而去之走者〕. 발을 들어 달릴수록 발자국 수가 많아져〔擧足愈數〕 그만큼 발자국 수가 늘고〔而迹愈多〕, 달리고 달려 질주해도 그림자는 몸에서 떨어져 나가지 않았지요〔走愈疾而影不離身〕. 그래서 아직도 달리기가 늦다고 여겨〔自以爲尙遲〕, 쉬지 않고 질주하다〔疾走不休〕 힘이 다해 죽고 말았답니다〔絕力而死〕. 음지에 있어야 그림자가 사라지고 가만히 있어야 발자국이 없어진다는 것을 몰라〔不知處陰以休影處靜以息迹〕 어리석음만 더하고 만 것이지요〔愚亦甚矣〕. 당신은 인의의 도리를 잘 알고〔子審仁義之間〕, 동(同)과 이(異)의 구별을 살피며〔察同異之際〕, 동(動)과 정(靜)의 변화를 살피고〔觀動靜之變〕, 받기〔受〕와 주기〔與〕의 정도를 알맞게 하며〔適受與之度〕, 좋아함〔好〕과 싫어함〔惡〕의 실정을 헤아리고〔理好惡之情〕, 기쁨〔喜〕과 노여움〔怒〕의 마음가짐을 알맞게 하려 하겠지만〔和喜怒之節〕, 어려움을 면하기는 어렵겠어요〔而幾於不免矣〕. 그러니 삼가 몸을 닦고〔謹修而身〕 당신의 본성을 신중히 지키며〔愼守其眞〕, 명성 따위를 주었던 자들에게 다시 돌려준다면〔還以物與人〕, 더는 허물을 지을 것이 없겠지요〔則無所累矣〕. 지금 스스로 닦지 않고 남에게서 구하려고만 하니〔今不修之身而求之人〕 역시 어긋난 짓이 아니겠소〔亦不外乎〕?"

공자가 슬픈 기색을 띠며 말했다〔孔子愀然曰〕. "무엇이 본성〔眞〕인지 알고자 묻고 싶습니다〔請問何謂眞〕" 어부가 응했다〔客曰〕. "본성이란 정성의 지극함이지요〔眞者精誠之至也〕. 정성이 없으면〔不精不誠〕 사람을 감동시킬 수 없지요〔不能動人〕."

擅:멋대로 할 천 飾:꾸밀 식 選:가릴 선 疵:허물 자 摠:모두 총
顧:돌아볼 고 佞:아첨할 녕 諂:아첨할 첨 擇:가릴 택 諛:아첨할 유
讒:헐뜯을 참 慝:악할 특 析:쪼갤 석 賊:해칠 적 煩:번거로울 번
偸:훔칠 투 拔:쳐서 빼앗을 발 險:험할 험 挂:걸 괘 叨:탐할 도
貪:탐할 탐 很:어길 흔 諫:사실을 말할 간 愈:나을 유 修:닦을 수
矜:불쌍히 여길 긍 愀:근심할 초 逐:쫓을 축 削:깎아낼 삭
迹:발자국 적 伐:쳐낼 벌 圍:둘레 위 謗:헐뜯을 방 甚:심할 심
審:살필 심 察:살필 찰 幾:가까울 기 謹:삼갈 근 還:돌려줄 환

【담소(談笑)】

　사람만 제외하면 세상에 허물 있는 목숨은 없다. 오로지 사람만이 허물을 버리지 못해 애끓는 삶에서 벗어나지 못한다. 사람만 빼면 만물은 다 완전한 셈이다. 사람만 불완전한 까닭은 그 허물 때문이다. 이런 허물이 무엇인지 알고 삼가려면 「어부(漁父)」편의 이 우화를 귀담아 두면 좋을 것이다.

　이야기의 주인공인 어부만큼 인간의 허물을 간명하게 밝힌 인물은 만나기 어려울 것이다. 그는 공자에게 인간의 허물을 일러 팔자(八疵)·사환(四患)이라고 밝힌다. 이런 어부 앞에서 왜 공자는 오로지 초연(愀然)할 수밖에 없는가? 왜 공자는 서글프고 슬픈가[愀然]? 여덟 가지 허물[八疵]과 네 가지 걱정거리[四患]에서 공자 자신도 아직 벗어나지 못했기 때문이 아닌가. 그래도 이를 깨닫고 있는 공자는 정직한 분으로 등장한다.

　허물을 감추려고 잔재주를 부리지 않는 공자가 우리를 몹시 부끄럽게 한다. 허물을 감추려고 얼마나 노력하는지 스스로 반문해 보라고 윽박지르는 듯하다. 팔자(八疵)가 없다고 단언할 수 있는 사람이 있다면 그가 바로 도인(道人)이다. 도를 깨친 사람[道人]이 누구인가? 팔자(八疵)를 참으로 완전히 버려 가슴에 사환(四患)이 파고들 여지가 없는 분이 곧 도인(道人)이다.

　팔자(八疵)를 하나하나 풀이해 주는 어부 앞에서 떳떳할 사람은 하나도 없을 것이다. 총(摠)·영(佞)·첨(諂)·유(諛)·참(讒)·적(賊)·특(慝)·험(險)의 팔자(八疵)가 왜 인간의 허물인지 어부의 말을 듣다 보면 분명해진다. 어부는 이러한 팔자(八疵)의 허물이 사환(四患)과 결탁해 인간을 욕심의 동물로 휘몰아 간다는 사실을 깨우치게 한다. 도(叨)·탐(貪)·흔(很)·긍(矜)의 사환(四患)이 인간을 초라한 소인배로 내몬다는 것 또한 깨우치게 해준다.

　팔자(八疵)와 사환(四患)을 팽개치려 할수록 그만큼 정성(精誠)에 가까워진다고 어부는 밝힌다. 왜 인간은 허물을 팽개치지 못하는가? '금불수지신이구지인(今不修之身而求之人)'이란 어부의 충고에서 그 실마리를 찾을 수 있다. 자신을 닦아라〔修之身〕. 여기서 신(身)은 바로 나 자신〔己〕을 말한다. 어떻게 나 자신을 닦아야 하는가? 나에게 팔자(八疵)와 사환(四患)이 붙지 못하게 나를 닦으라는 말이다. 팔자와 사환이 모조리 씻겨 나갈 때까지 닦고 닦아 마지막에야 드러나는 나 자신이 곧 진자(眞者)이다. 그 진자의 모습을 정(精), 즉 성(誠)이라고 새길 수 있으리라. 여기서 『중용(中庸)』 2장(章)을 보면 공자의 뜻을 더 새겨 볼 수 있다.

　『중용』의 2장은 이러하다. "성(誠)으로 말미암은 명〔自誠明〕을 성(性)이라 하고〔謂之性〕, 명(明)으로 말미암은 성〔自明誠〕을 교(敎)라고 한다〔謂之敎〕. 성(誠)이면 명(明)이요〔誠則明矣〕, 명이면 성이다〔明則誠矣〕."

　그리고 『중용』의 6장은 이러하다. "성이란〔誠者〕 스스로 이룸이고〔自成也〕, 도는 스스로 가게 되는 것이다〔而道自道也〕. 이런 성(誠)이란〔誠者〕 만물의 처음이며 끝이니〔物之終始〕, 성(誠)이 아니면〔不誠〕 만물은 없다〔無物〕."

　물론 이러한 풀이는 주자(朱子)의 것이지만, 공맹(孔孟)의 뜻을 따른 것이 분명하다. 그러므로 팔자(八疵)와 사환(四患)을 벗어나면 내 자신이 진자(眞者)가 된다는 공자의 말씀은 정성(精誠)을 다해 살라는 말씀으로 받아들일 수 있다. 내가 불성(不誠)하면 내가 나를 없애고, 내가 지성이면 내가 나를 있게 한다. 그러니 『중용』의 성자자성(誠者自成)은 곧 수기(修己)하라는 말씀이다. 내가 나를 닦기〔修己〕는 남이 가르쳐서 되는 것이 아니라, 내 스스로 이루어야〔自成〕 하는 것이다.

　그러나 요즘 사람들은 수지신(脩之身)은 하지 않고 구지인(求之

人)만 고집하기 때문에 팔자(八疵)와 사환(四患)이 날로 늘어 간다. 이것을 두고 어부가 공자에게 대지르는 광경을 상상해 보라. 그러면 우화(寓話)가 왜 자외논지(藉外論之)인지 실감할 수 있으리라. 구지(求之)는 무엇인가를 찾는다는 뜻이다. 구지인(求之人)의 인(人)은 남을 말한다. 남에게서 찾는다〔求之人〕. 무엇을 찾는단 말인가? 남의 허물을 찾는 것이 곧 여기서의 구지인(求之人)이다. 똥 묻은 개가 겨 묻은 개를 흉본다는 속담에 바로 수지신(修之身)은 하지 않고 구지인(求之人)만 밝힌다는 뜻이 담겨 있다.

왜 공자는 당신 역시 수기(修己)를 으뜸으로 치고 있다고 어부에게 반박하지 못하는가? 수기(修己)나 수지인(脩之人)이나 다 내 자신을 닦는다는 뜻이다. 왜 공자는 어부에게 수기(修己)를 요구하면 안 되는가? 수기(修己)는 팔자(八疵)와 사환(四患)에서 벗어나라는 의미가 아니다. 오히려 인의예락(仁義禮樂)을 돈독히 하라는 말이지 팔자(八疵)와 사환(四患)을 없애라는 말이 아니다. 허물을 내버려 둔 채 아무리 인의예락(仁義禮樂)을 닦은들 무엇하겠느냐고 어부가 공자를 몰아붙인다. 그것은 다음과 같은 어부의 말에서 잘 드러난다. 진재내자(眞在內者) 신동어외(神動於外). 여기서 진(眞)은 본성(本性)을 말하고 내(內)는 마음을 말한다. 그러니 진재내자(眞在內者)는 마음 속에 허물〔八疵·四患〕이 없는 사람을 뜻하는 셈이다. 그런 사람을 일러 성현(聖賢)이라 한다. 성현은 누구인가? 정성(精誠)의 화신(化身)이 곧 성현이다. 이 우화에서 어부는 성현을 그냥 진자(眞者)라고 일컫는다.

노자(老子)가 왜 성인은 불언(不言)한다 했는지, 나아가 불가(佛家)의 여래(如來)가 왜 말하지 않고 미소만 지었는지 알 만하다. 정성(精誠)은 말로 드러내는 게 아니라 있는 그대로 그냥 드러나게 마련이다. 그러니 더 말할 것이 있겠는가. 그러기에 어부가 신동어외(神動於外)라고 밝힌 것 아니겠는가. 여기서 신(神)은 곧 진재내자(眞在內者)의 마음가짐〔精誠〕, 즉 진자(眞者)를 말하고, 동어외(動於外)는 밖으로 드러나 작용하는 것을 말한다. 아무런 허물이 없는 본성이 밖으로 드러나 작용한다〔神動於外〕. 곧 지성감천(至誠感天)이란 말이다. 성현은 사람만 감동시키는 것이 아니라 만물 역시 감동시킨다. 사람의 세상에서는 성현을 찾을 수 없다고 한탄하지 말라. 왜냐하면 자연이 곧 성현이어서, 사람을 제외한 삼라만상이 모두 성현의 모습이기 때문이다. 아마도 어부의 이 말뜻을 알아들었기에 공자가 어부를 성인이라고 불렀나 보다.

510

莊子 ● 雜篇

같은 종류끼리 서로 따르고〔同類相從〕 같은 소리가 서로 응하는 것은〔同聲相應〕

본래 자연의 이치다〔固天之理也〕.

뱁새가 황새 다리를 부러워한다 함은 사람이 지어 낸 거짓말이다.

예법이란〔禮者〕 사람들이 하는 짓이고〔世俗之所爲也〕,

본성이란〔眞者〕 자연에서 받은 것이며〔所以受於天〕,

자연이란 (사람이) 바꿀 수가 없다〔自然不可易也〕.

성형수술로 만들어 낸 미인 따위가 무슨 소용이란 말인가?

그 사람이 덕이 지극하지 않다면〔彼非至人〕

그에게 머리를 숙일 수 없고〔不能下人〕,

머리를 숙여 낮추는 것이 정성스럽지 않다면〔下人不精〕

상대의 본성과 통할 수 없다〔不得其眞〕.

돈과 권세 앞에서야 고개를 숙이지, 덕 앞에 조아릴 자는 이미 없어졌다.

雜篇 10

열어구(列禦寇)

요지 인지(人知)를 떠나 누릴 신지(神知)를 터득하라.

입문 얽매인 자화상을 숨김없이 살펴보라.

「열어구(列禦寇)」 편은 각각 독립된 열 개의 우화로 짜여져 있
다. 열어구(列禦寇)는 열자(列子)를 말한다. 앞의「도척(盜跖)」·
「설검(說劍)」·「어부(漁父)」 편에서는 공자를 공박하는 어조가 사
나왔다. 물론「어부」 편은 그 정도가 좀 덜했지만, 공자를 비웃고
흉보고 꼬집는 모양새가 다른 편과 마찬가지로 의젓하지 못했다.
그러던 것이 이「열어구」 편에 오면 아옹다옹 싸움질하는 골목을
벗어나 걸림 없이 확 트인 광야에 나온 것처럼 크나큰 자유(自遊)
를 맛보게 해주는 우화들을 만나게 된다.

「열어구」 편은 다시 무위자연(無爲自然)을 체험하게 한다. 물론
지금 같은 디지털 세상에서는 무위자연이 무슨 소용이냐며 따지고
시비 걸 사람들이 열이면 열이리라. 경쟁의 소용돌이 속에서 힘이
없으면 죽는다는 확신이 깊은 까닭에 우리는 이미 편안한 휴식을
망각한 지 오래되었다. 그러나 쉼 없이 항상 질주만 하다가는 결국
지쳐서 죽고 만다. 요새 스트레스란 말을 자주 듣는다. 경쟁력 탓
이리라. 경쟁력이란 싸워야 하고 그 싸움에서 반드시 이겨야 한다
는 논리를 바탕으로 한다. 그 법에 걸려들면 내가 내 목을 조를 수
밖에 없다. 이것이 곧 디지털 인간의 제 목 조르기가 아니겠는가.

「열어구」 편은 제 목 조르기를 한 번이라도 풀고 쉬어 보라고

한다. 그리고 얽매인 자화상을 숨김없이 살펴보라 한다. 그리고 이렇게 자문해 보라 한다. 나는 정말로 자유로운가? 그렇지 않다면 무엇 때문에 부자유한가? 스스로 솔직하게 답해 보라고 이 편의 우화들은 속삭인다. 돈, 명성, 지위, 권세 등을 묶어서 외물(外物) 또는 밖(外)이라고 한다. 그 밖(外)에 걸려들어 안(內)이 얽매이는 한, 편한 곳(所安)에서 편히 살기(安居)를 바랄 수는 없다.

　본래부터 나에게 부자유라는 DNA가 전해져 왔다고 하지 말라. 오히려 인간에게는 자유(自遊)를 원해 자살(自殺)마저도 두려워 않는 진면목(眞面目)이 있는 편이다. 「열어구」 편에는 자폐(自閉)의 감방을 열 수 있는 열쇠가 걸려 있다. 그 열쇠가 바로 무위자연(無爲自然)이다. 나를 자유롭게 하라. 그러자면 이런 명령을 내 자신이 스스로 내리고 내 자신이 수령(受領)해야 한다. 「열어구」 편에서는 이것을 체험해 볼 수 있다.

1. 성인은 하늘(天)을 따르고 소인은 하늘(天)을 어긴다

【우화(寓話)】

　장자가 말했다〔莊子曰〕. "도를 알기는 쉬우나〔知道易〕 말을 않기는 어렵다〔勿言難〕. 알면서 말하지 않는 것은〔知而不言〕 하늘을 따르는 것이고〔所以之天也〕, 안다고 말하는 짓은〔知而言之〕 사람을 좇는 것이다〔所以之人也〕. 옛 사람들은 하늘을 따랐지 사람을 따르지 않았다〔古之人天而不人〕. 주팽만이 용 잡는 법을 지리익한 테서 배우느라〔朱泙漫學屠龍於支離益〕, 수많은 가산을 탕진하며〔單千金之家〕 삼 년 만에야 그 재주를 이룰 수 있었지만〔三年技成〕, 그 솜씨를 쓸 데가 없었다〔而無所用其巧〕.

　성인은 반드시 해야 한다는 것이 없으므로 다툴 것이 없다〔聖人以不必故無兵〕. 중인(衆人)은 꼭 하지 않아야 할 것을 꼭 해야 하므로 다툴 것이 허다하다〔衆人以不必必之故多兵〕. 다툼질을 따르니 하는 일마다 찾는 것이 있게 마련이다〔順於兵故行有求〕. 마음 속의 다툼만 믿고 행하다 보면 망하고 만다〔兵恃之而亡〕. 소인의 지식은 선물꾸러미나 편지 따위를 뿌리치지 못해〔小夫之知不離苞苴竿牘〕 너절한 것으로 정신을 망가뜨리면서도〔敝精神於蹇淺〕, 도와 사물을 같이 배워 도와 사물이 하나가 되는 경지에 이르려고 한다〔而欲兼濟道物太一形虛〕. 이런 자는 우주에서 갈피를 못 잡고〔若是者迷惑於宇宙〕, 눈에 보이는 것에만 얽매여 태초를 알지 못한다〔形累不知太初〕.

　저 지인(至人)이란 자는〔彼至人者〕 정신을 무시(無始)로 돌아가게 하여〔歸精神乎無始〕 어느 것 하나 없는 고향에서 단잠을 누린다〔而甘冥乎無何有之鄕〕. 흔적이 없는 곳에서 물처럼 흘러〔水流於無形〕 지극히 맑은 곳에서 맑음을 생겨나게 한다〔發泄乎太淸〕. 소인배가 하는 짓이 슬프구나〔悲哉汝爲〕! 인간의 지식은 하찮은 것에 매달려〔知在毫毛〕 한없는 편안함을 모르니 말이다〔而不知太寧〕.”

勿:말 물 難:어려울 난 泙:물결 셀 팽 單:다할 단 屠:잡아죽일 도
兵:다툴 병 苞:쌀 포 苴:꾸러미 저 竿:대쪽 간 牘:서찰 독
敝:피폐할 폐 蹇:절뚝발이 건 淺:얕을 천 兼:아울러 겸 濟:구할 제
迷:미혹할 미 惑:미혹할 혹 累:묶을 루 甘:달 감 冥:어두울 명
泄:생겨날 설 毫:터럭 호 寧:편안할 녕

【담소(談笑)】

지도이(知道易) 물언난(勿言難). 도를 알기는 쉬우나〔知道易〕 말을 않기란 어렵다〔勿言難〕. 장자가 우화 속의 인물이 되어 왜 이런 독백을 하는 것일까? 이는 만물은 다 도의 모습이기 때문에 도(道)를 알아보기란 어려울 것이 없다는 뜻이다. 나라는 존재도 도요, 지렁이도 도요, 개똥도 도이니 도를 알아보는 일은 어렵지 않다는 말이다. 그런데도 왜 말하지 않기〔勿言〕가 어렵다 하는가? 이에 대한 해답을 장자는 우화 속에서 분명하게 밝혀 놓았다. “알면서 말하지 않음은〔知而不言〕 하늘을 따르는 것이다〔所以之天也〕.” 물언(勿言)은 곧 하늘〔天〕을 따르는 것이다. 여기서 천(天)이란 자연(自然)이나 무위(無爲)로 새겨도 된다. 자연이란 말이 이해되지 않는다면 무심(無心)이란 말로 바꾸어도 된다. 무심은 허심(虛心)이요 허심은 무욕(無欲)이 아닌가. 하늘을 따른다 함은 곧 욕심을 버린다〔無欲〕는 말이니 이 얼마나 어려운 일인가. 그러므로 물언(勿言)을 도(道)를 행한다는 뜻으로 들으면, 왜 물언(勿言)을 어렵다고 하는지 알 수 있다. 알기는 쉽고 행하기는 어렵다.

무병(無兵) 다병(多兵). 여기서 병(兵)은 마음 속에서 다툰다는 뜻이다. 장자는 왜 성인(聖人)에게는 다툼이 없고[無兵], 중인(衆人)에게는 다툼이 많다[多病]고 하는가? 이 또한 장자가 간명하게 대답해 준다. 성인불필(聖人不必) 중인필지(衆人必之). 여기서 필(必)은 하지 않으면 안 되는 것이다. 안 하면 안 된다느니, 무슨 일이 있어도 꼭 해야 한다느니, 목숨을 걸고 한다느니 하는 것들이 필(必)이다. 그러니 필지(必之)는 억지와 고집으로 통하고 만다.

성인은 억지가 없으므로 하늘에 어긋나지 않고, 중인은 억지를 일삼다 기어코 하늘에 어긋난다. 불가(佛家)에서도 아집(我執)을 버리라고 한다. 나를 붙들어 매는 말뚝이 바로 아집이다. 그 말뚝을 뽑아 버려라. 그러면 걸림이 없어진다. 걸림이 없음을 불가에서는 무애(無碍)라고 하는데, 이는 불필(不必)이란 말과도 통한다. 외물(外物)에 얽매이지 않는다는 뜻이다. 그러니 불필(不必)은 나를 놓아 주고 필지(必之)는 나를 구속한다. 더할 바 없는 자유(自遊)를 일러 장자는 천방(天放)이라 하였다. 중인(衆人)은 천방(天放)을 마다하고 욕망이란 감옥으로 기어든다.

병시지즉망(兵恃之則亡). 마음 속의 다툼만 믿고 행하다 보면 망하고 만다[兵恃之而亡]. 이는 긁어 부스럼 만드는 꼴이요, 혹 떼려다 혹 하나 더 붙이는 꼴이다. 오죽하면 탐욕이 사람잡는다고 하겠는가. 죽어도 고(Go)라면서 노름질하다 망해서 결국엔 밤에 남의 집 담을 넘는 짓을 범하고 쇠고랑 차고 감방에 가는 군상들이 어디 하나 둘인가. 중인은 항상 세상이 제 것인 양 착각하고 덤벼든다. 따지고 보면 병(兵)이란 하찮은 것이다. 하찮은 것에 목숨을 걸다니 얼마나 미련하고 어리석은가.

폐정신호건천(敝精神乎蹇淺). 너절한 것들로 정신을 망가뜨린다〔敝精神於蹇淺〕. 절 건(蹇), 이는 곧 멀쩡한 인간인데도 절뚝발이 병신 같다는 말이다. 얕을 천(淺), 이는 곧 보기 딱할 만큼 천(賤)하다는 말이다. 따라서 건천(蹇淺)은 하찮고 천박한 것이라고 새기면 된다. 말하자면 너절한 것들이다. 돈, 명성, 권세 때문에 밤잠을 설치며 몸을 상하게 하는 짓거리가 곧 건천(蹇淺)이다. 폐(敝)는 망가뜨려 못 쓰게 만든다는 말이다. 건천(蹇淺) 따위로 정신을 망치는 짓을 중인은 밥 먹듯이 한다. 그래서 장자는 슬프다〔悲哉〕고 한탄하는데, 중인은 오히려 장자가 정신이 나갔다며 흉을 본다. 이 얼마나 환장할 일이겠나.

정신(精神)을 폐(敝)하지 말라. 이를 우화 속의 어부는 수지신(修之身)이라고 하였다. 태일형허(太一形虛)를 터득하려면 나를 닦아〔修之身〕 내 정신이 하찮은 것〔蹇淺〕들 때문에 망가지지 않도록 해야 한다. 태일(太一) · 대일(大一) · 위일(爲一) · 포일(抱一) 등은 다 상덕(常德)을 말한다. 상덕은 곧 도(道)의 모습이다. 삼라만상이 하나같이 차별 없이 평등하다〔太一〕는 것이 곧 상덕(常德)이다. 형허(形虛)의 형(形)은 드러나는 물(物)이요, 허(虛)는 드러나지 않는 도(道)를 말한다. 이처럼 장자는 우화를 통해 태일(太一)은 곧 형허(形虛)가 아니냐고 말하고 있다. 그러니 태일형허(太一形虛)란 한마디로 정(精)이요 신(神)이리라. 본래 장자가 말하는 정신(精神)은 자연을 말하고 무위를 말하니, 한마디로 도(道)에 돌아가 머물러 있음을 뜻한다.

귀정신호무시(歸精神乎無始). 정신을 무시(無始)로 돌아가게 한다〔歸精神乎無始〕. 무시(無始)는 노자의 말로 한다면 불사(不死)인 도(道)를 말한다. 불가에서 심(心)을 말할 때 불생불멸(不生不滅)이라고 하듯이, 노장(老莊)은 도를 말할 때 무시(無始)니 불사(不死)니 한다. 무시(無始)라면 무종(無終)일 것이고, 불사(不死)라면 불생(不生)일 터이니 변할 일이 없다. 변함 없음을 일러 상(常)이라 하는데, 도를 제외한 모든 것이 다 무상(無常)일 뿐이다. 도를 뺀 모든 것들은 흥망성쇠(興亡盛衰)의 수레바퀴를 타고 변덕을 부린다. 그런 변덕을 일러 인간은 희로애락(喜怒哀樂)이라 한다. 희로애락에 놀아나지 말라. 그러면 누구라도 천분(天分)을 어기고 만다.

달면 삼키고 쓰면 뱉는 소인은 칭찬해 주면 좋다 하고, 비판하면 싫어하면서 세상 무서운 줄 모르고 제멋대로 굴려 한다. 소인배의 이런 건방진 꼴을 노자는 이렇게 말한다. 자현(自見)·자시(自是)·자벌(自伐)·자긍(自矜). 현명하다고 자기를 드러내고〔自見〕, 자기만 옳다고 억지를 쓰고〔自是〕, 제 자랑만 일삼으며〔自伐〕, 남들보다 제가 유능하다고 과시하는〔自矜〕 인간을 중인(衆人)이라고 한다. 중인은 소인(小人)이요 소인은 졸부(拙夫)라 한다. 쉽게 말해서 우화 속의 장자는 우리에게 졸부가 되지 말라고 이야기한다.

한 점 부끄럼 없이 산다는 말이 있다. 물론 지금은 말만 있을 따름이란 걸 안다. 자신이 살았던 시절도 그랬던 모양인지 장자는 중인안기소불안(衆人安其所不安)이라고 말했다. 사람들은 편히 머물 수 없는 것에서 편히 머물려고 한다〔衆人安其所不安〕. 분에 넘치는 돈, 분에 넘치는 명성, 분에 넘치는 권세 등이 곧 소불안(所不安)의 것들이다. 쇠고랑을 차고 망신당하는 군상들을 보라. 모두 천분(天分)을 어긴 탓에 밤잠을 설치다 감옥으로 가는 것이다.

감명호무하유지향(甘冥乎無何有之鄉). 어느 것 하나 없는 고향에서 단잠을 누린다〔甘冥乎無何有之鄉〕. 감명(甘冥)은 명(冥), 면(眠)으로 통한다. 잠자리가 편안하여 하염없이 잠자는 일이 감명(甘冥)이다. 어느 것 하나 없는 고향〔無何有之鄉〕은 이미 노자가 현빈(玄牝)이란 이미지로 말했던 도(道)를 의미한다. 갓난애가 어미의 품에 안겨 자듯 성인은 도(道)의 품안에 안겨 단잠을 잔다.

그래서 노자는 성인을 영아(嬰兒)에 비유했다. 그러나 소인은 황금의 침대에 누워 악몽으로 밤을 지샌다. 그런 악몽의 잠을 장자는 둔천지형(遁天之刑)이라 하였다. 하늘을 피하려다 받는 벌〔遁天之刑〕을 성인은 무서워하고 소인은 무서워하지 않는다. 그래서 장자가 우화 속에서 슬퍼하는 것이 아닌가.

2. 조상(曹商)이 장자(莊子)를 비웃고 뽐내다 혼쭐이 났다

【우화(寓話)】

송나라 사람으로 조상이란 자가 있었다〔宋人有曹商者〕. 그가 송나라 임금을 위해 사신으로 진나라에 갔다〔爲宋王使秦〕. 그가 진나라에 갈 때〔其往也〕몇 대의 수레를 받아 갔는데〔得車數乘〕, 진나라 왕이 그를 반겨〔王說之〕수레 백 대를 더하여 받아 가지고〔益車百乘〕, 송 나라로 돌아와서〔反於宋〕장자를 만나 말했다〔見莊子曰〕. "대개 궁한 마을 좁은 골목에 살면서〔夫處窮閭阨巷〕가난에 찌들어 쪼들리며 신발을 삼느라〔困窘織屨〕목은 비쩍 말라 버리고 누렇게 뜬 얼굴로 사는 데는〔槁項黃馘者〕내가 서툴지만〔商之所短也〕, 큰 나라의 임금을 한 번 깨우쳐 주고〔一悟萬乘之主〕백 대의 수레를 따르게 하는 데는〔從車百乘者〕내가 잘하오〔商之所長也〕."

장자가 말했다〔莊子曰〕. "진나라 임금에게 병환이 생기니 의원을 불러〔秦王有病召醫〕등창을 찢고 등창의 고름을 짜낸 자에게는〔破癰潰座者〕수레 한 대를 주고〔得車一乘〕, 치질을 핥아 준 자한테는〔舐痔者〕수레 다섯 대를 주며〔得車五乘〕, 치료하는 데가 아래로 내려갈수록〔所治愈下〕더욱더 많은 수레를 준다지〔得車愈多〕. 그대도 진나라 임금의 치질을 고쳐 주었단 말이지〔子豈治其

痔邪]. 수레를 정말로 많이 받았군[何得車之多也]. 내 앞에서 썩 사라지게[子行矣]."

乘:탈 승 閭:마을 려 阨:좁을 액 巷:골목 항 困:가난할 곤
窘:궁할 군 織:삼을 직 履:신발 리 槁:마를 고 項:목 항 馘:낯 혁
召:부를 소 醫:의원 의 破:깨뜨릴 파 癰:등창 옹 潰:무너질 궤
痤:등창 좌 舐:핥을 지 痔:치질 치 愈:나을 유
豈:어찌 기

【담소(談笑)】

조상(曹商) 같은 이를 졸부(卒夫) 또는 졸부(猝富)라 한다. 천하에 못난 놈이나 이렇게 부를 과시하며 가난한 자를 비웃고 울리며 등치려 한다. 지금 조상이 왜 그리 궁상이냐고 장자를 비웃다가 도리어 장자에게 혼쭐이 나고 있다. 장자의 입이 이렇게 거칠다니 장자도 혼내 줄 놈이면 가차 없이 치는구나. 마치 단칼에 목을 치듯, 조상을 치질을 핥아 주고 밥 얻어먹는 놈으로 몰아부친다.

신을 삼아 벌어먹고 곤궁하게 살아가는 장자가 소인배 조상(曹商)의 눈에는 매우 초라하게 보이겠지만, 성인의 눈에는 넉넉하고 의젓한 사람으로 보일 것이다. 성인은 편치 못한 것에 머물지 않기[聖人不安其所不安]를 몸소 행하기 때문이다. 성인은 재물과 명성, 권세 따위를 편히 머물지 못할 것[所不安], 즉 인위(人爲)로 여긴다. 장자는 이를 알고 살지만, 조상(曹商) 같은 소인배는 알려고도 안 하며 어긋나게 산다. 쇠귀에 경 읽기란 속담이 왜 생겼겠는가. 세속(世俗)이란 본래 소불안(所不安)의 수렁이고, 조상 같은 소인배는 그 속에서 얼기설기 얽혀 더럽게 살기를 마다 않는다.

불안한 것[所不安]을 얻으려고 배알까지 빼 주며 굽실거리는 군

상(群像)이 어찌 궁궐 주변에만 있었겠는가. 지금까지도 재물, 명성, 권세라면 목숨을 걸고 꼬리치는 무리가 무성한 수풀을 이룬다. 다만 장자(莊子) 같은 성현이나 그 수풀 밖에서 살까, 나 같은 소인배는 그 수풀에서 뒤척이는 꼴이니 이 우화를 대하며 참으로 부끄럽다. 하지만 조상같이 추하게는 되지 말아야지 하고 다짐하다 보면 수렁에 빠질 위험을 그만큼이나마 줄일 수 있으리라.

3. 제물은 제사가 끝나면 버려진다

【우화(寓話)】

어떤 사람이 장자를 초빙하려고 하였다〔或聘於莊子〕. 그러나 장자는 그 어떤 이가 보낸 사람에게 말했다〔莊子應其使曰〕. "당신은 제사에 바칠 소를 보았겠지요〔子見夫犠牛乎〕? 아름답게 수놓은 비단을 등에 걸쳐 주고〔衣以文繡〕 풀과 콩을 먹이지만〔食以芻菽〕, 급기야 끌려가 태묘에 들어가고 나면〔及其牽而入於太廟〕 아무리 송아지가 되고 싶다 한들〔雖欲爲孤犢〕 그렇게 될 수 있겠소〔其可得乎〕?"

> 或:어떤 혹 聘:예를 갖추어 부를 빙 犠:사랑하며 기를 희 文:무늬 문
> 繡:수놓을 수 芻:꼴(풀) 추 菽:콩 숙 牽:끌 견 廟:사당 묘
> 孤:외로울 고 犢:송아지 독

【담소(談笑)】

혹빙(或聘)으로 시작하는 이 짧은 우화에는 매우 깊은 뜻이 숨겨져 있다. 장자는 자신을 초빙하려던 사람이 누구였는지를 왜

밝히지 않았을까? 그 숨은 뜻을 헤아릴 수 있는 단서가 바로 혹빙(或聘)에 있다. 장자를 초빙하려던 사람은 성인도 아닐 테고 현자도 아닐 테고 은자도 아닐 터이다. 그럼 누구일까? 권세나 재물로 힘을 행사하는 부류일 것이라고 상상하며 곰곰이 이 우화(寓話)를 들어 보면 잡히는 것이 있으리라.

대접받을 생각이 없으면 언제 어디서든 마음이 편하다. 초빙(招聘)을 받았다고 우쭐할 것 없다. 이(利)가 있으면 초빙하고 없으면 쫓아 버린다. 이것이 권력이나 이해(利害)에 따라 출렁이는 세상 물정 아닌가. 몇 년 전 어떤 정객(政客)이 밀려나자 토사구팽(兔死狗烹)이라 해서 세상이 웃었다. 그 정객이 이 우화를 알았더라면 산토끼를 잡고 나면 개를 삶아 먹는다〔兔死狗烹〕는 것이 세속의 사필귀정(事必歸正)임을 알았을 것이다. 산토끼를 잡을 때나 사냥개가 필요하지, 잡고 나면 부담스럽게 여기는 것이다.

희우(犠牛)란 제물(祭物)로 바치는 소를 말한다. 제일(祭日)을 3개월 앞두고 선택되는 희우(犠牛)는 군왕의 보살핌 아래 분에 넘치는 대접을 받다가 제삿날이 되면 목숨을 군왕에게 내놓아야 한다. 비록 들판의 거친 풀을 뜯어먹고 살지언정 하늘이 준 명을 다하고 죽어야 소 역시 도(道)를 따르는 것 아니겠는가. 희우를 통해, 대접을 받다가 결국에는 도를 어기고 어긋나는 꼴을 보게 된다. 번거로운 일로 마음고생을 한다면 그것이야말로 부질없는 짓이 아닌가. 장자가 왜 번거로운 초빙(招聘)에 응하겠는가? 그런데도 사람들은 오늘 웃다가 내일 울게 되는 줄 모르고 대접받기를 바란다. 우선 먹기는 곶감이 달다 하던가.

이미 노자는 천지불인(天地不仁)이므로 이만물위추구(以萬物爲芻狗)라고 하였다. 천지는 불인하다〔天地不仁〕. 이는 천지는 사람만 유별나게 소중히 여기지 않는다는 뜻이다. 여기서 인(仁)을 인(人)으로 새겨도 무방할 것이다. 결국 천지불인(天地不仁)은 천지는 사람의 것이 아니라는 말이다. 천지가 만물을 다 추구(芻狗)로 삼는데 어찌 인간만 유별나다 할 수 있겠는가? 나도 추구(芻狗)요 너도 추구(芻狗)이니 유별나게 떠들 것 없다. 제상(祭床)에 올려 놓기 위해서 정성껏 풀로 만든 풀강아지〔芻狗〕도 제사가 끝나면 쓸데없다며 불 속에 던져지거나 길가에 버려지고 만다. 이를 아는 장자가 초빙을 받았다 해서 유별난 대접을 받겠다고 나설리 없다.

어록

솜씨 있는 자는 수고하고 많이 아는 자는 걱정이 많다〔巧者勞而知者憂〕.

왜 모르면 약이 되고 알면 탈이 되는가?

성인은 편히 머물 것에 깃들이고〔聖人安其所安〕

편히 머물지 못할 것에는 깃들이지 않으며〔不安其所不安〕,

중인은 편히 머물지 못할 것에 깃들이고〔衆人安其所不安〕

편히 머물 것에는 깃들이지 않는다〔不安其所安〕.

**재물 · 명성 · 권세 따위는 연연할 게 아니다. 그리하면 미쳤다는
말만 듣는다.**

    ** 편히 머물 것〔所安〕은 하늘의 처분〔天分〕을 뜻한다.

범인의 마음은 산천보다 험하고〔凡人心險於山川〕

하늘을 알기보다 더 어렵다〔難於知天〕.

열 길 물 속은 알 수 있어도 한 길 사람 속은 모른다.

마음에 눈썹이 있다〔心有睫〕.

눈은 제 눈썹을 못 보지만 마음은 제 눈썹을 본다는 것이다.

삶의 참모습을 터득한 이는 크고〔達生之情者傀〕

사물의 지식에 통달한 자는 작다〔達於知者肖〕.

**살아간다는 말은 틀리고 죽어간다는 말이 맞는 줄 알면 달생(達
生)에 가깝다.**

땅 위에 있으면 까마귀나 수리의 밥이 되고〔在上爲鳥鳶食〕

땅 밑에 있으면 땅강아지나 개미의 밥이 된다〔在下爲螻蟻〕.

저쪽에서 빼앗아 이쪽에 주면〔奪彼與此〕 어찌 편견이 아니겠는가〔何其偏也〕.

공평치 않은 것으로 공평하게 하겠다 하면〔以不平平〕

그 공평함이란 결코 공평한 것이 아니다〔其平不平〕.

공평치 않거나 공평치 못함〔不平〕을 인지(人知)라 하고 공평함〔平〕을 신지(神知)라 한다.

** 여기서 불평(不平)이란 편견을 가진 인지(人知)를 뜻한다.

雜篇 11

천하(天下)

요지 장자(莊子)가 백가(百家)를 거침없이 따진다.

입문 걸림이 없는 앎〔大知〕으로 살라.

『장자(莊子)』의 후서(後書)라 할 만한 「천하(天下)」편은 크게
둘로 나누어진다. 앞부분은 제자백가의 주장을 열거하며 무위자연
을 펴는 내용이고, 뒷부분은 혜시(惠施)를 변자(辯者)라고 나무라
면서 무위자연을 펴는 내용이다. 그저 무심코 봤을 때는 「천하」편
에는 우화(寓話)가 없다고 생각할 수도 있다. 그러나 주(周)나라
말기의 한 학인(學人)이 「천하」편을 넣었다는 설도 있으니, 이 편
의 장주(莊周) 즉 장자(莊子)도 우화 속의 인물로 등장하고 있다고
보아도 틀리지 않으리라. 그리고 장자가 직접 등장하여 자신의 뜻
을 펴는 현장으로 이 「천하」편을 이해하면 된다. 물론 그 뜻은 무
위자연(無爲自然)의 순천(順天)이다.

「우언(寓言)」편이 『장자(莊子)』의 자서(自序)라면, 이 「천하」
편은 장자의 후서(後序)로 볼 수 있다. 다음과 같은 내용에서 바로
그렇게 생각해본다. "공평하지 한편에 기울지 않고〔公而不黨〕, 간
명하지 숨기는 게 없으며〔易而無私〕, 무엇 하나 결코 주장하지 않
고〔決然無主〕, 사물에 순응하지 내 의견 네 의견 따위로 나누지 않
으며〔趣物而不兩〕, 이런저런 생각을 굴리며 되짚지 않고〔不顧於
慮〕, 이리저리 해보려고 꾀를 부리지 않으며〔不謀於知〕, 이것이냐
저것이냐 골라잡지도 않고〔於物不擇〕, 모든 만물과 더불어 오고 간

다〔與之俱往〕. 옛날의 도술이란〔古之道術者〕 그 내용이 위와 같았다〔有在於是者〕."그러니「천하」편은 옛날의 도술을 잊지 말라는 이야기로 들어도 된다.

이 편은 세속(世俗)의 역사를 거치면서 무위(無爲)의 시대를 잊어버리고, 온갖 사상이 갈라져 나와 난세(亂世)가 된 경위를 밝힌다. 이른바 제자백가(諸子百家)의 쟁명(爭鳴)을 설파한 장주(莊周)가 무위의 사상을 밝히는 이「천하」편은『장자』안으로 들어가는 대문(大門)과도 같다.

주(周)나라 말기의 사상적 갈래를 알아보려면 이「천하」편이 가장 좋은 길잡이가 된다는 말이 있다. 그런 이유로 주나라 말기의 한 학인(學人)이「천하」편을『장자』에 넣었다는 설(說)이 생겼고, 그래서 이 편이 중시된다는 말도 있다. 물론 과거로 돌아가기 위한 방편으로「천하」편을 중시한다는 것은 아니다. 이 편에서 장주(莊周)는 인지(人知)는 왜 작고 신지(神知)는 왜 큰가를 곰곰이 살펴서 헤아려 보게 한다.「천하」편은 지(知)에는 소지(小知)가 있고 대지(大知)가 있음을 알라 한다. 여기서 소지(小知)는 인지(人知)를 말하고 대지(大知)는 신지(神知)를 말한다. 걸림이 없는 앎〔大知〕으로 살라. 그러면 삶의 걸림을 헤쳐나갈 수 있다. 이처럼「천하」편은 사람을 크게 하여 편하게 한다. 장자의 이야기를 듣다 보면 이른바 스트레스란 것도 참으로 하찮게만 보인다.

莊子 ● 雜篇

1. 장자가 방술(方術)의 다양함을 밝힌다

【우화(寓話)】

"천하에는 도(道)를 닦는 자가 많다〔天下之治方術者多矣〕. 도를 닦음에 자기 방술(方術)이 더할 바 없이 으뜸이라고 한다〔皆以其有爲不可加矣〕. 옛날의 도술은〔古之所謂道術者〕 과연 어디에 있단 말인가〔果惡乎在〕?" 말하겠다〔曰〕. "없는 데가 없다고 했다〔曰無乎不在〕."

말하겠다〔曰〕. "신은 어디에서 내리고〔神何由降〕, 명은 어디에서 나오는가〔明何由出〕? 성에서 생겨났고〔聖有所生〕 왕에서 이루어졌으며〔王有所成〕, 이 모두는 일(一)에 근원을 두고 있다〔皆原於一〕.

종에서 떠나지 않는 자를 천인이라 하고〔不離於宗謂之天人〕, 정에서 떠나지 않는 자를 신인이라 하며〔不離於精謂之神人〕, 진에서 떠나지 않는 자를 지인이라 한다〔不離於眞謂之至人〕.

천을 종으로 삼고〔以天爲宗〕, 덕을 본으로 삼으며〔以德爲本〕, 도를 문으로 삼아〔以道爲門〕 변화를 살피는 자를 성인이라 하고〔兆於變化謂之聖人〕, 인을 혜로 삼고〔以仁爲惠〕, 의를 이로 삼으며〔以義爲理〕, 예를 행으로 삼고〔以禮爲行〕, 낙을 화로 삼아〔以樂爲和〕, 향기를 내듯이 자와 인을 베푸는 자를 군자라 한다〔薰然慈仁謂之君子〕.

법으로 분을 삼고〔以法爲分〕, 명을 표로 삼으며〔以名爲表〕, 참으로 험하여〔以參爲驗〕, 계하여 결한다〔以稽爲決〕. 이는 하나 둘 셋 넷 같은 수와 같다〔其數一二三四是也〕. 모든 관리는 이에 따라 서로 일한다〔百官而此相齒〕.

사를 상으로 삼고〔以事爲常〕, 의식을 주로 삼으며〔以衣食爲主〕, 농사를 짓고 재산을 모아〔蕃息畜藏〕, 노·약·고·과를 보살펴

〔老弱孤寡爲意〕 모두 봉양하는 것이〔皆有以養〕 백성의 도리다〔民之理也〕."

方:길 방　惡:어찌 오　降:내릴 강　離:헤어질 리　薰:향기로울 훈
驗:증험할 험　稽:헤아릴 계　蕃:우거질 번　畜:모을 축　藏:저장할 장
孤:외로울 고　寡:과부 과　養:기를 양

【담소(談笑)】

치방술(治方術). 치방술(治方術)의 방(方)은 길, 곧 도를 뜻한다. 그래서 방술(方術)과 도술(道術)은 같은 말이다. 치(治)는 바로잡아 간다는 뜻이므로 닦는다는 의미로 새기면 된다. 따라서 치방술(治方術)은 도를 터득하고 깨우쳐 가는 것을 말한다. 득도(得道), 즉 오도(悟道)의 과정인 셈이다.

옛날의 도술(道術)은 없는 데가 없었다〔無乎不在〕란 말은 무슨 뜻일까? 이런저런 여러 갈래의 도술이 없어 그저 그냥 삼라만상 그대로가 치방술(治方術)일 뿐, 유별나게 도술이라 부를 것도 없었다는 말이다. 그러나 인간이 역사를 만들기 시작하면서 여러 갈래로 인위가 나누어져 이른바 백가쟁명(百家爭鳴)에 이르렀다.

신하유강(神何由降). 명하유출(明何由出). 신(神)은 어디에서 내리는가〔神何由降〕? 그리고 명(明)은 어디에서 나오는가〔明何由出〕? 본래 신(神)은 하늘의 기운을 뜻한다. 그 기운을 양기(陽氣)라 한다. 왜 인심을 두고 천심이라 하는가. 신(神)이 없다면 느끼지도 못하고 생각지도 못하며 이해 판단도 못한다고 보았기 때문이다. 또한 노자는 명(明)을 지상왈명(知常曰明)이며 자지자명(自知者明)이라 하였다. 상(常)을 아는 것을 명(明)이라 하고〔知常曰明〕, 나를 아는 것이 명이다〔自知者明〕. 여기서 상(常)은 불

사(不死)이니 바로 도를 말한다. 도(道)를 아는 것을 명(明)이라 했으니 성(性)을 뜻한다. 그러니 신명(神明)과 신성(神性)은 내 몸이 살아 있다는 뜻이다.

성유소생(聖有所生). 성(聖)에서 생겨났다〔聖有所生〕. 신명(神明)이 성(聖)에서 생겨났다는 말이다. 성(聖)은 노자의 표현처럼 만물병작(萬物竝作)이라고 이해하면 된다. 요샛말로는 창조자란 말이다. 말하자면 신명(神明)은 도(道)에서 생겼다는 말이다. 천지가 없으면 마음도 없다. 그래서 천심(天心)은 인심(人心)이라 하였다. 이러한 심(心)은 서양의 'Spirit' 과는 다르다. 임어당(林語堂)이 『장자』를 영역(英譯)하면서 신(神)을 'Spirit' 으로 옮기고 명(明)을 'Consciousness' 로 옮겼지만, 어쩔 수 없어 그랬으리라 싶다. 마음 심(心)을 뜻할 만한 낱말을 찾을 수 없었기 때문이 아니었을까. 심(心)을 두고 성(性)·정(情)·의(意)라고 말할 때, 정(情)과 의(意)에 관한 심리(心理)의 낱말들은 많지만, 우리가 말하는 심(心) 그 자체를 나타내는 낱말은 서구에는 없다고 생각된다. 동양에서 말하는 심(心)은 내 것이 아니라 하늘〔天〕이 점지한 것이라고 믿어 왔기 때문이다. 도심(道心)·천심(天心)·인심(人心)을 따로 보지 않는다는 입장에서 성(聖)이 신명을 생겨나게 했다고 들으면 될 것이다.

왕유소성(王有所成). 왕(王)에서 이루어졌다〔王有所成〕. 왕(王)이 신명(神明)을 이루었다. 성(誠)이 신명을 낳은 어머니라면 왕(王)은 신명(神明)을 행하게 하는 아버지가 아닐까. 왕은 신명을 어떻게 이루게 했을까? 이에 대한 해답을 노자의 말로 대신하면 어떨까. 치인사천(治人事天). 사람을 다스리고 하늘을 섬긴다〔治人事天〕. 이 말이 왕(王)의 소성(所成)을 터득하는 길에 가장 가까운 말이리라.

개원어일(皆原於一). 이 모두는 일(一)에 근원을 두고 있다〔皆

原於一〕. 여기서 개(皆)는 신(神)·명(明)·성(聖)·왕(王)을 말
한다. 일(一)은 만물을 하나로 보는 것이다. 만물이 하나 되는 것
이 곧 도(道)이다. 그러므로 일(一)은 도인 셈이다. 도에서 나왔
다가 도로 돌아가는 것을 반자(反者)라 하는데, 이는 곧 생사(生
死)요 유무(有無)요 형허(形虛)를 말한다. 그래서 생과 사는 하나
이지 다를 것이 없다.

불리어종(不離於宗). 종(宗)에서 떠나지 않는 자를 천인(天人)
이라 한다〔不離於宗謂之天人〕. 종(宗)은 근원, 즉 그 자체란 말이
다. 그러므로 종(宗)이란 도(道) 바로 그것을 의미하며, 천인(天
人)은 도(道) 바로 그것을 드러내는 이미지다.

불리어정(不離於精). 정(精)에서 떠나지 않는 자를 신인(神人)
이라 한다〔不離於精謂之神人〕. 정(精)은 깨끗한 바로 그것이란 말
이다. 이를 달리 말한다면 허(虛)라고 해도 될 터이다. 그러므로
신인(神人)은 도(道) 바로 그것을 드러내는 이미지이다.

불리어진(不離於眞). 진(眞)에서 떠나지 않는 자를 지인(至人)
이라 한다〔不離於眞謂之至人〕. 진(眞)은 그냥 그대로란 말이다.
그러니 변하지 않는 것이다. 우리는 이를 참이라 한다. 그러므로
지인(至人)은 도(道)의 불사(不死)를 풀이하는 이미지다.

천인(天人)·신인(神人)·지인(至人) 혹은 진인(眞人)은 도를
말하는 상〔象 : image〕으로 체험하면 된다. 종(宗)·정(精)·진
(眞)을 개념화해서 이해하려면 아득해질 뿐이다. 왜 노자가 현묘
(玄妙)하여 황홀하다면서 도(道)를 곡신(谷神)이나 현빈(玄牝)에
비유했겠는가? 인간이 말할 수 있는 것은 무엇〔事物〕에 관한 것
들밖에 없다.

천인(天人)·신인(神人)·지인(至人) 혹은 진인(眞人)·성인
(聖人)은 도를 말하는 방편이지, 사물에 속하는 사람을 말하는 것
이 아니다. 반면 군자(君子)·백관(百官)·민(民)은 사람의 부류

를 말한다. 우화에서 장자는 단지 사람을 나누고 있을 뿐 신분을 구별하여 차별하는 것이 아니다. 인간이라면 저마다 마땅히 할 바가 있게 마련임을 말할 따름이다. 다만 노장(老莊)은 성인(聖人)과 민(民)이 더불어 살아야 한다고 주장하고, 공맹(孔孟)은 군자(君子)와 민(民)이 더불어 살아야 한다고 주장하는 것이 다르다. 성인은 자연(自然)으로 민(民)을 다스리고, 군자는 인의(仁義)로 민(民)을 다스린다는 것이다.

이법위분(以法爲分). 법(法)으로 분(分)을 삼는다〔以法爲分〕. 법(法)은 본받음을 말한다. 분(分)은 나눔이다. 분(分)을 떠난 법(法)이 노장(老莊)의 도덕(道德)이고, 분(分)을 택하는 법(法)이 공맹(孔孟)의 인의(仁義)다. 하여튼 갈래를 지어 가지런하게 분간하는 것이 분(分)이다. 분(分)은 곧 질서이다. 그러니 법으로 질서를 세운다는 말이 된다.

천인(天人)·신인(神人)·지인(至人)·성인(聖人)은 민(民)과 더불어 자연을 본받는다. 그러나 군자(君子)는 민(民)에게 인의예락(仁義禮樂)을 본받으라 하고, 백관은 민(民)을 조정하려고 한다. 노자(老子)가 밝힌 자연의 본받기〔法〕는 이러하다. 사람은 땅을 본받고〔人法地〕, 땅은 하늘을 본받으며〔地法天〕, 하늘은 도를 본받고〔天法道〕, 도는 자연을 본받는다〔道法自然〕.

이명위표(以名爲表). 명(名)을 표(表)로 삼는다〔以名爲表〕. 명(名)은 이름이다. 자연의 입장에서는 따로 명(名)이라 할 것이 없다. 그래서 노자는 도를 무명(無名)이라 하였다. 그러나 사람은 이것저것에 이름을 붙여 갈래를 나누고 인지(人知)를 쌓는다. 갈래지어 나타내기가 곧 표(表)이다. 그러니 표(表)는 갈래 짓기, 가름이다. 이 때문에 장단(長短), 상하(上下), 고저(高低), 귀천(貴賤), 호오(好惡), 시비(是非) 등등의 갈래가 빚어지기 시작한다. 노장은 이런 갈래 짓기의 표(表)를 작은 지식〔小知〕이라 하여 벗어나라 하고, 군자는 백관을 시켜 이삼위험(以三爲驗)하게 한다.

　이참위험(以參爲驗). 참(參)으로 험(驗)한다〔以參爲驗〕. 참(參)
은 이것저것을 참작해 보고〔參此〕 이것저것을 합치게 하라〔合此〕
는 것이다. 이런 참(參)이 사고(思考)할 수 있게 한다. 느끼고 생
각하여 알아 가기가 험(驗)이다. 그래야 계(稽)할 것이 아닌가.
계(稽)는 이것저것을 이리저리 헤아려 보는 것이다. 그러니 험
(驗)하여 계(稽)함을 일러 계교상량(計較商量)이라 한다. 그래야
결(決)할 수 있다. 이계위결(以稽爲決)이란 판단하여 결정 내리는
것이다. 그 결정 과정이란 하나 둘 셋 넷 같은 수와 같다〔其數一
二三四是也〕. 여기서 수(數)는 분명함을 의미한다. 모든 관리는
이에 따라 서로 일한다〔百官而此相齒〕. 상치(相齒)의 치(齒)는 서
(序)로 통한다. 서로 서열을 나눠 맡은 바대로 일하는 것이 곧 상
치(相齒)다. 백관은 고관말직 모두를 말한다.

　물론 천인(天人)·신인(神人)·지인(至人) 혹은 진인(眞人)·
성인(聖人)은 이법위분(以法爲分)·이명위표(以名爲表)·이참위
험(以參爲驗) 등의 번거로움(사람의 일)에서 떠난 분들이다. 이것
저것 따져 분별하고 시비하는 것은 인간들이 하는 짓. 그러지 말
고 걸림 없이 하나 되어 자유를 누릴 수 있기〔天放〕를 노장은 바
란다. 백관들이란 소지(小知)의 무리일 뿐이다. 이제 소지(小知)
와 대지(大知)를 헤아릴 만하다. 이법위분(以法爲分)·이명위표
(以名爲表)·이참위험(以參爲驗)에 매달리면 소지(小知)요, 이법
위분(以法爲分)·이명위표(以名爲表)·이참위험(以參爲驗)에서
벗어나면 대지(大知)이리라.

2. 장자(莊子)가 노자(老子)를 칭송한다

【우화(寓話)】

노담이 말한다〔老聃曰〕. "수컷을 알고〔知其雄〕 암컷을 지키면〔守其雌〕 천하의 시내가 된다〔爲天下谿〕. 결백을 알면서〔知其白〕 오욕의 자리를 지키면〔守其辱〕 천하의 고을이 된다〔爲天下谷〕. 남들이 다 앞을 취하지만〔人皆取先〕, 나는 홀로 뒤를 취한다〔己獨取後〕."

또 말한다〔曰〕. "천하의 오욕을 받아들인다〔受天下之垢〕. 남들은 다 가득 찬 것을 취하지만〔人皆取實〕, 나는 홀로 텅 빈 것을 취해〔己獨取虛〕 감출 것이 없다〔無藏也〕. 그래서 여유가 있다〔故有餘〕. 기댈 것 없이 여유가 있다〔巋然而有餘〕. 그렇게 사니까 편안하고 다툴 게 없으니 낭비할 것도 없으며〔其行身也徐而不費〕, 구태여 해볼 것이 없어 재주 따위를 웃어넘긴다〔無爲也而笑巧〕. 남들은 다 행복을 구하지만〔人皆求福〕, 나만은 순리를 따른다〔己獨曲全〕."

또 말한다〔曰〕. "오직 재앙을 면하면 된다〔苟免於咎〕. 깊은 것을 근본으로 삼고〔以深爲根〕 간략한 것을 기강으로 삼는다〔以約爲紀〕."

또 말한다〔曰〕. "단단하게만 하면 허물어지고〔堅則毁矣〕 날카롭게만 하면 문드러진다〔銳則挫矣〕. 사물에 항상 너그럽고 넉넉하며〔常寬容於物〕 남에게 모질게 하지 않는다〔不削於人〕."

참으로 지극하여라〔可謂至極〕. 관윤과 노담이여〔關尹老聃乎〕! 옛날을 널리 알았으니 크나큰 진인이시다〔古之博大眞人哉〕.

雄:수컷 웅　雌:암컷 자　谿:시내 계　辱:욕되게 할 욕　垢:더럽혀질 구
藏:감출 장　餘:남을 여　費:손상할 비　苟:오직 구　免:면할 면
咎:재앙 구　深:깊을 심　約:합칠 약　紀:버리 기　堅:단단하게 할 견
毀:허물어질 훼　銳:날카로울 예　挫:깎을 좌　寬:너그러울 관
容:담을 용　削:모질 삭

【담소(談笑)】

지기웅(知其雄) 수기자(守其雌) 위천하계(爲天下谿). 여기서 수컷 웅(雄)은 굳세고 강함〔強剛〕을 뜻하고, 암컷 자(雌)는 부드럽고 약함〔柔弱〕을 뜻한다. 『노자(老子)』에 나오는 유약승강강(柔弱勝強剛)을 떠올리면 된다. 부드럽고 약한 것이 굳세고 강한 것을 이긴다. 아기를 품에 안은 어미를 이길 자는 없다. 강강(強剛)을 알고 유약(柔弱)을 지키면 천하를 품에 안을 수 있다. 즉 천하의 시내가 될 수 있다〔爲天下谿〕. 이는 노담(老聃)이 『노자』 28장에서 말한 바 있다.

『노자』 28장은 다음과 같다. "수컷을 알고 암컷을 지키면 천하(天下)의 큰 개울이 된다〔知其雄 守其雌 爲天下谿〕. 천하의 큰 개울같이 되면 변함 없는 덕이 떠나지 않아 다시 갓난애가 된다〔爲天下谿 常德不離 復歸於嬰兒〕. 백(白)을 알고 흑(黑)을 지키면 천하의 모범이 된다〔知其白 守其黑 爲天下式〕. 천하의 모범이 되면 변함 없는 덕이 의심받지 않아 막힘도 없고 걸림도 없는 경지로 되돌아온다〔爲天下式 常德不忒復歸於無極〕. 영광을 알고 굴욕을 지키면 천하의 골짜기가 된다〔知其榮 守其辱 爲天下谷〕. 천하의 골짜기가 되면 변함 없는 덕은 넉넉하여 나뭇등걸로 돌아온다〔爲天下谷 常德乃足 復歸於樸〕. 나뭇등걸이 쪼개지면 도구가 된다〔樸散則爲器〕. 성인(聖人)이 이를 활용하여〔聖人用之〕 잘 다스리는

것으로 삼는다[則爲官長]. 그러므로 크나큰 제작(制作)은 나누어 쪼개질 않는다[故大制不割]."

도랑은 천하가 흐르는 시내[谿]를 말하고, 만물을 품에 안은 고을[谷]은 자연을 말한다. 노자는 곡신불사(谷神不死)라 했다. 불사(不死)는 도를 일컫는 말이니, 곡신(谷神)은 만물을 안은 골짜기[谷]가 곧 신(神)의 모습이라는 말이다. 신(神)은 천(天)이요, 천(天)은 도를 일컬으니 곡신(谷神)의 곡(谷)은 도(道)를 나타내는 이미지인 셈이다.

인개취선(人皆取先) 기독취후(己獨取後). 남들이 다 앞을 취하지만[人皆取先] 나는 홀로 뒤를 취한다[己獨取後]. 노자는 『노자(老子)』에서 자신은 삼보(三寶)를 갖고 있다고 자랑한다. "내게 세 가지 보물이 있는데[我有三寶] 이를 잘 간직하고 있다[持而保之]. 그 하나가 검소함이요[一曰儉], 그 둘이 사랑함이며[二曰慈], 그 셋이 감히 앞서려 하지 않음이다[三曰不敢爲天下先]." 노자가 참으로 우리를 부끄럽게 한다.

수천하지구(受天下之垢). 천하의 온갖 구(垢)를 피하려 하지 않는다. 여기서 구(垢)는 재앙을 말한다. 재앙은 길흉화복(吉凶禍福)에서 불행[凶·禍]을 말한다. 사람들은 모두 행복[吉·福]만을 바라고 불행은 물리치려고 수작을 부린다. 노자가 그런 수작을 할 리가 없다. 물이 흐르고 바람이 불듯 살기 때문이다. 왜 사람들은 한사코 가득 채우려고 하는 것[實]인가? 행복해지려고 그렇게 한다. 그러나 세상이란 게 뜻대로 될 리 없어 혹 하나 떼려다 혹이 하나 더 붙는 경우가 더 많다. 왜 노자는 텅 비게 한다는 말인가? 행운과 성공 따위에 아랑곳하지 않는다면 절로 텅텅 빈다[虛]. 욕심이란 무엇인가? 마음에 꽉 들어찬 그 무엇이 아닌가. 왜 노자는 무장(無藏)한가? 노자 당신은 취허(取虛)하기 때문이다. 텅텅 비었는데 감출 것[藏]이 뭐가 있겠는가. 노자를 두고 한

길 사람 속은 모른다고 비방하지 말라. 그런 말은 소인에게나 들어맞을 뿐이다.

유여(有餘). 모자람 없이 남는다〔有餘〕. 검소한 사람에게 가난이란 없다. 본래 부유한 사람들이나 가난이 두려울 뿐이다. 부자들이나 항상 부족하다며 몸살을 앓는다. 노자가 말했듯 만족하는 사람이 부자〔知足者富〕라는데 과연 누가 만족하겠는가? 텅 빈 사람일 것이다. 허심(虛心)과 무심(無心)이 곧 그런 사람의 마음이리라. 그런 마음이 곧 노자의 삼보(三寶)인 검소한 마음이요, 사랑하는 마음이요, 공손한 마음이다. 절로 노닌다〔自遊〕 함은 이런 마음가짐을 벗으로 한다. 이는 '젊어 노세'가 아니다.

서이불비(徐而不費). 여기서 서(徐)는 안서(安徐)를 말한다. 편안하고 한가롭다〔安徐〕. 그렇다면 절로 불비(不費)가 된다. 마음 쓸 것도 없고 뇌물 바칠 일도 없고 굽신거리며 아첨할 것도 없다면 그것이야말로 불비(不費)의 삶이다. 그런 삶이 무슨 꾀를 부리겠나. 무슨 수작을 하지 않음〔無爲〕이 곧 불비(不費)인 셈이다. 그대가 노자처럼 불비(不費)의 삶을 누린다면 나의 잔꾀〔巧〕를 비웃어도〔笑〕 좋으리라. 정말 노자는 우리네 잔꾀를 비웃는다〔笑巧〕.

인개구복(人皆求福) 기독곡전(己獨曲全). 구복(求福)은 화(禍)를 멀리하고 복(福)만을 바라는 것이니 복(福)에 치우친다. 곡전(曲全)의 곡(曲)은 부분을 말하고 전(全)은 전체를 말한다. 내 마음〔心〕이 전(全)이라면 내 느낌, 생각, 이해, 판단 등의 심리는 곡(曲)인 셈이다. 내 몸이 전(全)이라면 내 팔, 다리, 머리, 창자 등은 곡(曲)이란 말이다. 팔과 다리, 창자 등을 따로따로 보면 내 몸이 어찌 되겠는가. 그러니 곡전(曲全)을 하나로 안아라〔抱一〕 하는 노자의 말씀을 귀담아 두어야 한다.

화복(禍福)이 함께 있는 것이 세상의 순리인 것을 몰라 사람들은 한사코 구복(求福)하려고 덤빈다. 그런데 나〔己〕 노자만은 홀로 곡전(曲全)을 구한다고 한다. 이는 곧 복(福)만을 구하려 한다면 동시에 화(禍)도 면할 수 없다는 뜻이다. 그러니 화복을 분별해 구할 것 없다는 게 곧 곡전(曲全)이리라. 여기서 곡(曲)은 『중용(中庸)』의 4장(章)에 나오는 곡능유성(曲能有誠)의 곡(曲)으로 새기면 되리라. 부분〔曲〕에도 전체〔全〕와 마찬가지로 성(誠)이 있을 수 있다〔曲能有誠〕. 이미 「어부(漁父)」 편에서 『중용(中庸)』을 들어 성(誠)을 살펴본 적이 있다. 정(精)·성(誠)·진(眞) 이 세 낱말이 도(道)를 일컫는 말임을 명심했으면 한다.

앞에서 열거했던 『중용』의 말씀을 다시 떠올려 보았으면 한다. 『중용』 2장은 다음과 같다. "성(誠)으로 말미암은 명〔自誠明〕을 성(性)이라 하고〔謂之性〕, 명(明)으로 말미암은 성〔自明誠〕을 교(敎)라고 한다〔謂之敎〕. 성(誠)이면 명(明)이요〔誠則明矣〕, 명이면 성이다〔明則誠矣〕."

또 『중용』의 6장은 이러하다. "성이란〔誠者〕 스스로 이룸이고〔自成也〕, 도는 스스로 가게 되는 것이다〔而道自道也〕. 이런 성이란〔誠者〕 만물의 처음이며 끝이니〔物之終始〕, 성이 아니라면〔不誠〕 만물은 없다〔無物〕."

이와 같으므로 팔자(八疵)와 사환(四患)을 벗어나면 내 자신이 진자(眞者)가 된다는 공자의 말씀은 곧 정성(精誠)을 다해 살라는 뜻이다. 내가 불성(不誠)하면 내가 나를 망하게 하는 일이요, 내가 지성이면 내가 나를 이루게 한다. 그러니 『중용』의 성자자성(誠者自成)이란 말씀은 곧 수기(修己)의 시종이다. 그런데 노자는 포일(抱一)하여 사기(舍己)하라 한다. 하나를 껴안아〔抱一〕 나를 버려라〔舍己〕. 이 또한 성(誠)을 다하라〔至誠〕는 말씀이다. 그래서 노자는 부분〔曲〕과 전체〔全〕를 분별하지 말고 하나로 안고 살라 한다. 다시 한번 노자가 변덕스러운 소인배를 부끄럽게 한다.

상광용어물(常寬容於物) 불삭어인(不削於人). 노자는 천하를 신기(神器)라 한다. 도가 만들어 놓은 그릇[神器]을 함부로 다루려 해도 그럴 수 없고[不可爲], 손아귀에 넣고 마음대로 할 수도 없다[不可執]고 한다. 제멋대로 하기[爲者]로만 하면 망하고, 제 고집하기[執者]로만 하면 잃어버린다고 한다. 왜냐하면 성인은 거심(去甚)하고, 거사(去奢)하며, 거태(去泰)하기 때문이다. 지나치지 말라[去甚]. 사치하지 말라[去奢]. 게으르지 말라[去怠]. 그래서 노자는 단단하게만 하면 허물어지고[堅則毀矣], 날카롭게만 하면 문드러진다[銳則挫矣]고 한 것이다. 이제야 왜 노자가 사물에 항상 너그럽고 넉넉하며[常寬容於物] 남에게 모질게 않는다[不削於人] 하는지 알 만하다. 이렇듯 노자는 괴팍한 소인배를 쥐구멍으로 몰아넣는다.

관윤(關尹)은 『관윤자(關尹子)』라는 도가서(道家書)를 냈다는 주대(周代)의 윤희(尹喜)를 말한다. 이 우화에서 노자, 즉 노담(老聃)과 더불어 진인(眞人)이라며 칭송을 받고 있다. 『장자(莊子)』라는 고전이 왜 노자가 터놓은 길을 밟고 서 있는지 알겠다. 노자는 지극(至極)하다 한다. 무엇에 지극하다는 말일까? 성명(誠明)에 지극하다 한다. 이를 노자는 『노자』16장에서 각복귀기근(各復歸其根)이라 밝힌 바 있다. 만물은 저마다 그 뿌리로 되돌아간다[各復歸其根]. 물론 근(根)은 도(道)를 일컫는다. 이제 이 심위근(以深爲根)의 심(深)이 도를 암시하고, 이약위기(以約爲紀)의 약(約)이 도(道)를 알아보기가 간명하다는 뜻임을 이해할 수 있다. 그래서 장자도 이지도(易知道)라 말했으리라. 도를 알기는 쉽다[易知道]. 다만 노자나 장자 같은 성현에게나 그럴 뿐이니 소인배로서 부끄러울 뿐이다.

3. 장자가 변자(辯者)의 궤변(詭辯)을 나무란다

【우화(寓話)】

　천하의 변자들은 이것들을 서로 즐긴다〔天下之辯者相與樂之〕. 알에는 털이 있다〔卵有毛〕. 닭의 다리는 셋이다〔雞三足〕. 영 땅에 천하가 있다〔郢有天下〕. 개를 양이라 할 수 있다〔犬可以爲羊〕. 말에게 알이 있다〔馬有卵〕. 두꺼비에게 꼬리가 있다〔丁子有尾〕. 불은 뜨겁지 않다〔火不熱〕. 산이 입을 연다〔山出口〕. 수레바퀴는 땅을 밟지 않는다〔輪不蹍地〕. 눈은 사물을 보지 못한다〔目不見〕. 무엇을 가리키는 것 하나로 모조리 다 나타낼 수 없고〔指不至〕, 사물은 없다고 할 수 없다〔物不絶〕. 거북은 뱀보다 길다〔龜長於蛇〕. 곱자는 네모꼴을 그릴 수 없고〔矩不方〕 그림쇠는 원을 그릴 수 없다〔規不可以爲圓〕. 구멍은 촉꽂이를 둘러쌀 수 없다〔鑿不圍枘〕. 나는 새의 그림자는 움직이지 않는다〔飛鳥之影未嘗動也〕. 시위를 떠난 화살은〔鏃矢之疾〕 날아가지 않는 때도 있고 멈추지 않는 때도 있다〔而有不行不止之時〕. 개〔狗〕는 개〔犬〕와 다르다〔狗非犬〕. 노란 말과 검정 소는 셋이다〔黃馬驪牛三〕. 흰 개는 검다〔白狗墨〕. 어미 없다는 망아지에게는 어미가 없다〔孤駒未嘗有母〕. 한 자의 채찍이라도〔一尺之捶〕 매일 그 반씩만 잘라 간다면〔日取其半〕 영영 없어지지 않는다〔萬世不竭〕.

　변자들은 위와 같은 주장을 펴면서 혜시와 더불어 주고받으면서〔辯者以此與惠施相應〕, 죽을 때까지 고치려 들지 않았다〔終身無窮〕. 환단이나 공손룡은 이런 변자들의 무리이며〔桓團公孫龍辯者之徒〕, 사람의 마음을 꾸미게 하여〔飾人之心〕 사람의 생각을 헷갈리게 하였다〔易人之意〕. 입으로 남을 이길 수는 있어도〔能勝人之口〕 사람의 마음을 감복시킬 수는 없었다〔不能服人之心〕. 이것이 변자의 한계다〔辯者之囿也〕.

鷄:닭 계 郢:땅 이름 영 輪:바퀴 륜 躔:밟을 전 矩:곱자 구
規:그림쇠 규 鑿:구멍 뚫을 착 圍:둘러쌀 위 枘:장부(촉꽂이) 예
嘗:일찍이 상 鏃:화살 족(촉) 狗:개 구 犬:개 견 驪:검을 려
孤:외로울 고 駒:망아지 구 捶:채찍 추 竭:다할 갈 桓:푯말 환
徒:무리 도 飾:꾸밀 식 囿:얽매일 유

【담소(談笑)】

혜시(惠施), 환단(桓團), 공손룡(公孫龍)은 전국시대의 대표적인 변사(辯士)들이다. 이들을 찰사(察士)라고도 부른다. 유향(劉向)이 『한서(漢書)』에서 이들을 제자구류(諸子九流)의 하나로 분류하면서 명가(名家)라고 한 것이 이들의 명칭이 되었다. 명가(名家)는 개념〔名〕과 실제〔實〕의 관계를 논구(論究)하려 한 논리학자들을 말한다. 사물의 정의를 내려 명실(名實)의 같고 다름을 판단하기 위해 이름 속에 포함되어 있는 개념을 분석하려고 하였다.

혜시(惠施)는 모든 구별도 상대적이고 모든 대립도 상대적이므로 사물의 같고 다른 것을 함께 다루자고 한다. 이렇게 혜시가 합동이(合同異)를 주장하는 반면, 공손룡은 구체적인 하나와 추상적인 전체를 구분해야 한다는 인식에서 이견백(離堅白)을 내세운다. 사실 이들의 논증은 비약이 심해, 궤변(詭辯)이라 하여 유가(儒家)와 법가(法家)에 밀려났다. 그러나 19세기말에 서양 논리학이 유입되면서, 논리학을 싹트게 했다는 점이 뒤늦게나마 인정되어 이후 명가(名家)에 대한 연구는 비교적 활발해졌다.

알에는 털이 있다〔卵有毛〕. 알에서 새가 태어나고 새한테는 털이 있으니 그렇다는 주장이다. 요새 같으면 DNA를 들어서 난유모(卵有毛)란 말이 옳다고 맞장구칠 사람이 있을지 모르지만, 달걀을 먹으면서 닭털을 함께 먹는다고 생각할 것은 없지 않겠는

가. 말로써 말 많으니 말을 말까 하노라.

닭의 다리는 셋이다〔雞三足〕. 눈에 보이는 구체적인 다리는 두 개이지만, 다리라고 하는 개념이 있으니 다 합쳐 셋이라는 주장이다. 이렇게 친다면 하나란 처음부터 없다. 이처럼 사람이 만들어 내는 논리가 도리어 사람을 비틀어 놀릴 때가 많다.

영 안에 천하가 있다〔郢有天下〕. 우주 안에 천하가 있고 천하가 또한 우주이며, 영(郢)이라는 초(楚)나라의 서울이 천하에 있다지만 그 영(郢)이란 고을도 또한 우주 속에 있으니 천하가 영(郢) 안에 있다는 주장이다. 이쯤 되면 틀림없는 궤변(詭辯)이다.

개를 양이라 할 수 있다〔犬可以爲羊〕. 개나 양은 사람이 붙여 놓은 이름일 뿐이다. 그러니 개를 양이라 불러도 되고 양을 개라고 불러도 된다는 주장이다. 코에 걸면 코걸이, 귀에 걸면 귀걸이란 속담도 있으니 이 주장도 옳다고 볼 수 있나? 그렇지만 이 속담의 원뜻은 어떤 사실이 이렇게도 저렇게도 해석될 수 있으니 한 가지로 생떼를 쓰지 말라는 게 아닌가. 궤변은 생떼로 통한다.

말에게 알이 있다〔馬有卵〕. 말은 태생(胎生)이고 새는 난생(卵生)이라 하지만 태(胎)든 난(卵)이든 다 낳는 것은 마찬가지니, 말이 알에서 태어나고 닭이 태에서 나온다고 해도 된다는 주장이다. 논리를 앞세운답시고 떼를 쓰면 입심 좋은 놈이 이기게 마련이다.

두꺼비한테 꼬리가 있다〔丁子有尾〕. 두꺼비도 개구리고, 개구리는 올챙이며, 올챙이한테는 꼬리가 있지 않느냐는 억지 주장이다. 이런 말에 반론을 제기하느니 그냥 그러냐고 듣는 시늉을 해 주는 편이 살기 편하다. 사람 만나는 일이 왜 힘든지 알 만하다. 논리라는 것이야말로 사람만 하는 묘수이니 말이다.

불은 뜨겁지 않다〔火不熱〕. 차다 뜨겁다는 사람의 감각일 뿐 사물의 성질은 아니다. 따라서 불이 뜨거워 내 손가락이 뜨거운 것은 아니란 주장이다. 이처럼 말이 안 되는 말을 두고 말이 된다고 우기는 자에게는 아예 말을 걸지 말아야 한다.

산이 입을 연다[山出口]. 산에다 고함을 질러 보라. 그러면 메아리가 되어 되돌아온다. 소리가 되돌아오는 것을 보니 산에 입이 있다는 주장이다. 개그맨의 우스갯소리로 치고 들어 주면 웃음이 나올 것이다. 이른바 말쟁이들은 내버려 두는 편이 낫다. 그래서 조주선사(趙州禪師)는 노랑 주둥아리 닥치라고 하였다.

수레바퀴는 땅을 밟지 않는다[輪不蹍地]. 바퀴가 굴러갈 때는 그 일부만 땅에 닿는 것이지 바퀴 전체가 닿았다고 보는 것은 바퀴자국이란 주장이다. 노랑 주둥아리 닥쳐라.

눈은 사물을 보지 못한다[目不見]. 빛이 있으면 보이고 빛이 없으면 안 보이니 눈이 사물을 본다고 말하지 말라는 주장이다. 노랑 주둥아리 닥쳐라.

무엇을 가리키는 것 하나로 모조리 다 나타낼 수 없고[指不至], 사물을 없다고 할 수 없다[物不絶]. 이는 도(道)는 만물을 하나로 본다는 말을 뒤집어엎으려는 억지다.

거북이가 뱀보다 길다[龜長於蛇]. 사물은 모두 상대적이니 장단(長短)을 결정할 수 없다는 주장이다. 길고 짧은 것은 대보면 안다는 말을 반박하는 주장이다.

곱자는 네모꼴을 그리지 못하고[矩不方], 그림쇠는 원을 그릴 수 없다[規不可以爲圓]. 네모꼴이란 개념과 원이란 개념은 곱자나 그림쇠로는 그릴 수 없다는 주장이다.

구멍은 촉꽂이를 둘러쌀 수 없다[鑿不圍枘]. 구멍 속에 촉꽂이가 들어가는 것은 구멍과 촉꽂이 사이에 틈이 있기 때문이다. 따라서 구멍이 촉꽂이를 둘러싼다고 할 수 없다는 주장이다.

나는 새의 그림자는 움직이지 않는다[飛鳥之影未嘗動也]. 날아가는 새의 그림자는 날아가는 그 순간 땅 위에 비춰진다. 따라서 그림자가 움직인다고 말할 수 없다는 주장이다.

시위를 떠난 화살은[鏃失之疾] 날아가지 않는 때도 있고 멈추지 않는 때도 있다[而有不行不止之時]. 아무리 빨리 간다 해도 시간이 지나면 멈추는 때가 있고, 가고 있는 이상 멈추지 않는 때도 있다는 주장이다.

개[狗]는 개[犬]와 다르다[狗非犬]. 형체는 같아도 이름이 같지 않으니 다르다는 주장이다.

노란 말과 검정 소는 셋이다[黃馬驪牛三]. 색깔로 보면 노랑[黃] 검정[驪] 그리고 황려(黃驪)의 세 가지 색깔이고, 형체로 보면 말[馬]과 소[牛] 그리고 마소(馬牛)이므로 셋이란 주장이다.

흰 개는 검다[白狗墨]. 색깔은 형체가 아니므로 흰 개든 검은 개든 같다는 주장이다.

어미 없는 망아지한테는 어미가 없다[孤駒未嘗有母]. 고구(孤駒)는 어미 없는 송아지란 말이므로, 고구라고 한다면 처음부터 어미가 없다는 주장이다.

한 자의 채찍이라도[一尺之捶] 매일 그 반씩 잘라 간다면[日取其半] 영영 없어지지 않는다[萬世不竭]. 반에 반을 잘라 내고, 다시 반에 반을 잘라 내고, 또 다시 반에 반을 잘라 낸다는 말은 채찍을 잘라 내는 일이 영영 끝나지 않는다는 주장이다.

이와 같은 주장들을 떠벌리며 말짓으로 놀아나는 혜시(惠示)를 두고 장자가 이렇게 꼬집는다. "천지라는 대도를 말미암아[由天地之大道] 혜시의 재능을 살펴본다면[觀惠施之能], 마치 한 마리의 모기나 등에가 부질없이 애쓰고 있는 것과 같다[其猶一蚊一虻之勞者也]. 혜시의 학설은 사물에 대해선[其於物也] 아무런 쓸데가 없다[何庸]."

명가(名家)의 말놀이[辯舌]에 대해, 사물에 대해선[其於物也] 아무런 쓸데가 없다[何庸]고 한마디로 절단을 내는 우화(寓話)

속의 장자(莊子)를 보라. 시비를 무엇보다 싫어하는 장자는 처음 부터 시비의 여지를 없애 버린다. 하용(何庸)의 용(庸)은 제대로 알맞게 쓴다는 뜻에서 용(用)으로 통한다. 순리대로의 씀씀이가 곧 용(庸)이다. 그러니 하용(何庸)이란 무용(無用)이란 말이다. 혜시(惠施)가 즐기는 변설(辨說)을 두고 장자는 왜 쓸데없는 말 장난〔辯舌〕이라 하는가? 시비(是非)의 변(辨)을 일삼기 때문이 다. 변(辨)이란 분별(分別)이요 구별(區別)이다. 사람의 말을 두 고 시비를 일삼기 때문에, 하용(何庸)이라 하여 단칼에 명가의 변 (辨)을 잘라 버린 것이다. 이른바 시비(是非)의 논리(論理)를 말 장난에 불과하다 말하는 장자여! 시비를 떠날 수 없는 서양의 논 리에 사로잡힌 이 시대의 우리네 식자(識者)들을 향해서도 똑같 이 단호하리라.

어 록

천하 사람들은[天下之人] 저마다 하고 싶은 대로 하면서[各爲其所欲焉]

그런 것이 방(方)이라고 생각한다[以自爲方].

슬픈 일이다[悲夫].

많은 학자들이 갈 뿐 돌아오질 않아[百家往而不反]

합쳐질 수 없을 뿐이다[必不合矣].

잎은 가지에, 가지는 줄기에, 줄기는 뿌리에 붙어야 한 그루의 산 나무가 된다.

** 방(方)은 도(道)를 깨우쳐 가는 길이다.

노래를 불러야 할 때 부르지 않고[歌而非歌]

울어야 할 때 울지 않으며[哭而非哭]

즐겨야 할 때 즐기지 않는[樂而非樂] 이런 일들이

과연 성정(性情)이라 할 수 있는가[是果類乎]?

유가(儒家)이든 묵가(墨家)이든 사람을 묶지 말라 함이 도가(道家) 의 바람이다.

우화로 즐기는 장자

글쓴이 / 윤재근
펴낸이 / 유재영
펴낸곳 / 동학사

1판 1쇄 / 2002년 5월 15일
1판 7쇄 / 2020년 7월 31일
출판등록 / 1987년 11월 27일 제10-149

주소 / 04083 서울 마포구 토정로53 (합정동)
전화 / 324-6130, 6131 · 팩스 / 324-6135
E-메일 / dhak1@paran.com
dhsbook@hanmail.net
홈페이지 / www.donghaksa.co.kr
www.green-home.co.kr

ISBN 89-7190-089-X 03150